全新

法律政策全书
系列

法律
政策
全书

2024年版

全面准确收录

合理分类检索

含法律、法规、司法解释、
典型案例及相关文书

房屋征收

中国法制出版社

CHINA LEGAL PUBLISHING HOUSE

导　　读

　　国务院于 2011 年出台了《国有土地上房屋征收与补偿条例》（以下简称《征收条例》），同时废止了《城市房屋拆迁管理条例》。新条例为解决征收补偿争议等方面的问题提供了制度上的依据。2020 年 5 月 28 日公布，2021 年 1 月 1 日起施行的《中华人民共和国民法典》，将《中华人民共和国物权法》废止，是房屋征收的重要法律依据之一。

　　本书对于我国现行有效的房屋征收补偿相关规定做了全面的收录与梳理，通过合理明晰的分类，分专题进行归纳，方便读者查找与使用。总体来看，本书具有以下特点：一是涵盖面广。本书所收录的内容涉及征收安置补偿与补助、征收房屋估价、征收争议解决等多个方面，涵盖部分地方国有土地上房屋征收补偿相关规定。二是分类明确。本书按照专题进行归纳，涉及房屋征收的各个环节。本书既适合普通群众特别是被征收人查阅，又可作为国有土地上房屋征收工作人员学习掌握征收补偿法规、政策的重要参考书。本书的主要内容包括如下几部分：

　　第一部分"综合"。对房屋征收补偿主体法规——《征收条例》及与房屋征收相关的土地、房屋等方面的常用法律法规进行了集中收录。《征收条例》是我国对于国有土地上单位和个人房屋征收权限和程序的主要规定。《征收条例》对比较常见的问题都做了具体规定，其内容涵盖了征收的条件与程序、补偿程序与标准及违法征收的法律责任等方面。

　　第二部分"征收项目招标投标"。招标的特点是公开、公平和公正，从某种意义上说，在征收补偿工作中招标投标制度执行得如何，是征收补偿工作能否顺利进行的关键。本部分收录了《中华人民共和国招标投标法》《中华人民共和国招标投标法实施条例》等规范。

第三部分"征收房屋面积计算"。在房屋被征收的时候，准确地确定被征收房屋面积是被征收人获得合理补偿的前提。《建筑工程建筑面积计算规范》对新建、扩建、改建的工业与民用建筑工程建设全过程的建筑面积计算方法做出了具体规定。

第四部分"征收房屋估价"。本部分收录了《房地产估价规范》《国有土地上房屋征收评估办法》等规范。

第五部分"危房改造及被征收人住房保障"。在加快城市建设步伐的同时，为了进一步改善居民的住房条件，加快对城市危旧房屋的改造也是一项很重要的工作。为了妥善安置被征收居民，国家出台了一系列廉租房、经济适用房等优惠政策。

第六部分"征收争议解决"。本部分收录了征收争议解决方面的规定。房屋征收管理部门工作人员或者行政强制执行人员违法违规的，被征收人可以参照相关规定维护合法权益。

第七部分"地方国有土地上房屋征收与补偿相关规定"。本部分收录了多个地方关于国有土地上房屋征收与补偿的实施细则、实施意见等。

最后的附录部分，收录了与房屋征收补偿工作有关的典型案例和相关文书，供读者参考。

目　录

一、综　合

---

① 本目录中的时间为法律文件的公布时间或最后一次修正、修订公布时间。

二、征收项目招标投标

六、征收争议解决

七、地方国有土地上房屋征收与补偿相关规定

附　录

（一）典型案例

（二）相关文书

1. 行政复议

2. 行政诉讼

一

综　合

中华人民共和国民法典（节录）

（2020 年 5 月 28 日第十三届全国人民代表大会第三次会议通过　2020 年 5 月 28 日中华人民共和国主席令第 45号公布　自 2021 年 1 月 1 日起施行）

……

第二编　物　权

第一分编　通　则

第一章　一 般 规 定

第二百零五条　**【物权编的调整范围】*** 本编调整因物的归属和利用产生的民事关系。

第二百零六条　**【我国基本经济制度与社会主义市场经济原则】**国家坚持和完善公有制为主体、多种所有制经济共同发展，按劳分配为主体、多种分配方式并存，社会主义市场经济体制等社会主义基本经济制度。

国家巩固和发展公有制经济，鼓励、支持和引导非公有制经济

---

*　条文主旨为编者所加，下同。

的发展。

国家实行社会主义市场经济，保障一切市场主体的平等法律地位和发展权利。

第二百零七条 【平等保护原则】国家、集体、私人的物权和其他权利人的物权受法律平等保护，任何组织或者个人不得侵犯。

第二百零八条 【物权公示原则】不动产物权的设立、变更、转让和消灭，应当依照法律规定登记。动产物权的设立和转让，应当依照法律规定交付。

第二章 物权的设立、变更、转让和消灭

第一节 不动产登记

第二百零九条 【不动产物权的登记生效原则及其例外】不动产物权的设立、变更、转让和消灭，经依法登记，发生效力；未经登记，不发生效力，但是法律另有规定的除外。

依法属于国家所有的自然资源，所有权可以不登记。

第二百一十条 【不动产登记机构和不动产统一登记】不动产登记，由不动产所在地的登记机构办理。

国家对不动产实行统一登记制度。统一登记的范围、登记机构和登记办法，由法律、行政法规规定。

第二百一十一条 【申请不动产登记应提供的必要材料】当事人申请登记，应当根据不同登记事项提供权属证明和不动产界址、面积等必要材料。

第二百一十二条 【不动产登记机构应当履行的职责】登记机构应当履行下列职责：

（一）查验申请人提供的权属证明和其他必要材料；

（二）就有关登记事项询问申请人；

（三）如实、及时登记有关事项；

（四）法律、行政法规规定的其他职责。

申请登记的不动产的有关情况需要进一步证明的，登记机构可以要求申请人补充材料，必要时可以实地查看。

第二百一十三条 【不动产登记机构的禁止行为】登记机构不得有下列行为：

（一）要求对不动产进行评估；

（二）以年检等名义进行重复登记；

（三）超出登记职责范围的其他行为。

第二百一十四条 【不动产物权变动的生效时间】不动产物权的设立、变更、转让和消灭，依照法律规定应当登记的，自记载于不动产登记簿时发生效力。

第二百一十五条 【合同效力和物权效力区分】当事人之间订立有关设立、变更、转让和消灭不动产物权的合同，除法律另有规定或者当事人另有约定外，自合同成立时生效；未办理物权登记的，不影响合同效力。

第二百一十六条 【不动产登记簿效力及管理机构】不动产登记簿是物权归属和内容的根据。

不动产登记簿由登记机构管理。

第二百一十七条 【不动产登记簿与不动产权属证书的关系】不动产权属证书是权利人享有该不动产物权的证明。不动产权属证书记载的事项，应当与不动产登记簿一致；记载不一致的，除有证据证明不动产登记簿确有错误外，以不动产登记簿为准。

第二百一十八条 【不动产登记资料的查询、复制】权利人、利害关系人可以申请查询、复制不动产登记资料，登记机构应当提供。

第二百一十九条 【利害关系人的非法利用不动产登记资料禁止义务】利害关系人不得公开、非法使用权利人的不动产登记资料。

第二百二十条 【更正登记和异议登记】权利人、利害关系人认为不动产登记簿记载的事项错误的，可以申请更正登记。不动产登记簿记载的权利人书面同意更正或者有证据证明登记确有错误的，登记机构应当予以更正。

不动产登记簿记载的权利人不同意更正的，利害关系人可以申请异议登记。登记机构予以异议登记，申请人自异议登记之日起十五日内不提起诉讼的，异议登记失效。异议登记不当，造成权利人损害的，权利人可以向申请人请求损害赔偿。

第二百二十一条 【预告登记】当事人签订买卖房屋的协议或者签订其他不动产物权的协议，为保障将来实现物权，按照约定可以向登记机构申请预告登记。预告登记后，未经预告登记的权利人同意，处分该不动产的，不发生物权效力。

预告登记后，债权消灭或者自能够进行不动产登记之日起九十日内未申请登记的，预告登记失效。

第二百二十二条 【不动产登记错误损害赔偿责任】当事人提供虚假材料申请登记，造成他人损害的，应当承担赔偿责任。

因登记错误，造成他人损害的，登记机构应当承担赔偿责任。登记机构赔偿后，可以向造成登记错误的人追偿。

第二百二十三条 【不动产登记收费标准的确定】不动产登记费按件收取，不得按照不动产的面积、体积或者价款的比例收取。

第二节 动产交付

第二百二十四条 【动产物权变动生效时间】动产物权的设立和转让，自交付时发生效力，但是法律另有规定的除外。

第二百二十五条 【船舶、航空器和机动车物权变动采取登记对抗主义】船舶、航空器和机动车等的物权的设立、变更、转让和消灭，未经登记，不得对抗善意第三人。

第二百二十六条 【简易交付】动产物权设立和转让前，权利人已经占有该动产的，物权自民事法律行为生效时发生效力。

第二百二十七条 【指示交付】动产物权设立和转让前，第三人占有该动产的，负有交付义务的人可以通过转让请求第三人返还原物的权利代替交付。

第二百二十八条 【占有改定】动产物权转让时，当事人又约定由出让人继续占有该动产的，物权自该约定生效时发生效力。

第三节 其他规定

第二百二十九条 【法律文书、征收决定导致物权变动效力发生时间】因人民法院、仲裁机构的法律文书或者人民政府的征收决定等，导致物权设立、变更、转让或者消灭的，自法律文书或者征收决定等生效时发生效力。

第二百三十条 【因继承取得物权的生效时间】因继承取得物权的，自继承开始时发生效力。

第二百三十一条 【因事实行为设立或者消灭物权的生效时间】因合法建造、拆除房屋等事实行为设立或者消灭物权的，自事实行为成就时发生效力。

第二百三十二条 【非依民事法律行为享有的不动产物权变动】处分依照本节规定享有的不动产物权，依照法律规定需要办理登记的，未经登记，不发生物权效力。

第三章 物权的保护

第二百三十三条 【物权保护争讼程序】物权受到侵害的，权利人可以通过和解、调解、仲裁、诉讼等途径解决。

第二百三十四条 【物权确认请求权】因物权的归属、内容发生争议的，利害关系人可以请求确认权利。

第二百三十五条 【返还原物请求权】无权占有不动产或者动产的，权利人可以请求返还原物。

第二百三十六条 【排除妨害、消除危险请求权】妨害物权或者可能妨害物权的,权利人可以请求排除妨害或者消除危险。

第二百三十七条 【修理、重作、更换或者恢复原状请求权】造成不动产或者动产毁损的,权利人可以依法请求修理、重作、更换或者恢复原状。

第二百三十八条 【物权损害赔偿请求权】侵害物权,造成权利人损害的,权利人可以依法请求损害赔偿,也可以依法请求承担其他民事责任。

第二百三十九条 【物权保护方式的单用和并用】本章规定的物权保护方式,可以单独适用,也可以根据权利被侵害的情形合并适用。

第二分编 所 有 权

第四章 一 般 规 定

第二百四十条 【所有权的定义】所有权人对自己的不动产或者动产,依法享有占有、使用、收益和处分的权利。

第二百四十一条 【所有权人设立他物权】所有权人有权在自己的不动产或者动产上设立用益物权和担保物权。用益物权人、担保物权人行使权利,不得损害所有权人的权益。

第二百四十二条 【国家专有】法律规定专属于国家所有的不动产和动产,任何组织或者个人不能取得所有权。

第二百四十三条 【征收】为了公共利益的需要,依照法律规定的权限和程序可以征收集体所有的土地和组织、个人的房屋以及其他不动产。

征收集体所有的土地,应当依法及时足额支付土地补偿费、安置补助费以及农村村民住宅、其他地上附着物和青苗等的补偿费用,并安排被征地农民的社会保障费用,保障被征地农民的生活,维护被征地农民的合法权益。

征收组织、个人的房屋以及其他不动产，应当依法给予征收补偿，维护被征收人的合法权益；征收个人住宅的，还应当保障被征收人的居住条件。

任何组织或者个人不得贪污、挪用、私分、截留、拖欠征收补偿费等费用。

第二百四十四条 【保护耕地与禁止违法征地】国家对耕地实行特殊保护，严格限制农用地转为建设用地，控制建设用地总量。不得违反法律规定的权限和程序征收集体所有的土地。

第二百四十五条 【征用】因抢险救灾、疫情防控等紧急需要，依照法律规定的权限和程序可以征用组织、个人的不动产或者动产。被征用的不动产或者动产使用后，应当返还被征用人。组织、个人的不动产或者动产被征用或者征用后毁损、灭失的，应当给予补偿。

第五章　国家所有权和集体所有权、私人所有权

第二百四十六条 【国家所有权】法律规定属于国家所有的财产，属于国家所有即全民所有。

国有财产由国务院代表国家行使所有权。法律另有规定的，依照其规定。

第二百四十七条 【矿藏、水流和海域的国家所有权】矿藏、水流、海域属于国家所有。

第二百四十八条 【无居民海岛的国家所有权】无居民海岛属于国家所有，国务院代表国家行使无居民海岛所有权。

第二百四十九条 【国家所有土地的范围】城市的土地，属于国家所有。法律规定属于国家所有的农村和城市郊区的土地，属于国家所有。

第二百五十条 【国家所有的自然资源】森林、山岭、草原、

荒地、滩涂等自然资源，属于国家所有，但是法律规定属于集体所有的除外。

第二百五十一条 【国家所有的野生动植物资源】法律规定属于国家所有的野生动植物资源，属于国家所有。

第二百五十二条 【无线电频谱资源的国家所有权】无线电频谱资源属于国家所有。

第二百五十三条 【国家所有的文物的范围】法律规定属于国家所有的文物，属于国家所有。

第二百五十四条 【国防资产、基础设施的国家所有权】国防资产属于国家所有。

铁路、公路、电力设施、电信设施和油气管道等基础设施，依照法律规定为国家所有的，属于国家所有。

第二百五十五条 【国家机关的物权】国家机关对其直接支配的不动产和动产，享有占有、使用以及依照法律和国务院的有关规定处分的权利。

第二百五十六条 【国家举办的事业单位的物权】国家举办的事业单位对其直接支配的不动产和动产，享有占有、使用以及依照法律和国务院的有关规定收益、处分的权利。

第二百五十七条 【国有企业出资人制度】国家出资的企业，由国务院、地方人民政府依照法律、行政法规规定分别代表国家履行出资人职责，享有出资人权益。

第二百五十八条 【国有财产的保护】国家所有的财产受法律保护，禁止任何组织或者个人侵占、哄抢、私分、截留、破坏。

第二百五十九条 【国有财产管理法律责任】履行国有财产管理、监督职责的机构及其工作人员，应当依法加强对国有财产的管理、监督，促进国有财产保值增值，防止国有财产损失；滥用职权，玩忽职守，造成国有财产损失的，应当依法承担法律责任。

违反国有财产管理规定，在企业改制、合并分立、关联交易等过程中，低价转让、合谋私分、擅自担保或者以其他方式造成国有财产损失的，应当依法承担法律责任。

第二百六十条　【集体财产范围】集体所有的不动产和动产包括：

（一）法律规定属于集体所有的土地和森林、山岭、草原、荒地、滩涂；

（二）集体所有的建筑物、生产设施、农田水利设施；

（三）集体所有的教育、科学、文化、卫生、体育等设施；

（四）集体所有的其他不动产和动产。

第二百六十一条　【农民集体所有财产归属及重大事项集体决定】农民集体所有的不动产和动产，属于本集体成员集体所有。

下列事项应当依照法定程序经本集体成员决定：

（一）土地承包方案以及将土地发包给本集体以外的组织或者个人承包；

（二）个别土地承包经营权人之间承包地的调整；

（三）土地补偿费等费用的使用、分配办法；

（四）集体出资的企业的所有权变动等事项；

（五）法律规定的其他事项。

第二百六十二条　【行使集体所有权的主体】对于集体所有的土地和森林、山岭、草原、荒地、滩涂等，依照下列规定行使所有权：

（一）属于村农民集体所有的，由村集体经济组织或者村民委员会依法代表集体行使所有权；

（二）分别属于村内两个以上农民集体所有的，由村内各该集体经济组织或者村民小组依法代表集体行使所有权；

（三）属于乡镇农民集体所有的，由乡镇集体经济组织代表集体行使所有权。

第二百六十三条 **【城镇集体财产权利】**城镇集体所有的不动产和动产，依照法律、行政法规的规定由本集体享有占有、使用、收益和处分的权利。

第二百六十四条 **【集体财产状况的公布】**农村集体经济组织或者村民委员会、村民小组应当依照法律、行政法规以及章程、村规民约向本集体成员公布集体财产的状况。集体成员有权查阅、复制相关资料。

第二百六十五条 **【集体财产的保护】**集体所有的财产受法律保护，禁止任何组织或者个人侵占、哄抢、私分、破坏。

农村集体经济组织、村民委员会或者其负责人作出的决定侵害集体成员合法权益的，受侵害的集体成员可以请求人民法院予以撤销。

第二百六十六条 **【私人所有权】**私人对其合法的收入、房屋、生活用品、生产工具、原材料等不动产和动产享有所有权。

第二百六十七条 **【私有财产的保护】**私人的合法财产受法律保护，禁止任何组织或者个人侵占、哄抢、破坏。

第二百六十八条 **【企业出资人的权利】**国家、集体和私人依法可以出资设立有限责任公司、股份有限公司或者其他企业。国家、集体和私人所有的不动产或者动产投到企业的，由出资人按照约定或者出资比例享有资产收益、重大决策以及选择经营管理者等权利并履行义务。

第二百六十九条 **【法人财产权】**营利法人对其不动产和动产依照法律、行政法规以及章程享有占有、使用、收益和处分的权利。

营利法人以外的法人，对其不动产和动产的权利，适用有关法律、行政法规以及章程的规定。

第二百七十条 **【社会团体法人、捐助法人合法财产的保护】**社会团体法人、捐助法人依法所有的不动产和动产，受法律保护。

第六章　业主的建筑物区分所有权

第二百七十一条　【建筑物区分所有权】业主对建筑物内的住宅、经营性用房等专有部分享有所有权，对专有部分以外的共有部分享有共有和共同管理的权利。

第二百七十二条　【业主对专有部分的专有权】业主对其建筑物专有部分享有占有、使用、收益和处分的权利。业主行使权利不得危及建筑物的安全，不得损害其他业主的合法权益。

第二百七十三条　【业主对共有部分的共有权及义务】业主对建筑物专有部分以外的共有部分，享有权利，承担义务；不得以放弃权利为由不履行义务。

业主转让建筑物内的住宅、经营性用房，其对共有部分享有的共有和共同管理的权利一并转让。

第二百七十四条　【建筑区划内的道路、绿地等场所和设施属于业主共有财产】建筑区划内的道路，属于业主共有，但是属于城镇公共道路的除外。建筑区划内的绿地，属于业主共有，但是属于城镇公共绿地或者明示属于个人的除外。建筑区划内的其他公共场所、公用设施和物业服务用房，属于业主共有。

第二百七十五条　【车位、车库的归属规则】建筑区划内，规划用于停放汽车的车位、车库的归属，由当事人通过出售、附赠或者出租等方式约定。

占用业主共有的道路或者其他场地用于停放汽车的车位，属于业主共有。

第二百七十六条　【车位、车库优先满足业主需求】建筑区划内，规划用于停放汽车的车位、车库应当首先满足业主的需要。

第二百七十七条　【设立业主大会和选举业主委员会】业主可以设立业主大会，选举业主委员会。业主大会、业主委员会成立的具体条件和程序，依照法律、法规的规定。

地方人民政府有关部门、居民委员会应当对设立业主大会和选举业主委员会给予指导和协助。

第二百七十八条　【由业主共同决定的事项以及表决规则】下列事项由业主共同决定：

（一）制定和修改业主大会议事规则；

（二）制定和修改管理规约；

（三）选举业主委员会或者更换业主委员会成员；

（四）选聘和解聘物业服务企业或者其他管理人；

（五）使用建筑物及其附属设施的维修资金；

（六）筹集建筑物及其附属设施的维修资金；

（七）改建、重建建筑物及其附属设施；

（八）改变共有部分的用途或者利用共有部分从事经营活动；

（九）有关共有和共同管理权利的其他重大事项。

业主共同决定事项，应当由专有部分面积占比三分之二以上的业主且人数占比三分之二以上的业主参与表决。决定前款第六项至第八项规定的事项，应当经参与表决专有部分面积四分之三以上的业主且参与表决人数四分之三以上的业主同意。决定前款其他事项，应当经参与表决专有部分面积过半数的业主且参与表决人数过半数的业主同意。

第二百七十九条　【业主将住宅转变为经营性用房应当遵循的规则】业主不得违反法律、法规以及管理规约，将住宅改变为经营性用房。业主将住宅改变为经营性用房的，除遵守法律、法规以及管理规约外，应当经有利害关系的业主一致同意。

第二百八十条　【业主大会、业主委员会决定的效力】业主大会或者业主委员会的决定，对业主具有法律约束力。

业主大会或者业主委员会作出的决定侵害业主合法权益的，受侵害的业主可以请求人民法院予以撤销。

第二百八十一条　【建筑物及其附属设施维修资金的归属和处

分】建筑物及其附属设施的维修资金，属于业主共有。经业主共同决定，可以用于电梯、屋顶、外墙、无障碍设施等共有部分的维修、更新和改造。建筑物及其附属设施的维修资金的筹集、使用情况应当定期公布。

紧急情况下需要维修建筑物及其附属设施的，业主大会或者业主委员会可以依法申请使用建筑物及其附属设施的维修资金。

第二百八十二条 【业主共有部分产生收入的归属】建设单位、物业服务企业或者其他管理人等利用业主的共有部分产生的收入，在扣除合理成本之后，属于业主共有。

第二百八十三条 【建筑物及其附属设施的费用分摊和收益分配确定规则】建筑物及其附属设施的费用分摊、收益分配等事项，有约定的，按照约定；没有约定或者约定不明确的，按照业主专有部分面积所占比例确定。

第二百八十四条 【建筑物及其附属设施的管理】业主可以自行管理建筑物及其附属设施，也可以委托物业服务企业或者其他管理人管理。

对建设单位聘请的物业服务企业或者其他管理人，业主有权依法更换。

第二百八十五条 【物业服务企业或其他接受业主委托的管理人的管理义务】物业服务企业或者其他管理人根据业主的委托，依照本法第三编有关物业服务合同的规定管理建筑区划内的建筑物及其附属设施，接受业主的监督，并及时答复业主对物业服务情况提出的询问。

物业服务企业或者其他管理人应当执行政府依法实施的应急处置措施和其他管理措施，积极配合开展相关工作。

第二百八十六条 【业主守法义务和业主大会与业主委员会职责】业主应当遵守法律、法规以及管理规约，相关行为应当符合节约资源、保护生态环境的要求。对于物业服务企业或者其他管理人执行政府依法实施的应急处置措施和其他管理措施，业主应当依法予以配合。

业主大会或者业主委员会，对任意弃置垃圾、排放污染物或者噪声、违反规定饲养动物、违章搭建、侵占通道、拒付物业费等损害他人合法权益的行为，有权依照法律、法规以及管理规约，请求行为人停止侵害、排除妨碍、消除危险、恢复原状、赔偿损失。

业主或者其他行为人拒不履行相关义务的，有关当事人可以向有关行政主管部门报告或者投诉，有关行政主管部门应当依法处理。

第二百八十七条 【业主请求权】业主对建设单位、物业服务企业或者其他管理人以及其他业主侵害自己合法权益的行为，有权请求其承担民事责任。

第七章 相邻关系

第二百八十八条 【处理相邻关系的原则】不动产的相邻权利人应当按照有利生产、方便生活、团结互助、公平合理的原则，正确处理相邻关系。

第二百八十九条 【处理相邻关系的依据】法律、法规对处理相邻关系有规定的，依照其规定；法律、法规没有规定的，可以按照当地习惯。

第二百九十条 【相邻用水、排水、流水关系】不动产权利人应当为相邻权利人用水、排水提供必要的便利。

对自然流水的利用，应当在不动产的相邻权利人之间合理分配。对自然流水的排放，应当尊重自然流向。

第二百九十一条 【相邻关系中的通行权】不动产权利人对相邻权利人因通行等必须利用其土地的，应当提供必要的便利。

第二百九十二条 【相邻土地的利用】不动产权利人因建造、修缮建筑物以及铺设电线、电缆、水管、暖气和燃气管线等必须利用相邻土地、建筑物的，该土地、建筑物的权利人应当提供必要的便利。

第二百九十三条　【相邻建筑物通风、采光、日照】建造建筑物，不得违反国家有关工程建设标准，不得妨碍相邻建筑物的通风、采光和日照。

第二百九十四条　【相邻不动产之间不得排放、施放污染物】不动产权利人不得违反国家规定弃置固体废物，排放大气污染物、水污染物、土壤污染物、噪声、光辐射、电磁辐射等有害物质。

第二百九十五条　【维护相邻不动产安全】不动产权利人挖掘土地、建造建筑物、铺设管线以及安装设备等，不得危及相邻不动产的安全。

第二百九十六条　【相邻权的限度】不动产权利人因用水、排水、通行、铺设管线等利用相邻不动产的，应当尽量避免对相邻的不动产权利人造成损害。

第八章　共　　有

第二百九十七条　【共有及其形式】不动产或者动产可以由两个以上组织、个人共有。共有包括按份共有和共同共有。

第二百九十八条　【按份共有】按份共有人对共有的不动产或者动产按照其份额享有所有权。

第二百九十九条　【共同共有】共同共有人对共有的不动产或者动产共同享有所有权。

第三百条　【共有物的管理】共有人按照约定管理共有的不动产或者动产；没有约定或者约定不明确的，各共有人都有管理的权利和义务。

第三百零一条　【共有人对共有财产重大事项的表决权规则】处分共有的不动产或者动产以及对共有的不动产或者动产作重大修缮、变更性质或者用途的，应当经占份额三分之二以上的按份共有人或者全体共同共有人同意，但是共有人之间另有约定的除外。

第三百零二条　【共有物管理费用的分担规则】共有人对共有物的管理费用以及其他负担，有约定的，按照其约定；没有约定或者约定不明确的，按份共有人按照其份额负担，共同共有人共同负担。

第三百零三条　【共有物的分割规则】共有人约定不得分割共有的不动产或者动产，以维持共有关系的，应当按照约定，但是共有人有重大理由需要分割的，可以请求分割；没有约定或者约定不明确的，按份共有人可以随时请求分割，共同共有人在共有的基础丧失或者有重大理由需要分割时可以请求分割。因分割造成其他共有人损害的，应当给予赔偿。

第三百零四条　【共有物分割的方式】共有人可以协商确定分割方式。达不成协议，共有的不动产或者动产可以分割且不会因分割减损价值的，应当对实物予以分割；难以分割或者因分割会减损价值的，应当对折价或者拍卖、变卖取得的价款予以分割。

共有人分割所得的不动产或者动产有瑕疵的，其他共有人应当分担损失。

第三百零五条　【按份共有人的优先购买权】按份共有人可以转让其享有的共有的不动产或者动产份额。其他共有人在同等条件下享有优先购买的权利。

第三百零六条　【按份共有人行使优先购买权的规则】按份共有人转让其享有的共有的不动产或者动产份额的，应当将转让条件及时通知其他共有人。其他共有人应当在合理期限内行使优先购买权。

两个以上其他共有人主张行使优先购买权的，协商确定各自的购买比例；协商不成的，按照转让时各自的共有份额比例行使优先购买权。

第三百零七条　【因共有产生的债权债务承担规则】因共有的

不动产或者动产产生的债权债务，在对外关系上，共有人享有连带债权、承担连带债务，但是法律另有规定或者第三人知道共有人不具有连带债权债务关系的除外；在共有人内部关系上，除共有人另有约定外，按份共有人按照份额享有债权、承担债务，共同共有人共同享有债权、承担债务。偿还债务超过自己应当承担份额的按份共有人，有权向其他共有人追偿。

第三百零八条 【共有关系不明时对共有关系性质的推定】共有人对共有的不动产或者动产没有约定为按份共有或者共同共有，或者约定不明确的，除共有人具有家庭关系等外，视为按份共有。

第三百零九条 【按份共有人份额不明时份额的确定】按份共有人对共有的不动产或者动产享有的份额，没有约定或者约定不明确的，按照出资额确定；不能确定出资额的，视为等额享有。

第三百一十条 【准共有】两个以上组织、个人共同享有用益物权、担保物权的，参照适用本章的有关规定。

第九章 所有权取得的特别规定

第三百一十一条 【善意取得】无处分权人将不动产或者动产转让给受让人的，所有权人有权追回；除法律另有规定外，符合下列情形的，受让人取得该不动产或者动产的所有权：

（一）受让人受让该不动产或者动产时是善意；

（二）以合理的价格转让；

（三）转让的不动产或者动产依照法律规定应当登记的已经登记，不需要登记的已经交付给受让人。

受让人依据前款规定取得不动产或者动产的所有权的，原所有权人有权向无处分权人请求损害赔偿。

当事人善意取得其他物权的，参照适用前两款规定。

第三百一十二条 【遗失物的善意取得】所有权人或者其他权

利人有权追回遗失物。该遗失物通过转让被他人占有的，权利人有权向无处分权人请求损害赔偿，或者自知道或者应当知道受让人之日起二年内向受让人请求返还原物；但是，受让人通过拍卖或者向具有经营资格的经营者购得该遗失物的，权利人请求返还原物时应当支付受让人所付的费用。权利人向受让人支付所付费用后，有权向无处分权人追偿。

第三百一十三条　【善意取得的动产上原有的权利负担消灭及其例外】善意受让人取得动产后，该动产上的原有权利消灭。但是，善意受让人在受让时知道或者应当知道该权利的除外。

第三百一十四条　【拾得遗失物的返还】拾得遗失物，应当返还权利人。拾得人应当及时通知权利人领取，或者送交公安等有关部门。

第三百一十五条　【有关部门收到遗失物的处理】有关部门收到遗失物，知道权利人的，应当及时通知其领取；不知道的，应当及时发布招领公告。

第三百一十六条　【遗失物的妥善保管义务】拾得人在遗失物送交有关部门前，有关部门在遗失物被领取前，应当妥善保管遗失物。因故意或者重大过失致使遗失物毁损、灭失的，应当承担民事责任。

第三百一十七条　【权利人领取遗失物时的费用支付义务】权利人领取遗失物时，应当向拾得人或者有关部门支付保管遗失物等支出的必要费用。

权利人悬赏寻找遗失物的，领取遗失物时应当按照承诺履行义务。

拾得人侵占遗失物的，无权请求保管遗失物等支出的费用，也无权请求权利人按照承诺履行义务。

第三百一十八条　【无人认领的遗失物的处理规则】遗失物自发布招领公告之日起一年内无人认领的，归国家所有。

第三百一十九条 【拾得漂流物、埋藏物或者隐藏物】拾得漂流物、发现埋藏物或者隐藏物的，参照适用拾得遗失物的有关规定。法律另有规定的，依照其规定。

第三百二十条 【从物随主物转让规则】主物转让的，从物随主物转让，但是当事人另有约定的除外。

第三百二十一条 【孳息的归属】天然孳息，由所有权人取得；既有所有权人又有用益物权人的，由用益物权人取得。当事人另有约定的，按照其约定。

法定孳息，当事人有约定的，按照约定取得；没有约定或者约定不明确的，按照交易习惯取得。

第三百二十二条 【添附】因加工、附合、混合而产生的物的归属，有约定的，按照约定；没有约定或者约定不明确的，依照法律规定；法律没有规定的，按照充分发挥物的效用以及保护无过错当事人的原则确定。因一方当事人的过错或者确定物的归属造成另一方当事人损害的，应当给予赔偿或者补偿。

第三分编 用益物权

第十章 一般规定

第三百二十三条 【用益物权的定义】用益物权人对他人所有的不动产或者动产，依法享有占有、使用和收益的权利。

第三百二十四条 【国家和集体所有的自然资源的使用规则】国家所有或者国家所有由集体使用以及法律规定属于集体所有的自然资源，组织、个人依法可以占有、使用和收益。

第三百二十五条 【自然资源有偿使用制度】国家实行自然资源有偿使用制度，但是法律另有规定的除外。

第三百二十六条 【用益物权的行使规范】用益物权人行使权利，应当遵守法律有关保护和合理开发利用资源、保护生态环境的规定。所有权人不得干涉用益物权人行使权利。

第三百二十七条 【被征收、征用时用益物权人的补偿请求权】因不动产或者动产被征收、征用致使用益物权消灭或者影响用益物权行使的，用益物权人有权依据本法第二百四十三条、第二百四十五条的规定获得相应补偿。

第三百二十八条 【海域使用权】依法取得的海域使用权受法律保护。

第三百二十九条 【特许物权依法保护】依法取得的探矿权、采矿权、取水权和使用水域、滩涂从事养殖、捕捞的权利受法律保护。

第十一章 土地承包经营权

第三百三十条 【农村土地承包经营】农村集体经济组织实行家庭承包经营为基础、统分结合的双层经营体制。

农民集体所有和国家所有由农民集体使用的耕地、林地、草地以及其他用于农业的土地，依法实行土地承包经营制度。

第三百三十一条 【土地承包经营权内容】土地承包经营权人依法对其承包经营的耕地、林地、草地等享有占有、使用和收益的权利，有权从事种植业、林业、畜牧业等农业生产。

第三百三十二条 【土地的承包期限】耕地的承包期为三十年。草地的承包期为三十年至五十年。林地的承包期为三十年至七十年。

前款规定的承包期限届满，由土地承包经营权人依照农村土地承包的法律规定继续承包。

第三百三十三条 【土地承包经营权的设立与登记】土地承包经营权自土地承包经营权合同生效时设立。

登记机构应当向土地承包经营权人发放土地承包经营权证、林权证等证书，并登记造册，确认土地承包经营权。

第三百三十四条 **【土地承包经营权的互换、转让】** 土地承包经营权人依照法律规定，有权将土地承包经营权互换、转让。未经依法批准，不得将承包地用于非农建设。

第三百三十五条 **【土地承包经营权流转的登记对抗主义】** 土地承包经营权互换、转让的，当事人可以向登记机构申请登记；未经登记，不得对抗善意第三人。

第三百三十六条 **【承包地的调整】** 承包期内发包人不得调整承包地。

因自然灾害严重毁损承包地等特殊情形，需要适当调整承包的耕地和草地的，应当依照农村土地承包的法律规定办理。

第三百三十七条 **【承包地的收回】** 承包期内发包人不得收回承包地。法律另有规定的，依照其规定。

第三百三十八条 **【征收承包地的补偿规则】** 承包地被征收的，土地承包经营权人有权依据本法第二百四十三条的规定获得相应补偿。

第三百三十九条 **【土地经营权的流转】** 土地承包经营权人可以自主决定依法采取出租、入股或者其他方式向他人流转土地经营权。

第三百四十条 **【土地经营权人的基本权利】** 土地经营权人有权在合同约定的期限内占有农村土地，自主开展农业生产经营并取得收益。

第三百四十一条 **【土地经营权的设立与登记】** 流转期限为五年以上的土地经营权，自流转合同生效时设立。当事人可以向登记机构申请土地经营权登记；未经登记，不得对抗善意第三人。

第三百四十二条 **【以其他方式承包取得的土地经营权流转】** 通过招标、拍卖、公开协商等方式承包农村土地，经依法登记取得权属证书的，可以依法采取出租、入股、抵押或者其他方式流转土地经营权。

第三百四十三条 【国有农用地承包经营的法律适用】国家所有的农用地实行承包经营的，参照适用本编的有关规定。

第十二章 建设用地使用权

第三百四十四条 【建设用地使用权的概念】建设用地使用权人依法对国家所有的土地享有占有、使用和收益的权利，有权利用该土地建造建筑物、构筑物及其附属设施。

第三百四十五条 【建设用地使用权的分层设立】建设用地使用权可以在土地的地表、地上或者地下分别设立。

第三百四十六条 【建设用地使用权的设立原则】设立建设用地使用权，应当符合节约资源、保护生态环境的要求，遵守法律、行政法规关于土地用途的规定，不得损害已经设立的用益物权。

第三百四十七条 【建设用地使用权的出让方式】设立建设用地使用权，可以采取出让或者划拨等方式。

工业、商业、旅游、娱乐和商品住宅等经营性用地以及同一土地有两个以上意向用地者的，应当采取招标、拍卖等公开竞价的方式出让。

严格限制以划拨方式设立建设用地使用权。

第三百四十八条 【建设用地使用权出让合同】通过招标、拍卖、协议等出让方式设立建设用地使用权的，当事人应当采用书面形式订立建设用地使用权出让合同。

建设用地使用权出让合同一般包括下列条款：

（一）当事人的名称和住所；

（二）土地界址、面积等；

（三）建筑物、构筑物及其附属设施占用的空间；

（四）土地用途、规划条件；

（五）建设用地使用权期限；

（六）出让金等费用及其支付方式；

（七）解决争议的方法。

第三百四十九条 **【建设用地使用权的登记】**设立建设用地使用权的，应当向登记机构申请建设用地使用权登记。建设用地使用权自登记时设立。登记机构应当向建设用地使用权人发放权属证书。

第三百五十条 **【土地用途限定规则】**建设用地使用权人应当合理利用土地，不得改变土地用途；需要改变土地用途的，应当依法经有关行政主管部门批准。

第三百五十一条 **【建设用地使用权人支付出让金等费用的义务】**建设用地使用权人应当依照法律规定以及合同约定支付出让金等费用。

第三百五十二条 **【建设用地使用权人建造的建筑物、构筑物及其附属设施的归属】**建设用地使用权人建造的建筑物、构筑物及其附属设施的所有权属于建设用地使用权人，但是有相反证据证明的除外。

第三百五十三条 **【建设用地使用权的流转方式】**建设用地使用权人有权将建设用地使用权转让、互换、出资、赠与或者抵押，但是法律另有规定的除外。

第三百五十四条 **【建设用地使用权流转的合同形式和期限】**建设用地使用权转让、互换、出资、赠与或者抵押的，当事人应当采用书面形式订立相应的合同。使用期限由当事人约定，但是不得超过建设用地使用权的剩余期限。

第三百五十五条 **【建设用地使用权流转登记】**建设用地使用权转让、互换、出资或者赠与的，应当向登记机构申请变更登记。

第三百五十六条 **【建设用地使用权流转之房随地走】**建设用地使用权转让、互换、出资或者赠与的，附着于该土地上的建筑物、构筑物及其附属设施一并处分。

第三百五十七条 **【建设用地使用权流转之地随房走】**建筑

物、构筑物及其附属设施转让、互换、出资或者赠与的，该建筑物、构筑物及其附属设施占用范围内的建设用地使用权一并处分。

第三百五十八条 【建设用地使用权的提前收回及其补偿】建设用地使用权期限届满前，因公共利益需要提前收回该土地的，应当依据本法第二百四十三条的规定对该土地上的房屋以及其他不动产给予补偿，并退还相应的出让金。

第三百五十九条 【建设用地使用权期限届满的处理规则】住宅建设用地使用权期限届满的，自动续期。续期费用的缴纳或者减免，依照法律、行政法规的规定办理。

非住宅建设用地使用权期限届满后的续期，依照法律规定办理。该土地上的房屋以及其他不动产的归属，有约定的，按照约定；没有约定或者约定不明确的，依照法律、行政法规的规定办理。

第三百六十条 【建设用地使用权注销登记】建设用地使用权消灭的，出让人应当及时办理注销登记。登记机构应当收回权属证书。

第三百六十一条 【集体土地作为建设用地的法律适用】集体所有的土地作为建设用地的，应当依照土地管理的法律规定办理。

第十三章 宅基地使用权

第三百六十二条 【宅基地使用权内容】宅基地使用权人依法对集体所有的土地享有占有和使用的权利，有权依法利用该土地建造住宅及其附属设施。

第三百六十三条 【宅基地使用权的法律适用】宅基地使用权的取得、行使和转让，适用土地管理的法律和国家有关规定。

第三百六十四条 【宅基地灭失后的重新分配】宅基地因自然灾害等原因灭失的，宅基地使用权消灭。对失去宅基地的村民，应当依法重新分配宅基地。

第三百六十五条 【宅基地使用权的变更登记与注销登记】已经登记的宅基地使用权转让或者消灭的，应当及时办理变更登记或者注销登记。

第十四章 居 住 权

第三百六十六条 【居住权的定义】居住权人有权按照合同约定，对他人的住宅享有占有、使用的用益物权，以满足生活居住的需要。

第三百六十七条 【居住权合同】设立居住权，当事人应当采用书面形式订立居住权合同。

居住权合同一般包括下列条款：

（一）当事人的姓名或者名称和住所；

（二）住宅的位置；

（三）居住的条件和要求；

（四）居住权期限；

（五）解决争议的方法。

第三百六十八条 【居住权的设立】居住权无偿设立，但是当事人另有约定的除外。设立居住权的，应当向登记机构申请居住权登记。居住权自登记时设立。

第三百六十九条 【居住权的限制性规定及例外】居住权不得转让、继承。设立居住权的住宅不得出租，但是当事人另有约定的除外。

第三百七十条 【居住权的消灭】居住权期限届满或者居住权人死亡的，居住权消灭。居住权消灭的，应当及时办理注销登记。

第三百七十一条 【以遗嘱设立居住权的法律适用】以遗嘱方式设立居住权的，参照适用本章的有关规定。

第十五章 地 役 权

第三百七十二条 【地役权的定义】地役权人有权按照合同约定，利用他人的不动产，以提高自己的不动产的效益。

前款所称他人的不动产为供役地，自己的不动产为需役地。

第三百七十三条 【地役权合同】设立地役权，当事人应当采用书面形式订立地役权合同。

地役权合同一般包括下列条款：

（一）当事人的姓名或者名称和住所；

（二）供役地和需役地的位置；

（三）利用目的和方法；

（四）地役权期限；

（五）费用及其支付方式；

（六）解决争议的方法。

第三百七十四条 【地役权的设立与登记】地役权自地役权合同生效时设立。当事人要求登记的，可以向登记机构申请地役权登记；未经登记，不得对抗善意第三人。

第三百七十五条 【供役地权利人的义务】供役地权利人应当按照合同约定，允许地役权人利用其不动产，不得妨害地役权人行使权利。

第三百七十六条 【地役权人的义务】地役权人应当按照合同约定的利用目的和方法利用供役地，尽量减少对供役地权利人物权的限制。

第三百七十七条 【地役权的期限】地役权期限由当事人约定；但是，不得超过土地承包经营权、建设用地使用权等用益物权的剩余期限。

第三百七十八条 【在享有或者负担地役权的土地上设立用益物权的规则】土地所有权人享有地役权或者负担地役权的，设立土地承包经营权、宅基地使用权等用益物权时，该用益物权人继续享有或者负担已经设立的地役权。

第三百七十九条 【土地所有权人在已设立用益物权的土地上设立地役权的规则】土地上已经设立土地承包经营权、建设用地使用权、宅基地使用权等用益物权的，未经用益物权人同意，土地所有权人不得设立地役权。

第三百八十条 【地役权的转让规则】地役权不得单独转让。土地承包经营权、建设用地使用权等转让的，地役权一并转让，但是合同另有约定的除外。

第三百八十一条 【地役权不得单独抵押】地役权不得单独抵押。土地经营权、建设用地使用权等抵押的，在实现抵押权时，地役权一并转让。

第三百八十二条 【需役地部分转让效果】需役地以及需役地上的土地承包经营权、建设用地使用权等部分转让时，转让部分涉及地役权的，受让人同时享有地役权。

第三百八十三条 【供役地部分转让效果】供役地以及供役地上的土地承包经营权、建设用地使用权等部分转让时，转让部分涉及地役权的，地役权对受让人具有法律约束力。

第三百八十四条 【供役地权利人解除权】地役权人有下列情形之一的，供役地权利人有权解除地役权合同，地役权消灭：

（一）违反法律规定或者合同约定，滥用地役权；

（二）有偿利用供役地，约定的付款期限届满后在合理期限内经两次催告未支付费用。

第三百八十五条 【地役权变动后的登记】已经登记的地役权变更、转让或者消灭的，应当及时办理变更登记或者注销登记。

第四分编 担保物权

第十六章 一般规定

第三百八十六条 【担保物权的定义】担保物权人在债务人不履行到期债务或者发生当事人约定的实现担保物权的情形，依法享有就担保财产优先受偿的权利，但是法律另有规定的除外。

第三百八十七条 【担保物权适用范围及反担保】债权人在借贷、买卖等民事活动中，为保障实现其债权，需要担保的，可以依照本法和其他法律的规定设立担保物权。

第三人为债务人向债权人提供担保的，可以要求债务人提供反担保。反担保适用本法和其他法律的规定。

第三百八十八条 【担保合同及其与主合同的关系】设立担保物权，应当依照本法和其他法律的规定订立担保合同。担保合同包括抵押合同、质押合同和其他具有担保功能的合同。担保合同是主债权债务合同的从合同。主债权债务合同无效的，担保合同无效，但是法律另有规定的除外。

担保合同被确认无效后，债务人、担保人、债权人有过错的，应当根据其过错各自承担相应的民事责任。

第三百八十九条 【担保范围】担保物权的担保范围包括主债权及其利息、违约金、损害赔偿金、保管担保财产和实现担保物权的费用。当事人另有约定的，按照其约定。

第三百九十条 【担保物权的物上代位性】担保期间，担保财产毁损、灭失或者被征收等，担保物权人可以就获得的保险金、赔偿金或者补偿金等优先受偿。被担保债权的履行期限未届满的，也可以提存该保险金、赔偿金或者补偿金等。

第三百九十一条 【债务转让对担保物权的效力】第三人提供担保，未经其书面同意，债权人允许债务人转移全部或者部分债务的，担保人不再承担相应的担保责任。

第三百九十二条　【人保和物保并存时的处理规则】被担保的债权既有物的担保又有人的担保的，债务人不履行到期债务或者发生当事人约定的实现担保物权的情形，债权人应当按照约定实现债权；没有约定或者约定不明确，债务人自己提供物的担保的，债权人应当先就该物的担保实现债权；第三人提供物的担保的，债权人可以就物的担保实现债权，也可以请求保证人承担保证责任。提供担保的第三人承担担保责任后，有权向债务人追偿。

第三百九十三条　【担保物权消灭的情形】有下列情形之一的，担保物权消灭：

（一）主债权消灭；

（二）担保物权实现；

（三）债权人放弃担保物权；

（四）法律规定担保物权消灭的其他情形。

第十七章　抵　押　权

第一节　一般抵押权

第三百九十四条　【抵押权的定义】为担保债务的履行，债务人或者第三人不转移财产的占有，将该财产抵押给债权人的，债务人不履行到期债务或者发生当事人约定的实现抵押权的情形，债权人有权就该财产优先受偿。

前款规定的债务人或者第三人为抵押人，债权人为抵押权人，提供担保的财产为抵押财产。

第三百九十五条　【可抵押财产的范围】债务人或者第三人有权处分的下列财产可以抵押：

（一）建筑物和其他土地附着物；

（二）建设用地使用权；

（三）海域使用权；

（四）生产设备、原材料、半成品、产品；

（五）正在建造的建筑物、船舶、航空器；

（六）交通运输工具；

（七）法律、行政法规未禁止抵押的其他财产。

抵押人可以将前款所列财产一并抵押。

第三百九十六条 【浮动抵押】企业、个体工商户、农业生产经营者可以将现有的以及将有的生产设备、原材料、半成品、产品抵押，债务人不履行到期债务或者发生当事人约定的实现抵押权的情形，债权人有权就抵押财产确定时的动产优先受偿。

第三百九十七条 【建筑物和相应的建设用地使用权一并抵押规则】以建筑物抵押的，该建筑物占用范围内的建设用地使用权一并抵押。以建设用地使用权抵押的，该土地上的建筑物一并抵押。

抵押人未依据前款规定一并抵押的，未抵押的财产视为一并抵押。

第三百九十八条 【乡镇、村企业的建设用地使用权与房屋一并抵押规则】乡镇、村企业的建设用地使用权不得单独抵押。以乡镇、村企业的厂房等建筑物抵押的，其占用范围内的建设用地使用权一并抵押。

第三百九十九条 【禁止抵押的财产范围】下列财产不得抵押：

（一）土地所有权；

（二）宅基地、自留地、自留山等集体所有土地的使用权，但是法律规定可以抵押的除外；

（三）学校、幼儿园、医疗机构等为公益目的成立的非营利法人的教育设施、医疗卫生设施和其他公益设施；

（四）所有权、使用权不明或者有争议的财产；

（五）依法被查封、扣押、监管的财产；

（六）法律、行政法规规定不得抵押的其他财产。

第四百条　【**抵押合同**】设立抵押权，当事人应当采用书面形式订立抵押合同。

抵押合同一般包括下列条款：

（一）被担保债权的种类和数额；

（二）债务人履行债务的期限；

（三）抵押财产的名称、数量等情况；

（四）担保的范围。

第四百零一条　【**流押条款的效力**】抵押权人在债务履行期限届满前，与抵押人约定债务人不履行到期债务时抵押财产归债权人所有的，只能依法就抵押财产优先受偿。

第四百零二条　【**不动产抵押登记**】以本法第三百九十五条第一款第一项至第三项规定的财产或者第五项规定的正在建造的建筑物抵押的，应当办理抵押登记。抵押权自登记时设立。

第四百零三条　【**动产抵押的效力**】以动产抵押的，抵押权自抵押合同生效时设立；未经登记，不得对抗善意第三人。

第四百零四条　【**动产抵押权对抗效力的限制**】以动产抵押的，不得对抗正常经营活动中已经支付合理价款并取得抵押财产的买受人。

第四百零五条　【**抵押权和租赁权的关系**】抵押权设立前，抵押财产已经出租并转移占有的，原租赁关系不受该抵押权的影响。

第四百零六条　【**抵押期间抵押财产转让应当遵循的规则**】抵押期间，抵押人可以转让抵押财产。当事人另有约定的，按照其约定。抵押财产转让的，抵押权不受影响。

抵押人转让抵押财产的，应当及时通知抵押权人。抵押权人能够证明抵押财产转让可能损害抵押权的，可以请求抵押人将转让所得的价款向抵押权人提前清偿债务或者提存。转让的价款超过债权数额的部分归抵押人所有，不足部分由债务人清偿。

第四百零七条 【抵押权的从属性】抵押权不得与债权分离而单独转让或者作为其他债权的担保。债权转让的，担保该债权的抵押权一并转让，但是法律另有规定或者当事人另有约定的除外。

第四百零八条 【抵押财产价值减少时抵押权人的保护措施】抵押人的行为足以使抵押财产价值减少的，抵押权人有权请求抵押人停止其行为；抵押财产价值减少的，抵押权人有权请求恢复抵押财产的价值，或者提供与减少的价值相应的担保。抵押人不恢复抵押财产的价值，也不提供担保的，抵押权人有权请求债务人提前清偿债务。

第四百零九条 【抵押权人放弃抵押权或抵押权顺位的法律后果】抵押权人可以放弃抵押权或者抵押权的顺位。抵押权人与抵押人可以协议变更抵押权顺位以及被担保的债权数额等内容。但是，抵押权的变更未经其他抵押权人书面同意的，不得对其他抵押权人产生不利影响。

债务人以自己的财产设定抵押，抵押权人放弃该抵押权、抵押权顺位或者变更抵押权的，其他担保人在抵押权人丧失优先受偿权益的范围内免除担保责任，但是其他担保人承诺仍然提供担保的除外。

第四百一十条 【抵押权实现的方式和程序】债务人不履行到期债务或者发生当事人约定的实现抵押权的情形，抵押权人可以与抵押人协议以抵押财产折价或者以拍卖、变卖该抵押财产所得的价款优先受偿。协议损害其他债权人利益的，其他债权人可以请求人民法院撤销该协议。

抵押权人与抵押人未就抵押权实现方式达成协议的，抵押权人可以请求人民法院拍卖、变卖抵押财产。

抵押财产折价或者变卖的，应当参照市场价格。

第四百一十一条 【浮动抵押财产的确定】依据本法第三百九

十六条规定设定抵押的，抵押财产自下列情形之一发生时确定：

（一）债务履行期限届满，债权未实现；

（二）抵押人被宣告破产或者解散；

（三）当事人约定的实现抵押权的情形；

（四）严重影响债权实现的其他情形。

第四百一十二条　【抵押财产孳息归属】债务人不履行到期债务或者发生当事人约定的实现抵押权的情形，致使抵押财产被人民法院依法扣押的，自扣押之日起，抵押权人有权收取该抵押财产的天然孳息或者法定孳息，但是抵押权人未通知应当清偿法定孳息义务人的除外。

前款规定的孳息应当先充抵收取孳息的费用。

第四百一十三条　【抵押财产变价款的归属原则】抵押财产折价或者拍卖、变卖后，其价款超过债权数额的部分归抵押人所有，不足部分由债务人清偿。

第四百一十四条　【同一财产上多个抵押权的效力顺序】同一财产向两个以上债权人抵押的，拍卖、变卖抵押财产所得的价款依照下列规定清偿：

（一）抵押权已经登记的，按照登记的时间先后确定清偿顺序；

（二）抵押权已经登记的先于未登记的受偿；

（三）抵押权未登记的，按照债权比例清偿。

其他可以登记的担保物权，清偿顺序参照适用前款规定。

第四百一十五条　【既有抵押权又有质权的财产的清偿顺序】同一财产既设立抵押权又设立质权的，拍卖、变卖该财产所得的价款按照登记、交付的时间先后确定清偿顺序。

第四百一十六条　【买卖价款抵押权】动产抵押担保的主债权是抵押物的价款，标的物交付后十日内办理抵押登记的，该抵押权人优先于抵押物买受人的其他担保物权人受偿，但是留置权人除外。

第四百一十七条 【抵押权对新增建筑物的效力】建设用地使用权抵押后，该土地上新增的建筑物不属于抵押财产。该建设用地使用权实现抵押权时，应当将该土地上新增的建筑物与建设用地使用权一并处分。但是，新增建筑物所得的价款，抵押权人无权优先受偿。

第四百一十八条 【集体所有土地使用权抵押权的实现效果】以集体所有土地的使用权依法抵押的，实现抵押权后，未经法定程序，不得改变土地所有权的性质和土地用途。

第四百一十九条 【抵押权的存续期间】抵押权人应当在主债权诉讼时效期间行使抵押权；未行使的，人民法院不予保护。

第二节 最高额抵押权

第四百二十条 【最高额抵押规则】为担保债务的履行，债务人或者第三人对一定期间内将要连续发生的债权提供担保财产的，债务人不履行到期债务或者发生当事人约定的实现抵押权的情形，抵押权人有权在最高债权额限度内就该担保财产优先受偿。

最高额抵押权设立前已经存在的债权，经当事人同意，可以转入最高额抵押担保的债权范围。

第四百二十一条 【最高额抵押权担保的部分债权转让效力】最高额抵押担保的债权确定前，部分债权转让的，最高额抵押权不得转让，但是当事人另有约定的除外。

第四百二十二条 【最高额抵押合同条款变更】最高额抵押担保的债权确定前，抵押权人与抵押人可以通过协议变更债权确定的期间、债权范围以及最高债权额。但是，变更的内容不得对其他抵押权人产生不利影响。

第四百二十三条 【最高额抵押所担保债权的确定事由】有下列情形之一的，抵押权人的债权确定：

（一）约定的债权确定期间届满；

（二）没有约定债权确定期间或者约定不明确，抵押权人或者抵押人自最高额抵押权设立之日起满二年后请求确定债权；

（三）新的债权不可能发生；

（四）抵押权人知道或者应当知道抵押财产被查封、扣押；

（五）债务人、抵押人被宣告破产或者解散；

（六）法律规定债权确定的其他情形。

第四百二十四条 【最高额抵押的法律适用】最高额抵押权除适用本节规定外，适用本章第一节的有关规定。

第十八章 质　权

第一节　动产质权

第四百二十五条 【动产质权概念】为担保债务的履行，债务人或者第三人将其动产出质给债权人占有的，债务人不履行到期债务或者发生当事人约定的实现质权的情形，债权人有权就该动产优先受偿。

前款规定的债务人或者第三人为出质人，债权人为质权人，交付的动产为质押财产。

第四百二十六条 【禁止出质的动产范围】法律、行政法规禁止转让的动产不得出质。

第四百二十七条 【质押合同形式及内容】设立质权，当事人应当采用书面形式订立质押合同。

质押合同一般包括下列条款：

（一）被担保债权的种类和数额；

（二）债务人履行债务的期限；

（三）质押财产的名称、数量等情况；

（四）担保的范围；

（五）质押财产交付的时间、方式。

第四百二十八条 【流质条款的效力】质权人在债务履行期限届满前，与出质人约定债务人不履行到期债务时质押财产归债权人所有的，只能依法就质押财产优先受偿。

第四百二十九条 【质权的设立】质权自出质人交付质押财产时设立。

第四百三十条 【质权人的孳息收取权】质权人有权收取质押财产的孳息，但是合同另有约定的除外。

前款规定的孳息应当先充抵收取孳息的费用。

第四百三十一条 【质权人对质押财产处分的限制及其法律责任】质权人在质权存续期间，未经出质人同意，擅自使用、处分质押财产，造成出质人损害的，应当承担赔偿责任。

第四百三十二条 【质物保管义务】质权人负有妥善保管质押财产的义务；因保管不善致使质押财产毁损、灭失的，应当承担赔偿责任。

质权人的行为可能使质押财产毁损、灭失的，出质人可以请求质权人将质押财产提存，或者请求提前清偿债务并返还质押财产。

第四百三十三条 【质押财产保全】因不可归责于质权人的事由可能使质押财产毁损或者价值明显减少，足以危害质权人权利的，质权人有权请求出质人提供相应的担保；出质人不提供的，质权人可以拍卖、变卖质押财产，并与出质人协议将拍卖、变卖所得的价款提前清偿债务或者提存。

第四百三十四条 【转质】质权人在质权存续期间，未经出质人同意转质，造成质押财产毁损、灭失的，应当承担赔偿责任。

第四百三十五条 【放弃质权】质权人可以放弃质权。债务人以自己的财产出质，质权人放弃该质权的，其他担保人在质权人丧失优先受偿权益的范围内免除担保责任，但是其他担保人承诺仍然提供担保的除外。

第四百三十六条 【质物返还与质权实现】债务人履行债务或

者出质人提前清偿所担保的债权的，质权人应当返还质押财产。

债务人不履行到期债务或者发生当事人约定的实现质权的情形，质权人可以与出质人协议以质押财产折价，也可以就拍卖、变卖质押财产所得的价款优先受偿。

质押财产折价或者变卖的，应当参照市场价格。

第四百三十七条 【出质人请求质权人及时行使质权】出质人可以请求质权人在债务履行期限届满后及时行使质权；质权人不行使的，出质人可以请求人民法院拍卖、变卖质押财产。

出质人请求质权人及时行使质权，因质权人怠于行使权利造成出质人损害的，由质权人承担赔偿责任。

第四百三十八条 【质押财产变价款归属原则】质押财产折价或者拍卖、变卖后，其价款超过债权数额的部分归出质人所有，不足部分由债务人清偿。

第四百三十九条 【最高额质权】出质人与质权人可以协议设立最高额质权。

最高额质权除适用本节有关规定外，参照适用本编第十七章第二节的有关规定。

第二节 权利质权

第四百四十条 【可出质的权利的范围】债务人或者第三人有权处分的下列权利可以出质：

（一）汇票、本票、支票；

（二）债券、存款单；

（三）仓单、提单；

（四）可以转让的基金份额、股权；

（五）可以转让的注册商标专用权、专利权、著作权等知识产权中的财产权；

（六）现有的以及将有的应收账款；

（七）法律、行政法规规定可以出质的其他财产权利。

第四百四十一条 【**有价证券质权**】以汇票、本票、支票、债券、存款单、仓单、提单出质的，质权自权利凭证交付质权人时设立；没有权利凭证的，质权自办理出质登记时设立。法律另有规定的，依照其规定。

第四百四十二条 【**有价证券质权人行使权利的特别规定**】汇票、本票、支票、债券、存款单、仓单、提单的兑现日期或者提货日期先于主债权到期的，质权人可以兑现或者提货，并与出质人协议将兑现的价款或者提取的货物提前清偿债务或者提存。

第四百四十三条 【**基金份额质权、股权质权**】以基金份额、股权出质的，质权自办理出质登记时设立。

基金份额、股权出质后，不得转让，但是出质人与质权人协商同意的除外。出质人转让基金份额、股权所得的价款，应当向质权人提前清偿债务或者提存。

第四百四十四条 【**知识产权质权**】以注册商标专用权、专利权、著作权等知识产权中的财产权出质的，质权自办理出质登记时设立。

知识产权中的财产权出质后，出质人不得转让或者许可他人使用，但是出质人与质权人协商同意的除外。出质人转让或者许可他人使用出质的知识产权中的财产权所得的价款，应当向质权人提前清偿债务或者提存。

第四百四十五条 【**应收账款质权**】以应收账款出质的，质权自办理出质登记时设立。

应收账款出质后，不得转让，但是出质人与质权人协商同意的除外。出质人转让应收账款所得的价款，应当向质权人提前清偿债务或者提存。

第四百四十六条 【**权利质权的法律适用**】权利质权除适用本节规定外，适用本章第一节的有关规定。

第十九章 留 置 权

第四百四十七条 **【留置权的定义】**债务人不履行到期债务，债权人可以留置已经合法占有的债务人的动产，并有权就该动产优先受偿。

前款规定的债权人为留置权人，占有的动产为留置财产。

第四百四十八条 **【留置财产与债权的关系】**债权人留置的动产，应当与债权属于同一法律关系，但是企业之间留置的除外。

第四百四十九条 **【留置权适用范围的限制性规定】**法律规定或者当事人约定不得留置的动产，不得留置。

第四百五十条 **【可分留置物】**留置财产为可分物的，留置财产的价值应当相当于债务的金额。

第四百五十一条 **【留置权人保管义务】**留置权人负有妥善保管留置财产的义务；因保管不善致使留置财产毁损、灭失的，应当承担赔偿责任。

第四百五十二条 **【留置财产的孳息收取】**留置权人有权收取留置财产的孳息。

前款规定的孳息应当先充抵收取孳息的费用。

第四百五十三条 **【留置权的实现】**留置权人与债务人应当约定留置财产后的债务履行期限；没有约定或者约定不明确的，留置权人应当给债务人六十日以上履行债务的期限，但是鲜活易腐等不易保管的动产除外。债务人逾期未履行的，留置权人可以与债务人协议以留置财产折价，也可以就拍卖、变卖留置财产所得的价款优先受偿。

留置财产折价或者变卖的，应当参照市场价格。

第四百五十四条 **【债务人请求留置权人行使留置权】**债务人可以请求留置权人在债务履行期限届满后行使留置权；留置权人不行使的，债务人可以请求人民法院拍卖、变卖留置财产。

第四百五十五条 **【留置权实现方式】**留置财产折价或者拍卖、变卖后，其价款超过债权数额的部分归债务人所有，不足部分由债务人清偿。

第四百五十六条 **【留置权优先于其他担保物权效力】**同一动产上已经设立抵押权或者质权，该动产又被留置的，留置权人优先受偿。

第四百五十七条 **【留置权消灭】**留置权人对留置财产丧失占有或者留置权人接受债务人另行提供担保的，留置权消灭。

第五分编 占　　有

第二十章 占　　有

第四百五十八条 **【有权占有法律适用】**基于合同关系等产生的占有，有关不动产或者动产的使用、收益、违约责任等，按照合同约定；合同没有约定或者约定不明确的，依照有关法律规定。

第四百五十九条 **【恶意占有人的损害赔偿责任】**占有人因使用占有的不动产或者动产，致使该不动产或者动产受到损害的，恶意占有人应当承担赔偿责任。

第四百六十条 **【权利人的返还请求权和占有人的费用求偿权】**不动产或者动产被占有人占有的，权利人可以请求返还原物及其孳息；但是，应当支付善意占有人因维护该不动产或者动产支出的必要费用。

第四百六十一条 **【占有物毁损或者灭失时占有人的责任】**占有的不动产或者动产毁损、灭失，该不动产或者动产的权利人请求赔偿的，占有人应当将因毁损、灭失取得的保险金、赔偿金或者补偿金等返还给权利人；权利人的损害未得到足够弥补的，恶意占有人还应当赔偿损失。

第四百六十二条 **【占有保护的方法】**占有的不动产或者动产

被侵占的，占有人有权请求返还原物；对妨害占有的行为，占有人有权请求排除妨害或者消除危险；因侵占或者妨害造成损害的，占有人有权依法请求损害赔偿。

占有人返还原物的请求权，自侵占发生之日起一年内未行使的，该请求权消灭。

……

国有土地上房屋征收与补偿条例

（2011 年 1 月 19 日国务院第 141 次常务会议通过 2011 年 1 月 21 日中华人民共和国国务院令第 590 号公布 自公布之日起施行）

第一章 总 则

第一条 【立法目的】为了规范国有土地上房屋征收与补偿活动，维护公共利益，保障被征收房屋所有权人的合法权益，制定本条例。

第二条 【适用范围】为了公共利益的需要，征收国有土地上单位、个人的房屋，应当对被征收房屋所有权人（以下称被征收人）给予公平补偿。

第三条 【基本原则】房屋征收与补偿应当遵循决策民主、程序正当、结果公开的原则。

第四条 【行政管辖】市、县级人民政府负责本行政区域的房屋征收与补偿工作。

市、县级人民政府确定的房屋征收部门（以下称房屋征收部门）组织实施本行政区域的房屋征收与补偿工作。

市、县级人民政府有关部门应当依照本条例的规定和本级人民政府规定的职责分工，互相配合，保障房屋征收与补偿工作的顺利进行。

第五条 【房屋征收实施单位】房屋征收部门可以委托房屋征收实施单位，承担房屋征收与补偿的具体工作。房屋征收实施单位不得以营利为目的。

房屋征收部门对房屋征收实施单位在委托范围内实施的房屋征收与补偿行为负责监督，并对其行为后果承担法律责任。

第六条 【主管部门】上级人民政府应当加强对下级人民政府房屋征收与补偿工作的监督。

国务院住房城乡建设主管部门和省、自治区、直辖市人民政府住房城乡建设主管部门应当会同同级财政、国土资源、发展改革等有关部门，加强对房屋征收与补偿实施工作的指导。

第七条 【举报与监察】任何组织和个人对违反本条例规定的行为，都有权向有关人民政府、房屋征收部门和其他有关部门举报。接到举报的有关人民政府、房屋征收部门和其他有关部门对举报应当及时核实、处理。

监察机关应当加强对参与房屋征收与补偿工作的政府和有关部门或者单位及其工作人员的监察。

第二章 征 收 决 定

第八条 【征收情形】为了保障国家安全、促进国民经济和社会发展等公共利益的需要，有下列情形之一，确需征收房屋的，由市、县级人民政府作出房屋征收决定：

（一）国防和外交的需要；

（二）由政府组织实施的能源、交通、水利等基础设施建设的需要；

（三）由政府组织实施的科技、教育、文化、卫生、体育、环境和资源保护、防灾减灾、文物保护、社会福利、市政公用等公共事业的需要；

（四）由政府组织实施的保障性安居工程建设的需要；

（五）由政府依照城乡规划法有关规定组织实施的对危房集中、基础设施落后等地段进行旧城区改建的需要；

（六）法律、行政法规规定的其他公共利益的需要。

第九条　【征收相关建设的要求】依照本条例第八条规定，确需征收房屋的各项建设活动，应当符合国民经济和社会发展规划、土地利用总体规划、城乡规划和专项规划。保障性安居工程建设、旧城区改建，应当纳入市、县级国民经济和社会发展年度计划。

制定国民经济和社会发展规划、土地利用总体规划、城乡规划和专项规划，应当广泛征求社会公众意见，经过科学论证。

第十条　【征收补偿方案】房屋征收部门拟定征收补偿方案，报市、县级人民政府。

市、县级人民政府应当组织有关部门对征收补偿方案进行论证并予以公布，征求公众意见。征求意见期限不得少于30日。

第十一条　【旧城区改建】市、县级人民政府应当将征求意见情况和根据公众意见修改的情况及时公布。

因旧城区改建需要征收房屋，多数被征收人认为征收补偿方案不符合本条例规定的，市、县级人民政府应当组织由被征收人和公众代表参加的听证会，并根据听证会情况修改方案。

第十二条　【社会稳定风险评估】市、县级人民政府作出房屋征收决定前，应当按照有关规定进行社会稳定风险评估；房屋征收决定涉及被征收人数量较多的，应当经政府常务会议讨论决定。

作出房屋征收决定前，征收补偿费用应当足额到位、专户存储、专款专用。

第十三条　【征收公告】市、县级人民政府作出房屋征收决定后应当及时公告。公告应当载明征收补偿方案和行政复议、行政诉讼权利等事项。

市、县级人民政府及房屋征收部门应当做好房屋征收与补偿的宣传、解释工作。

房屋被依法征收的，国有土地使用权同时收回。

第十四条　【征收复议与诉讼】被征收人对市、县级人民政府作出的房屋征收决定不服的，可以依法申请行政复议，也可以依法提起行政诉讼。

第十五条　【征收调查登记】房屋征收部门应当对房屋征收范围内房屋的权属、区位、用途、建筑面积等情况组织调查登记，被征收人应当予以配合。调查结果应当在房屋征收范围内向被征收人公布。

第十六条　【房屋征收范围确定】房屋征收范围确定后，不得在房屋征收范围内实施新建、扩建、改建房屋和改变房屋用途等不当增加补偿费用的行为；违反规定实施的，不予补偿。

房屋征收部门应当将前款所列事项书面通知有关部门暂停办理相关手续。暂停办理相关手续的书面通知应当载明暂停期限。暂停期限最长不得超过 1 年。

第三章　补　　偿

第十七条　【征收补偿范围】作出房屋征收决定的市、县级人民政府对被征收人给予的补偿包括：

（一）被征收房屋价值的补偿；

（二）因征收房屋造成的搬迁、临时安置的补偿；

（三）因征收房屋造成的停产停业损失的补偿。

市、县级人民政府应当制定补助和奖励办法，对被征收人给予补助和奖励。

第十八条　【涉及住房保障情形的征收】征收个人住宅，被征收人符合住房保障条件的，作出房屋征收决定的市、县级人民政府应当优先给予住房保障。具体办法由省、自治区、直辖市制定。

第十九条 【被征收房屋价值的补偿】对被征收房屋价值的补偿，不得低于房屋征收决定公告之日被征收房屋类似房地产的市场价格。被征收房屋的价值，由具有相应资质的房地产价格评估机构按照房屋征收评估办法评估确定。

对评估确定的被征收房屋价值有异议的，可以向房地产价格评估机构申请复核评估。对复核结果有异议的，可以向房地产价格评估专家委员会申请鉴定。

房屋征收评估办法由国务院住房城乡建设主管部门制定，制定过程中，应当向社会公开征求意见。

第二十条 【房地产价格评估机构】房地产价格评估机构由被征收人协商选定；协商不成的，通过多数决定、随机选定等方式确定，具体办法由省、自治区、直辖市制定。

房地产价格评估机构应当独立、客观、公正地开展房屋征收评估工作，任何单位和个人不得干预。

第二十一条 【产权调换】被征收人可以选择货币补偿，也可以选择房屋产权调换。

被征收人选择房屋产权调换的，市、县级人民政府应当提供用于产权调换的房屋，并与被征收人计算、结清被征收房屋价值与用于产权调换房屋价值的差价。

因旧城区改建征收个人住宅，被征收人选择在改建地段进行房屋产权调换的，作出房屋征收决定的市、县级人民政府应当提供改建地段或者就近地段的房屋。

第二十二条 【搬迁与临时安置】因征收房屋造成搬迁的，房屋征收部门应当向被征收人支付搬迁费；选择房屋产权调换的，产权调换房屋交付前，房屋征收部门应当向被征收人支付临时安置费或者提供周转用房。

第二十三条 【停产停业损失的补偿】对因征收房屋造成停产停业损失的补偿，根据房屋被征收前的效益、停产停业期限等因素确定。具体办法由省、自治区、直辖市制定。

第二十四条 【临时建筑】市、县级人民政府及其有关部门应当依法加强对建设活动的监督管理，对违反城乡规划进行建设的，依法予以处理。

市、县级人民政府作出房屋征收决定前，应当组织有关部门依法对征收范围内未经登记的建筑进行调查、认定和处理。对认定为合法建筑和未超过批准期限的临时建筑的，应当给予补偿；对认定为违法建筑和超过批准期限的临时建筑的，不予补偿。

第二十五条 【补偿协议】房屋征收部门与被征收人依照本条例的规定，就补偿方式、补偿金额和支付期限、用于产权调换房屋的地点和面积、搬迁费、临时安置费或者周转用房、停产停业损失、搬迁期限、过渡方式和过渡期限等事项，订立补偿协议。

补偿协议订立后，一方当事人不履行补偿协议约定的义务的，另一方当事人可以依法提起诉讼。

第二十六条 【补偿决定】房屋征收部门与被征收人在征收补偿方案确定的签约期限内达不成补偿协议，或者被征收房屋所有权人不明确的，由房屋征收部门报请作出房屋征收决定的市、县级人民政府依照本条例的规定，按照征收补偿方案作出补偿决定，并在房屋征收范围内予以公告。

补偿决定应当公平，包括本条例第二十五条第一款规定的有关补偿协议的事项。

被征收人对补偿决定不服的，可以依法申请行政复议，也可以依法提起行政诉讼。

第二十七条 【先补偿后搬迁】实施房屋征收应当先补偿、后搬迁。

作出房屋征收决定的市、县级人民政府对被征收人给予补偿后，被征收人应当在补偿协议约定或者补偿决定确定的搬迁期限内完成搬迁。

任何单位和个人不得采取暴力、威胁或者违反规定中断供水、供热、供气、供电和道路通行等非法方式迫使被征收人搬迁。禁止建设单位参与搬迁活动。

第二十八条　【依法申请法院强制执行】被征收人在法定期限内不申请行政复议或者不提起行政诉讼，在补偿决定规定的期限内又不搬迁的，由作出房屋征收决定的市、县级人民政府依法申请人民法院强制执行。

强制执行申请书应当附具补偿金额和专户存储账号、产权调换房屋和周转用房的地点和面积等材料。

第二十九条　【征收补偿档案与审计监督】房屋征收部门应当依法建立房屋征收补偿档案，并将分户补偿情况在房屋征收范围内向被征收人公布。

审计机关应当加强对征收补偿费用管理和使用情况的监督，并公布审计结果。

第四章　法 律 责 任

第三十条　【玩忽职守等法律责任】市、县级人民政府及房屋征收部门的工作人员在房屋征收与补偿工作中不履行本条例规定的职责，或者滥用职权、玩忽职守、徇私舞弊的，由上级人民政府或者本级人民政府责令改正，通报批评；造成损失的，依法承担赔偿责任；对直接负责的主管人员和其他直接责任人员，依法给予处分；构成犯罪的，依法追究刑事责任。

第三十一条　【暴力等非法搬迁法律责任】采取暴力、威胁或者违反规定中断供水、供热、供气、供电和道路通行等非法方式迫使被征收人搬迁，造成损失的，依法承担赔偿责任；对直接负责的主管人员和其他直接责任人员，构成犯罪的，依法追究刑事责任；

尚不构成犯罪的，依法给予处分；构成违反治安管理行为的，依法给予治安管理处罚。

第三十二条　【非法阻碍征收与补偿工作法律责任】采取暴力、威胁等方法阻碍依法进行的房屋征收与补偿工作，构成犯罪的，依法追究刑事责任；构成违反治安管理行为的，依法给予治安管理处罚。

第三十三条　【贪污、挪用等法律责任】贪污、挪用、私分、截留、拖欠征收补偿费用的，责令改正，追回有关款项，限期退还违法所得，对有关责任单位通报批评、给予警告；造成损失的，依法承担赔偿责任；对直接负责的主管人员和其他直接责任人员，构成犯罪的，依法追究刑事责任；尚不构成犯罪的，依法给予处分。

第三十四条　【违法评估法律责任】房地产价格评估机构或者房地产估价师出具虚假或者有重大差错的评估报告的，由发证机关责令限期改正，给予警告，对房地产价格评估机构并处 5 万元以上 20 万元以下罚款，对房地产估价师并处 1 万元以上 3 万元以下罚款，并记入信用档案；情节严重的，吊销资质证书、注册证书；造成损失的，依法承担赔偿责任；构成犯罪的，依法追究刑事责任。

第五章　附　　则

第三十五条　【施行日期】本条例自公布之日起施行。2001 年 6 月 13 日国务院公布的《城市房屋拆迁管理条例》同时废止。本条例施行前已依法取得房屋拆迁许可证的项目，继续沿用原有的规定办理，但政府不得责成有关部门强制拆迁。

中华人民共和国文物保护法（节录）

（1982 年 11 月 19 日第五届全国人民代表大会常务委员会第二十五次会议通过　根据 1991 年 6 月 29 日第七届全国人民代表大会常务委员会第二十次会议《关于修改〈中华人民共和国文物保护法〉第三十条、第三十一条的决定》第一次修正　2002 年 10 月 28 日第九届全国人民代表大会常务委员会第三十次会议修订　根据 2007 年 12 月 29 日第十届全国人民代表大会常务委员会第三十一次会议《关于修改〈中华人民共和国文物保护法〉的决定》第二次修正　根据 2013 年 6 月 29 日第十二届全国人民代表大会常务委员会第三次会议《关于修改〈中华人民共和国文物保护法〉等十二部法律的决定》第三次修正　根据 2015 年 4 月 24 日第十二届全国人民代表大会常务委员会第十四次会议《关于修改〈中华人民共和国文物保护法〉的决定》第四次修正　根据 2017 年 11 月 4 日第十二届全国人民代表大会常务委员会第三十次会议《关于修改〈中华人民共和国会计法〉等十一部法律的决定》第五次修正）

目　　录

第七章　法律责任
第八章　附　　则

第一章　总　　则

第一条　为了加强对文物的保护，继承中华民族优秀的历史文化遗产，促进科学研究工作，进行爱国主义和革命传统教育，建设社会主义精神文明和物质文明，根据宪法，制定本法。

第二条　在中华人民共和国境内，下列文物受国家保护：

（一）具有历史、艺术、科学价值的古文化遗址、古墓葬、古建筑、石窟寺和石刻、壁画；

（二）与重大历史事件、革命运动或者著名人物有关的以及具有重要纪念意义、教育意义或者史料价值的近代现代重要史迹、实物、代表性建筑；

（三）历史上各时代珍贵的艺术品、工艺美术品；

（四）历史上各时代重要的文献资料以及具有历史、艺术、科学价值的手稿和图书资料等；

（五）反映历史上各时代、各民族社会制度、社会生产、社会生活的代表性实物。

文物认定的标准和办法由国务院文物行政部门制定，并报国务院批准。

具有科学价值的古脊椎动物化石和古人类化石同文物一样受国家保护。

第三条　古文化遗址、古墓葬、古建筑、石窟寺、石刻、壁画、近代现代重要史迹和代表性建筑等不可移动文物，根据它们的历史、艺术、科学价值，可以分别确定为全国重点文物保护单位，省级文物保护单位，市、县级文物保护单位。

历史上各时代重要实物、艺术品、文献、手稿、图书资料、代表性实物等可移动文物，分为珍贵文物和一般文物；珍贵文物分为一级文物、二级文物、三级文物。

第四条 文物工作贯彻保护为主、抢救第一、合理利用、加强管理的方针。

第五条 中华人民共和国境内地下、内水和领海中遗存的一切文物，属于国家所有。

古文化遗址、古墓葬、石窟寺属于国家所有。国家指定保护的纪念建筑物、古建筑、石刻、壁画、近代现代代表性建筑等不可移动文物，除国家另有规定的以外，属于国家所有。

国有不可移动文物的所有权不因其所依附的土地所有权或者使用权的改变而改变。

下列可移动文物，属于国家所有：

（一）中国境内出土的文物，国家另有规定的除外；

（二）国有文物收藏单位以及其他国家机关、部队和国有企业、事业组织等收藏、保管的文物；

（三）国家征集、购买的文物；

（四）公民、法人和其他组织捐赠给国家的文物；

（五）法律规定属于国家所有的其他文物。

属于国家所有的可移动文物的所有权不因其保管、收藏单位的终止或者变更而改变。

国有文物所有权受法律保护，不容侵犯。

第六条 属于集体所有和私人所有的纪念建筑物、古建筑和祖传文物以及依法取得的其他文物，其所有权受法律保护。文物的所有者必须遵守国家有关文物保护的法律、法规的规定。

第七条 一切机关、组织和个人都有依法保护文物的义务。

第八条 国务院文物行政部门主管全国文物保护工作。

地方各级人民政府负责本行政区域内的文物保护工作。县级以上地方人民政府承担文物保护工作的部门对本行政区域内的文物保护实施监督管理。

县级以上人民政府有关行政部门在各自的职责范围内，负责有关的文物保护工作。

第九条 各级人民政府应当重视文物保护，正确处理经济建设、社会发展与文物保护的关系，确保文物安全。

基本建设、旅游发展必须遵守文物保护工作的方针，其活动不得对文物造成损害。

公安机关、工商行政管理部门、海关、城乡建设规划部门和其他有关国家机关，应当依法认真履行所承担的保护文物的职责，维护文物管理秩序。

第十条 国家发展文物保护事业。县级以上人民政府应当将文物保护事业纳入本级国民经济和社会发展规划，所需经费列入本级财政预算。

国家用于文物保护的财政拨款随着财政收入增长而增加。

国有博物馆、纪念馆、文物保护单位等的事业性收入，专门用于文物保护，任何单位或者个人不得侵占、挪用。

国家鼓励通过捐赠等方式设立文物保护社会基金，专门用于文物保护，任何单位或者个人不得侵占、挪用。

第二章　不可移动文物

第十三条 国务院文物行政部门在省级、市、县级文物保护单位中，选择具有重大历史、艺术、科学价值的确定为全国重点文物保护单位，或者直接确定为全国重点文物保护单位，报国务院核定公布。

省级文物保护单位，由省、自治区、直辖市人民政府核定公布，并报国务院备案。

市级和县级文物保护单位，分别由设区的市、自治州和县级人民政府核定公布，并报省、自治区、直辖市人民政府备案。

尚未核定公布为文物保护单位的不可移动文物，由县级人民政府文物行政部门予以登记并公布。

第十四条　保存文物特别丰富并且具有重大历史价值或者革命纪念意义的城市，由国务院核定公布为历史文化名城。

保存文物特别丰富并且具有重大历史价值或者革命纪念意义的城镇、街道、村庄，由省、自治区、直辖市人民政府核定公布为历史文化街区、村镇，并报国务院备案。

历史文化名城和历史文化街区、村镇所在地的县级以上地方人民政府应当组织编制专门的历史文化名城和历史文化街区、村镇保护规划，并纳入城市总体规划。

历史文化名城和历史文化街区、村镇的保护办法，由国务院制定。

第十五条　各级文物保护单位，分别由省、自治区、直辖市人民政府和市、县级人民政府划定必要的保护范围，作出标志说明，建立记录档案，并区别情况分别设置专门机构或者专人负责管理。全国重点文物保护单位的保护范围和记录档案，由省、自治区、直辖市人民政府文物行政部门报国务院文物行政部门备案。

县级以上地方人民政府文物行政部门应当根据不同文物的保护需要，制定文物保护单位和未核定为文物保护单位的不可移动文物的具体保护措施，并公告施行。

第十六条　各级人民政府制定城乡建设规划，应当根据文物保护的需要，事先由城乡建设规划部门会同文物行政部门商定对本行政区域内各级文物保护单位的保护措施，并纳入规划。

第十七条　文物保护单位的保护范围内不得进行其他建设工程或者爆破、钻探、挖掘等作业。但是，因特殊情况需要在文物保护单位的保护范围内进行其他建设工程或者爆破、钻探、挖掘等作业的，必须保证文物保护单位的安全，并经核定公布该文物保护单位的人民政府批准，在批准前应当征得上一级人民政府文物行政部门同意；在全国重点文物保护单位的保护范围内进行其他建设工程或者爆破、钻探、挖掘等作业的，必须经省、自治区、直辖市人民政府批准，在批准前应当征得国务院文物行政部门同意。

第十八条 根据保护文物的实际需要，经省、自治区、直辖市人民政府批准，可以在文物保护单位的周围划出一定的建设控制地带，并予以公布。

在文物保护单位的建设控制地带内进行建设工程，不得破坏文物保护单位的历史风貌；工程设计方案应当根据文物保护单位的级别，经相应的文物行政部门同意后，报城乡建设规划部门批准。

第十九条 在文物保护单位的保护范围和建设控制地带内，不得建设污染文物保护单位及其环境的设施，不得进行可能影响文物保护单位安全及其环境的活动。对已有的污染文物保护单位及其环境的设施，应当限期治理。

第二十条 建设工程选址，应当尽可能避开不可移动文物；因特殊情况不能避开的，对文物保护单位应当尽可能实施原址保护。

实施原址保护的，建设单位应当事先确定保护措施，根据文物保护单位的级别报相应的文物行政部门批准；未经批准的，不得开工建设。

无法实施原址保护，必须迁移异地保护或者拆除的，应当报省、自治区、直辖市人民政府批准；迁移或者拆除省级文物保护单位的，批准前须征得国务院文物行政部门同意。全国重点文物保护单位不得拆除；需要迁移的，须由省、自治区、直辖市人民政府报国务院批准。

依照前款规定拆除的国有不可移动文物中具有收藏价值的壁画、雕塑、建筑构件等，由文物行政部门指定的文物收藏单位收藏。

本条规定的原址保护、迁移、拆除所需费用，由建设单位列入建设工程预算。

第二十一条 国有不可移动文物由使用人负责修缮、保养；非国有不可移动文物由所有人负责修缮、保养。非国有不可移动文物有损毁危险，所有人不具备修缮能力的，当地人民政府应当给予帮助；所有人具备修缮能力而拒不依法履行修缮义务的，县级以上人民政府可以给予抢救修缮，所需费用由所有人负担。

对文物保护单位进行修缮，应当根据文物保护单位的级别报相应的文物行政部门批准；对未核定为文物保护单位的不可移动文物进行修缮，应当报登记的县级人民政府文物行政部门批准。

文物保护单位的修缮、迁移、重建，由取得文物保护工程资质证书的单位承担。

对不可移动文物进行修缮、保养、迁移，必须遵守不改变文物原状的原则。

第二十二条 不可移动文物已经全部毁坏的，应当实施遗址保护，不得在原址重建。但是，因特殊情况需要在原址重建的，由省、自治区、直辖市人民政府文物行政部门报省、自治区、直辖市人民政府批准；全国重点文物保护单位需要在原址重建的，由省、自治区、直辖市人民政府报国务院批准。

第二十三条 核定为文物保护单位的属于国家所有的纪念建筑物或者古建筑，除可以建立博物馆、保管所或者辟为参观游览场所外，作其他用途的，市、县级文物保护单位应当经核定公布该文物保护单位的人民政府文物行政部门征得上一级文物行政部门同意后，报核定公布该文物保护单位的人民政府批准；省级文物保护单位应当经核定公布该文物保护单位的省级人民政府的文物行政部门审核同意后，报该省级人民政府批准；全国重点文物保护单位作其他用途的，应当由省、自治区、直辖市人民政府报国务院批准。国有未核定为文物保护单位的不可移动文物作其他用途的，应当报告县级人民政府文物行政部门。

第二十四条 国有不可移动文物不得转让、抵押。建立博物馆、保管所或者辟为参观游览场所的国有文物保护单位，不得作为企业资产经营。

第二十五条 非国有不可移动文物不得转让、抵押给外国人。

非国有不可移动文物转让、抵押或者改变用途的，应当根据其级别报相应的文物行政部门备案。

第二十六条 使用不可移动文物，必须遵守不改变文物原状的原则，负责保护建筑物及其附属文物的安全，不得损毁、改建、添建或者拆除不可移动文物。

对危害文物保护单位安全、破坏文物保护单位历史风貌的建筑物、构筑物，当地人民政府应当及时调查处理，必要时，对该建筑物、构筑物予以拆迁。

……

第七章　法律责任

……

第六十六条 有下列行为之一，尚不构成犯罪的，由县级以上人民政府文物主管部门责令改正，造成严重后果的，处五万元以上五十万元以下的罚款；情节严重的，由原发证机关吊销资质证书：

（一）擅自在文物保护单位的保护范围内进行建设工程或者爆破、钻探、挖掘等作业的；

（二）在文物保护单位的建设控制地带内进行建设工程，其工程设计方案未经文物行政部门同意、报城乡建设规划部门批准，对文物保护单位的历史风貌造成破坏的；

（三）擅自迁移、拆除不可移动文物的；

（四）擅自修缮不可移动文物，明显改变文物原状的；

（五）擅自在原址重建已全部毁坏的不可移动文物，造成文物破坏的；

（六）施工单位未取得文物保护工程资质证书，擅自从事文物修缮、迁移、重建的。

刻划、涂污或者损坏文物尚不严重的，或者损毁依照本法第十五条第一款规定设立的文物保护单位标志的，由公安机关或者文物所在单位给予警告，可以并处罚款。

第六十七条 在文物保护单位的保护范围内或者建设控制地带内建设污染文物保护单位及其环境的设施的，或者对已有的污染文物保护单位及其环境的设施未在规定的期限内完成治理的，由环境保护行政部门依照有关法律、法规的规定给予处罚。

……

中华人民共和国行政许可法

（2003 年 8 月 27 日第十届全国人民代表大会常务委员会第四次会议通过 根据 2019 年 4 月 23 日第十三届全国人民代表大会常务委员会第十次会议《关于修改〈中华人民共和国建筑法〉等八部法律的决定》修正）

目 录

第六章　监督检查
第七章　法律责任
第八章　附　　则

第一章　总　　则

第一条　【立法目的】为了规范行政许可的设定和实施，保护公民、法人和其他组织的合法权益，维护公共利益和社会秩序，保障和监督行政机关有效实施行政管理，根据宪法，制定本法。

第二条　【行政许可的含义】本法所称行政许可，是指行政机关根据公民、法人或者其他组织的申请，经依法审查，准予其从事特定活动的行为。

第三条　【适用范围】行政许可的设定和实施，适用本法。

有关行政机关对其他机关或者对其直接管理的事业单位的人事、财务、外事等事项的审批，不适用本法。

第四条　【合法原则】设定和实施行政许可，应当依照法定的权限、范围、条件和程序。

第五条　【公开、公平、公正、非歧视原则】设定和实施行政许可，应当遵循公开、公平、公正、非歧视的原则。

有关行政许可的规定应当公布；未经公布的，不得作为实施行政许可的依据。行政许可的实施和结果，除涉及国家秘密、商业秘密或者个人隐私的外，应当公开。未经申请人同意，行政机关及其工作人员、参与专家评审等的人员不得披露申请人提交的商业秘密、未披露信息或者保密商务信息，法律另有规定或者涉及国家安全、重大社会公共利益的除外；行政机关依法公开申请人前述信息的，允许申请人在合理期限内提出异议。

符合法定条件、标准的，申请人有依法取得行政许可的平等权利，行政机关不得歧视任何人。

第六条　【便民原则】实施行政许可，应当遵循便民的原则，提高办事效率，提供优质服务。

第七条 【陈述权、申辩权和救济权】公民、法人或者其他组织对行政机关实施行政许可，享有陈述权、申辩权；有权依法申请行政复议或者提起行政诉讼；其合法权益因行政机关违法实施行政许可受到损害的，有权依法要求赔偿。

第八条 【信赖保护原则】公民、法人或者其他组织依法取得的行政许可受法律保护，行政机关不得擅自改变已经生效的行政许可。

行政许可所依据的法律、法规、规章修改或者废止，或者准予行政许可所依据的客观情况发生重大变化的，为了公共利益的需要，行政机关可以依法变更或者撤回已经生效的行政许可。由此给公民、法人或者其他组织造成财产损失的，行政机关应当依法给予补偿。

第九条 【行政许可的转让】依法取得的行政许可，除法律、法规规定依照法定条件和程序可以转让的外，不得转让。

第十条 【行政许可监督】县级以上人民政府应当建立健全对行政机关实施行政许可的监督制度，加强对行政机关实施行政许可的监督检查。

行政机关应当对公民、法人或者其他组织从事行政许可事项的活动实施有效监督。

第二章　行政许可的设定

第十一条 【行政许可设定原则】设定行政许可，应当遵循经济和社会发展规律，有利于发挥公民、法人或者其他组织的积极性、主动性，维护公共利益和社会秩序，促进经济、社会和生态环境协调发展。

第十二条 【行政许可的设定事项】下列事项可以设定行政许可：

（一）直接涉及国家安全、公共安全、经济宏观调控、生态环境保护以及直接关系人身健康、生命财产安全等特定活动，需要按照法定条件予以批准的事项；

（二）有限自然资源开发利用、公共资源配置以及直接关系公共利益的特定行业的市场准入等，需要赋予特定权利的事项；

（三）提供公众服务并且直接关系公共利益的职业、行业，需要确定具备特殊信誉、特殊条件或者特殊技能等资格、资质的事项；

（四）直接关系公共安全、人身健康、生命财产安全的重要设备、设施、产品、物品，需要按照技术标准、技术规范，通过检验、检测、检疫等方式进行审定的事项；

（五）企业或者其他组织的设立等，需要确定主体资格的事项；

（六）法律、行政法规规定可以设定行政许可的其他事项。

第十三条　【不设定行政许可的事项】本法第十二条所列事项，通过下列方式能够予以规范的，可以不设行政许可：

（一）公民、法人或者其他组织能够自主决定的；

（二）市场竞争机制能够有效调节的；

（三）行业组织或者中介机构能够自律管理的；

（四）行政机关采用事后监督等其他行政管理方式能够解决的。

第十四条　【法律、行政法规、国务院决定的行政许可设定权】本法第十二条所列事项，法律可以设定行政许可。尚未制定法律的，行政法规可以设定行政许可。

必要时，国务院可以采用发布决定的方式设定行政许可。实施后，除临时性行政许可事项外，国务院应当及时提请全国人民代表大会及其常务委员会制定法律，或者自行制定行政法规。

第十五条　【地方性法规、省级政府规章的行政许可设定权】本法第十二条所列事项，尚未制定法律、行政法规的，地方性法规可以设定行政许可；尚未制定法律、行政法规和地方性法规的，因行政管理的需要，确需立即实施行政许可的，省、自治区、直辖市人民政府规章可以设定临时性的行政许可。临时性的行政许可实施满一年需要继续实施的，应当提请本级人民代表大会及其常务委员会制定地方性法规。

地方性法规和省、自治区、直辖市人民政府规章，不得设定应当由国家统一确定的公民、法人或者其他组织的资格、资质的行政许可；不得设定企业或者其他组织的设立登记及其前置性行政许可。其设定的行政许可，不得限制其他地区的个人或者企业到本地区从事生产经营和提供服务，不得限制其他地区的商品进入本地区市场。

第十六条 【行政许可规定权】行政法规可以在法律设定的行政许可事项范围内，对实施该行政许可作出具体规定。

地方性法规可以在法律、行政法规设定的行政许可事项范围内，对实施该行政许可作出具体规定。

规章可以在上位法设定的行政许可事项范围内，对实施该行政许可作出具体规定。

法规、规章对实施上位法设定的行政许可作出的具体规定，不得增设行政许可；对行政许可条件作出的具体规定，不得增设违反上位法的其他条件。

第十七条 【行政许可设立禁止】除本法第十四条、第十五条规定的外，其他规范性文件一律不得设定行政许可。

第十八条 【行政许可应当明确规定的事项】设定行政许可，应当规定行政许可的实施机关、条件、程序、期限。

第十九条 【设定行政许可应当听取意见、说明理由】起草法律草案、法规草案和省、自治区、直辖市人民政府规章草案，拟设定行政许可的，起草单位应当采取听证会、论证会等形式听取意见，并向制定机关说明设定该行政许可的必要性、对经济和社会可能产生的影响以及听取和采纳意见的情况。

第二十条 【行政许可评价制度】行政许可的设定机关应当定期对其设定的行政许可进行评价；对已设定的行政许可，认为通过本法第十三条所列方式能够解决的，应当对设定该行政许可的规定及时予以修改或者废止。

行政许可的实施机关可以对已设定的行政许可的实施情况及存在的必要性适时进行评价，并将意见报告该行政许可的设定机关。

公民、法人或者其他组织可以向行政许可的设定机关和实施机关就行政许可的设定和实施提出意见和建议。

第二十一条　【停止实施行政许可】省、自治区、直辖市人民政府对行政法规设定的有关经济事务的行政许可，根据本行政区域经济和社会发展情况，认为通过本法第十三条所列方式能够解决的，报国务院批准后，可以在本行政区域内停止实施该行政许可。

第三章　行政许可的实施机关

第二十二条　【行政许可实施主体的一般规定】行政许可由具有行政许可权的行政机关在其法定职权范围内实施。

第二十三条　【法律、法规授权组织实施行政许可】法律、法规授权的具有管理公共事务职能的组织，在法定授权范围内，以自己的名义实施行政许可。被授权的组织适用本法有关行政机关的规定。

第二十四条　【委托实施行政许可的主体】行政机关在其法定职权范围内，依照法律、法规、规章的规定，可以委托其他行政机关实施行政许可。委托机关应当将受委托行政机关和受委托实施行政许可的内容予以公告。

委托行政机关对受委托行政机关实施行政许可的行为应当负责监督，并对该行为的后果承担法律责任。

受委托行政机关在委托范围内，以委托行政机关名义实施行政许可；不得再委托其他组织或者个人实施行政许可。

第二十五条　【相对集中行政许可权】经国务院批准，省、自治区、直辖市人民政府根据精简、统一、效能的原则，可以决定一个行政机关行使有关行政机关的行政许可权。

第二十六条 【一个窗口对外、统一办理或者联合办理、集中办理】行政许可需要行政机关内设的多个机构办理的，该行政机关应当确定一个机构统一受理行政许可申请，统一送达行政许可决定。

行政许可依法由地方人民政府两个以上部门分别实施的，本级人民政府可以确定一个部门受理行政许可申请并转告有关部门分别提出意见后统一办理，或者组织有关部门联合办理、集中办理。

第二十七条 【行政机关及其工作人员的纪律约束】行政机关实施行政许可，不得向申请人提出购买指定商品、接受有偿服务等不正当要求。

行政机关工作人员办理行政许可，不得索取或者收受申请人的财物，不得谋取其他利益。

第二十八条 【授权专业组织实施的指导性规定】对直接关系公共安全、人身健康、生命财产安全的设备、设施、产品、物品的检验、检测、检疫，除法律、行政法规规定由行政机关实施的外，应当逐步由符合法定条件的专业技术组织实施。专业技术组织及其有关人员对所实施的检验、检测、检疫结论承担法律责任。

第四章 行政许可的实施程序

第一节 申请与受理

第二十九条 【行政许可申请】公民、法人或者其他组织从事特定活动，依法需要取得行政许可的，应当向行政机关提出申请。申请书需要采用格式文本的，行政机关应当向申请人提供行政许可申请书格式文本。申请书格式文本中不得包含与申请行政许可事项没有直接关系的内容。

申请人可以委托代理人提出行政许可申请。但是，依法应当由申请人到行政机关办公场所提出行政许可申请的除外。

　　行政许可申请可以通过信函、电报、电传、传真、电子数据交换和电子邮件等方式提出。

　　第三十条　【行政机关公示义务】行政机关应当将法律、法规、规章规定的有关行政许可的事项、依据、条件、数量、程序、期限以及需要提交的全部材料的目录和申请书示范文本等在办公场所公示。

　　申请人要求行政机关对公示内容予以说明、解释的，行政机关应当说明、解释，提供准确、可靠的信息。

　　第三十一条　【申请人提交有关材料、反映真实情况义务】申请人申请行政许可，应当如实向行政机关提交有关材料和反映真实情况，并对其申请材料实质内容的真实性负责。行政机关不得要求申请人提交与其申请的行政许可事项无关的技术资料和其他材料。

　　行政机关及其工作人员不得以转让技术作为取得行政许可的条件；不得在实施行政许可的过程中，直接或者间接地要求转让技术。

　　第三十二条　【行政许可申请的处理】行政机关对申请人提出的行政许可申请，应当根据下列情况分别作出处理：

　　（一）申请事项依法不需要取得行政许可的，应当即时告知申请人不受理；

　　（二）申请事项依法不属于本行政机关职权范围的，应当即时作出不予受理的决定，并告知申请人向有关行政机关申请；

　　（三）申请材料存在可以当场更正的错误的，应当允许申请人当场更正；

　　（四）申请材料不齐全或者不符合法定形式的，应当当场或者在5日内一次告知申请人需要补正的全部内容，逾期不告知的，自收到申请材料之日起即为受理；

　　（五）申请事项属于本行政机关职权范围，申请材料齐全、符合法定形式，或者申请人按照本行政机关的要求提交全部补正申请材料的，应当受理行政许可申请。

行政机关受理或者不予受理行政许可申请，应当出具加盖本行政机关专用印章和注明日期的书面凭证。

第三十三条　【鼓励行政机关发展电子政务实施行政许可】行政机关应当建立和完善有关制度，推行电子政务，在行政机关的网站上公布行政许可事项，方便申请人采取数据电文等方式提出行政许可申请；应当与其他行政机关共享有关行政许可信息，提高办事效率。

第二节　审查与决定

第三十四条　【审查行政许可材料】行政机关应当对申请人提交的申请材料进行审查。

申请人提交的申请材料齐全、符合法定形式，行政机关能够当场作出决定的，应当当场作出书面的行政许可决定。

根据法定条件和程序，需要对申请材料的实质内容进行核实的，行政机关应当指派两名以上工作人员进行核查。

第三十五条　【多层级行政机关实施行政许可的审查程序】依法应当先经下级行政机关审查后报上级行政机关决定的行政许可，下级行政机关应当在法定期限内将初步审查意见和全部申请材料直接报送上级行政机关。上级行政机关不得要求申请人重复提供申请材料。

第三十六条　【直接关系他人重大利益的行政许可审查程序】行政机关对行政许可申请进行审查时，发现行政许可事项直接关系他人重大利益的，应当告知该利害关系人。申请人、利害关系人有权进行陈述和申辩。行政机关应当听取申请人、利害关系人的意见。

第三十七条　【行政机关依法作出行政许可决定】行政机关对行政许可申请进行审查后，除当场作出行政许可决定的外，应当在法定期限内按照规定程序作出行政许可决定。

第三十八条　【行政机关许可和不予许可应当履行的义务】申

请人的申请符合法定条件、标准的，行政机关应当依法作出准予行政许可的书面决定。

行政机关依法作出不予行政许可的书面决定的，应当说明理由，并告知申请人享有依法申请行政复议或者提起行政诉讼的权利。

第三十九条　【颁发行政许可证件】行政机关作出准予行政许可的决定，需要颁发行政许可证件的，应当向申请人颁发加盖本行政机关印章的下列行政许可证件：

（一）许可证、执照或者其他许可证书；

（二）资格证、资质证或者其他合格证书；

（三）行政机关的批准文件或者证明文件；

（四）法律、法规规定的其他行政许可证件。

行政机关实施检验、检测、检疫的，可以在检验、检测、检疫合格的设备、设施、产品、物品上加贴标签或者加盖检验、检测、检疫印章。

第四十条　【准予行政许可决定的公开义务】行政机关作出的准予行政许可决定，应当予以公开，公众有权查阅。

第四十一条　【行政许可的地域效力】法律、行政法规设定的行政许可，其适用范围没有地域限制的，申请人取得的行政许可在全国范围内有效。

第三节　期　限

第四十二条　【行政许可一般期限】除可以当场作出行政许可决定的外，行政机关应当自受理行政许可申请之日起20日内作出行政许可决定。20日内不能作出决定的，经本行政机关负责人批准，可以延长10日，并应当将延长期限的理由告知申请人。但是，法律、法规另有规定的，依照其规定。

依照本法第二十六条的规定，行政许可采取统一办理或者联合办理、集中办理的，办理的时间不得超过45日；45日内不能办结的，经本级人民政府负责人批准，可以延长 15 日，并应当将延长期限的理由告知申请人。

第四十三条 【多层级许可的审查期限】依法应当先经下级行政机关审查后报上级行政机关决定的行政许可，下级行政机关应当自其受理行政许可申请之日起 20 日内审查完毕。但是，法律、法规另有规定的，依照其规定。

第四十四条 【许可证章颁发期限】行政机关作出准予行政许可的决定，应当自作出决定之日起 10 日内向申请人颁发、送达行政许可证件，或者加贴标签、加盖检验、检测、检疫印章。

第四十五条 【不纳入许可期限的事项】行政机关作出行政许可决定，依法需要听证、招标、拍卖、检验、检测、检疫、鉴定和专家评审的，所需时间不计算在本节规定的期限内。行政机关应当将所需时间书面告知申请人。

第四节 听 证

第四十六条 【行政机关主动举行听证的行政许可事项】法律、法规、规章规定实施行政许可应当听证的事项，或者行政机关认为需要听证的其他涉及公共利益的重大行政许可事项，行政机关应当向社会公告，并举行听证。

第四十七条 【行政机关应申请举行听证的行政许可事项】行政许可直接涉及申请人与他人之间重大利益关系的，行政机关在作出行政许可决定前，应当告知申请人、利害关系人享有要求听证的权利；申请人、利害关系人在被告知听证权利之日起 5 日内提出听证申请的，行政机关应当在 20 日内组织听证。

申请人、利害关系人不承担行政机关组织听证的费用。

第四十八条 【行政许可听证程序规则】听证按照下列程序进行：

（一）行政机关应当于举行听证的 7 日前将举行听证的时间、

地点通知申请人、利害关系人，必要时予以公告；

（二）听证应当公开举行；

（三）行政机关应当指定审查该行政许可申请的工作人员以外的人员为听证主持人，申请人、利害关系人认为主持人与该行政许可事项有直接利害关系的，有权申请回避；

（四）举行听证时，审查该行政许可申请的工作人员应当提供审查意见的证据、理由，申请人、利害关系人可以提出证据，并进行申辩和质证；

（五）听证应当制作笔录，听证笔录应当交听证参加人确认无误后签字或者盖章。

行政机关应当根据听证笔录，作出行政许可决定。

第五节　变更与延续

第四十九条　【变更行政许可的程序】被许可人要求变更行政许可事项的，应当向作出行政许可决定的行政机关提出申请；符合法定条件、标准的，行政机关应当依法办理变更手续。

第五十条　【延续行政许可的程序】被许可人需要延续依法取得的行政许可的有效期的，应当在该行政许可有效期届满30日前向作出行政许可决定的行政机关提出申请。但是，法律、法规、规章另有规定的，依照其规定。

行政机关应当根据被许可人的申请，在该行政许可有效期届满前作出是否准予延续的决定；逾期未作决定的，视为准予延续。

第六节　特别规定

第五十一条　【其他规定适用规则】实施行政许可的程序，本节有规定的，适用本节规定；本节没有规定的，适用本章其他有关规定。

第五十二条　【国务院实施行政许可程序】国务院实施行政许可的程序，适用有关法律、行政法规的规定。

第五十三条 【通过招标拍卖作出行政许可决定】实施本法第十二条第二项所列事项的行政许可的，行政机关应当通过招标、拍卖等公平竞争的方式作出决定。但是，法律、行政法规另有规定的，依照其规定。

行政机关通过招标、拍卖等方式作出行政许可决定的具体程序，依照有关法律、行政法规的规定。

行政机关按照招标、拍卖程序确定中标人、买受人后，应当作出准予行政许可的决定，并依法向中标人、买受人颁发行政许可证件。

行政机关违反本条规定，不采用招标、拍卖方式，或者违反招标、拍卖程序，损害申请人合法权益的，申请人可以依法申请行政复议或者提起行政诉讼。

第五十四条 【通过考试考核方式作出行政许可决定】实施本法第十二条第三项所列事项的行政许可，赋予公民特定资格，依法应当举行国家考试的，行政机关根据考试成绩和其他法定条件作出行政许可决定；赋予法人或者其他组织特定的资格、资质的，行政机关根据申请人的专业人员构成、技术条件、经营业绩和管理水平等的考核结果作出行政许可决定。但是，法律、行政法规另有规定的，依照其规定。

公民特定资格的考试依法由行政机关或者行业组织实施，公开举行。行政机关或者行业组织应当事先公布资格考试的报名条件、报考办法、考试科目以及考试大纲。但是，不得组织强制性的资格考试的考前培训，不得指定教材或者其他助考材料。

第五十五条 【根据技术标准、技术规范作出行政许可决定】实施本法第十二条第四项所列事项的行政许可的，应当按照技术标准、技术规范依法进行检验、检测、检疫，行政机关根据检验、检测、检疫的结果作出行政许可决定。

行政机关实施检验、检测、检疫，应当自受理申请之日起 5 日内指派两名以上工作人员按照技术标准、技术规范进行检验、检测、检疫。不需要对检验、检测、检疫结果作进一步技术分析即可认定设备、设施、产品、物品是否符合技术标准、技术规范的，行政机关应当当场作出行政许可决定。

行政机关根据检验、检测、检疫结果，作出不予行政许可决定的，应当书面说明不予行政许可所依据的技术标准、技术规范。

第五十六条 【当场许可的特别规定】实施本法第十二条第五项所列事项的行政许可，申请人提交的申请材料齐全、符合法定形式的，行政机关应当当场予以登记。需要对申请材料的实质内容进行核实的，行政机关依照本法第三十四条第三款的规定办理。

第五十七条 【有数量限制的行政许可】有数量限制的行政许可，两个或者两个以上申请人的申请均符合法定条件、标准的，行政机关应当根据受理行政许可申请的先后顺序作出准予行政许可的决定。但是，法律、行政法规另有规定的，依照其规定。

第五章 行政许可的费用

第五十八条 【收费原则和经费保障】行政机关实施行政许可和对行政许可事项进行监督检查，不得收取任何费用。但是，法律、行政法规另有规定的，依照其规定。

行政机关提供行政许可申请书格式文本，不得收费。

行政机关实施行政许可所需经费应当列入本行政机关的预算，由本级财政予以保障，按照批准的预算予以核拨。

第五十九条 【收费规则以及对收费所得款项的处理】行政机关实施行政许可，依照法律、行政法规收取费用的，应当按照公布的法定项目和标准收费；所收取的费用必须全部上缴国库，任何机关或者个人不得以任何形式截留、挪用、私分或者变相私分。财政部门不得以任何形式向行政机关返还或者变相返还实施行政许可所收取的费用。

第六章　监督检查

第六十条　【行政许可层级监督】上级行政机关应当加强对下级行政机关实施行政许可的监督检查，及时纠正行政许可实施中的违法行为。

第六十一条　【书面检查原则】行政机关应当建立健全监督制度，通过核查反映被许可人从事行政许可事项活动情况的有关材料，履行监督责任。

行政机关依法对被许可人从事行政许可事项的活动进行监督检查时，应当将监督检查的情况和处理结果予以记录，由监督检查人员签字后归档。公众有权查阅行政机关监督检查记录。

行政机关应当创造条件，实现与被许可人、其他有关行政机关的计算机档案系统互联，核查被许可人从事行政许可事项活动情况。

第六十二条　【抽样检查、检验、检测和实地检查、定期检验权适用的情形及程序】行政机关可以对被许可人生产经营的产品依法进行抽样检查、检验、检测，对其生产经营场所依法进行实地检查。检查时，行政机关可以依法查阅或者要求被许可人报送有关材料；被许可人应当如实提供有关情况和材料。

行政机关根据法律、行政法规的规定，对直接关系公共安全、人身健康、生命财产安全的重要设备、设施进行定期检验。对检验合格的，行政机关应当发给相应的证明文件。

第六十三条　【行政机关实施监督检查时应当遵守的纪律】行政机关实施监督检查，不得妨碍被许可人正常的生产经营活动，不得索取或者收受被许可人的财物，不得谋取其他利益。

第六十四条　【行政许可监督检查的属地管辖与协作】被许可人在作出行政许可决定的行政机关管辖区域外违法从事行政许可事项活动的，违法行为发生地的行政机关应当依法将被许可人的违法事实、处理结果抄告作出行政许可决定的行政机关。

第六十五条　【个人、组织对违法从事行政许可活动的监督】 个人和组织发现违法从事行政许可事项的活动，有权向行政机关举报，行政机关应当及时核实、处理。

第六十六条　【依法开发利用资源】 被许可人未依法履行开发利用自然资源义务或者未依法履行利用公共资源义务的，行政机关应当责令限期改正；被许可人在规定期限内不改正的，行政机关应当依照有关法律、行政法规的规定予以处理。

第六十七条　【特定行业市场准入被许可人的义务和法律责任】 取得直接关系公共利益的特定行业的市场准入行政许可的被许可人，应当按照国家规定的服务标准、资费标准和行政机关依法规定的条件，向用户提供安全、方便、稳定和价格合理的服务，并履行普遍服务的义务；未经作出行政许可决定的行政机关批准，不得擅自停业、歇业。

被许可人不履行前款规定的义务的，行政机关应当责令限期改正，或者依法采取有效措施督促其履行义务。

第六十八条　【自检制度】 对直接关系公共安全、人身健康、生命财产安全的重要设备、设施，行政机关应当督促设计、建造、安装和使用单位建立相应的自检制度。

行政机关在监督检查时，发现直接关系公共安全、人身健康、生命财产安全的重要设备、设施存在安全隐患的，应当责令停止建造、安装和使用，并责令设计、建造、安装和使用单位立即改正。

第六十九条　【撤销行政许可的情形】 有下列情形之一的，作出行政许可决定的行政机关或者其上级行政机关，根据利害关系人的请求或者依据职权，可以撤销行政许可：

（一）行政机关工作人员滥用职权、玩忽职守作出准予行政许可决定的；

（二）超越法定职权作出准予行政许可决定的；

（三）违反法定程序作出准予行政许可决定的；

（四）对不具备申请资格或者不符合法定条件的申请人准予行政许可的；

（五）依法可以撤销行政许可的其他情形。

被许可人以欺骗、贿赂等不正当手段取得行政许可的，应当予以撤销。

依照前两款的规定撤销行政许可，可能对公共利益造成重大损害的，不予撤销。

依照本条第一款的规定撤销行政许可，被许可人的合法权益受到损害的，行政机关应当依法给予赔偿。依照本条第二款的规定撤销行政许可的，被许可人基于行政许可取得的利益不受保护。

第七十条　【注销行政许可的情形】 有下列情形之一的，行政机关应当依法办理有关行政许可的注销手续：

（一）行政许可有效期届满未延续的；

（二）赋予公民特定资格的行政许可，该公民死亡或者丧失行为能力的；

（三）法人或者其他组织依法终止的；

（四）行政许可依法被撤销、撤回，或者行政许可证件依法被吊销的；

（五）因不可抗力导致行政许可事项无法实施的；

（六）法律、法规规定的应当注销行政许可的其他情形。

第七章　法 律 责 任

第七十一条　【规范性文件违法设定行政许可的法律责任】 违反本法第十七条规定设定的行政许可，有关机关应当责令设定该行政许可的机关改正，或者依法予以撤销。

第七十二条　【行政机关及其工作人员违反行政许可程序应当承担的法律责任】 行政机关及其工作人员违反本法的规定，有下列情形之一的，由其上级行政机关或者监察机关责令改正；情节严重的，对直接负责的主管人员和其他直接责任人员依法给予行政处分：

（一）对符合法定条件的行政许可申请不予受理的；

（二）不在办公场所公示依法应当公示的材料的；

（三）在受理、审查、决定行政许可过程中，未向申请人、利害关系人履行法定告知义务的；

（四）申请人提交的申请材料不齐全、不符合法定形式，不一次告知申请人必须补正的全部内容的；

（五）违法披露申请人提交的商业秘密、未披露信息或者保密商务信息的；

（六）以转让技术作为取得行政许可的条件，或者在实施行政许可的过程中直接或者间接地要求转让技术的；

（七）未依法说明不受理行政许可申请或者不予行政许可的理由的；

（八）依法应当举行听证而不举行听证的。

第七十三条 **【行政机关工作人员索取或者收受他人财物及利益应当承担的法律责任】** 行政机关工作人员办理行政许可、实施监督检查，索取或者收受他人财物或者谋取其他利益，构成犯罪的，依法追究刑事责任；尚不构成犯罪的，依法给予行政处分。

第七十四条 **【行政机关及其工作人员实体违法的法律责任】** 行政机关实施行政许可，有下列情形之一的，由其上级行政机关或者监察机关责令改正，对直接负责的主管人员和其他直接责任人员依法给予行政处分；构成犯罪的，依法追究刑事责任：

（一）对不符合法定条件的申请人准予行政许可或者超越法定职权作出准予行政许可决定的；

（二）对符合法定条件的申请人不予行政许可或者不在法定期限内作出准予行政许可决定的；

（三）依法应当根据招标、拍卖结果或者考试成绩择优作出准予行政许可决定，未经招标、拍卖或者考试，或者不根据招标、拍卖结果或者考试成绩择优作出准予行政许可决定的。

第七十五条　【行政机关及其工作人员违反收费规定的法律责任】行政机关实施行政许可，擅自收费或者不按照法定项目和标准收费的，由其上级行政机关或者监察机关责令退还非法收取的费用；对直接负责的主管人员和其他直接责任人员依法给予行政处分。

截留、挪用、私分或者变相私分实施行政许可依法收取的费用的，予以追缴；对直接负责的主管人员和其他直接责任人员依法给予行政处分；构成犯罪的，依法追究刑事责任。

第七十六条　【行政机关违法实施许可的赔偿责任】行政机关违法实施行政许可，给当事人的合法权益造成损害的，应当依照国家赔偿法的规定给予赔偿。

第七十七条　【行政机关不依法履行监督责任或者监督不力的法律责任】行政机关不依法履行监督职责或者监督不力，造成严重后果的，由其上级行政机关或者监察机关责令改正，对直接负责的主管人员和其他直接责任人员依法给予行政处分；构成犯罪的，依法追究刑事责任。

第七十八条　【申请人申请不实应承担的法律责任】行政许可申请人隐瞒有关情况或者提供虚假材料申请行政许可的，行政机关不予受理或者不予行政许可，并给予警告；行政许可申请属于直接关系公共安全、人身健康、生命财产安全事项的，申请人在一年内不得再次申请该行政许可。

第七十九条　【申请人以欺骗、贿赂等不正当手段取得行政许可应当承担的法律责任】被许可人以欺骗、贿赂等不正当手段取得行政许可的，行政机关应当依法给予行政处罚；取得的行政许可属于直接关系公共安全、人身健康、生命财产安全事项的，申请人在 3 年内不得再次申请该行政许可；构成犯罪的，依法追究刑事责任。

第八十条　【被许可人违法从事行政许可活动的法律责任】 被许可人有下列行为之一的，行政机关应当依法给予行政处罚；构成犯罪的，依法追究刑事责任：

（一）涂改、倒卖、出租、出借行政许可证件，或者以其他形式非法转让行政许可的；

（二）超越行政许可范围进行活动的；

（三）向负责监督检查的行政机关隐瞒有关情况、提供虚假材料或者拒绝提供反映其活动情况的真实材料的；

（四）法律、法规、规章规定的其他违法行为。

第八十一条　【公民、法人或者其他组织未经行政许可从事应当取得行政许可活动的法律责任】 公民、法人或者其他组织未经行政许可，擅自从事依法应当取得行政许可的活动的，行政机关应当依法采取措施予以制止，并依法给予行政处罚；构成犯罪的，依法追究刑事责任。

第八章　附　　则

第八十二条　【行政许可的期限计算】 本法规定的行政机关实施行政许可的期限以工作日计算，不含法定节假日。

第八十三条　【施行日期及对现行行政许可进行清理的规定】 本法自 2004 年 7 月 1 日起施行。

本法施行前有关行政许可的规定，制定机关应当依照本法规定予以清理；不符合本法规定的，自本法施行之日起停止执行。

中华人民共和国行政强制法

（2011 年 6 月 30 日第十一届全国人民代表大会常务委员会第二十一次会议通过　2011 年 6 月 30 日中华人民共和国主席令第 49 号公布　自 2012 年 1 月 1 日起施行）

目　　录

第一章　总　　则

第一条　**【立法目的】**为了规范行政强制的设定和实施，保障和监督行政机关依法履行职责，维护公共利益和社会秩序，保护公民、法人和其他组织的合法权益，根据宪法，制定本法。

第二条 【行政强制的定义】本法所称行政强制，包括行政强制措施和行政强制执行。

行政强制措施，是指行政机关在行政管理过程中，为制止违法行为、防止证据损毁、避免危害发生、控制危险扩大等情形，依法对公民的人身自由实施暂时性限制，或者对公民、法人或者其他组织的财物实施暂时性控制的行为。

行政强制执行，是指行政机关或者行政机关申请人民法院，对不履行行政决定的公民、法人或者其他组织，依法强制履行义务的行为。

第三条 【适用范围】行政强制的设定和实施，适用本法。

发生或者即将发生自然灾害、事故灾难、公共卫生事件或者社会安全事件等突发事件，行政机关采取应急措施或者临时措施，依照有关法律、行政法规的规定执行。

行政机关采取金融业审慎监管措施、进出境货物强制性技术监控措施，依照有关法律、行政法规的规定执行。

第四条 【合法性原则】行政强制的设定和实施，应当依照法定的权限、范围、条件和程序。

第五条 【适当原则】行政强制的设定和实施，应当适当。采用非强制手段可以达到行政管理目的的，不得设定和实施行政强制。

第六条 【教育与强制相结合原则】实施行政强制，应当坚持教育与强制相结合。

第七条 【不得利用行政强制谋利】行政机关及其工作人员不得利用行政强制权为单位或者个人谋取利益。

第八条 【相对人的权利与救济】公民、法人或者其他组织对行政机关实施行政强制，享有陈述权、申辩权；有权依法申请行政复议或者提起行政诉讼；因行政机关违法实施行政强制受到损害的，有权依法要求赔偿。

公民、法人或者其他组织因人民法院在强制执行中有违法行为或者扩大强制执行范围受到损害的，有权依法要求赔偿。

第二章　行政强制的种类和设定

第九条　【行政强制措施种类】行政强制措施的种类：

（一）限制公民人身自由；

（二）查封场所、设施或者财物；

（三）扣押财物；

（四）冻结存款、汇款；

（五）其他行政强制措施。

第十条　【行政强制措施设定权】行政强制措施由法律设定。

尚未制定法律，且属于国务院行政管理职权事项的，行政法规可以设定除本法第九条第一项、第四项和应当由法律规定的行政强制措施以外的其他行政强制措施。

尚未制定法律、行政法规，且属于地方性事务的，地方性法规可以设定本法第九条第二项、第三项的行政强制措施。

法律、法规以外的其他规范性文件不得设定行政强制措施。

第十一条　【行政强制措施设定的统一性】法律对行政强制措施的对象、条件、种类作了规定的，行政法规、地方性法规不得作出扩大规定。

法律中未设定行政强制措施的，行政法规、地方性法规不得设定行政强制措施。但是，法律规定特定事项由行政法规规定具体管理措施的，行政法规可以设定除本法第九条第一项、第四项和应当由法律规定的行政强制措施以外的其他行政强制措施。

第十二条　【行政强制执行方式】行政强制执行的方式：

（一）加处罚款或者滞纳金；

（二）划拨存款、汇款；

（三）拍卖或者依法处理查封、扣押的场所、设施或者财物；

（四）排除妨碍、恢复原状；

（五）代履行；

（六）其他强制执行方式。

第十三条 **【行政强制执行设定权】** 行政强制执行由法律设定。

法律没有规定行政机关强制执行的，作出行政决定的行政机关应当申请人民法院强制执行。

第十四条 **【听取社会意见、说明必要性及影响】** 起草法律草案、法规草案，拟设定行政强制的，起草单位应当采取听证会、论证会等形式听取意见，并向制定机关说明设定该行政强制的必要性、可能产生的影响以及听取和采纳意见的情况。

第十五条 **【已设定的行政强制的评价制度】** 行政强制的设定机关应当定期对其设定的行政强制进行评价，并对不适当的行政强制及时予以修改或者废止。

行政强制的实施机关可以对已设定的行政强制的实施情况及存在的必要性适时进行评价，并将意见报告该行政强制的设定机关。

公民、法人或者其他组织可以向行政强制的设定机关和实施机关就行政强制的设定和实施提出意见和建议。有关机关应当认真研究论证，并以适当方式予以反馈。

第三章 行政强制措施实施程序

第一节 一般规定

第十六条 **【实施行政强制措施的条件】** 行政机关履行行政管理职责，依照法律、法规的规定，实施行政强制措施。

违法行为情节显著轻微或者没有明显社会危害的，可以不采取行政强制措施。

第十七条 【行政强制措施的实施主体】行政强制措施由法律、法规规定的行政机关在法定职权范围内实施。行政强制措施权不得委托。

依据《中华人民共和国行政处罚法》的规定行使相对集中行政处罚权的行政机关，可以实施法律、法规规定的与行政处罚权有关的行政强制措施。

行政强制措施应当由行政机关具备资格的行政执法人员实施，其他人员不得实施。

第十八条 【一般程序】行政机关实施行政强制措施应当遵守下列规定：

（一）实施前须向行政机关负责人报告并经批准；

（二）由两名以上行政执法人员实施；

（三）出示执法身份证件；

（四）通知当事人到场；

（五）当场告知当事人采取行政强制措施的理由、依据以及当事人依法享有的权利、救济途径；

（六）听取当事人的陈述和申辩；

（七）制作现场笔录；

（八）现场笔录由当事人和行政执法人员签名或者盖章，当事人拒绝的，在笔录中予以注明；

（九）当事人不到场的，邀请见证人到场，由见证人和行政执法人员在现场笔录上签名或者盖章；

（十）法律、法规规定的其他程序。

第十九条 【情况紧急时的程序】情况紧急，需要当场实施行政强制措施的，行政执法人员应当在二十四小时内向行政机关负责人报告，并补办批准手续。行政机关负责人认为不应当采取行政强制措施的，应当立即解除。

第二十条 【限制人身自由行政强制措施的程序】依照法律规

定实施限制公民人身自由的行政强制措施，除应当履行本法第十八条规定的程序外，还应当遵守下列规定：

（一）当场告知或者实施行政强制措施后立即通知当事人家属实施行政强制措施的行政机关、地点和期限；

（二）在紧急情况下当场实施行政强制措施的，在返回行政机关后，立即向行政机关负责人报告并补办批准手续；

（三）法律规定的其他程序。

实施限制人身自由的行政强制措施不得超过法定期限。实施行政强制措施的目的已经达到或者条件已经消失，应当立即解除。

第二十一条　【涉嫌犯罪案件的移送】违法行为涉嫌犯罪应当移送司法机关的，行政机关应当将查封、扣押、冻结的财物一并移送，并书面告知当事人。

第二节　查封、扣押

第二十二条　【查封、扣押实施主体】查封、扣押应当由法律、法规规定的行政机关实施，其他任何行政机关或者组织不得实施。

第二十三条　【查封、扣押对象】查封、扣押限于涉案的场所、设施或者财物，不得查封、扣押与违法行为无关的场所、设施或者财物；不得查封、扣押公民个人及其所扶养家属的生活必需品。

当事人的场所、设施或者财物已被其他国家机关依法查封的，不得重复查封。

第二十四条　【查封、扣押实施程序】行政机关决定实施查封、扣押的，应当履行本法第十八条规定的程序，制作并当场交付查封、扣押决定书和清单。

查封、扣押决定书应当载明下列事项：

（一）当事人的姓名或者名称、地址；

（二）查封、扣押的理由、依据和期限；

（三）查封、扣押场所、设施或者财物的名称、数量等；

（四）申请行政复议或者提起行政诉讼的途径和期限；

（五）行政机关的名称、印章和日期。

查封、扣押清单一式二份，由当事人和行政机关分别保存。

第二十五条　**【查封、扣押期限】**查封、扣押的期限不得超过三十日；情况复杂的，经行政机关负责人批准，可以延长，但是延长期限不得超过三十日。法律、行政法规另有规定的除外。

延长查封、扣押的决定应当及时书面告知当事人，并说明理由。

对物品需要进行检测、检验、检疫或者技术鉴定的，查封、扣押的期间不包括检测、检验、检疫或者技术鉴定的期间。检测、检验、检疫或者技术鉴定的期间应当明确，并书面告知当事人。检测、检验、检疫或者技术鉴定的费用由行政机关承担。

第二十六条　**【对查封、扣押财产的保管】**对查封、扣押的场所、设施或者财物，行政机关应当妥善保管，不得使用或者损毁；造成损失的，应当承担赔偿责任。

对查封的场所、设施或者财物，行政机关可以委托第三人保管，第三人不得损毁或者擅自转移、处置。因第三人的原因造成的损失，行政机关先行赔付后，有权向第三人追偿。

因查封、扣押发生的保管费用由行政机关承担。

第二十七条　**【查封、扣押后的处理】**行政机关采取查封、扣押措施后，应当及时查清事实，在本法第二十五条规定的期限内作出处理决定。对违法事实清楚，依法应当没收的非法财物予以没收；法律、行政法规规定应当销毁的，依法销毁；应当解除查封、扣押的，作出解除查封、扣押的决定。

第二十八条　**【解除查封、扣押的情形】**有下列情形之一的，行政机关应当及时作出解除查封、扣押决定：

（一）当事人没有违法行为；

（二）查封、扣押的场所、设施或者财物与违法行为无关；

（三）行政机关对违法行为已经作出处理决定，不再需要查封、扣押；

（四）查封、扣押期限已经届满；

（五）其他不再需要采取查封、扣押措施的情形。

解除查封、扣押应当立即退还财物；已将鲜活物品或者其他不易保管的财物拍卖或者变卖的，退还拍卖或者变卖所得款项。变卖价格明显低于市场价格，给当事人造成损失的，应当给予补偿。

第三节 冻 结

第二十九条　【冻结的实施主体、数额限制、不得重复冻结】冻结存款、汇款应当由法律规定的行政机关实施，不得委托给其他行政机关或者组织；其他任何行政机关或者组织不得冻结存款、汇款。

冻结存款、汇款的数额应当与违法行为涉及的金额相当；已被其他国家机关依法冻结的，不得重复冻结。

第三十条　【冻结的程序、金融机构的配合义务】行政机关依照法律规定决定实施冻结存款、汇款的，应当履行本法第十八条第一项、第二项、第三项、第七项规定的程序，并向金融机构交付冻结通知书。

金融机构接到行政机关依法作出的冻结通知书后，应当立即予以冻结，不得拖延，不得在冻结前向当事人泄露信息。

法律规定以外的行政机关或者组织要求冻结当事人存款、汇款的，金融机构应当拒绝。

第三十一条　【冻结决定书交付期限及内容】依照法律规定冻结存款、汇款的，作出决定的行政机关应当在三日内向当事人交付冻结决定书。冻结决定书应当载明下列事项：

（一）当事人的姓名或者名称、地址；

（二）冻结的理由、依据和期限；

（三）冻结的账号和数额；

（四）申请行政复议或者提起行政诉讼的途径和期限；

（五）行政机关的名称、印章和日期。

第三十二条 【冻结期限及其延长】自冻结存款、汇款之日起三十日内，行政机关应当作出处理决定或者作出解除冻结决定；情况复杂的，经行政机关负责人批准，可以延长，但是延长期限不得超过三十日。法律另有规定的除外。

延长冻结的决定应当及时书面告知当事人，并说明理由。

第三十三条 【解除冻结的情形】有下列情形之一的，行政机关应当及时作出解除冻结决定：

（一）当事人没有违法行为；

（二）冻结的存款、汇款与违法行为无关；

（三）行政机关对违法行为已经作出处理决定，不再需要冻结；

（四）冻结期限已经届满；

（五）其他不再需要采取冻结措施的情形。

行政机关作出解除冻结决定的，应当及时通知金融机构和当事人。金融机构接到通知后，应当立即解除冻结。

行政机关逾期未作出处理决定或者解除冻结决定的，金融机构应当自冻结期满之日起解除冻结。

第四章 行政机关强制执行程序

第一节 一 般 规 定

第三十四条 【行政机关强制执行】行政机关依法作出行政决定后，当事人在行政机关决定的期限内不履行义务的，具有行政强制执行权的行政机关依照本章规定强制执行。

第三十五条　【催告】 行政机关作出强制执行决定前，应当事先催告当事人履行义务。催告应当以书面形式作出，并载明下列事项：

（一）履行义务的期限；

（二）履行义务的方式；

（三）涉及金钱给付的，应当有明确的金额和给付方式；

（四）当事人依法享有的陈述权和申辩权。

第三十六条　【陈述、申辩权】 当事人收到催告书后有权进行陈述和申辩。行政机关应当充分听取当事人的意见，对当事人提出的事实、理由和证据，应当进行记录、复核。当事人提出的事实、理由或者证据成立的，行政机关应当采纳。

第三十七条　【强制执行决定】 经催告，当事人逾期仍不履行行政决定，且无正当理由的，行政机关可以作出强制执行决定。

强制执行决定应当以书面形式作出，并载明下列事项：

（一）当事人的姓名或者名称、地址；

（二）强制执行的理由和依据；

（三）强制执行的方式和时间；

（四）申请行政复议或者提起行政诉讼的途径和期限；

（五）行政机关的名称、印章和日期。

在催告期间，对有证据证明有转移或者隐匿财物迹象的，行政机关可以作出立即强制执行决定。

第三十八条　【催告书、行政强制决定书送达】 催告书、行政强制执行决定书应当直接送达当事人。当事人拒绝接收或者无法直接送达当事人的，应当依照《中华人民共和国民事诉讼法》的有关规定送达。

第三十九条　【中止执行】 有下列情形之一的，中止执行：

（一）当事人履行行政决定确有困难或者暂无履行能力的；

（二）第三人对执行标的主张权利，确有理由的；

（三）执行可能造成难以弥补的损失，且中止执行不损害公共利益的；

（四）行政机关认为需要中止执行的其他情形。

中止执行的情形消失后，行政机关应当恢复执行。对没有明显社会危害，当事人确无能力履行，中止执行满三年未恢复执行的，行政机关不再执行。

第四十条　【终结执行】有下列情形之一的，终结执行：

（一）公民死亡，无遗产可供执行，又无义务承受人的；

（二）法人或者其他组织终止，无财产可供执行，又无义务承受人的；

（三）执行标的灭失的；

（四）据以执行的行政决定被撤销的；

（五）行政机关认为需要终结执行的其他情形。

第四十一条　【执行回转】在执行中或者执行完毕后，据以执行的行政决定被撤销、变更，或者执行错误的，应当恢复原状或者退还财物；不能恢复原状或者退还财物的，依法给予赔偿。

第四十二条　【执行和解】实施行政强制执行，行政机关可以在不损害公共利益和他人合法权益的情况下，与当事人达成执行协议。执行协议可以约定分阶段履行；当事人采取补救措施的，可以减免加处的罚款或者滞纳金。

执行协议应当履行。当事人不履行执行协议的，行政机关应当恢复强制执行。

第四十三条　【文明执法】行政机关不得在夜间或者法定节假日实施行政强制执行。但是，情况紧急的除外。

行政机关不得对居民生活采取停止供水、供电、供热、供燃气等方式迫使当事人履行相关行政决定。

第四十四条　【强制拆除】对违法的建筑物、构筑物、设施等需要强制拆除的，应当由行政机关予以公告，限期当事人自行拆除。当事人在法定期限内不申请行政复议或者提起行政诉讼，又不拆除的，行政机关可以依法强制拆除。

第二节　金钱给付义务的执行

第四十五条 【加处罚款或滞纳金】行政机关依法作出金钱给付义务的行政决定，当事人逾期不履行的，行政机关可以依法加处罚款或者滞纳金。加处罚款或者滞纳金的标准应当告知当事人。

加处罚款或者滞纳金的数额不得超出金钱给付义务的数额。

第四十六条 【金钱给付义务的直接强制执行】行政机关依照本法第四十五条规定实施加处罚款或者滞纳金超过三十日，经催告当事人仍不履行的，具有行政强制执行权的行政机关可以强制执行。

行政机关实施强制执行前，需要采取查封、扣押、冻结措施的，依照本法第三章规定办理。

没有行政强制执行权的行政机关应当申请人民法院强制执行。但是，当事人在法定期限内不申请行政复议或者提起行政诉讼，经催告仍不履行的，在实施行政管理过程中已经采取查封、扣押措施的行政机关，可以将查封、扣押的财物依法拍卖抵缴罚款。

第四十七条 【划拨存款、汇款】划拨存款、汇款应当由法律规定的行政机关决定，并书面通知金融机构。金融机构接到行政机关依法作出划拨存款、汇款的决定后，应当立即划拨。

法律规定以外的行政机关或者组织要求划拨当事人存款、汇款的，金融机构应当拒绝。

第四十八条 【委托拍卖】依法拍卖财物，由行政机关委托拍卖机构依照《中华人民共和国拍卖法》的规定办理。

第四十九条 【划拨的存款、汇款的管理】划拨的存款、汇款以及拍卖和依法处理所得的款项应当上缴国库或者划入财政专户。任何行政机关或者个人不得以任何形式截留、私分或者变相私分。

第三节　代　履　行

第五十条　【代履行】行政机关依法作出要求当事人履行排除妨碍、恢复原状等义务的行政决定，当事人逾期不履行，经催告仍不履行，其后果已经或者将危害交通安全、造成环境污染或者破坏自然资源的，行政机关可以代履行，或者委托没有利害关系的第三人代履行。

第五十一条　【实施程序、费用、手段】代履行应当遵守下列规定：

（一）代履行前送达决定书，代履行决定书应当载明当事人的姓名或者名称、地址，代履行的理由和依据、方式和时间、标的、费用预算以及代履行人；

（二）代履行三日前，催告当事人履行，当事人履行的，停止代履行；

（三）代履行时，作出决定的行政机关应当派员到场监督；

（四）代履行完毕，行政机关到场监督的工作人员、代履行人和当事人或者见证人应当在执行文书上签名或者盖章。

代履行的费用按照成本合理确定，由当事人承担。但是，法律另有规定的除外。

代履行不得采用暴力、胁迫以及其他非法方式。

第五十二条　【立即实施代履行】需要立即清除道路、河道、航道或者公共场所的遗洒物、障碍物或者污染物，当事人不能清除的，行政机关可以决定立即实施代履行；当事人不在场的，行政机关应当在事后立即通知当事人，并依法作出处理。

第五章　申请人民法院强制执行

第五十三条　【非诉行政执行】当事人在法定期限内不申请行政复议或者提起行政诉讼，又不履行行政决定的，没有行政强制执行权的行政机关可以自期限届满之日起三个月内，依照本章规定申请人民法院强制执行。

第五十四条　【催告与执行管辖】行政机关申请人民法院强制执行前，应当催告当事人履行义务。催告书送达十日后当事人仍未履行义务的，行政机关可以向所在地有管辖权的人民法院申请强制执行；执行对象是不动产的，向不动产所在地有管辖权的人民法院申请强制执行。

第五十五条　【申请执行的材料】行政机关向人民法院申请强制执行，应当提供下列材料：

（一）强制执行申请书；

（二）行政决定书及作出决定的事实、理由和依据；

（三）当事人的意见及行政机关催告情况；

（四）申请强制执行标的情况；

（五）法律、行政法规规定的其他材料。

强制执行申请书应当由行政机关负责人签名，加盖行政机关的印章，并注明日期。

第五十六条　【申请受理与救济】人民法院接到行政机关强制执行的申请，应当在五日内受理。

行政机关对人民法院不予受理的裁定有异议的，可以在十五日内向上一级人民法院申请复议，上一级人民法院应当自收到复议申请之日起十五日内作出是否受理的裁定。

第五十七条　【书面审查】人民法院对行政机关强制执行的申请进行书面审查，对符合本法第五十五条规定，且行政决定具备法定执行效力的，除本法第五十八条规定的情形外，人民法院应当自受理之日起七日内作出执行裁定。

第五十八条　【实质审查】人民法院发现有下列情形之一的，在作出裁定前可以听取被执行人和行政机关的意见：

（一）明显缺乏事实根据的；

（二）明显缺乏法律、法规依据的；

（三）其他明显违法并损害被执行人合法权益的。

人民法院应当自受理之日起三十日内作出是否执行的裁定。裁定不予执行的，应当说明理由，并在五日内将不予执行的裁定送达行政机关。

行政机关对人民法院不予执行的裁定有异议的，可以自收到裁定之日起十五日内向上一级人民法院申请复议，上一级人民法院应当自收到复议申请之日起三十日内作出是否执行的裁定。

第五十九条 【申请立即执行】因情况紧急，为保障公共安全，行政机关可以申请人民法院立即执行。经人民法院院长批准，人民法院应当自作出执行裁定之日起五日内执行。

第六十条 【执行费用】行政机关申请人民法院强制执行，不缴纳申请费。强制执行的费用由被执行人承担。

人民法院以划拨、拍卖方式强制执行的，可以在划拨、拍卖后将强制执行的费用扣除。

依法拍卖财物，由人民法院委托拍卖机构依照《中华人民共和国拍卖法》的规定办理。

划拨的存款、汇款以及拍卖和依法处理所得的款项应当上缴国库或者划入财政专户，不得以任何形式截留、私分或者变相私分。

第六章 法 律 责 任

第六十一条 【实施行政强制违法责任】行政机关实施行政强制，有下列情形之一的，由上级行政机关或者有关部门责令改正，对直接负责的主管人员和其他直接责任人员依法给予处分：

（一）没有法律、法规依据的；

（二）改变行政强制对象、条件、方式的；

（三）违反法定程序实施行政强制的；

（四）违反本法规定，在夜间或者法定节假日实施行政强制执

行的;

（五）对居民生活采取停止供水、供电、供热、供燃气等方式迫使当事人履行相关行政决定的;

（六）有其他违法实施行政强制情形的。

第六十二条 **【违法查封、扣押、冻结的责任】**违反本法规定,行政机关有下列情形之一的,由上级行政机关或者有关部门责令改正,对直接负责的主管人员和其他直接责任人员依法给予处分:

（一）扩大查封、扣押、冻结范围的;

（二）使用或者损毁查封、扣押场所、设施或者财物的;

（三）在查封、扣押法定期间不作出处理决定或者未依法及时解除查封、扣押的;

（四）在冻结存款、汇款法定期间不作出处理决定或者未依法及时解除冻结的。

第六十三条 **【截留、私分或变相私分查封、扣押的财物、划拨的存款、汇款和拍卖、依法处理所得款项的法律责任】**行政机关将查封、扣押的财物或者划拨的存款、汇款以及拍卖和依法处理所得的款项,截留、私分或者变相私分的,由财政部门或者有关部门予以追缴;对直接负责的主管人员和其他直接责任人员依法给予记大过、降级、撤职或者开除的处分。

行政机关工作人员利用职务上的便利,将查封、扣押的场所、设施或者财物据为己有的,由上级行政机关或者有关部门责令改正,依法给予记大过、降级、撤职或者开除的处分。

第六十四条 **【利用行政强制权谋利的法律责任】**行政机关及其工作人员利用行政强制权为单位或者个人谋取利益的,由上级行政机关或者有关部门责令改正,对直接负责的主管人员和其他直接责任人员依法给予处分。

第六十五条 **【金融机构违反冻结、划拨规定的法律责任】**违反本法规定，金融机构有下列行为之一的，由金融业监督管理机构责令改正，对直接负责的主管人员和其他直接责任人员依法给予处分：

（一）在冻结前向当事人泄露信息的；

（二）对应当立即冻结、划拨的存款、汇款不冻结或者不划拨，致使存款、汇款转移的；

（三）将不应当冻结、划拨的存款、汇款予以冻结或者划拨的；

（四）未及时解除冻结存款、汇款的。

第六十六条　【执行款项未划入规定账户的法律责任】 违反本法规定，金融机构将款项划入国库或者财政专户以外的其他账户的，由金融业监督管理机构责令改正，并处以违法划拨款项二倍的罚款；对直接负责的主管人员和其他直接责任人员依法给予处分。

违反本法规定，行政机关、人民法院指令金融机构将款项划入国库或者财政专户以外的其他账户的，对直接负责的主管人员和其他直接责任人员依法给予处分。

第六十七条　【人民法院及其工作人员强制执行违法的责任】 人民法院及其工作人员在强制执行中有违法行为或者扩大强制执行范围的，对直接负责的主管人员和其他直接责任人员依法给予处分。

第六十八条　【赔偿和刑事责任】 违反本法规定，给公民、法人或者其他组织造成损失的，依法给予赔偿。

违反本法规定，构成犯罪的，依法追究刑事责任。

第七章　附　　则

第六十九条　【期限的界定】 本法中十日以内期限的规定是指工作日，不含法定节假日。

第七十条　【法律、行政法规授权的组织实施行政强制受本法

调整】法律、行政法规授权的具有管理公共事务职能的组织在法定授权范围内，以自己的名义实施行政强制，适用本法有关行政机关的规定。

第七十一条 【施行时间】本法自 2012 年 1 月 1 日起施行。

中华人民共和国城市房地产管理法

(1994 年 7 月 5 日第八届全国人民代表大会常务委员会第八次会议通过 根据 2007 年 8 月 30 日第十届全国人民代表大会常务委员会第二十九次会议《关于修改〈中华人民共和国城市房地产管理法〉的决定》第一次修正 根据 2009 年 8 月 27 日第十一届全国人民代表大会常务委员会第十次会议《关于修改部分法律的决定》第二次修正 根据 2019 年 8 月 26 日第十三届全国人民代表大会常务委员会第十二次会议《关于修改〈中华人民共和国土地管理法〉、〈中华人民共和国城市房地产管理法〉的决定》第三次修正)

目 录

第一章　总　　则

第一条　【立法宗旨】 为了加强对城市房地产的管理，维护房地产市场秩序，保障房地产权利人的合法权益，促进房地产业的健康发展，制定本法。

第二条　【适用范围】 在中华人民共和国城市规划区国有土地（以下简称国有土地）范围内取得房地产开发用地的土地使用权，从事房地产开发、房地产交易，实施房地产管理，应当遵守本法。

本法所称房屋，是指土地上的房屋等建筑物及构筑物。

本法所称房地产开发，是指在依据本法取得国有土地使用权的土地上进行基础设施、房屋建设的行为。

本法所称房地产交易，包括房地产转让、房地产抵押和房屋租赁。

第三条　【国有土地有偿、有限期使用制度】 国家依法实行国有土地有偿、有限期使用制度。但是，国家在本法规定的范围内划拨国有土地使用权的除外。

第四条　【国家扶持居民住宅建设】 国家根据社会、经济发展水平，扶持发展居民住宅建设，逐步改善居民的居住条件。

第五条　【房地产权利人的义务和权益】 房地产权利人应当遵守法律和行政法规，依法纳税。房地产权利人的合法权益受法律保护，任何单位和个人不得侵犯。

第六条 【房屋征收】为了公共利益的需要，国家可以征收国有土地上单位和个人的房屋，并依法给予拆迁补偿，维护被征收人的合法权益；征收个人住宅的，还应当保障被征收人的居住条件。具体办法由国务院规定。

第七条 【房地产管理机构设置】国务院建设行政主管部门、土地管理部门依照国务院规定的职权划分，各司其职，密切配合，管理全国房地产工作。

县级以上地方人民政府房产管理、土地管理部门的机构设置及其职权由省、自治区、直辖市人民政府确定。

第二章　房地产开发用地

第一节　土地使用权出让

第八条 【土地使用权出让的定义】土地使用权出让，是指国家将国有土地使用权（以下简称土地使用权）在一定年限内出让给土地使用者，由土地使用者向国家支付土地使用权出让金的行为。

第九条 【集体所有土地征收与出让】城市规划区内的集体所有的土地，经依法征收转为国有土地后，该幅国有土地的使用权方可有偿出让，但法律另有规定的除外。

第十条 【土地使用权出让宏观管理】土地使用权出让，必须符合土地利用总体规划、城市规划和年度建设用地计划。

第十一条 【年度出让土地使用权总量控制】县级以上地方人民政府出让土地使用权用于房地产开发的，须根据省级以上人民政府下达的控制指标拟订年度出让土地使用权总面积方案，按照国务院规定，报国务院或者省级人民政府批准。

第十二条 【土地使用权出让主体】土地使用权出让，由市、县人民政府有计划、有步骤地进行。出让的每幅地块、用途、年限和其他条件，由市、县人民政府土地管理部门会同城市规划、建设、房产管理部门共同拟定方案，按照国务院规定，报经有批准权的人民政府批准后，由市、县人民政府土地管理部门实施。

直辖市的县人民政府及其有关部门行使前款规定的权限，由直辖市人民政府规定。

第十三条　【土地使用权出让方式】 土地使用权出让，可以采取拍卖、招标或者双方协议的方式。

商业、旅游、娱乐和豪华住宅用地，有条件的，必须采取拍卖、招标方式；没有条件，不能采取拍卖、招标方式的，可以采取双方协议的方式。

采取双方协议方式出让土地使用权的出让金不得低于按国家规定所确定的最低价。

第十四条　【土地使用权出让最高年限】 土地使用权出让最高年限由国务院规定。

第十五条　【土地使用权出让合同】 土地使用权出让，应当签订书面出让合同。

土地使用权出让合同由市、县人民政府土地管理部门与土地使用者签订。

第十六条　【支付出让金】 土地使用者必须按照出让合同约定，支付土地使用权出让金；未按照出让合同约定支付土地使用权出让金的，土地管理部门有权解除合同，并可以请求违约赔偿。

第十七条　【提供出让土地】 土地使用者按照出让合同约定支付土地使用权出让金的，市、县人民政府土地管理部门必须按照出让合同约定，提供出让的土地；未按照出让合同约定提供出让的土地的，土地使用者有权解除合同，由土地管理部门返还土地使用权出让金，土地使用者并可以请求违约赔偿。

第十八条　【土地用途的变更】 土地使用者需要改变土地使用权出让合同约定的土地用途的，必须取得出让方和市、县人民政府城市规划行政主管部门的同意，签订土地使用权出让合同变更协议或者重新签订土地使用权出让合同，相应调整土地使用权出让金。

第十九条　**【土地使用权出让金的管理】**土地使用权出让金应当全部上缴财政，列入预算，用于城市基础设施建设和土地开发。土地使用权出让金上缴和使用的具体办法由国务院规定。

第二十条　**【出让土地使用权的提前收回】**国家对土地使用者依法取得的土地使用权，在出让合同约定的使用年限届满前不收回；在特殊情况下，根据社会公共利益的需要，可以依照法律程序提前收回，并根据土地使用者使用土地的实际年限和开发土地的实际情况给予相应的补偿。

第二十一条　**【土地使用权终止】**土地使用权因土地灭失而终止。

第二十二条　**【土地使用权出让年限届满】**土地使用权出让合同约定的使用年限届满，土地使用者需要继续使用土地的，应当至迟于届满前一年申请续期，除根据社会公共利益需要收回该幅土地的，应当予以批准。经批准准予续期的，应当重新签订土地使用权出让合同，依照规定支付土地使用权出让金。

土地使用权出让合同约定的使用年限届满，土地使用者未申请续期或者虽申请续期但依照前款规定未获批准的，土地使用权由国家无偿收回。

第二节　土地使用权划拨

第二十三条　**【土地使用权划拨的定义】**土地使用权划拨，是指县级以上人民政府依法批准，在土地使用者缴纳补偿、安置等费用后将该幅土地交付其使用，或者将土地使用权无偿交付给土地使用者使用的行为。

依照本法规定以划拨方式取得土地使用权的，除法律、行政法规另有规定外，没有使用期限的限制。

第二十四条　**【土地使用权划拨范围】**下列建设用地的土地使

用权，确属必需的，可以由县级以上人民政府依法批准划拨：

（一）国家机关用地和军事用地；

（二）城市基础设施用地和公益事业用地；

（三）国家重点扶持的能源、交通、水利等项目用地；

（四）法律、行政法规规定的其他用地。

第三章　房地产开发

第二十五条　【房地产开发基本原则】房地产开发必须严格执行城市规划，按照经济效益、社会效益、环境效益相统一的原则，实行全面规划、合理布局、综合开发、配套建设。

第二十六条　【开发土地期限】以出让方式取得土地使用权进行房地产开发的，必须按照土地使用权出让合同约定的土地用途、动工开发期限开发土地。超过出让合同约定的动工开发日期满一年未动工开发的，可以征收相当于土地使用权出让金百分之二十以下的土地闲置费；满二年未动工开发的，可以无偿收回土地使用权；但是，因不可抗力或者政府、政府有关部门的行为或者动工开发必需的前期工作造成动工开发迟延的除外。

第二十七条　【房地产开发项目设计、施工和竣工】房地产开发项目的设计、施工，必须符合国家的有关标准和规范。

房地产开发项目竣工，经验收合格后，方可交付使用。

第二十八条　【土地使用权作价】依法取得的土地使用权，可以依照本法和有关法律、行政法规的规定，作价入股，合资、合作开发经营房地产。

第二十九条　【开发居民住宅的鼓励和扶持】国家采取税收等方面的优惠措施鼓励和扶持房地产开发企业开发建设居民住宅。

第三十条　【房地产开发企业的设立】房地产开发企业是以营利为目的，从事房地产开发和经营的企业。设立房地产开发企业，应当具备下列条件：

（一）有自己的名称和组织机构；

（二）有固定的经营场所；

（三）有符合国务院规定的注册资本；

（四）有足够的专业技术人员；

（五）法律、行政法规规定的其他条件。

设立房地产开发企业，应当向工商行政管理部门申请设立登记。工商行政管理部门对符合本法规定条件的，应当予以登记，发给营业执照；对不符合本法规定条件的，不予登记。

设立有限责任公司、股份有限公司，从事房地产开发经营的，还应当执行公司法的有关规定。

房地产开发企业在领取营业执照后的一个月内，应当到登记机关所在地的县级以上地方人民政府规定的部门备案。

第三十一条　**【房地产开发企业注册资本与投资总额的比例】**房地产开发企业的注册资本与投资总额的比例应当符合国家有关规定。

房地产开发企业分期开发房地产的，分期投资额应当与项目规模相适应，并按照土地使用权出让合同的约定，按期投入资金，用于项目建设。

第四章　房地产交易

第一节　一般规定

第三十二条　**【房地产权利主体一致原则】**房地产转让、抵押时，房屋的所有权和该房屋占用范围内的土地使用权同时转让、抵押。

第三十三条　**【房地产价格管理】**基准地价、标定地价和各类房屋的重置价格应当定期确定并公布。具体办法由国务院规定。

第三十四条　**【房地产价格评估】**国家实行房地产价格评估

制度。

房地产价格评估，应当遵循公正、公平、公开的原则，按照国家规定的技术标准和评估程序，以基准地价、标定地价和各类房屋的重置价格为基础，参照当地的市场价格进行评估。

第三十五条 【房地产成交价格申报】国家实行房地产成交价格申报制度。

房地产权利人转让房地产，应当向县级以上地方人民政府规定的部门如实申报成交价，不得瞒报或者作不实的申报。

第三十六条 【房地产权属登记】房地产转让、抵押，当事人应当依照本法第五章的规定办理权属登记。

第二节 房地产转让

第三十七条 【房地产转让的定义】房地产转让，是指房地产权利人通过买卖、赠与或者其他合法方式将其房地产转移给他人的行为。

第三十八条 【房地产不得转让的情形】下列房地产，不得转让：

（一）以出让方式取得土地使用权的，不符合本法第三十九条规定的条件的；

（二）司法机关和行政机关依法裁定、决定查封或者以其他形式限制房地产权利的；

（三）依法收回土地使用权的；

（四）共有房地产，未经其他共有人书面同意的；

（五）权属有争议的；

（六）未依法登记领取权属证书的；

（七）法律、行政法规规定禁止转让的其他情形。

第三十九条 【以出让方式取得土地使用权的房地产转让】以出让方式取得土地使用权的，转让房地产时，应当符合下列条件：

（一）按照出让合同约定已经支付全部土地使用权出让金，并取得土地使用权证书；

（二）按照出让合同约定进行投资开发，属于房屋建设工程的，完成开发投资总额的百分之二十五以上，属于成片开发土地的，形成工业用地或者其他建设用地条件。

转让房地产时房屋已经建成的，还应当持有房屋所有权证书。

第四十条　**【以划拨方式取得土地使用权的房地产转让】**以划拨方式取得土地使用权的，转让房地产时，应当按照国务院规定，报有批准权的人民政府审批。有批准权的人民政府准予转让的，应当由受让方办理土地使用权出让手续，并依照国家有关规定缴纳土地使用权出让金。

以划拨方式取得土地使用权的，转让房地产报批时，有批准权的人民政府按照国务院规定决定可以不办理土地使用权出让手续的，转让方应当按照国务院规定将转让房地产所获收益中的土地收益上缴国家或者作其他处理。

第四十一条　**【房地产转让合同】**房地产转让，应当签订书面转让合同，合同中应当载明土地使用权取得的方式。

第四十二条　**【房地产转让合同与土地使用权出让合同的关系】**房地产转让时，土地使用权出让合同载明的权利、义务随之转移。

第四十三条　**【房地产转让后土地使用权的使用年限】**以出让方式取得土地使用权的，转让房地产后，其土地使用权的使用年限为原土地使用权出让合同约定的使用年限减去原土地使用者已经使用年限后的剩余年限。

第四十四条　**【房地产转让后土地用途变更】**以出让方式取得土地使用权的，转让房地产后，受让人改变原土地使用权出让合同约定的土地用途的，必须取得原出让方和市、县人民政府城市规划行政主管部门的同意，签订土地使用权出让合同变更协议或者重新签订土地使用权出让合同，相应调整土地使用权出让金。

第四十五条　【商品房预售的条件】 商品房预售，应当符合下列条件：

（一）已交付全部土地使用权出让金，取得土地使用权证书；

（二）持有建设工程规划许可证；

（三）按提供预售的商品房计算，投入开发建设的资金达到工程建设总投资的百分之二十五以上，并已经确定施工进度和竣工交付日期；

（四）向县级以上人民政府房产管理部门办理预售登记，取得商品房预售许可证明。

商品房预售人应当按照国家有关规定将预售合同报县级以上人民政府房产管理部门和土地管理部门登记备案。

商品房预售所得款项，必须用于有关的工程建设。

第四十六条　【商品房预售后的再行转让】 商品房预售的，商品房预购人将购买的未竣工的预售商品房再行转让的问题，由国务院规定。

第三节　房地产抵押

第四十七条　【房地产抵押的定义】 房地产抵押，是指抵押人以其合法的房地产以不转移占有的方式向抵押权人提供债务履行担保的行为。债务人不履行债务时，抵押权人有权依法以抵押的房地产拍卖所得的价款优先受偿。

第四十八条　【房地产抵押物的范围】 依法取得的房屋所有权连同该房屋占用范围内的土地使用权，可以设定抵押权。

以出让方式取得的土地使用权，可以设定抵押权。

第四十九条　【抵押办理凭证】 房地产抵押，应当凭土地使用权证书、房屋所有权证书办理。

第五十条　【房地产抵押合同】 房地产抵押，抵押人和抵押权人应当签订书面抵押合同。

第五十一条 【**以划拨土地使用权设定的房地产抵押权的实现**】设定房地产抵押权的土地使用权是以划拨方式取得的，依法拍卖该房地产后，应当从拍卖所得的价款中缴纳相当于应缴纳的土地使用权出让金的款额后，抵押权人方可优先受偿。

第五十二条 【**房地产抵押后土地上的新增房屋问题**】房地产抵押合同签订后，土地上新增的房屋不属于抵押财产。需要拍卖该抵押的房地产时，可以依法将土地上新增的房屋与抵押财产一同拍卖，但对拍卖新增房屋所得，抵押权人无权优先受偿。

第四节 房屋租赁

第五十三条 【**房屋租赁的定义**】房屋租赁，是指房屋所有权人作为出租人将其房屋出租给承租人使用，由承租人向出租人支付租金的行为。

第五十四条 【**房屋租赁合同的签订**】房屋租赁，出租人和承租人应当签订书面租赁合同，约定租赁期限、租赁用途、租赁价格、修缮责任等条款，以及双方的其他权利和义务，并向房产管理部门登记备案。

第五十五条 【**住宅用房和非住宅用房的租赁**】住宅用房的租赁，应当执行国家和房屋所在城市人民政府规定的租赁政策。租用房屋从事生产、经营活动的，由租赁双方协商议定租金和其他租赁条款。

第五十六条 【**以划拨方式取得的国有土地上的房屋出租的特别规定**】以营利为目的，房屋所有权人将以划拨方式取得使用权的国有土地上建成的房屋出租的，应当将租金中所含土地收益上缴国家。具体办法由国务院规定。

第五节 中介服务机构

第五十七条 【**房地产中介服务机构**】房地产中介服务机构包

括房地产咨询机构、房地产价格评估机构、房地产经纪机构等。

第五十八条 【房地产中介服务机构的设立】房地产中介服务机构应当具备下列条件：

（一）有自己的名称和组织机构；

（二）有固定的服务场所；

（三）有必要的财产和经费；

（四）有足够数量的专业人员；

（五）法律、行政法规规定的其他条件。

设立房地产中介服务机构，应当向工商行政管理部门申请设立登记，领取营业执照后，方可开业。

第五十九条 【房地产估价人员资格认证】国家实行房地产价格评估人员资格认证制度。

第五章 房地产权属登记管理

第六十条 【房地产登记发证制度】国家实行土地使用权和房屋所有权登记发证制度。

第六十一条 【房地产权属登记】以出让或者划拨方式取得土地使用权，应当向县级以上地方人民政府土地管理部门申请登记，经县级以上地方人民政府土地管理部门核实，由同级人民政府颁发土地使用权证书。

在依法取得的房地产开发用地上建成房屋的，应当凭土地使用权证书向县级以上地方人民政府房产管理部门申请登记，由县级以上地方人民政府房产管理部门核实并颁发房屋所有权证书。

房地产转让或者变更时，应当向县级以上地方人民政府房产管理部门申请房产变更登记，并凭变更后的房屋所有权证书向同级人民政府土地管理部门申请土地使用权变更登记，经同级人民政府土地管理部门核实，由同级人民政府更换或者更改土地使用权证书。

法律另有规定的，依照有关法律的规定办理。

第六十二条 【房地产抵押登记】房地产抵押时，应当向县级以上地方人民政府规定的部门办理抵押登记。

因处分抵押房地产而取得土地使用权和房屋所有权的，应当依照本章规定办理过户登记。

第六十三条 【房地产权属证书】经省、自治区、直辖市人民政府确定，县级以上地方人民政府由一个部门统一负责房产管理和土地管理工作的，可以制作、颁发统一的房地产权证书，依照本法第六十一条的规定，将房屋的所有权和该房屋占用范围内的土地使用权的确认和变更，分别载入房地产权证书。

第六章 法 律 责 任

第六十四条 【擅自出让或擅自批准出让土地使用权用于房地产开发的法律责任】违反本法第十一条、第十二条的规定，擅自批准出让或者擅自出让土地使用权用于房地产开发的，由上级机关或者所在单位给予有关责任人员行政处分。

第六十五条 【擅自从事房地产开发的法律责任】违反本法第三十条的规定，未取得营业执照擅自从事房地产开发业务的，由县级以上人民政府工商行政管理部门责令停止房地产开发业务活动，没收违法所得，可以并处罚款。

第六十六条 【非法转让土地使用权的法律责任】违反本法第三十九条第一款的规定转让土地使用权的，由县级以上人民政府土地管理部门没收违法所得，可以并处罚款。

第六十七条 【非法转让划拨土地使用权的房地产的法律责任】违反本法第四十条第一款的规定转让房地产的，由县级以上人民政府土地管理部门责令缴纳土地使用权出让金，没收违法所得，可以并处罚款。

第六十八条 【非法预售商品房的法律责任】违反本法第四十

五条第一款的规定预售商品房的，由县级以上人民政府房产管理部门责令停止预售活动，没收违法所得，可以并处罚款。

第六十九条　【擅自从事房地产中介服务业务的法律责任】违反本法第五十八条的规定，未取得营业执照擅自从事房地产中介服务业务的，由县级以上人民政府工商行政管理部门责令停止房地产中介服务业务活动，没收违法所得，可以并处罚款。

第七十条　【向房地产开发企业非法收费的法律责任】没有法律、法规的依据，向房地产开发企业收费的，上级机关应当责令退回所收取的钱款；情节严重的，由上级机关或者所在单位给予直接责任人员行政处分。

第七十一条　【管理部门工作人员玩忽职守、滥用职权、索贿、受贿的法律责任】房产管理部门、土地管理部门工作人员玩忽职守、滥用职权，构成犯罪的，依法追究刑事责任；不构成犯罪的，给予行政处分。

房产管理部门、土地管理部门工作人员利用职务上的便利，索取他人财物，或者非法收受他人财物为他人谋取利益，构成犯罪的，依法追究刑事责任；不构成犯罪的，给予行政处分。

第七章　附　　则

第七十二条　【参照本法适用的情形】在城市规划区外的国有土地范围内取得房地产开发用地的土地使用权，从事房地产开发、交易活动以及实施房地产管理，参照本法执行。

第七十三条　【施行时间】本法自 1995 年 1 月 1 日起施行。

中华人民共和国土地管理法

（1986年6月25日第六届全国人民代表大会常务委员会第十六次会议通过 根据1988年12月29日第七届全国人民代表大会常务委员会第五次会议《关于修改〈中华人民共和国土地管理法〉的决定》第一次修正 1998年8月29日第九届全国人民代表大会常务委员会第四次会议修订 根据2004年8月28日第十届全国人民代表大会常务委员会第十一次会议《关于修改〈中华人民共和国土地管理法〉的决定》第二次修正 根据2019年8月26日第十三届全国人民代表大会常务委员会第十二次会议《关于修改〈中华人民共和国土地管理法〉、〈中华人民共和国城市房地产管理法〉的决定》第三次修正）

目　录

第一章　总　　则

第一条　【立法目的】为了加强土地管理，维护土地的社会主义公有制，保护、开发土地资源，合理利用土地，切实保护耕地，促进社会经济的可持续发展，根据宪法，制定本法。

第二条　【基本土地制度】中华人民共和国实行土地的社会主义公有制，即全民所有制和劳动群众集体所有制。

全民所有，即国家所有土地的所有权由国务院代表国家行使。

任何单位和个人不得侵占、买卖或者以其他形式非法转让土地。土地使用权可以依法转让。

国家为了公共利益的需要，可以依法对土地实行征收或者征用并给予补偿。

国家依法实行国有土地有偿使用制度。但是，国家在法律规定的范围内划拨国有土地使用权的除外。

第三条　【土地基本国策】十分珍惜、合理利用土地和切实保护耕地是我国的基本国策。各级人民政府应当采取措施，全面规划，严格管理，保护、开发土地资源，制止非法占用土地的行为。

第四条　【土地用途管制制度】国家实行土地用途管制制度。

国家编制土地利用总体规划，规定土地用途，将土地分为农用地、建设用地和未利用地。严格限制农用地转为建设用地，控制建设用地总量，对耕地实行特殊保护。

前款所称农用地是指直接用于农业生产的土地，包括耕地、林地、草地、农田水利用地、养殖水面等；建设用地是指建造建筑物、构筑物的土地，包括城乡住宅和公共设施用地、工矿用地、交通水利设施用地、旅游用地、军事设施用地等；未利用地是指农用地和建设用地以外的土地。

使用土地的单位和个人必须严格按照土地利用总体规划确定的用途使用土地。

第五条　【土地管理体制】国务院自然资源主管部门统一负责全国土地的管理和监督工作。

县级以上地方人民政府自然资源主管部门的设置及其职责，由省、自治区、直辖市人民政府根据国务院有关规定确定。

第六条 【国家土地督察制度】国务院授权的机构对省、自治区、直辖市人民政府以及国务院确定的城市人民政府土地利用和土地管理情况进行督察。

第七条 【单位和个人的土地管理权利和义务】任何单位和个人都有遵守土地管理法律、法规的义务，并有权对违反土地管理法律、法规的行为提出检举和控告。

第八条 【奖励】在保护和开发土地资源、合理利用土地以及进行有关的科学研究等方面成绩显著的单位和个人，由人民政府给予奖励。

第二章　土地的所有权和使用权

第九条 【土地所有制】城市市区的土地属于国家所有。

农村和城市郊区的土地，除由法律规定属于国家所有的以外，属于农民集体所有；宅基地和自留地、自留山，属于农民集体所有。

第十条 【土地使用权】国有土地和农民集体所有的土地，可以依法确定给单位或者个人使用。使用土地的单位和个人，有保护、管理和合理利用土地的义务。

第十一条 【集体所有土地的经营和管理】农民集体所有的土地依法属于村农民集体所有的，由村集体经济组织或者村民委员会经营、管理；已经分别属于村内两个以上农村集体经济组织的农民集体所有的，由村内各该农村集体经济组织或者村民小组经营、管理；已经属于乡（镇）农民集体所有的，由乡（镇）农村集体经济组织经营、管理。

第十二条 【土地所有权和使用权登记】土地的所有权和使用权的登记，依照有关不动产登记的法律、行政法规执行。

依法登记的土地的所有权和使用权受法律保护，任何单位和个人不得侵犯。

第十三条 【土地承包经营】农民集体所有和国家所有依法由农民集体使用的耕地、林地、草地，以及其他依法用于农业的土地，采取农村集体经济组织内部的家庭承包方式承包，不宜采取家庭承包方式的荒山、荒沟、荒丘、荒滩等，可以采取招标、拍卖、公开协商等方式承包，从事种植业、林业、畜牧业、渔业生产。家庭承包的耕地的承包期为三十年，草地的承包期为三十年至五十年，林地的承包期为三十年至七十年；耕地承包期届满后再延长三十年，草地、林地承包期届满后依法相应延长。

国家所有依法用于农业的土地可以由单位或者个人承包经营，从事种植业、林业、畜牧业、渔业生产。

发包方和承包方应当依法订立承包合同，约定双方的权利和义务。承包经营土地的单位和个人，有保护和按照承包合同约定的用途合理利用土地的义务。

第十四条 【土地所有权和使用权争议解决】土地所有权和使用权争议，由当事人协商解决；协商不成的，由人民政府处理。

单位之间的争议，由县级以上人民政府处理；个人之间、个人与单位之间的争议，由乡级人民政府或者县级以上人民政府处理。

当事人对有关人民政府的处理决定不服的，可以自接到处理决定通知之日起三十日内，向人民法院起诉。

在土地所有权和使用权争议解决前，任何一方不得改变土地利用现状。

第三章 土地利用总体规划

第十五条 【土地利用总体规划的编制依据和规划期限】各级人民政府应当依据国民经济和社会发展规划、国土整治和资源环境保护的要求、土地供给能力以及各项建设对土地的需求，组织编制土地利用总体规划。

土地利用总体规划的规划期限由国务院规定。

第十六条 【土地利用总体规划的编制要求】下级土地利用总体规划应当依据上一级土地利用总体规划编制。

地方各级人民政府编制的土地利用总体规划中的建设用地总量不得超过上一级土地利用总体规划确定的控制指标,耕地保有量不得低于上一级土地利用总体规划确定的控制指标。

省、自治区、直辖市人民政府编制的土地利用总体规划,应当确保本行政区域内耕地总量不减少。

第十七条 【土地利用总体规划的编制原则】土地利用总体规划按照下列原则编制:

(一)落实国土空间开发保护要求,严格土地用途管制;

(二)严格保护永久基本农田,严格控制非农业建设占用农用地;

(三)提高土地节约集约利用水平;

(四)统筹安排城乡生产、生活、生态用地,满足乡村产业和基础设施用地合理需求,促进城乡融合发展;

(五)保护和改善生态环境,保障土地的可持续利用;

(六)占用耕地与开发复垦耕地数量平衡、质量相当。

第十八条 【国土空间规划】国家建立国土空间规划体系。编制国土空间规划应当坚持生态优先,绿色、可持续发展,科学有序统筹安排生态、农业、城镇等功能空间,优化国土空间结构和布局,提升国土空间开发、保护的质量和效率。

经依法批准的国土空间规划是各类开发、保护、建设活动的基本依据。已经编制国土空间规划的,不再编制土地利用总体规划和城乡规划。

第十九条 【县、乡级土地利用总体规划的编制要求】县级土地利用总体规划应当划分土地利用区,明确土地用途。

乡(镇)土地利用总体规划应当划分土地利用区,根据土地使用条件，确定每一块土地的用途，并予以公告。

第二十条　【土地利用总体规划的审批】土地利用总体规划实行分级审批。

省、自治区、直辖市的土地利用总体规划，报国务院批准。

省、自治区人民政府所在地的市、人口在一百万以上的城市以及国务院指定的城市的土地利用总体规划，经省、自治区人民政府审查同意后，报国务院批准。

本条第二款、第三款规定以外的土地利用总体规划，逐级上报省、自治区、直辖市人民政府批准；其中，乡（镇）土地利用总体规划可以由省级人民政府授权的设区的市、自治州人民政府批准。

土地利用总体规划一经批准，必须严格执行。

第二十一条　【建设用地的要求】城市建设用地规模应当符合国家规定的标准，充分利用现有建设用地，不占或者尽量少占农用地。

城市总体规划、村庄和集镇规划，应当与土地利用总体规划相衔接，城市总体规划、村庄和集镇规划中建设用地规模不得超过土地利用总体规划确定的城市和村庄、集镇建设用地规模。

在城市规划区内、村庄和集镇规划区内，城市和村庄、集镇建设用地应当符合城市规划、村庄和集镇规划。

第二十二条　【相关规划与土地利用总体规划的衔接】江河、湖泊综合治理和开发利用规划，应当与土地利用总体规划相衔接。在江河、湖泊、水库的管理和保护范围以及蓄洪滞洪区内，土地利用应当符合江河、湖泊综合治理和开发利用规划，符合河道、湖泊行洪、蓄洪和输水的要求。

第二十三条　【土地利用年度计划】各级人民政府应当加强土地利用计划管理，实行建设用地总量控制。

土地利用年度计划，根据国民经济和社会发展计划、国家产业政策、土地利用总体规划以及建设用地和土地利用的实际状况编制。土地利用年度计划应当对本法第六十三条规定的集体经营性建设用地作出合理安排。土地利用年度计划的编制审批程序与土地利用总体规划的编制审批程序相同，一经审批下达，必须严格执行。

第二十四条 【土地利用年度计划执行情况报告】省、自治区、直辖市人民政府应当将土地利用年度计划的执行情况列为国民经济和社会发展计划执行情况的内容，向同级人民代表大会报告。

第二十五条 【土地利用总体规划的修改】经批准的土地利用总体规划的修改，须经原批准机关批准；未经批准，不得改变土地利用总体规划确定的土地用途。

经国务院批准的大型能源、交通、水利等基础设施建设用地，需要改变土地利用总体规划的，根据国务院的批准文件修改土地利用总体规划。

经省、自治区、直辖市人民政府批准的能源、交通、水利等基础设施建设用地，需要改变土地利用总体规划的，属于省级人民政府土地利用总体规划批准权限内的，根据省级人民政府的批准文件修改土地利用总体规划。

第二十六条 【土地调查】国家建立土地调查制度。

县级以上人民政府自然资源主管部门会同同级有关部门进行土地调查。土地所有者或者使用者应当配合调查，并提供有关资料。

第二十七条 【土地分等定级】县级以上人民政府自然资源主管部门会同同级有关部门根据土地调查成果、规划土地用途和国家制定的统一标准，评定土地等级。

第二十八条 【土地统计】国家建立土地统计制度。

县级以上人民政府统计机构和自然资源主管部门依法进行土地统计调查，定期发布土地统计资料。土地所有者或者使用者应当提供有关资料，不得拒报、迟报，不得提供不真实、不完整的资料。

统计机构和自然资源主管部门共同发布的土地面积统计资料是各级人民政府编制土地利用总体规划的依据。

第二十九条 【土地利用动态监测】国家建立全国土地管理信息系统，对土地利用状况进行动态监测。

第四章 耕 地 保 护

第三十条 【占用耕地补偿制度】国家保护耕地，严格控制耕地转为非耕地。

国家实行占用耕地补偿制度。非农业建设经批准占用耕地的，按照"占多少，垦多少"的原则，由占用耕地的单位负责开垦与所占用耕地的数量和质量相当的耕地；没有条件开垦或者开垦的耕地不符合要求的，应当按照省、自治区、直辖市的规定缴纳耕地开垦费，专款用于开垦新的耕地。

省、自治区、直辖市人民政府应当制定开垦耕地计划，监督占用耕地的单位按照计划开垦耕地或者按照计划组织开垦耕地，并进行验收。

第三十一条 【耕地耕作层土壤的保护】县级以上地方人民政府可以要求占用耕地的单位将所占用耕地耕作层的土壤用于新开垦耕地、劣质地或者其他耕地的土壤改良。

第三十二条 【省级政府耕地保护责任】省、自治区、直辖市人民政府应当严格执行土地利用总体规划和土地利用年度计划，采取措施，确保本行政区域内耕地总量不减少、质量不降低。耕地总量减少的，由国务院责令在规定期限内组织开垦与所减少耕地的数量与质量相当的耕地；耕地质量降低的，由国务院责令在规定期限内组织整治。新开垦和整治的耕地由国务院自然资源主管部门会同农业农村主管部门验收。

个别省、直辖市确因土地后备资源匮乏，新增建设用地后，新开垦耕地的数量不足以补偿所占用耕地的数量的，必须报经国务院批准减免本行政区域内开垦耕地的数量，易地开垦数量和质量相当的耕地。

第三十三条 **【永久基本农田保护制度】**国家实行永久基本农田保护制度。下列耕地应当根据土地利用总体规划划为永久基本农田，实行严格保护：

（一）经国务院农业农村主管部门或者县级以上地方人民政府批准确定的粮、棉、油、糖等重要农产品生产基地内的耕地；

（二）有良好的水利与水土保持设施的耕地，正在实施改造计划以及可以改造的中、低产田和已建成的高标准农田；

（三）蔬菜生产基地；

（四）农业科研、教学试验田；

（五）国务院规定应当划为永久基本农田的其他耕地。

各省、自治区、直辖市划定的永久基本农田一般应当占本行政区域内耕地的百分之八十以上，具体比例由国务院根据各省、自治区、直辖市耕地实际情况规定。

第三十四条 **【永久基本农田划定】**永久基本农田划定以乡（镇）为单位进行，由县级人民政府自然资源主管部门会同同级农业农村主管部门组织实施。永久基本农田应当落实到地块，纳入国家永久基本农田数据库严格管理。

乡（镇）人民政府应当将永久基本农田的位置、范围向社会公告，并设立保护标志。

第三十五条 **【永久基本农田的保护措施】**永久基本农田经依法划定后，任何单位和个人不得擅自占用或者改变其用途。国家能源、交通、水利、军事设施等重点建设项目选址确实难以避让永久基本农田，涉及农用地转用或者土地征收的，必须经国务院批准。

禁止通过擅自调整县级土地利用总体规划、乡（镇）土地利用总体规划等方式规避永久基本农田农用地转用或者土地征收的审批。

第三十六条 **【耕地质量保护】**各级人民政府应当采取措施，引导因地制宜轮作休耕，改良土壤，提高地力，维护排灌工程设施，防止土地荒漠化、盐渍化、水土流失和土壤污染。

第三十七条 **【非农业建设用地原则及禁止破坏耕地】**非农业建设必须节约使用土地，可以利用荒地的，不得占用耕地；可以利用劣地的，不得占用好地。

禁止占用耕地建窑、建坟或者擅自在耕地上建房、挖砂、采石、采矿、取土等。

禁止占用永久基本农田发展林果业和挖塘养鱼。

第三十八条 **【非农业建设闲置耕地的处理】**禁止任何单位和个人闲置、荒芜耕地。已经办理审批手续的非农业建设占用耕地，一年内不用而又可以耕种并收获的，应当由原耕种该幅耕地的集体或者个人恢复耕种，也可以由用地单位组织耕种；一年以上未动工建设的，应当按照省、自治区、直辖市的规定缴纳闲置费；连续二年未使用的，经原批准机关批准，由县级以上人民政府无偿收回用地单位的土地使用权；该幅土地原为农民集体所有的，应当交由原农村集体经济组织恢复耕种。

在城市规划区范围内，以出让方式取得土地使用权进行房地产开发的闲置土地，依照《中华人民共和国城市房地产管理法》的有关规定办理。

第三十九条 **【未利用地的开发】**国家鼓励单位和个人按照土地利用总体规划，在保护和改善生态环境、防止水土流失和土地荒漠化的前提下，开发未利用的土地；适宜开发为农用地的，应当优先开发成农用地。

国家依法保护开发者的合法权益。

第四十条 **【未利用地开垦的要求】**开垦未利用的土地，必须经过科学论证和评估，在土地利用总体规划划定的可开垦的区域内，经依法批准后进行。禁止毁坏森林、草原开垦耕地，禁止围湖造田和侵占江河滩地。

根据土地利用总体规划，对破坏生态环境开垦、围垦的土地，有计划有步骤地退耕还林、还牧、还湖。

第四十一条 【国有荒山、荒地、荒滩的开发】开发未确定使用权的国有荒山、荒地、荒滩从事种植业、林业、畜牧业、渔业生产的，经县级以上人民政府依法批准，可以确定给开发单位或者个人长期使用。

第四十二条 【土地整理】国家鼓励土地整理。县、乡（镇）人民政府应当组织农村集体经济组织，按照土地利用总体规划，对田、水、路、林、村综合整治，提高耕地质量，增加有效耕地面积，改善农业生产条件和生态环境。

地方各级人民政府应当采取措施，改造中、低产田，整治闲散地和废弃地。

第四十三条 【土地复垦】因挖损、塌陷、压占等造成土地破坏，用地单位和个人应当按照国家有关规定负责复垦；没有条件复垦或者复垦不符合要求的，应当缴纳土地复垦费，专项用于土地复垦。复垦的土地应当优先用于农业。

第五章 建设用地

第四十四条 【农用地转用】建设占用土地，涉及农用地转为建设用地的，应当办理农用地转用审批手续。

永久基本农田转为建设用地的，由国务院批准。

在土地利用总体规划确定的城市和村庄、集镇建设用地规模范围内，为实施该规划而将永久基本农田以外的农用地转为建设用地的，按土地利用年度计划分批次按照国务院规定由原批准土地利用总体规划的机关或者其授权的机关批准。在已批准的农用地转用范围内，具体建设项目用地可以由市、县人民政府批准。

在土地利用总体规划确定的城市和村庄、集镇建设用地规模范围外，将永久基本农田以外的农用地转为建设用地的，由国务院或者国务院授权的省、自治区、直辖市人民政府批准。

第四十五条　【征地范围】 为了公共利益的需要，有下列情形之一，确需征收农民集体所有的土地的，可以依法实施征收：

（一）军事和外交需要用地的；

（二）由政府组织实施的能源、交通、水利、通信、邮政等基础设施建设需要用地的；

（三）由政府组织实施的科技、教育、文化、卫生、体育、生态环境和资源保护、防灾减灾、文物保护、社区综合服务、社会福利、市政公用、优抚安置、英烈保护等公共事业需要用地的；

（四）由政府组织实施的扶贫搬迁、保障性安居工程建设需要用地的；

（五）在土地利用总体规划确定的城镇建设用地范围内，经省级以上人民政府批准由县级以上地方人民政府组织实施的成片开发建设需要用地的；

（六）法律规定为公共利益需要可以征收农民集体所有的土地的其他情形。

前款规定的建设活动，应当符合国民经济和社会发展规划、土地利用总体规划、城乡规划和专项规划；第（四）项、第（五）项规定的建设活动，还应当纳入国民经济和社会发展年度计划；第（五）项规定的成片开发并应当符合国务院自然资源主管部门规定的标准。

第四十六条　【征地审批权限】 征收下列土地的，由国务院批准：

（一）永久基本农田；

（二）永久基本农田以外的耕地超过三十五公顷的；

（三）其他土地超过七十公顷的。

征收前款规定以外的土地的，由省、自治区、直辖市人民政府批准。

征收农用地的，应当依照本法第四十四条的规定先行办理农用地转用审批。其中，经国务院批准农用地转用的，同时办理征地审批手续，不再另行办理征地审批；经省、自治区、直辖市人民政府在征地批准权限内批准农用地转用的，同时办理征地审批手续，不再另行办理征地审批，超过征地批准权限的，应当依照本条第一款的规定另行办理征地审批。

第四十七条 **【土地征收程序】**国家征收土地的，依照法定程序批准后，由县级以上地方人民政府予以公告并组织实施。

县级以上地方人民政府拟申请征收土地的，应当开展拟征收土地现状调查和社会稳定风险评估，并将征收范围、土地现状、征收目的、补偿标准、安置方式和社会保障等在拟征收土地所在的乡（镇）和村、村民小组范围内公告至少三十日，听取被征地的农村集体经济组织及其成员、村民委员会和其他利害关系人的意见。

多数被征地的农村集体经济组织成员认为征地补偿安置方案不符合法律、法规规定的，县级以上地方人民政府应当组织召开听证会，并根据法律、法规的规定和听证会情况修改方案。

拟征收土地的所有权人、使用权人应当在公告规定期限内，持不动产权属证明材料办理补偿登记。县级以上地方人民政府应当组织有关部门测算并落实有关费用，保证足额到位，与拟征收土地的所有权人、使用权人就补偿、安置等签订协议；个别确实难以达成协议的，应当在申请征收土地时如实说明。

相关前期工作完成后，县级以上地方人民政府方可申请征收土地。

第四十八条 **【土地征收补偿安置】**征收土地应当给予公平、合理的补偿，保障被征地农民原有生活水平不降低、长远生计有保障。

征收土地应当依法及时足额支付土地补偿费、安置补助费以及农村村民住宅、其他地上附着物和青苗等的补偿费用，并安排被征地农民的社会保障费用。

　　征收农用地的土地补偿费、安置补助费标准由省、自治区、直辖市通过制定公布区片综合地价确定。制定区片综合地价应当综合考虑土地原用途、土地资源条件、土地产值、土地区位、土地供求关系、人口以及经济社会发展水平等因素，并至少每三年调整或者重新公布一次。

　　征收农用地以外的其他土地、地上附着物和青苗等的补偿标准，由省、自治区、直辖市制定。对其中的农村村民住宅，应当按照先补偿后搬迁、居住条件有改善的原则，尊重农村村民意愿，采取重新安排宅基地建房、提供安置房或者货币补偿等方式给予公平、合理的补偿，并对因征收造成的搬迁、临时安置等费用予以补偿，保障农村村民居住的权利和合法的住房财产权益。

　　县级以上地方人民政府应当将被征地农民纳入相应的养老等社会保障体系。被征地农民的社会保障费用主要用于符合条件的被征地农民的养老保险等社会保险缴费补贴。被征地农民社会保障费用的筹集、管理和使用办法，由省、自治区、直辖市制定。

　　第四十九条　【征地补偿费用的使用】被征地的农村集体经济组织应当将征收土地的补偿费用的收支状况向本集体经济组织的成员公布，接受监督。

　　禁止侵占、挪用被征收土地单位的征地补偿费用和其他有关费用。

　　第五十条　【支持被征地农民就业】地方各级人民政府应当支持被征地的农村集体经济组织和农民从事开发经营，兴办企业。

　　第五十一条　【大中型水利水电工程建设征地补偿和移民安置】大中型水利、水电工程建设征收土地的补偿费标准和移民安置办法，由国务院另行规定。

　　第五十二条　【建设项目用地审查】建设项目可行性研究论证时，自然资源主管部门可以根据土地利用总体规划、土地利用年度计划和建设用地标准，对建设用地有关事项进行审查，并提出意见。

第五十三条 【建设项目使用国有土地的审批】经批准的建设项目需要使用国有建设用地的，建设单位应当持法律、行政法规规定的有关文件，向有批准权的县级以上人民政府自然资源主管部门提出建设用地申请，经自然资源主管部门审查，报本级人民政府批准。

第五十四条 【国有土地的取得方式】建设单位使用国有土地，应当以出让等有偿使用方式取得；但是，下列建设用地，经县级以上人民政府依法批准，可以以划拨方式取得：

（一）国家机关用地和军事用地；

（二）城市基础设施用地和公益事业用地；

（三）国家重点扶持的能源、交通、水利等基础设施用地；

（四）法律、行政法规规定的其他用地。

第五十五条 【国有土地有偿使用费】以出让等有偿使用方式取得国有土地使用权的建设单位，按照国务院规定的标准和办法，缴纳土地使用权出让金等土地有偿使用费和其他费用后，方可使用土地。

自本法施行之日起，新增建设用地的土地有偿使用费，百分之三十上缴中央财政，百分之七十留给有关地方人民政府。具体使用管理办法由国务院财政部门会同有关部门制定，并报国务院批准。

第五十六条 【国有土地的使用要求】建设单位使用国有土地的，应当按照土地使用权出让等有偿使用合同的约定或者土地使用权划拨批准文件的规定使用土地；确需改变该幅土地建设用途的，应当经有关人民政府自然资源主管部门同意，报原批准用地的人民政府批准。其中，在城市规划区内改变土地用途的，在报批前，应当先经有关城市规划行政主管部门同意。

第五十七条 【建设项目临时用地】建设项目施工和地质勘查需要临时使用国有土地或者农民集体所有的土地的，由县级以上人民政府自然资源主管部门批准。其中，在城市规划区内的临时用地，在报批前，应当先经有关城市规划行政主管部门同意。土地使用者应当根据土地权属，与有关自然资源主管部门或者农村集体经济组织、村民委员会签订临时使用土地合同，并按照合同的约定支付临时使用土地补偿费。

临时使用土地的使用者应当按照临时使用土地合同约定的用途使用土地，并不得修建永久性建筑物。

临时使用土地期限一般不超过二年。

第五十八条　**【收回国有土地使用权】**有下列情形之一的，由有关人民政府自然资源主管部门报经原批准用地的人民政府或者有批准权的人民政府批准，可以收回国有土地使用权：

（一）为实施城市规划进行旧城区改建以及其他公共利益需要，确需使用土地的；

（二）土地出让等有偿使用合同约定的使用期限届满，土地使用者未申请续期或者申请续期未获批准的；

（三）因单位撤销、迁移等原因，停止使用原划拨的国有土地的；

（四）公路、铁路、机场、矿场等经核准报废的。

依照前款第（一）项的规定收回国有土地使用权的，对土地使用权人应当给予适当补偿。

第五十九条　**【乡、村建设使用土地的要求】**乡镇企业、乡（镇）村公共设施、公益事业、农村村民住宅等乡（镇）村建设，应当按照村庄和集镇规划，合理布局，综合开发，配套建设；建设用地，应当符合乡（镇）土地利用总体规划和土地利用年度计划，并依照本法第四十四条、第六十条、第六十一条、第六十二条的规定办理审批手续。

第六十条　**【村集体兴办企业使用土地】**农村集体经济组织使用乡（镇）土地利用总体规划确定的建设用地兴办企业或者与其他单位、个人以土地使用权入股、联营等形式共同举办企业的，应当持有关批准文件，向县级以上地方人民政府自然资源主管部门提出申请，按照省、自治区、直辖市规定的批准权限，由县级以上地方人民政府批准；其中，涉及占用农用地的，依照本法第四十四条的规定办理审批手续。

按照前款规定兴办企业的建设用地，必须严格控制。省、自治区、直辖市可以按照乡镇企业的不同行业和经营规模，分别规定用地标准。

第六十一条　【乡村公共设施、公益事业建设用地审批】乡（镇）村公共设施、公益事业建设，需要使用土地的，经乡（镇）人民政府审核，向县级以上地方人民政府自然资源主管部门提出申请，按照省、自治区、直辖市规定的批准权限，由县级以上地方人民政府批准；其中，涉及占用农用地的，依照本法第四十四条的规定办理审批手续。

第六十二条　【农村宅基地管理】农村村民一户只能拥有一处宅基地，其宅基地的面积不得超过省、自治区、直辖市规定的标准。

人均土地少、不能保障一户拥有一处宅基地的地区，县级人民政府在充分尊重农村村民意愿的基础上，可以采取措施，按照省、自治区、直辖市规定的标准保障农村村民实现户有所居。

农村村民建住宅，应当符合乡（镇）土地利用总体规划、村庄规划，不得占用永久基本农田，并尽量使用原有的宅基地和村内空闲地。编制乡（镇）土地利用总体规划、村庄规划应当统筹并合理安排宅基地用地，改善农村村民居住环境和条件。

农村村民住宅用地，由乡（镇）人民政府审核批准；其中，涉及占用农用地的，依照本法第四十四条的规定办理审批手续。

农村村民出卖、出租、赠与住宅后，再申请宅基地的，不予批准。

国家允许进城落户的农村村民依法自愿有偿退出宅基地，鼓励农村集体经济组织及其成员盘活利用闲置宅基地和闲置住宅。

国务院农业农村主管部门负责全国农村宅基地改革和管理有关工作。

第六十三条 【集体经营性建设用地入市】土地利用总体规划、城乡规划确定为工业、商业等经营性用途，并经依法登记的集体经营性建设用地，土地所有权人可以通过出让、出租等方式交由单位或者个人使用，并应当签订书面合同，载明土地界址、面积、动工期限、使用期限、土地用途、规划条件和双方其他权利义务。

前款规定的集体经营性建设用地出让、出租等，应当经本集体经济组织成员的村民会议三分之二以上成员或者三分之二以上村民代表的同意。

通过出让等方式取得的集体经营性建设用地使用权可以转让、互换、出资、赠与或者抵押，但法律、行政法规另有规定或者土地所有权人、土地使用权人签订的书面合同另有约定的除外。

集体经营性建设用地的出租，集体建设用地使用权的出让及其最高年限、转让、互换、出资、赠与、抵押等，参照同类用途的国有建设用地执行。具体办法由国务院制定。

第六十四条 【集体建设用地的使用要求】集体建设用地的使用者应当严格按照土地利用总体规划、城乡规划确定的用途使用土地。

第六十五条 【不符合土地利用总体规划的建筑物的处理】在土地利用总体规划制定前已建的不符合土地利用总体规划确定的用途的建筑物、构筑物，不得重建、扩建。

第六十六条 【集体建设用地使用权的收回】有下列情形之一的，农村集体经济组织报经原批准用地的人民政府批准，可以收回土地使用权：

（一）为乡（镇）村公共设施和公益事业建设，需要使用土地的；

（二）不按照批准的用途使用土地的；

（三）因撤销、迁移等原因而停止使用土地的。

依照前款第（一）项规定收回农民集体所有的土地的，对土地使用权人应当给予适当补偿。

收回集体经营性建设用地使用权，依照双方签订的书面合同办理，法律、行政法规另有规定的除外。

第六章 监 督 检 查

第六十七条 【监督检查职责】县级以上人民政府自然资源主管部门对违反土地管理法律、法规的行为进行监督检查。

县级以上人民政府农业农村主管部门对违反农村宅基地管理法律、法规的行为进行监督检查的，适用本法关于自然资源主管部门监督检查的规定。

土地管理监督检查人员应当熟悉土地管理法律、法规，忠于职守、秉公执法。

第六十八条 【监督检查措施】县级以上人民政府自然资源主管部门履行监督检查职责时，有权采取下列措施：

（一）要求被检查的单位或者个人提供有关土地权利的文件和资料，进行查阅或者予以复制；

（二）要求被检查的单位或者个人就有关土地权利的问题作出说明；

（三）进入被检查单位或者个人非法占用的土地现场进行勘测；

（四）责令非法占用土地的单位或者个人停止违反土地管理法律、法规的行为。

第六十九条 【出示监督检查证件】土地管理监督检查人员履行职责，需要进入现场进行勘测、要求有关单位或者个人提供文件、资料和作出说明的，应当出示土地管理监督检查证件。

第七十条 【有关单位和个人对土地监督检查的配合义务】有关单位和个人对县级以上人民政府自然资源主管部门就土地违法行为进行的监督检查应当支持与配合，并提供工作方便，不得拒绝与阻碍土地管理监督检查人员依法执行职务。

第七十一条 【国家工作人员违法行为的处理】县级以上人民

政府自然资源主管部门在监督检查工作中发现国家工作人员的违法行为，依法应当给予处分的，应当依法予以处理；自己无权处理的，应当依法移送监察机关或者有关机关处理。

第七十二条 【土地违法行为责任追究】县级以上人民政府自然资源主管部门在监督检查工作中发现土地违法行为构成犯罪的，应当将案件移送有关机关，依法追究刑事责任；尚不构成犯罪的，应当依法给予行政处罚。

第七十三条 【不履行法定职责的处理】依照本法规定应当给予行政处罚，而有关自然资源主管部门不给予行政处罚的，上级人民政府自然资源主管部门有权责令有关自然资源主管部门作出行政处罚决定或者直接给予行政处罚，并给予有关自然资源主管部门的负责人处分。

第七章 法 律 责 任

第七十四条 【非法转让土地的法律责任】买卖或者以其他形式非法转让土地的，由县级以上人民政府自然资源主管部门没收违法所得；对违反土地利用总体规划擅自将农用地改为建设用地的，限期拆除在非法转让的土地上新建的建筑物和其他设施，恢复土地原状，对符合土地利用总体规划的，没收在非法转让的土地上新建的建筑物和其他设施；可以并处罚款；对直接负责的主管人员和其他直接责任人员，依法给予处分；构成犯罪的，依法追究刑事责任。

第七十五条 【破坏耕地的法律责任】违反本法规定，占用耕地建窑、建坟或者擅自在耕地上建房、挖砂、采石、采矿、取土等，破坏种植条件的，或者因开发土地造成土地荒漠化、盐渍化的，由县级以上人民政府自然资源主管部门、农业农村主管部门等按照职责责令限期改正或者治理，可以并处罚款；构成犯罪的，依法追究刑事责任。

第七十六条 【不履行复垦义务的法律责任】违反本法规定，

拒不履行土地复垦义务的，由县级以上人民政府自然资源主管部门责令限期改正；逾期不改正的，责令缴纳复垦费，专项用于土地复垦，可以处以罚款。

第七十七条 【**非法占用土地的法律责任**】未经批准或者采取欺骗手段骗取批准，非法占用土地的，由县级以上人民政府自然资源主管部门责令退还非法占用的土地，对违反土地利用总体规划擅自将农用地改为建设用地的，限期拆除在非法占用的土地上新建的建筑物和其他设施，恢复土地原状，对符合土地利用总体规划的，没收在非法占用的土地上新建的建筑物和其他设施，可以并处罚款；对非法占用土地单位的直接负责的主管人员和其他直接责任人员，依法给予处分；构成犯罪的，依法追究刑事责任。

超过批准的数量占用土地，多占的土地以非法占用土地论处。

第七十八条 【**非法占用土地建住宅的法律责任**】农村村民未经批准或者采取欺骗手段骗取批准，非法占用土地建住宅的，由县级以上人民政府农业农村主管部门责令退还非法占用的土地，限期拆除在非法占用的土地上新建的房屋。

超过省、自治区、直辖市规定的标准，多占的土地以非法占用土地论处。

第七十九条 【**非法批准征收、使用土地的法律责任**】无权批准征收、使用土地的单位或者个人非法批准占用土地的，超越批准权限非法批准占用土地的，不按照土地利用总体规划确定的用途批准用地的，或者违反法律规定的程序批准占用、征收土地的，其批准文件无效，对非法批准征收、使用土地的直接负责的主管人员和其他直接责任人员，依法给予处分；构成犯罪的，依法追究刑事责任。非法批准、使用的土地应当收回，有关当事人拒不归还的，以非法占用土地论处。

非法批准征收、使用土地，对当事人造成损失的，依法应当承担赔偿责任。

第八十条 【非法侵占、挪用征地补偿费的法律责任】侵占、挪用被征收土地单位的征地补偿费用和其他有关费用，构成犯罪的，依法追究刑事责任；尚不构成犯罪的，依法给予处分。

第八十一条 【拒不交还土地、不按照批准用途使用土地的法律责任】依法收回国有土地使用权当事人拒不交出土地的，临时使用土地期满拒不归还的，或者不按照批准的用途使用国有土地的，由县级以上人民政府自然资源主管部门责令交还土地，处以罚款。

第八十二条 【擅自将集体土地用于非农业建设和集体经营性建设用地违法入市的法律责任】擅自将农民集体所有的土地通过出让、转让使用权或者出租等方式用于非农业建设，或者违反本法规定，将集体经营性建设用地通过出让、出租等方式交由单位或者个人使用的，由县级以上人民政府自然资源主管部门责令限期改正，没收违法所得，并处罚款。

第八十三条 【责令限期拆除的执行】依照本法规定，责令限期拆除在非法占用的土地上新建的建筑物和其他设施的，建设单位或者个人必须立即停止施工，自行拆除；对继续施工的，作出处罚决定的机关有权制止。建设单位或者个人对责令限期拆除的行政处罚决定不服的，可以在接到责令限期拆除决定之日起十五日内，向人民法院起诉；期满不起诉又不自行拆除的，由作出处罚决定的机关依法申请人民法院强制执行，费用由违法者承担。

第八十四条 【自然资源主管部门、农业农村主管部门工作人员违法的法律责任】自然资源主管部门、农业农村主管部门的工作人员玩忽职守、滥用职权、徇私舞弊，构成犯罪的，依法追究刑事责任；尚不构成犯罪的，依法给予处分。

第八章 附 则

第八十五条 【外商投资企业使用土地的法律适用】外商投资企业使用土地的，适用本法；法律另有规定的，从其规定。

第八十六条 【过渡期间有关规划的适用】在根据本法第十八条的规定编制国土空间规划前，经依法批准的土地利用总体规划和城乡规划继续执行。

第八十七条 【施行时间】本法自 1999 年 1 月 1 日起施行。

最高人民法院关于适用
《中华人民共和国民法典》
物权编的解释（一）

（2020 年 12 月 25 日最高人民法院审判委员会第 1825 次会议通过 2020 年 12 月 29 日最高人民法院公告公布 自 2021 年 1 月 1 日起施行 法释〔2020〕24 号）

为正确审理物权纠纷案件，根据《中华人民共和国民法典》等相关法律规定，结合审判实践，制定本解释。

第一条 因不动产物权的归属，以及作为不动产物权登记基础的买卖、赠与、抵押等产生争议，当事人提起民事诉讼的，应当依法受理。当事人已经在行政诉讼中申请一并解决上述民事争议，且人民法院一并审理的除外。

第二条 当事人有证据证明不动产登记簿的记载与真实权利状态不符、其为该不动产物权的真实权利人，请求确认其享有物权的，应予支持。

第三条 异议登记因民法典第二百二十条第二款规定的事由失效后，当事人提起民事诉讼，请求确认物权归属的，应当依法受理。异议登记失效不影响人民法院对案件的实体审理。

第四条 未经预告登记的权利人同意，转让不动产所有权等物权，或者设立建设用地使用权、居住权、地役权、抵押权等其他物权的，应当依照民法典第二百二十一条第一款的规定，认定其不发生物权效力。

第五条 预告登记的买卖不动产物权的协议被认定无效、被撤销，或者预告登记的权利人放弃债权的，应当认定为民法典第二百二十一条第二款所称的"债权消灭"。

第六条 转让人转让船舶、航空器和机动车等所有权，受让人已经支付合理价款并取得占有，虽未经登记，但转让人的债权人主张其为民法典第二百二十五条所称的"善意第三人"的，不予支持，法律另有规定的除外。

第七条 人民法院、仲裁机构在分割共有不动产或者动产等案件中作出并依法生效的改变原有物权关系的判决书、裁决书、调解书，以及人民法院在执行程序中作出的拍卖成交裁定书、变卖成交裁定书、以物抵债裁定书，应当认定为民法典第二百二十九条所称导致物权设立、变更、转让或者消灭的人民法院、仲裁机构的法律文书。

第八条 依据民法典第二百二十九条至第二百三十一条规定享有物权，但尚未完成动产交付或者不动产登记的权利人，依据民法典第二百三十五条至第二百三十八条的规定，请求保护其物权的，应予支持。

第九条 共有份额的权利主体因继承、遗赠等原因发生变化时，其他按份共有人主张优先购买的，不予支持，但按份共有人之间另有约定的除外。

第十条 民法典第三百零五条所称的"同等条件"，应当综合共有份额的转让价格、价款履行方式及期限等因素确定。

第十一条 优先购买权的行使期间，按份共有人之间有约定的，按照约定处理；没有约定或者约定不明的，按照下列情形确定：

（一）转让人向其他按份共有人发出的包含同等条件内容的通

知中载明行使期间的，以该期间为准；

（二）通知中未载明行使期间，或者载明的期间短于通知送达之日起十五日的，为十五日；

（三）转让人未通知的，为其他按份共有人知道或者应当知道最终确定的同等条件之日起十五日；

（四）转让人未通知，且无法确定其他按份共有人知道或者应当知道最终确定的同等条件的，为共有份额权属转移之日起六个月。

第十二条 按份共有人向共有人之外的人转让其份额，其他按份共有人根据法律、司法解释规定，请求按照同等条件优先购买该共有份额的，应予支持。其他按份共有人的请求具有下列情形之一的，不予支持：

（一）未在本解释第十一条规定的期间内主张优先购买，或者虽主张优先购买，但提出减少转让价款、增加转让人负担等实质性变更要求；

（二）以其优先购买权受到侵害为由，仅请求撤销共有份额转让合同或者认定该合同无效。

第十三条 按份共有人之间转让共有份额，其他按份共有人主张依据民法典第三百零五条规定优先购买的，不予支持，但按份共有人之间另有约定的除外。

第十四条 受让人受让不动产或者动产时，不知道转让人无处分权，且无重大过失的，应当认定受让人为善意。

真实权利人主张受让人不构成善意的，应当承担举证证明责任。

第十五条 具有下列情形之一的，应当认定不动产受让人知道转让人无处分权：

（一）登记簿上存在有效的异议登记；

（二）预告登记有效期内，未经预告登记的权利人同意；

（三）登记簿上已经记载司法机关或者行政机关依法裁定、决定查封或者以其他形式限制不动产权利的有关事项；

（四）受让人知道登记簿上记载的权利主体错误；

（五）受让人知道他人已经依法享有不动产物权。

真实权利人有证据证明不动产受让人应当知道转让人无处分权的，应当认定受让人具有重大过失。

第十六条　受让人受让动产时，交易的对象、场所或者时机等不符合交易习惯的，应当认定受让人具有重大过失。

第十七条　民法典第三百一十一条第一款第一项所称的"受让人受让该不动产或者动产时"，是指依法完成不动产物权转移登记或者动产交付之时。

当事人以民法典第二百二十六条规定的方式交付动产的，转让动产民事法律行为生效时为动产交付之时；当事人以民法典第二百二十七条规定的方式交付动产的，转让人与受让人之间有关转让返还原物请求权的协议生效时为动产交付之时。

法律对不动产、动产物权的设立另有规定的，应当按照法律规定的时间认定权利人是否为善意。

第十八条　民法典第三百一十一条第一款第二项所称"合理的价格"，应当根据转让标的物的性质、数量以及付款方式等具体情况，参考转让时交易地市场价格以及交易习惯等因素综合认定。

第十九条　转让人将民法典第二百二十五条规定的船舶、航空器和机动车等交付给受让人的，应当认定符合民法典第三百一十一条第一款第三项规定的善意取得的条件。

第二十条　具有下列情形之一，受让人主张依据民法典第三百一十一条规定取得所有权的，不予支持：

（一）转让合同被认定无效；

（二）转让合同被撤销。

第二十一条　本解释自 2021 年 1 月 1 日起施行。

中华人民共和国土地管理法实施条例

（1998 年 12 月 27 日中华人民共和国国务院令第 256
号发布　根据 2011 年 1 月 8 日《国务院关于废止和修改
部分行政法规的决定》第一次修订　根据 2014 年 7 月 29
日《国务院关于修改部分行政法规的决定》第二次修订
2021 年 7 月 2 日中华人民共和国国务院令第 743 号第三次
修订）

第一章　总　　则

第一条　根据《中华人民共和国土地管理法》（以下简称《土
地管理法》），制定本条例。

第二章　国土空间规划

第二条　国家建立国土空间规划体系。

土地开发、保护、建设活动应当坚持规划先行。经依法批准的
国土空间规划是各类开发、保护、建设活动的基本依据。

已经编制国土空间规划的，不再编制土地利用总体规划和城乡
规划。在编制国土空间规划前，经依法批准的土地利用总体规划和
城乡规划继续执行。

第三条　国土空间规划应当细化落实国家发展规划提出的国土
空间开发保护要求，统筹布局农业、生态、城镇等功能空间，划定
落实永久基本农田、生态保护红线和城镇开发边界。

国土空间规划应当包括国土空间开发保护格局和规划用地布
局、结构、用途管制要求等内容，明确耕地保有量、建设用地规
模、禁止开垦的范围等要求，统筹基础设施和公共设施用地布局，

综合利用地上地下空间，合理确定并严格控制新增建设用地规模，提高土地节约集约利用水平，保障土地的可持续利用。

第四条 土地调查应当包括下列内容：

（一）土地权属以及变化情况；

（二）土地利用现状以及变化情况；

（三）土地条件。

全国土地调查成果，报国务院批准后向社会公布。地方土地调查成果，经本级人民政府审核，报上一级人民政府批准后向社会公布。全国土地调查成果公布后，县级以上地方人民政府方可自上而下逐级依次公布本行政区域的土地调查成果。

土地调查成果是编制国土空间规划以及自然资源管理、保护和利用的重要依据。

土地调查技术规程由国务院自然资源主管部门会同有关部门制定。

第五条 国务院自然资源主管部门会同有关部门制定土地等级评定标准。

县级以上人民政府自然资源主管部门应当会同有关部门根据土地等级评定标准，对土地等级进行评定。地方土地等级评定结果经本级人民政府审核，报上一级人民政府自然资源主管部门批准后向社会公布。

根据国民经济和社会发展状况，土地等级每五年重新评定一次。

第六条 县级以上人民政府自然资源主管部门应当加强信息化建设，建立统一的国土空间基础信息平台，实行土地管理全流程信息化管理，对土地利用状况进行动态监测，与发展改革、住房和城乡建设等有关部门建立土地管理信息共享机制，依法公开土地管理信息。

第七条 县级以上人民政府自然资源主管部门应当加强地籍管理，建立健全地籍数据库。

第三章　耕地保护

第八条　国家实行占用耕地补偿制度。在国土空间规划确定的城市和村庄、集镇建设用地范围内经依法批准占用耕地，以及在国土空间规划确定的城市和村庄、集镇建设用地范围外的能源、交通、水利、矿山、军事设施等建设项目经依法批准占用耕地的，分别由县级人民政府、农村集体经济组织和建设单位负责开垦与所占用耕地的数量和质量相当的耕地；没有条件开垦或者开垦的耕地不符合要求的，应当按照省、自治区、直辖市的规定缴纳耕地开垦费，专款用于开垦新的耕地。

省、自治区、直辖市人民政府应当组织自然资源主管部门、农业农村主管部门对开垦的耕地进行验收，确保开垦的耕地落实到地块。划入永久基本农田的还应当纳入国家永久基本农田数据库严格管理。占用耕地补充情况应当按照国家有关规定向社会公布。

个别省、直辖市需要易地开垦耕地的，依照《土地管理法》第三十二条的规定执行。

第九条　禁止任何单位和个人在国土空间规划确定的禁止开垦的范围内从事土地开发活动。

按照国土空间规划，开发未确定土地使用权的国有荒山、荒地、荒滩从事种植业、林业、畜牧业、渔业生产的，应当向土地所在地的县级以上地方人民政府自然资源主管部门提出申请，按照省、自治区、直辖市规定的权限，由县级以上地方人民政府批准。

第十条　县级人民政府应当按照国土空间规划关于统筹布局农业、生态、城镇等功能空间的要求，制定土地整理方案，促进耕地保护和土地节约集约利用。

县、乡（镇）人民政府应当组织农村集体经济组织，实施土地整理方案，对闲散地和废弃地有计划地整治、改造。土地整理新增耕地，可以用作建设所占用耕地的补充。

鼓励社会主体依法参与土地整理。

第十一条 县级以上地方人民政府应当采取措施，预防和治理耕地土壤流失、污染，有计划地改造中低产田，建设高标准农田，提高耕地质量，保护黑土地等优质耕地，并依法对建设所占用耕地耕作层的土壤利用作出合理安排。

非农业建设依法占用永久基本农田的，建设单位应当按照省、自治区、直辖市的规定，将所占用耕地耕作层的土壤用于新开垦耕地、劣质地或者其他耕地的土壤改良。

县级以上地方人民政府应当加强对农业结构调整的引导和管理，防止破坏耕地耕作层；设施农业用地不再使用的，应当及时组织恢复种植条件。

第十二条 国家对耕地实行特殊保护，严守耕地保护红线，严格控制耕地转为林地、草地、园地等其他农用地，并建立耕地保护补偿制度，具体办法和耕地保护补偿实施步骤由国务院自然资源主管部门会同有关部门规定。

非农业建设必须节约使用土地，可以利用荒地的，不得占用耕地；可以利用劣地的，不得占用好地。禁止占用耕地建窑、建坟或者擅自在耕地上建房、挖砂、采石、采矿、取土等。禁止占用永久基本农田发展林果业和挖塘养鱼。

耕地应当优先用于粮食和棉、油、糖、蔬菜等农产品生产。按照国家有关规定需要将耕地转为林地、草地、园地等其他农用地的，应当优先使用难以长期稳定利用的耕地。

第十三条 省、自治区、直辖市人民政府对本行政区域耕地保护负总责，其主要负责人是本行政区域耕地保护的第一责任人。

省、自治区、直辖市人民政府应当将国务院确定的耕地保有量和永久基本农田保护任务分解下达，落实到具体地块。

国务院对省、自治区、直辖市人民政府耕地保护责任目标落实情况进行考核。

第四章　建　设　用　地

第一节　一　般　规　定

第十四条　建设项目需要使用土地的，应当符合国土空间规划、土地利用年度计划和用途管制以及节约资源、保护生态环境的要求，并严格执行建设用地标准，优先使用存量建设用地，提高建设用地使用效率。

从事土地开发利用活动，应当采取有效措施，防止、减少土壤污染，并确保建设用地符合土壤环境质量要求。

第十五条　各级人民政府应当依据国民经济和社会发展规划及年度计划、国土空间规划、国家产业政策以及城乡建设、土地利用的实际状况等，加强土地利用计划管理，实行建设用地总量控制，推动城乡存量建设用地开发利用，引导城镇低效用地再开发，落实建设用地标准控制制度，开展节约集约用地评价，推广应用节地技术和节地模式。

第十六条　县级以上地方人民政府自然资源主管部门应当将本级人民政府确定的年度建设用地供应总量、结构、时序、地块、用途等在政府网站上向社会公布，供社会公众查阅。

第十七条　建设单位使用国有土地，应当以有偿使用方式取得；但是，法律、行政法规规定可以以划拨方式取得的除外。

国有土地有偿使用的方式包括：

（一）国有土地使用权出让；

（二）国有土地租赁；

（三）国有土地使用权作价出资或者入股。

第十八条　国有土地使用权出让、国有土地租赁等应当依照国家有关规定通过公开的交易平台进行交易，并纳入统一的公共资源交易平台体系。除依法可以采取协议方式外，应当采取招标、拍卖、挂牌等竞争性方式确定土地使用者。

第十九条 《土地管理法》第五十五条规定的新增建设用地的土地有偿使用费，是指国家在新增建设用地中应取得的平均土地纯收益。

第二十条 建设项目施工、地质勘查需要临时使用土地的，应当尽量不占或者少占耕地。

临时用地由县级以上人民政府自然资源主管部门批准，期限一般不超过二年；建设周期较长的能源、交通、水利等基础设施建设使用的临时用地，期限不超过四年；法律、行政法规另有规定的除外。

土地使用者应当自临时用地期满之日起一年内完成土地复垦，使其达到可供利用状态，其中占用耕地的应当恢复种植条件。

第二十一条 抢险救灾、疫情防控等急需使用土地的，可以先行使用土地。其中，属于临时用地的，用后应当恢复原状并交还原土地使用者使用，不再办理用地审批手续；属于永久性建设用地的，建设单位应当在不晚于应急处置工作结束六个月内申请补办建设用地审批手续。

第二十二条 具有重要生态功能的未利用地应当依法划入生态保护红线，实施严格保护。

建设项目占用国土空间规划确定的未利用地的，按照省、自治区、直辖市的规定办理。

第二节 农用地转用

第二十三条 在国土空间规划确定的城市和村庄、集镇建设用地范围内，为实施该规划而将农用地转为建设用地的，由市、县人民政府组织自然资源等部门拟订农用地转用方案，分批次报有批准权的人民政府批准。

农用地转用方案应当重点对建设项目安排、是否符合国土空间规划和土地利用年度计划以及补充耕地情况作出说明。

农用地转用方案经批准后，由市、县人民政府组织实施。

第二十四条 建设项目确需占用国土空间规划确定的城市和村庄、集镇建设用地范围外的农用地，涉及占用永久基本农田的，由国务院批准；不涉及占用永久基本农田的，由国务院或者国务院授权的省、自治区、直辖市人民政府批准。具体按照下列规定办理：

（一）建设项目批准、核准前或者备案前后，由自然资源主管部门对建设项目用地事项进行审查，提出建设项目用地预审意见。建设项目需要申请核发选址意见书的，应当合并办理建设项目用地预审与选址意见书，核发建设项目用地预审与选址意见书。

（二）建设单位持建设项目的批准、核准或者备案文件，向市、县人民政府提出建设用地申请。市、县人民政府组织自然资源等部门拟订农用地转用方案，报有批准权的人民政府批准；依法应当由国务院批准的，由省、自治区、直辖市人民政府审核后上报。农用地转用方案应当重点对是否符合国土空间规划和土地利用年度计划以及补充耕地情况作出说明，涉及占用永久基本农田的，还应当对占用永久基本农田的必要性、合理性和补划可行性作出说明。

（三）农用地转用方案经批准后，由市、县人民政府组织实施。

第二十五条 建设项目需要使用土地的，建设单位原则上应当一次申请，办理建设用地审批手续，确需分期建设的项目，可以根据可行性研究报告确定的方案，分期申请建设用地，分期办理建设用地审批手续。建设过程中用地范围确需调整的，应当依法办理建设用地审批手续。

农用地转用涉及征收土地的，还应当依法办理征收土地手续。

第三节 土地征收

第二十六条 需要征收土地，县级以上地方人民政府认为符合《土地管理法》第四十五条规定的，应当发布征收土地预公告，并开展拟征收土地现状调查和社会稳定风险评估。

征收土地预公告应当包括征收范围、征收目的、开展土地现状调查的安排等内容。征收土地预公告应当采用有利于社会公众知晓的方式，在拟征收土地所在的乡（镇）和村、村民小组范围内发布，预公告时间不少于十个工作日。自征收土地预公告发布之日起，任何单位和个人不得在拟征收范围内抢栽抢建；违反规定抢栽抢建的，对抢栽抢建部分不予补偿。

土地现状调查应当查明土地的位置、权属、地类、面积，以及农村村民住宅、其他地上附着物和青苗等的权属、种类、数量等情况。

社会稳定风险评估应当对征收土地的社会稳定风险状况进行综合研判，确定风险点，提出风险防范措施和处置预案。社会稳定风险评估应当有被征地的农村集体经济组织及其成员、村民委员会和其他利害关系人参加，评估结果是申请征收土地的重要依据。

第二十七条　县级以上地方人民政府应当依据社会稳定风险评估结果，结合土地现状调查情况，组织自然资源、财政、农业农村、人力资源和社会保障等有关部门拟定征地补偿安置方案。

征地补偿安置方案应当包括征收范围、土地现状、征收目的、补偿方式和标准、安置对象、安置方式、社会保障等内容。

第二十八条　征地补偿安置方案拟定后，县级以上地方人民政府应当在拟征收土地所在的乡（镇）和村、村民小组范围内公告，公告时间不少于三十日。

征地补偿安置公告应当同时载明办理补偿登记的方式和期限、异议反馈渠道等内容。

多数被征地的农村集体经济组织成员认为拟定的征地补偿安置方案不符合法律、法规规定的，县级以上地方人民政府应当组织听证。

第二十九条　县级以上地方人民政府根据法律、法规规定和听证会等情况确定征地补偿安置方案后，应当组织有关部门与拟征收土地的所有权人、使用权人签订征地补偿安置协议。征地补偿安置协议示范文本由省、自治区、直辖市人民政府制定。

对个别确实难以达成征地补偿安置协议的，县级以上地方人民政府应当在申请征收土地时如实说明。

第三十条 县级以上地方人民政府完成本条例规定的征地前期工作后，方可提出征收土地申请，依照《土地管理法》第四十六条的规定报有批准权的人民政府批准。

有批准权的人民政府应当对征收土地的必要性、合理性、是否符合《土地管理法》第四十五条规定的为了公共利益确需征收土地的情形以及是否符合法定程序进行审查。

第三十一条 征收土地申请经依法批准后，县级以上地方人民政府应当自收到批准文件之日起十五个工作日内在拟征收土地所在的乡（镇）和村、村民小组范围内发布征收土地公告，公布征收范围、征收时间等具体工作安排，对个别未达成征地补偿安置协议的应当作出征地补偿安置决定，并依法组织实施。

第三十二条 省、自治区、直辖市应当制定公布区片综合地价，确定征收农用地的土地补偿费、安置补助费标准，并制定土地补偿费、安置补助费分配办法。

地上附着物和青苗等的补偿费用，归其所有权人所有。

社会保障费用主要用于符合条件的被征地农民的养老保险等社会保险缴费补贴，按照省、自治区、直辖市的规定单独列支。

申请征收土地的县级以上地方人民政府应当及时落实土地补偿费、安置补助费、农村村民住宅以及其他地上附着物和青苗等的补偿费用、社会保障费用等，并保证足额到位，专款专用。有关费用未足额到位的，不得批准征收土地。

第四节 宅基地管理

第三十三条 农村居民点布局和建设用地规模应当遵循节约集

约、因地制宜的原则合理规划。县级以上地方人民政府应当按照国家规定安排建设用地指标，合理保障本行政区域农村村民宅基地需求。

乡（镇）、县、市国土空间规划和村庄规划应当统筹考虑农村村民生产、生活需求，突出节约集约用地导向，科学划定宅基地范围。

第三十四条 农村村民申请宅基地的，应当以户为单位向农村集体经济组织提出申请；没有设立农村集体经济组织的，应当向所在的村民小组或者村民委员会提出申请。宅基地申请依法经农村村民集体讨论通过并在本集体范围内公示后，报乡（镇）人民政府审核批准。

涉及占用农用地的，应当依法办理农用地转用审批手续。

第三十五条 国家允许进城落户的农村村民依法自愿有偿退出宅基地。乡（镇）人民政府和农村集体经济组织、村民委员会等应当将退出的宅基地优先用于保障该农村集体经济组织成员的宅基地需求。

第三十六条 依法取得的宅基地和宅基地上的农村村民住宅及其附属设施受法律保护。

禁止违背农村村民意愿强制流转宅基地，禁止违法收回农村村民依法取得的宅基地，禁止以退出宅基地作为农村村民进城落户的条件，禁止强迫农村村民搬迁退出宅基地。

第五节 集体经营性建设用地管理

第三十七条 国土空间规划应当统筹并合理安排集体经营性建设用地布局和用途，依法控制集体经营性建设用地规模，促进集体经营性建设用地的节约集约利用。

鼓励乡村重点产业和项目使用集体经营性建设用地。

第三十八条 国土空间规划确定为工业、商业等经营性用途，且已依法办理土地所有权登记的集体经营性建设用地，土地所有权人可以通过出让、出租等方式交由单位或者个人在一定年限内有偿使用。

第三十九条 土地所有权人拟出让、出租集体经营性建设用地的,市、县人民政府自然资源主管部门应当依据国土空间规划提出拟出让、出租的集体经营性建设用地的规划条件,明确土地界址、面积、用途和开发建设强度等。

市、县人民政府自然资源主管部门应当会同有关部门提出产业准入和生态环境保护要求。

第四十条 土地所有权人应当依据规划条件、产业准入和生态环境保护要求等,编制集体经营性建设用地出让、出租等方案,并依照《土地管理法》第六十三条的规定,由本集体经济组织形成书面意见,在出让、出租前不少于十个工作日报市、县人民政府。市、县人民政府认为该方案不符合规划条件或者产业准入和生态环境保护要求等的,应当在收到方案后五个工作日内提出修改意见。土地所有权人应当按照市、县人民政府的意见进行修改。

集体经营性建设用地出让、出租等方案应当载明宗地的土地界址、面积、用途、规划条件、产业准入和生态环境保护要求、使用期限、交易方式、入市价格、集体收益分配安排等内容。

第四十一条 土地所有权人应当依据集体经营性建设用地出让、出租等方案,以招标、拍卖、挂牌或者协议等方式确定土地使用者,双方应当签订书面合同,载明土地界址、面积、用途、规划条件、使用期限、交易价款支付、交地时间和开工竣工期限、产业准入和生态环境保护要求,约定提前收回的条件、补偿方式、土地使用权届满续期和地上建筑物、构筑物等附着物处理方式,以及违约责任和解决争议的方法等,并报市、县人民政府自然资源主管部门备案。未依法将规划条件、产业准入和生态环境保护要求纳入合同的,合同无效;造成损失的,依法承担民事责任。合同示范文本由国务院自然资源主管部门制定。

第四十二条 集体经营性建设用地使用者应当按照约定及时支付集体经营性建设用地价款，并依法缴纳相关税费，对集体经营性建设用地使用权以及依法利用集体经营性建设用地建造的建筑物、构筑物及其附属设施的所有权，依法申请办理不动产登记。

第四十三条 通过出让等方式取得的集体经营性建设用地使用权依法转让、互换、出资、赠与或者抵押的，双方应当签订书面合同，并书面通知土地所有权人。

集体经营性建设用地的出租，集体建设用地使用权的出让及其最高年限、转让、互换、出资、赠与、抵押等，参照同类用途的国有建设用地执行，法律、行政法规另有规定的除外。

第五章 监督检查

第四十四条 国家自然资源督察机构根据授权对省、自治区、直辖市人民政府以及国务院确定的城市人民政府下列土地利用和土地管理情况进行督察：

（一）耕地保护情况；

（二）土地节约集约利用情况；

（三）国土空间规划编制和实施情况；

（四）国家有关土地管理重大决策落实情况；

（五）土地管理法律、行政法规执行情况；

（六）其他土地利用和土地管理情况。

第四十五条 国家自然资源督察机构进行督察时，有权向有关单位和个人了解督察事项有关情况，有关单位和个人应当支持、协助督察机构工作，如实反映情况，并提供有关材料。

第四十六条 被督察的地方人民政府违反土地管理法律、行政法规，或者落实国家有关土地管理重大决策不力的，国家自然资源督察机构可以向被督察的地方人民政府下达督察意见书，地方人民政府应当认真组织整改，并及时报告整改情况；国家自然资源督察机构可以约谈被督察的地方人民政府有关负责人，并可以依法向监察机关、任免机关等有关机关提出追究相关责任人责任的建议。

第四十七条 土地管理监督检查人员应当经过培训，经考核合格，取得行政执法证件后，方可从事土地管理监督检查工作。

第四十八条 自然资源主管部门、农业农村主管部门按照职责分工进行监督检查时，可以采取下列措施：

（一）询问违法案件涉及的单位或者个人；

（二）进入被检查单位或者个人涉嫌土地违法的现场进行拍照、摄像；

（三）责令当事人停止正在进行的土地违法行为；

（四）对涉嫌土地违法的单位或者个人，在调查期间暂停办理与该违法案件相关的土地审批、登记等手续；

（五）对可能被转移、销毁、隐匿或者篡改的文件、资料予以封存，责令涉嫌土地违法的单位或者个人在调查期间不得变卖、转移与案件有关的财物；

（六）《土地管理法》第六十八条规定的其他监督检查措施。

第四十九条 依照《土地管理法》第七十三条的规定给予处分的，应当按照管理权限由责令作出行政处罚决定或者直接给予行政处罚的上级人民政府自然资源主管部门或者其他任免机关、单位作出。

第五十条 县级以上人民政府自然资源主管部门应当会同有关部门建立信用监管、动态巡查等机制，加强对建设用地供应交易和供后开发利用的监管，对建设用地市场重大失信行为依法实施惩戒，并依法公开相关信息。

第六章 法 律 责 任

第五十一条 违反《土地管理法》第三十七条的规定，非法占用永久基本农田发展林果业或者挖塘养鱼的，由县级以上人民政府自然资源主管部门责令限期改正；逾期不改正的，按占用面积处耕地开垦费 2 倍以上 5 倍以下的罚款；破坏种植条件的，依照《土地管理法》第七十五条的规定处罚。

第五十二条　违反《土地管理法》第五十七条的规定，在临时使用的土地上修建永久性建筑物的，由县级以上人民政府自然资源主管部门责令限期拆除，按占用面积处土地复垦费 5 倍以上 10 倍以下的罚款；逾期不拆除的，由作出行政决定的机关依法申请人民法院强制执行。

第五十三条　违反《土地管理法》第六十五条的规定，对建筑物、构筑物进行重建、扩建的，由县级以上人民政府自然资源主管部门责令限期拆除；逾期不拆除的，由作出行政决定的机关依法申请人民法院强制执行。

第五十四条　依照《土地管理法》第七十四条的规定处以罚款的，罚款额为违法所得的 10% 以上 50% 以下。

第五十五条　依照《土地管理法》第七十五条的规定处以罚款的，罚款额为耕地开垦费的 5 倍以上 10 倍以下；破坏黑土地等优质耕地的，从重处罚。

第五十六条　依照《土地管理法》第七十六条的规定处以罚款的，罚款额为土地复垦费的 2 倍以上 5 倍以下。

违反本条例规定，临时用地期满之日起一年内未完成复垦或者未恢复种植条件的，由县级以上人民政府自然资源主管部门责令限期改正，依照《土地管理法》第七十六条的规定处罚，并由县级以上人民政府自然资源主管部门会同农业农村主管部门代为完成复垦或者恢复种植条件。

第五十七条　依照《土地管理法》第七十七条的规定处以罚款的，罚款额为非法占用土地每平方米 100 元以上 1000 元以下。

违反本条例规定，在国土空间规划确定的禁止开垦的范围内从事土地开发活动的，由县级以上人民政府自然资源主管部门责令限期改正，并依照《土地管理法》第七十七条的规定处罚。

第五十八条 依照《土地管理法》第七十四条、第七十七条的规定，县级以上人民政府自然资源主管部门没收在非法转让或者非法占用的土地上新建的建筑物和其他设施的，应当于九十日内交由本级人民政府或者其指定的部门依法管理和处置。

第五十九条 依照《土地管理法》第八十一条的规定处以罚款的，罚款额为非法占用土地每平方米 100 元以上 500 元以下。

第六十条 依照《土地管理法》第八十二条的规定处以罚款的，罚款额为违法所得的 10%以上 30%以下。

第六十一条 阻碍自然资源主管部门、农业农村主管部门的工作人员依法执行职务，构成违反治安管理行为的，依法给予治安管理处罚。

第六十二条 违反土地管理法律、法规规定，阻挠国家建设征收土地的，由县级以上地方人民政府责令交出土地；拒不交出土地的，依法申请人民法院强制执行。

第六十三条 违反本条例规定，侵犯农村村民依法取得的宅基地权益的，责令限期改正，对有关责任单位通报批评、给予警告；造成损失的，依法承担赔偿责任；对直接负责的主管人员和其他直接责任人员，依法给予处分。

第六十四条 贪污、侵占、挪用、私分、截留、拖欠征地补偿安置费用和其他有关费用的，责令改正，追回有关款项，限期退还违法所得，对有关责任单位通报批评、给予警告；造成损失的，依法承担赔偿责任；对直接负责的主管人员和其他直接责任人员，依法给予处分。

第六十五条 各级人民政府及自然资源主管部门、农业农村主管部门工作人员玩忽职守、滥用职权、徇私舞弊的，依法给予处分。

第六十六条 违反本条例规定，构成犯罪的，依法追究刑事责任。

第七章 附 则

第六十七条 本条例自 2021 年 9 月 1 日起施行。

大中型水利水电工程建设
征地补偿和移民安置条例

（2006 年 7 月 7 日中华人民共和国国务院令第 471 号公布 根据 2013 年 7 月 18 日《国务院关于废止和修改部分行政法规的决定》第一次修订 根据 2013 年 12 月 7 日《国务院关于修改部分行政法规的决定》第二次修订 根据 2017 年 4 月 14 日《国务院关于修改〈大中型水利水电工程建设征地补偿和移民安置条例〉的决定》第三次修订）

第一章 总 则

第一条 为了做好大中型水利水电工程建设征地补偿和移民安置工作，维护移民合法权益，保障工程建设的顺利进行，根据《中华人民共和国土地管理法》和《中华人民共和国水法》，制定本条例。

第二条 大中型水利水电工程的征地补偿和移民安置，适用本条例。

第三条 国家实行开发性移民方针，采取前期补偿、补助与后期扶持相结合的办法，使移民生活达到或者超过原有水平。

第四条 大中型水利水电工程建设征地补偿和移民安置应当遵循下列原则：

（一）以人为本，保障移民的合法权益，满足移民生存与发展的需求；

（二）顾全大局，服从国家整体安排，兼顾国家、集体、个人利益；

（三）节约利用土地，合理规划工程占地，控制移民规模；

（四）可持续发展，与资源综合开发利用、生态环境保护相协调；

（五）因地制宜，统筹规划。

第五条　移民安置工作实行政府领导、分级负责、县为基础、项目法人参与的管理体制。

国务院水利水电工程移民行政管理机构（以下简称国务院移民管理机构）负责全国大中型水利水电工程移民安置工作的管理和监督。

县级以上地方人民政府负责本行政区域内大中型水利水电工程移民安置工作的组织和领导；省、自治区、直辖市人民政府规定的移民管理机构，负责本行政区域内大中型水利水电工程移民安置工作的管理和监督。

第二章　移民安置规划

第六条　已经成立项目法人的大中型水利水电工程，由项目法人编制移民安置规划大纲，按照审批权限报省、自治区、直辖市人民政府或者国务院移民管理机构审批；省、自治区、直辖市人民政府或者国务院移民管理机构在审批前应当征求移民区和移民安置区县级以上地方人民政府的意见。

没有成立项目法人的大中型水利水电工程，项目主管部门应当会同移民区和移民安置区县级以上地方人民政府编制移民安置规划大纲，按照审批权限报省、自治区、直辖市人民政府或者国务院移民管理机构审批。

第七条　移民安置规划大纲应当根据工程占地和淹没区实物调查结果以及移民区、移民安置区经济社会情况和资源环境承载能力编制。

工程占地和淹没区实物调查，由项目主管部门或者项目法人会同工程占地和淹没区所在地的地方人民政府实施；实物调查应当全面准确，调查结果经调查者和被调查者签字认可并公示后，由有关地方人民政府签署意见。实物调查工作开始前，工程占地和淹没区所在地的省级人民政府应当发布通告，禁止在工程占地和淹没区新增建设项目和迁入人口，并对实物调查工作作出安排。

第八条 移民安置规划大纲应当主要包括移民安置的任务、去向、标准和农村移民生产安置方式以及移民生活水平评价和搬迁后生活水平预测、水库移民后期扶持政策、淹没线以上受影响范围的划定原则、移民安置规划编制原则等内容。

第九条 编制移民安置规划大纲应当广泛听取移民和移民安置区居民的意见；必要时，应当采取听证的方式。

经批准的移民安置规划大纲是编制移民安置规划的基本依据，应当严格执行，不得随意调整或者修改；确需调整或者修改的，应当报原批准机关批准。

第十条 已经成立项目法人的，由项目法人根据经批准的移民安置规划大纲编制移民安置规划；没有成立项目法人的，项目主管部门应当会同移民区和移民安置区县级以上地方人民政府，根据经批准的移民安置规划大纲编制移民安置规划。

大中型水利水电工程的移民安置规划，按照审批权限经省、自治区、直辖市人民政府移民管理机构或者国务院移民管理机构审核后，由项目法人或者项目主管部门报项目审批或者核准部门，与可行性研究报告或者项目申请报告一并审批或者核准。

省、自治区、直辖市人民政府移民管理机构或者国务院移民管理机构审核移民安置规划，应当征求本级人民政府有关部门以及移民区和移民安置区县级以上地方人民政府的意见。

第十一条 编制移民安置规划应当以资源环境承载能力为基

础，遵循本地安置与异地安置、集中安置与分散安置、政府安置与移民自找门路安置相结合的原则。

编制移民安置规划应当尊重少数民族的生产、生活方式和风俗习惯。

移民安置规划应当与国民经济和社会发展规划以及土地利用总体规划、城市总体规划、村庄和集镇规划相衔接。

第十二条 移民安置规划应当对农村移民安置、城（集）镇迁建、工矿企业迁建、专项设施迁建或者复建、防护工程建设、水库水域开发利用、水库移民后期扶持措施、征地补偿和移民安置资金概（估）算等作出安排。

对淹没线以上受影响范围内因水库蓄水造成的居民生产、生活困难问题，应当纳入移民安置规划，按照经济合理的原则，妥善处理。

第十三条 对农村移民安置进行规划，应当坚持以农业生产安置为主，遵循因地制宜、有利生产、方便生活、保护生态的原则，合理规划农村移民安置点；有条件的地方，可以结合小城镇建设进行。

农村移民安置后，应当使移民拥有与移民安置区居民基本相当的土地等农业生产资料。

第十四条 对城（集）镇移民安置进行规划，应当以城（集）镇现状为基础，节约用地，合理布局。

工矿企业的迁建，应当符合国家的产业政策，结合技术改造和结构调整进行；对技术落后、浪费资源、产品质量低劣、污染严重、不具备安全生产条件的企业，应当依法关闭。

第十五条 编制移民安置规划应当广泛听取移民和移民安置区居民的意见；必要时，应当采取听证的方式。

经批准的移民安置规划是组织实施移民安置工作的基本依据，应当严格执行，不得随意调整或者修改；确需调整或者修改的，应当依照本条例第十条的规定重新报批。

　　未编制移民安置规划或者移民安置规划未经审核的大中型水利水电工程建设项目，有关部门不得批准或者核准其建设，不得为其办理用地等有关手续。

　　第十六条　征地补偿和移民安置资金、依法应当缴纳的耕地占用税和耕地开垦费以及依照国务院有关规定缴纳的森林植被恢复费等应当列入大中型水利水电工程概算。

　　征地补偿和移民安置资金包括土地补偿费、安置补助费，农村居民点迁建、城（集）镇迁建、工矿企业迁建以及专项设施迁建或者复建补偿费（含有关地上附着物补偿费），移民个人财产补偿费（含地上附着物和青苗补偿费）和搬迁费，库底清理费，淹没区文物保护费和国家规定的其他费用。

　　第十七条　农村移民集中安置的农村居民点、城（集）镇、工矿企业以及专项设施等基础设施的迁建或者复建选址，应当依法做好环境影响评价、水文地质与工程地质勘察、地质灾害防治和地质灾害危险性评估。

　　第十八条　对淹没区内的居民点、耕地等，具备防护条件的，应当在经济合理的前提下，采取修建防护工程等防护措施，减少淹没损失。

　　防护工程的建设费用由项目法人承担，运行管理费用由大中型水利水电工程管理单位负责。

　　第十九条　对工程占地和淹没区内的文物，应当查清分布，确认保护价值，坚持保护为主、抢救第一的方针，实行重点保护、重点发掘。

第三章　征　地　补　偿

　　第二十条　依法批准的流域规划中确定的大中型水利水电工程建设项目的用地，应当纳入项目所在地的土地利用总体规划。

大中型水利水电工程建设项目核准或者可行性研究报告批准后，项目用地应当列入土地利用年度计划。

属于国家重点扶持的水利、能源基础设施的大中型水利水电工程建设项目，其用地可以以划拨方式取得。

第二十一条 大中型水利水电工程建设项目用地，应当依法申请并办理审批手续，实行一次报批、分期征收，按期支付征地补偿费。

对于应急的防洪、治涝等工程，经有批准权的人民政府决定，可以先行使用土地，事后补办用地手续。

第二十二条 大中型水利水电工程建设征收土地的土地补偿费和安置补助费，实行与铁路等基础设施项目用地同等补偿标准，按照被征收土地所在省、自治区、直辖市规定的标准执行。

被征收土地上的零星树木、青苗等补偿标准，按照被征收土地所在省、自治区、直辖市规定的标准执行。

被征收土地上的附着建筑物按照其原规模、原标准或者恢复原功能的原则补偿；对补偿费用不足以修建基本用房的贫困移民，应当给予适当补助。

使用其他单位或者个人依法使用的国有耕地，参照征收耕地的补偿标准给予补偿；使用未确定给单位或者个人使用的国有未利用地，不予补偿。

移民远迁后，在水库周边淹没线以上属于移民个人所有的零星树木、房屋等应当分别依照本条第二款、第三款规定的标准给予补偿。

第二十三条 大中型水利水电工程建设临时用地，由县级以上人民政府土地主管部门批准。

第二十四条 工矿企业和交通、电力、电信、广播电视等专项设施以及中小学的迁建或者复建，应当按照其原规模、原标准或者恢复原功能的原则补偿。

第二十五条 大中型水利水电工程建设占用耕地的，应当执行占补平衡的规定。为安置移民开垦的耕地、因大中型水利水电工程建设而进行土地整理新增的耕地、工程施工新造的耕地可以抵扣或者折抵建设占用耕地的数量。

大中型水利水电工程建设占用 25 度以上坡耕地的，不计入需要补充耕地的范围。

第四章 移 民 安 置

第二十六条 移民区和移民安置区县级以上地方人民政府负责移民安置规划的组织实施。

第二十七条 大中型水利水电工程开工前，项目法人应当根据经批准的移民安置规划，与移民区和移民安置区所在的省、自治区、直辖市人民政府或者市、县人民政府签订移民安置协议；签订协议的省、自治区、直辖市人民政府或者市人民政府，可以与下一级有移民或者移民安置任务的人民政府签订移民安置协议。

第二十八条 项目法人应当根据大中型水利水电工程建设的要求和移民安置规划，在每年汛期结束后 60 日内，向与其签订移民安置协议的地方人民政府提出下年度移民安置计划建议；签订移民安置协议的地方人民政府，应当根据移民安置规划和项目法人的年度移民安置计划建议，在与项目法人充分协商的基础上，组织编制并下达本行政区域的下年度移民安置年度计划。

第二十九条 项目法人应当根据移民安置年度计划，按照移民安置实施进度将征地补偿和移民安置资金支付给与其签订移民安置协议的地方人民政府。

第三十条 农村移民在本县通过新开发土地或者调剂土地集中安置的，县级人民政府应当将土地补偿费、安置补助费和集体财产补偿费直接全额兑付给该村集体经济组织或者村民委员会。

农村移民分散安置到本县内其他村集体经济组织或者村民委员会的，应当由移民安置村集体经济组织或者村民委员会与县级人民政府签订协议，按照协议安排移民的生产和生活。

第三十一条 农村移民在本省行政区域内其他县安置的，与项目法人签订移民安置协议的地方人民政府，应当及时将相应的征地补偿和移民安置资金交给移民安置区县级人民政府，用于安排移民的生产和生活。

农村移民跨省安置的，项目法人应当及时将相应的征地补偿和移民安置资金交给移民安置区省、自治区、直辖市人民政府，用于安排移民的生产和生活。

第三十二条 搬迁费以及移民个人房屋和附属建筑物、个人所有的零星树木、青苗、农副业设施等个人财产补偿费，由移民区县级人民政府直接全额兑付给移民。

第三十三条 移民自愿投亲靠友的，应当由本人向移民区县级人民政府提出申请，并提交接收地县级人民政府出具的接收证明；移民区县级人民政府确认其具有土地等农业生产资料后，应当与接收地县级人民政府和移民共同签订协议，将土地补偿费、安置补助费交给接收地县级人民政府，统筹安排移民的生产和生活，将个人财产补偿费和搬迁费发给移民个人。

第三十四条 城（集）镇迁建、工矿企业迁建、专项设施迁建或者复建补偿费，由移民区县级以上地方人民政府交给当地人民政府或者有关单位。因扩大规模、提高标准增加的费用，由有关地方人民政府或者有关单位自行解决。

第三十五条 农村移民集中安置的农村居民点应当按照经批准的移民安置规划确定的规模和标准迁建。

农村移民集中安置的农村居民点的道路、供水、供电等基础设施，由乡（镇）、村统一组织建设。

农村移民住房，应当由移民自主建造。有关地方人民政府或者村民委员会应当统一规划宅基地，但不得强行规定建房标准。

第三十六条 农村移民安置用地应当依照《中华人民共和国土地管理法》和《中华人民共和国农村土地承包法》办理有关手续。

第三十七条 移民安置达到阶段性目标和移民安置工作完毕后，省、自治区、直辖市人民政府或者国务院移民管理机构应当组织有关单位进行验收；移民安置未经验收或者验收不合格的，不得对大中型水利水电工程进行阶段性验收和竣工验收。

第五章 后 期 扶 持

第三十八条 移民安置区县级以上地方人民政府应当编制水库移民后期扶持规划，报上一级人民政府或者其移民管理机构批准后实施。

编制水库移民后期扶持规划应当广泛听取移民的意见；必要时，应当采取听证的方式。

经批准的水库移民后期扶持规划是水库移民后期扶持工作的基本依据，应当严格执行，不得随意调整或者修改；确需调整或者修改的，应当报原批准机关批准。

未编制水库移民后期扶持规划或者水库移民后期扶持规划未经批准，有关单位不得拨付水库移民后期扶持资金。

第三十九条 水库移民后期扶持规划应当包括后期扶持的范围、期限、具体措施和预期达到的目标等内容。水库移民安置区县级以上地方人民政府应当采取建立责任制等有效措施，做好后期扶持规划的落实工作。

第四十条 水库移民后期扶持资金应当按照水库移民后期扶持规划，主要作为生产生活补助发放给移民个人；必要时可以实行项目扶持，用于解决移民村生产生活中存在的突出问题，或者采取生产生活补助和项目扶持相结合的方式。具体扶持标准、期限和资金的筹集、使用管理依照国务院有关规定执行。

省、自治区、直辖市人民政府根据国家规定的原则，结合本行政区域实际情况，制定水库移民后期扶持具体实施办法，报国务院批准后执行。

第四十一条　各级人民政府应当加强移民安置区的交通、能源、水利、环保、通信、文化、教育、卫生、广播电视等基础设施建设，扶持移民安置区发展。

移民安置区地方人民政府应当将水库移民后期扶持纳入本级人民政府国民经济和社会发展规划。

第四十二条　国家在移民安置区和大中型水利水电工程受益地区兴办的生产建设项目，应当优先吸收符合条件的移民就业。

第四十三条　大中型水利水电工程建成后形成的水面和水库消落区土地属于国家所有，由该工程管理单位负责管理，并可以在服从水库统一调度和保证工程安全、符合水土保持和水质保护要求的前提下，通过当地县级人民政府优先安排给当地农村移民使用。

第四十四条　国家在安排基本农田和水利建设资金时，应当对移民安置区所在县优先予以扶持。

第四十五条　各级人民政府及其有关部门应当加强对移民的科学文化知识和实用技术的培训，加强法制宣传教育，提高移民素质，增强移民就业能力。

第四十六条　大中型水利水电工程受益地区的各级地方人民政府及其有关部门应当按照优势互补、互惠互利、长期合作、共同发展的原则，采取多种形式对移民安置区给予支持。

第六章　监　督　管　理

第四十七条　国家对移民安置和水库移民后期扶持实行全过程监督。省、自治区、直辖市人民政府和国务院移民管理机构应当加强对移民安置和水库移民后期扶持的监督，发现问题应当及时采取措施。

第四十八条 国家对征地补偿和移民安置资金、水库移民后期扶持资金的拨付、使用和管理实行稽察制度，对拨付、使用和管理征地补偿和移民安置资金、水库移民后期扶持资金的有关地方人民政府及其有关部门的负责人依法实行任期经济责任审计。

第四十九条 县级以上人民政府应当加强对下级人民政府及其财政、发展改革、移民等有关部门或者机构拨付、使用和管理征地补偿和移民安置资金、水库移民后期扶持资金的监督。

县级以上地方人民政府或者其移民管理机构应当加强对征地补偿和移民安置资金、水库移民后期扶持资金的管理，定期向上一级人民政府或者其移民管理机构报告并向项目法人通报有关资金拨付、使用和管理情况。

第五十条 各级审计、监察机关应当依法加强对征地补偿和移民安置资金、水库移民后期扶持资金拨付、使用和管理情况的审计和监察。

县级以上人民政府财政部门应当加强对征地补偿和移民安置资金、水库移民后期扶持资金拨付、使用和管理情况的监督。

审计、监察机关和财政部门进行审计、监察和监督时，有关单位和个人应当予以配合，及时提供有关资料。

第五十一条 国家对移民安置实行全过程监督评估。签订移民安置协议的地方人民政府和项目法人应当采取招标的方式，共同委托移民安置监督评估单位对移民搬迁进度、移民安置质量、移民资金的拨付和使用情况以及移民生活水平的恢复情况进行监督评估；被委托方应当将监督评估的情况及时向委托方报告。

第五十二条 征地补偿和移民安置资金应当专户存储、专账核算，存储期间的孳息，应当纳入征地补偿和移民安置资金，不得挪作他用。

第五十三条 移民区和移民安置区县级人民政府，应当以村为单位将大中型水利水电工程征收的土地数量、土地种类和实物调查结果、补偿范围、补偿标准和金额以及安置方案等向群众公布。群众提出异议的，县级人民政府应当及时核查，并对统计调查结果不准确的事项进行改正；经核查无误的，应当及时向群众解释。

有移民安置任务的乡（镇）、村应当建立健全征地补偿和移民安置资金的财务管理制度，并将征地补偿和移民安置资金收支情况张榜公布，接受群众监督；土地补偿费和集体财产补偿费的使用方案应当经村民会议或者村民代表会议讨论通过。

移民安置区乡（镇）人民政府、村（居）民委员会应当采取有效措施帮助移民适应当地的生产、生活，及时调处矛盾纠纷。

第五十四条 县级以上地方人民政府或者其移民管理机构以及项目法人应当建立移民工作档案，并按照国家有关规定进行管理。

第五十五条 国家切实维护移民的合法权益。

在征地补偿和移民安置过程中，移民认为其合法权益受到侵害的，可以依法向县级以上人民政府或者其移民管理机构反映，县级以上人民政府或者其移民管理机构应当对移民反映的问题进行核实并妥善解决。移民也可以依法向人民法院提起诉讼。

移民安置后，移民与移民安置区当地居民享有同等的权利，承担同等的义务。

第五十六条 按照移民安置规划必须搬迁的移民，无正当理由不得拖延搬迁或者拒迁。已经安置的移民不得返迁。

第七章 法 律 责 任

第五十七条 违反本条例规定，有关地方人民政府、移民管理机构、项目审批部门及其他有关部门有下列行为之一的，对直接负责的主管人员和其他直接责任人员依法给予行政处分；造成严重后果，有关责任人员构成犯罪的，依法追究刑事责任：

（一）违反规定批准移民安置规划大纲、移民安置规划或者水库移民后期扶持规划的；

（二）违反规定批准或者核准未编制移民安置规划或者移民安置规划未经审核的大中型水利水电工程建设项目的；

（三）移民安置未经验收或者验收不合格而对大中型水利水电工程进行阶段性验收或者竣工验收的；

（四）未编制水库移民后期扶持规划，有关单位拨付水库移民后期扶持资金的；

（五）移民安置管理、监督和组织实施过程中发现违法行为不予查处的；

（六）在移民安置过程中发现问题不及时处理，造成严重后果以及有其他滥用职权、玩忽职守等违法行为的。

第五十八条 违反本条例规定，项目主管部门或者有关地方人民政府及其有关部门调整或者修改移民安置规划大纲、移民安置规划或者水库移民后期扶持规划的，由批准该规划大纲、规划的有关人民政府或者其有关部门、机构责令改正，对直接负责的主管人员和其他直接责任人员依法给予行政处分；造成重大损失，有关责任人员构成犯罪的，依法追究刑事责任。

违反本条例规定，项目法人调整或者修改移民安置规划大纲、移民安置规划的，由批准该规划大纲、规划的有关人民政府或者其有关部门、机构责令改正，处 10 万元以上 50 万元以下的罚款；对直接负责的主管人员和其他直接责任人员处 1 万元以上 5 万元以下的罚款；造成重大损失，有关责任人员构成犯罪的，依法追究刑事责任。

第五十九条 违反本条例规定，在编制移民安置规划大纲、移民安置规划、水库移民后期扶持规划，或者进行实物调查、移民安置监督评估中弄虚作假的，由批准该规划大纲、规划的有关人民政府或者其有关部门、机构责令改正，对有关单位处 10 万元以上 50

万元以下的罚款；对直接负责的主管人员和其他直接责任人员处 1 万元以上 5 万元以下的罚款；给他人造成损失的，依法承担赔偿责任。

第六十条 违反本条例规定，侵占、截留、挪用征地补偿和移民安置资金、水库移民后期扶持资金的，责令退赔，并处侵占、截留、挪用资金额 3 倍以下的罚款，对直接负责的主管人员和其他责任人员依法给予行政处分；构成犯罪的，依法追究有关责任人员的刑事责任。

第六十一条 违反本条例规定，拖延搬迁或者拒迁的，当地人民政府或者其移民管理机构可以申请人民法院强制执行；违反治安管理法律、法规的，依法给予治安管理处罚；构成犯罪的，依法追究有关责任人员的刑事责任。

第八章 附 则

第六十二条 长江三峡工程的移民工作，依照《长江三峡工程建设移民条例》执行。

南水北调工程的征地补偿和移民安置工作，依照本条例执行。但是，南水北调工程中线、东线一期工程的移民安置规划的编制审批，依照国务院的规定执行。

第六十三条 本条例自 2006 年 9 月 1 日起施行。1991 年 2 月 15 日国务院发布的《大中型水利水电工程建设征地补偿和移民安置条例》同时废止。

中华人民共和国政府信息公开条例

（2007 年 4 月 5 日中华人民共和国国务院令第 492 号
公布 2019 年 4 月 3 日中华人民共和国国务院令第 711 号
修订）

第一章 总 则

第一条 为了保障公民、法人和其他组织依法获取政府信息，提高政府工作的透明度，建设法治政府，充分发挥政府信息对人民群众生产、生活和经济社会活动的服务作用，制定本条例。

第二条 本条例所称政府信息，是指行政机关在履行行政管理职能过程中制作或者获取的，以一定形式记录、保存的信息。

第三条 各级人民政府应当加强对政府信息公开工作的组织领导。

国务院办公厅是全国政府信息公开工作的主管部门，负责推进、指导、协调、监督全国的政府信息公开工作。

县级以上地方人民政府办公厅（室）是本行政区域的政府信息公开工作主管部门，负责推进、指导、协调、监督本行政区域的政府信息公开工作。

实行垂直领导的部门的办公厅（室）主管本系统的政府信息公开工作。

第四条 各级人民政府及县级以上人民政府部门应当建立健全本行政机关的政府信息公开工作制度，并指定机构（以下统称政府信息公开工作机构）负责本行政机关政府信息公开的日常工作。

政府信息公开工作机构的具体职能是：

（一）办理本行政机关的政府信息公开事宜；

（二）维护和更新本行政机关公开的政府信息；

（三）组织编制本行政机关的政府信息公开指南、政府信息公开目录和政府信息公开工作年度报告；

（四）组织开展对拟公开政府信息的审查；

（五）本行政机关规定的与政府信息公开有关的其他职能。

第五条 行政机关公开政府信息，应当坚持以公开为常态、不公开为例外，遵循公正、公平、合法、便民的原则。

第六条 行政机关应当及时、准确地公开政府信息。

行政机关发现影响或者可能影响社会稳定、扰乱社会和经济管理秩序的虚假或者不完整信息的，应当发布准确的政府信息予以澄清。

第七条 各级人民政府应当积极推进政府信息公开工作，逐步增加政府信息公开的内容。

第八条 各级人民政府应当加强政府信息资源的规范化、标准化、信息化管理，加强互联网政府信息公开平台建设，推进政府信息公开平台与政务服务平台融合，提高政府信息公开在线办理水平。

第九条 公民、法人和其他组织有权对行政机关的政府信息公开工作进行监督，并提出批评和建议。

第二章 公开的主体和范围

第十条 行政机关制作的政府信息，由制作该政府信息的行政机关负责公开。行政机关从公民、法人和其他组织获取的政府信息，由保存该政府信息的行政机关负责公开；行政机关获取的其他行政机关的政府信息，由制作或者最初获取该政府信息的行政机关负责公开。法律、法规对政府信息公开的权限另有规定的，从其规定。

行政机关设立的派出机构、内设机构依照法律、法规对外以自己名义履行行政管理职能的，可以由该派出机构、内设机构负责与所履行行政管理职能有关的政府信息公开工作。

两个以上行政机关共同制作的政府信息，由牵头制作的行政机关负责公开。

第十一条 行政机关应当建立健全政府信息公开协调机制。行政机关公开政府信息涉及其他机关的，应当与有关机关协商、确认，保证行政机关公开的政府信息准确一致。

行政机关公开政府信息依照法律、行政法规和国家有关规定需要批准的，经批准予以公开。

第十二条 行政机关编制、公布的政府信息公开指南和政府信息公开目录应当及时更新。

政府信息公开指南包括政府信息的分类、编排体系、获取方式和政府信息公开工作机构的名称、办公地址、办公时间、联系电话、传真号码、互联网联系方式等内容。

政府信息公开目录包括政府信息的索引、名称、内容概述、生成日期等内容。

第十三条 除本条例第十四条、第十五条、第十六条规定的政府信息外，政府信息应当公开。

行政机关公开政府信息，采取主动公开和依申请公开的方式。

第十四条 依法确定为国家秘密的政府信息，法律、行政法规禁止公开的政府信息，以及公开后可能危及国家安全、公共安全、经济安全、社会稳定的政府信息，不予公开。

第十五条 涉及商业秘密、个人隐私等公开会对第三方合法权益造成损害的政府信息，行政机关不得公开。但是，第三方同意公开或者行政机关认为不公开会对公共利益造成重大影响的，予以公开。

第十六条 行政机关的内部事务信息，包括人事管理、后勤管理、内部工作流程等方面的信息，可以不予公开。

行政机关在履行行政管理职能过程中形成的讨论记录、过程稿、磋商信函、请示报告等过程性信息以及行政执法案卷信息，可以不予公开。法律、法规、规章规定上述信息应当公开的，从其规定。

第十七条 行政机关应当建立健全政府信息公开审查机制，明确审查的程序和责任。

行政机关应当依照《中华人民共和国保守国家秘密法》以及其他法律、法规和国家有关规定对拟公开的政府信息进行审查。

行政机关不能确定政府信息是否可以公开的，应当依照法律、法规和国家有关规定报有关主管部门或者保密行政管理部门确定。

第十八条 行政机关应当建立健全政府信息管理动态调整机制，对本行政机关不予公开的政府信息进行定期评估审查，对因情势变化可以公开的政府信息应当公开。

第三章 主 动 公 开

第十九条 对涉及公众利益调整、需要公众广泛知晓或者需要公众参与决策的政府信息，行政机关应当主动公开。

第二十条 行政机关应当依照本条例第十九条的规定，主动公开本行政机关的下列政府信息：

（一）行政法规、规章和规范性文件；

（二）机关职能、机构设置、办公地址、办公时间、联系方式、负责人姓名；

（三）国民经济和社会发展规划、专项规划、区域规划及相关政策；

（四）国民经济和社会发展统计信息；

（五）办理行政许可和其他对外管理服务事项的依据、条件、程序以及办理结果；

（六）实施行政处罚、行政强制的依据、条件、程序以及本行政机关认为具有一定社会影响的行政处罚决定；

（七）财政预算、决算信息；

（八）行政事业性收费项目及其依据、标准；

（九）政府集中采购项目的目录、标准及实施情况；

（十）重大建设项目的批准和实施情况；

（十一）扶贫、教育、医疗、社会保障、促进就业等方面的政策、措施及其实施情况；

（十二）突发公共事件的应急预案、预警信息及应对情况；

（十三）环境保护、公共卫生、安全生产、食品药品、产品质量的监督检查情况；

（十四）公务员招考的职位、名额、报考条件等事项以及录用结果；

（十五）法律、法规、规章和国家有关规定规定应当主动公开的其他政府信息。

第二十一条 除本条例第二十条规定的政府信息外，设区的市级、县级人民政府及其部门还应当根据本地方的具体情况，主动公开涉及市政建设、公共服务、公益事业、土地征收、房屋征收、治安管理、社会救助等方面的政府信息；乡（镇）人民政府还应当根据本地方的具体情况，主动公开贯彻落实农业农村政策、农田水利工程建设运营、农村土地承包经营权流转、宅基地使用情况审核、土地征收、房屋征收、筹资筹劳、社会救助等方面的政府信息。

第二十二条 行政机关应当依照本条例第二十条、第二十一条的规定，确定主动公开政府信息的具体内容，并按照上级行政机关的部署，不断增加主动公开的内容。

第二十三条 行政机关应当建立健全政府信息发布机制，将主动公开的政府信息通过政府公报、政府网站或者其他互联网政务媒体、新闻发布会以及报刊、广播、电视等途径予以公开。

第二十四条 各级人民政府应当加强依托政府门户网站公开政府信息的工作，利用统一的政府信息公开平台集中发布主动公开的政府信息。政府信息公开平台应当具备信息检索、查阅、下载等功能。

第二十五条 各级人民政府应当在国家档案馆、公共图书馆、政务服务场所设置政府信息查阅场所，并配备相应的设施、设备，为公民、法人和其他组织获取政府信息提供便利。

行政机关可以根据需要设立公共查阅室、资料索取点、信息公告栏、电子信息屏等场所、设施，公开政府信息。

行政机关应当及时向国家档案馆、公共图书馆提供主动公开的政府信息。

第二十六条 属于主动公开范围的政府信息，应当自该政府信息形成或者变更之日起 20 个工作日内及时公开。法律、法规对政府信息公开的期限另有规定的，从其规定。

第四章 依申请公开

第二十七条 除行政机关主动公开的政府信息外，公民、法人或者其他组织可以向地方各级人民政府、对外以自己名义履行行政管理职能的县级以上人民政府部门（含本条例第十条第二款规定的派出机构、内设机构）申请获取相关政府信息。

第二十八条 本条例第二十七条规定的行政机关应当建立完善政府信息公开申请渠道，为申请人依法申请获取政府信息提供便利。

第二十九条 公民、法人或者其他组织申请获取政府信息的，应当向行政机关的政府信息公开工作机构提出，并采用包括信件、数据电文在内的书面形式；采用书面形式确有困难的，申请人可以口头提出，由受理该申请的政府信息公开工作机构代为填写政府信息公开申请。

政府信息公开申请应当包括下列内容：

（一）申请人的姓名或者名称、身份证明、联系方式；

（二）申请公开的政府信息的名称、文号或者便于行政机关查询的其他特征性描述；

（三）申请公开的政府信息的形式要求，包括获取信息的方式、途径。

第三十条 政府信息公开申请内容不明确的，行政机关应当给予指导和释明，并自收到申请之日起 7 个工作日内一次性告知申请人作出补正，说明需要补正的事项和合理的补正期限。答复期限自行政机关收到补正的申请之日起计算。申请人无正当理由逾期不补正的，视为放弃申请，行政机关不再处理该政府信息公开申请。

第三十一条 行政机关收到政府信息公开申请的时间，按照下列规定确定：

（一）申请人当面提交政府信息公开申请的，以提交之日为收到申请之日；

（二）申请人以邮寄方式提交政府信息公开申请的，以行政机关签收之日为收到申请之日；以平常信函等无需签收的邮寄方式提交政府信息公开申请的，政府信息公开工作机构应当于收到申请的当日与申请人确认，确认之日为收到申请之日；

（三）申请人通过互联网渠道或者政府信息公开工作机构的传真提交政府信息公开申请的，以双方确认之日为收到申请之日。

第三十二条 依申请公开的政府信息公开会损害第三方合法权益的，行政机关应当书面征求第三方的意见。第三方应当自收到征求意见书之日起 15 个工作日内提出意见。第三方逾期未提出意见的，由行政机关依照本条例的规定决定是否公开。第三方不同意公开且有合理理由的，行政机关不予公开。行政机关认为不公开可能对公共利益造成重大影响的，可以决定予以公开，并将决定公开的政府信息内容和理由书面告知第三方。

第三十三条 行政机关收到政府信息公开申请，能够当场答复的，应当当场予以答复。

行政机关不能当场答复的，应当自收到申请之日起 20 个工作日内予以答复；需要延长答复期限的，应当经政府信息公开工作机构负责人同意并告知申请人，延长的期限最长不得超过 20 个工作日。

行政机关征求第三方和其他机关意见所需时间不计算在前款规定的期限内。

第三十四条 申请公开的政府信息由两个以上行政机关共同制作的，牵头制作的行政机关收到政府信息公开申请后可以征求相关行政机关的意见，被征求意见机关应当自收到征求意见书之日起 15 个工作日内提出意见，逾期未提出意见的视为同意公开。

第三十五条 申请人申请公开政府信息的数量、频次明显超过合理范围，行政机关可以要求申请人说明理由。行政机关认为申请理由不合理的，告知申请人不予处理；行政机关认为申请理由合理，但是无法在本条例第三十三条规定的期限内答复申请人的，可以确定延迟答复的合理期限并告知申请人。

第三十六条 对政府信息公开申请，行政机关根据下列情况分别作出答复：

（一）所申请公开信息已经主动公开的，告知申请人获取该政府信息的方式、途径；

（二）所申请公开信息可以公开的，向申请人提供该政府信息，或者告知申请人获取该政府信息的方式、途径和时间；

（三）行政机关依据本条例的规定决定不予公开的，告知申请人不予公开并说明理由；

（四）经检索没有所申请公开信息的，告知申请人该政府信息不存在；

（五）所申请公开信息不属于本行政机关负责公开的，告知申请人并说明理由；能够确定负责公开该政府信息的行政机关的，告知申请人该行政机关的名称、联系方式；

（六）行政机关已就申请人提出的政府信息公开申请作出答复、申请人重复申请公开相同政府信息的，告知申请人不予重复处理；

（七）所申请公开信息属于工商、不动产登记资料等信息，有关法律、行政法规对信息的获取有特别规定的，告知申请人依照有关法律、行政法规的规定办理。

第三十七条 申请公开的信息中含有不应当公开或者不属于政府信息的内容，但是能够作区分处理的，行政机关应当向申请人提供可以公开的政府信息内容，并对不予公开的内容说明理由。

第三十八条 行政机关向申请人提供的信息，应当是已制作或者获取的政府信息。除依照本条例第三十七条的规定能够作区分处理的外，需要行政机关对现有政府信息进行加工、分析的，行政机关可以不予提供。

第三十九条 申请人以政府信息公开申请的形式进行信访、投诉、举报等活动，行政机关应当告知申请人不作为政府信息公开申请处理并可以告知通过相应渠道提出。

申请人提出的申请内容为要求行政机关提供政府公报、报刊、书籍等公开出版物的，行政机关可以告知获取的途径。

第四十条 行政机关依申请公开政府信息，应当根据申请人的要求及行政机关保存政府信息的实际情况，确定提供政府信息的具体形式；按照申请人要求的形式提供政府信息，可能危及政府信息载体安全或者公开成本过高的，可以通过电子数据以及其他适当形式提供，或者安排申请人查阅、抄录相关政府信息。

第四十一条 公民、法人或者其他组织有证据证明行政机关提供的与其自身相关的政府信息记录不准确的，可以要求行政机关更正。有权更正的行政机关审核属实的，应当予以更正并告知申请人；不属于本行政机关职能范围的，行政机关可以转送有权更正的行政机关处理并告知申请人，或者告知申请人向有权更正的行政机关提出。

第四十二条 行政机关依申请提供政府信息，不收取费用。但是，申请人申请公开政府信息的数量、频次明显超过合理范围的，行政机关可以收取信息处理费。

行政机关收取信息处理费的具体办法由国务院价格主管部门会同国务院财政部门、全国政府信息公开工作主管部门制定。

第四十三条 申请公开政府信息的公民存在阅读困难或者视听障碍的，行政机关应当为其提供必要的帮助。

第四十四条 多个申请人就相同政府信息向同一行政机关提出公开申请，且该政府信息属于可以公开的，行政机关可以纳入主动公开的范围。

对行政机关依申请公开的政府信息，申请人认为涉及公众利益调整、需要公众广泛知晓或者需要公众参与决策的，可以建议行政机关将该信息纳入主动公开的范围。行政机关经审核认为属于主动公开范围的，应当及时主动公开。

第四十五条 行政机关应当建立健全政府信息公开申请登记、审核、办理、答复、归档的工作制度，加强工作规范。

第五章 监督和保障

第四十六条 各级人民政府应当建立健全政府信息公开工作考核制度、社会评议制度和责任追究制度，定期对政府信息公开工作进行考核、评议。

第四十七条 政府信息公开工作主管部门应当加强对政府信息公开工作的日常指导和监督检查，对行政机关未按照要求开展政府信息公开工作的，予以督促整改或者通报批评；需要对负有责任的领导人员和直接责任人员追究责任的，依法向有权机关提出处理建议。

公民、法人或者其他组织认为行政机关未按照要求主动公开政府信息或者对政府信息公开申请不依法答复处理的，可以向政府信息公开工作主管部门提出。政府信息公开工作主管部门查证属实的，应当予以督促整改或者通报批评。

第四十八条 政府信息公开工作主管部门应当对行政机关的政府信息公开工作人员定期进行培训。

第四十九条 县级以上人民政府部门应当在每年 1 月 31 日前向本级政府信息公开工作主管部门提交本行政机关上一年度政府信息公开工作年度报告并向社会公布。

县级以上地方人民政府的政府信息公开工作主管部门应当在每年 3 月 31 日前向社会公布本级政府上一年度政府信息公开工作年度报告。

第五十条 政府信息公开工作年度报告应当包括下列内容：

（一）行政机关主动公开政府信息的情况；

（二）行政机关收到和处理政府信息公开申请的情况；

（三）因政府信息公开工作被申请行政复议、提起行政诉讼的情况；

（四）政府信息公开工作存在的主要问题及改进情况，各级人民政府的政府信息公开工作年度报告还应当包括工作考核、社会评议和责任追究结果情况；

（五）其他需要报告的事项。

全国政府信息公开工作主管部门应当公布政府信息公开工作年度报告统一格式，并适时更新。

第五十一条 公民、法人或者其他组织认为行政机关在政府信息公开工作中侵犯其合法权益的，可以向上一级行政机关或者政府信息公开工作主管部门投诉、举报，也可以依法申请行政复议或者提起行政诉讼。

第五十二条 行政机关违反本条例的规定，未建立健全政府信息公开有关制度、机制的，由上一级行政机关责令改正；情节严重的，对负有责任的领导人员和直接责任人员依法给予处分。

第五十三条 行政机关违反本条例的规定，有下列情形之一的，由上一级行政机关责令改正；情节严重的，对负有责任的领导人员和直接责任人员依法给予处分；构成犯罪的，依法追究刑事责任：

（一）不依法履行政府信息公开职能；

（二）不及时更新公开的政府信息内容、政府信息公开指南和政府信息公开目录；

（三）违反本条例规定的其他情形。

第六章 附 则

第五十四条 法律、法规授权的具有管理公共事务职能的组织公开政府信息的活动，适用本条例。

第五十五条 教育、卫生健康、供水、供电、供气、供热、环境保护、公共交通等与人民群众利益密切相关的公共企事业单位，公开在提供社会公共服务过程中制作、获取的信息，依照相关法律、法规和国务院有关主管部门或者机构的规定执行。全国政府信息公开工作主管部门根据实际需要可以制定专门的规定。

前款规定的公共企事业单位未依照相关法律、法规和国务院有关主管部门或者机构的规定公开在提供社会公共服务过程中制作、获取的信息，公民、法人或者其他组织可以向有关主管部门或者机构申诉，接受申诉的部门或者机构应当及时调查处理并将处理结果告知申诉人。

第五十六条 本条例自 2019 年 5 月 15 日起施行。

不动产登记暂行条例

（2014 年 11 月 24 日中华人民共和国国务院令第 656 号公布　根据 2019 年 3 月 24 日《国务院关于修改部分行政法规的决定》修订）

第一章　总　　则

第一条　为整合不动产登记职责，规范登记行为，方便群众申请登记，保护权利人合法权益，根据《中华人民共和国物权法》等法律，制定本条例。

第二条　本条例所称不动产登记，是指不动产登记机构依法将不动产权利归属和其他法定事项记载于不动产登记簿的行为。

本条例所称不动产，是指土地、海域以及房屋、林木等定着物。

第三条　不动产首次登记、变更登记、转移登记、注销登记、更正登记、异议登记、预告登记、查封登记等，适用本条例。

第四条　国家实行不动产统一登记制度。

不动产登记遵循严格管理、稳定连续、方便群众的原则。

不动产权利人已经依法享有的不动产权利，不因登记机构和登记程序的改变而受到影响。

第五条　下列不动产权利，依照本条例的规定办理登记：

（一）集体土地所有权；

（二）房屋等建筑物、构筑物所有权；

（三）森林、林木所有权；

（四）耕地、林地、草地等土地承包经营权；

（五）建设用地使用权；

（六）宅基地使用权；

（七）海域使用权；

（八）地役权；

（九）抵押权；

（十）法律规定需要登记的其他不动产权利。

第六条 国务院国土资源主管部门负责指导、监督全国不动产登记工作。

县级以上地方人民政府应当确定一个部门为本行政区域的不动产登记机构，负责不动产登记工作，并接受上级人民政府不动产登记主管部门的指导、监督。

第七条 不动产登记由不动产所在地的县级人民政府不动产登记机构办理；直辖市、设区的市人民政府可以确定本级不动产登记机构统一办理所属各区的不动产登记。

跨县级行政区域的不动产登记，由所跨县级行政区域的不动产登记机构分别办理。不能分别办理的，由所跨县级行政区域的不动产登记机构协商办理；协商不成的，由共同的上一级人民政府不动产登记主管部门指定办理。

国务院确定的重点国有林区的森林、林木和林地，国务院批准项目用海、用岛，中央国家机关使用的国有土地等不动产登记，由国务院国土资源主管部门会同有关部门规定。

第二章 不动产登记簿

第八条 不动产以不动产单元为基本单位进行登记。不动产单元具有唯一编码。

不动产登记机构应当按照国务院国土资源主管部门的规定设立统一的不动产登记簿。

不动产登记簿应当记载以下事项：

（一）不动产的坐落、界址、空间界限、面积、用途等自然状况；

（二）不动产权利的主体、类型、内容、来源、期限、权利变化等权属状况；

（三）涉及不动产权利限制、提示的事项；

（四）其他相关事项。

第九条　不动产登记簿应当采用电子介质，暂不具备条件的，可以采用纸质介质。不动产登记机构应当明确不动产登记簿唯一、合法的介质形式。

不动产登记簿采用电子介质的，应当定期进行异地备份，并具有唯一、确定的纸质转化形式。

第十条　不动产登记机构应当依法将各类登记事项准确、完整、清晰地记载于不动产登记簿。任何人不得损毁不动产登记簿，除依法予以更正外不得修改登记事项。

第十一条　不动产登记工作人员应当具备与不动产登记工作相适应的专业知识和业务能力。

不动产登记机构应当加强对不动产登记工作人员的管理和专业技术培训。

第十二条　不动产登记机构应当指定专人负责不动产登记簿的保管，并建立健全相应的安全责任制度。

采用纸质介质不动产登记簿的，应当配备必要的防盗、防火、防渍、防有害生物等安全保护设施。

采用电子介质不动产登记簿的，应当配备专门的存储设施，并采取信息网络安全防护措施。

第十三条　不动产登记簿由不动产登记机构永久保存。不动产登记簿损毁、灭失的，不动产登记机构应当依据原有登记资料予以重建。

行政区域变更或者不动产登记机构职能调整的，应当及时将不动产登记簿移交相应的不动产登记机构。

第三章　登　记　程　序

第十四条　因买卖、设定抵押权等申请不动产登记的，应当由当事人双方共同申请。

属于下列情形之一的，可以由当事人单方申请：

（一）尚未登记的不动产首次申请登记的；

（二）继承、接受遗赠取得不动产权利的；

（三）人民法院、仲裁委员会生效的法律文书或者人民政府生效的决定等设立、变更、转让、消灭不动产权利的；

（四）权利人姓名、名称或者自然状况发生变化，申请变更登记的；

（五）不动产灭失或者权利人放弃不动产权利，申请注销登记的；

（六）申请更正登记或者异议登记的；

（七）法律、行政法规规定可以由当事人单方申请的其他情形。

第十五条　当事人或者其代理人应当向不动产登记机构申请不动产登记。

不动产登记机构将申请登记事项记载于不动产登记簿前，申请人可以撤回登记申请。

第十六条　申请人应当提交下列材料，并对申请材料的真实性负责：

（一）登记申请书；

（二）申请人、代理人身份证明材料、授权委托书；

（三）相关的不动产权属来源证明材料、登记原因证明文件、不动产权属证书；

（四）不动产界址、空间界限、面积等材料；

（五）与他人利害关系的说明材料；

（六）法律、行政法规以及本条例实施细则规定的其他材料。

不动产登记机构应当在办公场所和门户网站公开申请登记所需材料目录和示范文本等信息。

第十七条　不动产登记机构收到不动产登记申请材料，应当分别按照下列情况办理：

（一）属于登记职责范围，申请材料齐全、符合法定形式，或者申请人按照要求提交全部补正申请材料的，应当受理并书面告知申请人；

（二）申请材料存在可以当场更正的错误的，应当告知申请人当场更正，申请人当场更正后，应当受理并书面告知申请人；

（三）申请材料不齐全或者不符合法定形式的，应当当场书面告知申请人不予受理并一次性告知需要补正的全部内容；

（四）申请登记的不动产不属于本机构登记范围的，应当当场书面告知申请人不予受理并告知申请人向有登记权的机构申请。

不动产登记机构未当场书面告知申请人不予受理的，视为受理。

第十八条　不动产登记机构受理不动产登记申请的，应当按照下列要求进行查验：

（一）不动产界址、空间界限、面积等材料与申请登记的不动产状况是否一致；

（二）有关证明材料、文件与申请登记的内容是否一致；

（三）登记申请是否违反法律、行政法规规定。

第十九条　属于下列情形之一的，不动产登记机构可以对申请登记的不动产进行实地查看：

（一）房屋等建筑物、构筑物所有权首次登记；

（二）在建建筑物抵押权登记；

（三）因不动产灭失导致的注销登记；

（四）不动产登记机构认为需要实地查看的其他情形。

对可能存在权属争议，或者可能涉及他人利害关系的登记申请，不动产登记机构可以向申请人、利害关系人或者有关单位进行调查。

不动产登记机构进行实地查看或者调查时，申请人、被调查人应当予以配合。

第二十条 不动产登记机构应当自受理登记申请之日起 30 个工作日内办结不动产登记手续，法律另有规定的除外。

第二十一条 登记事项自记载于不动产登记簿时完成登记。

不动产登记机构完成登记，应当依法向申请人核发不动产权属证书或者登记证明。

第二十二条 登记申请有下列情形之一的，不动产登记机构应当不予登记，并书面告知申请人：

（一）违反法律、行政法规规定的；

（二）存在尚未解决的权属争议的；

（三）申请登记的不动产权利超过规定期限的；

（四）法律、行政法规规定不予登记的其他情形。

第四章 登记信息共享与保护

第二十三条 国务院国土资源主管部门应当会同有关部门建立统一的不动产登记信息管理基础平台。

各级不动产登记机构登记的信息应当纳入统一的不动产登记信息管理基础平台，确保国家、省、市、县四级登记信息的实时共享。

第二十四条 不动产登记有关信息与住房城乡建设、农业、林业、海洋等部门审批信息、交易信息等应当实时互通共享。

不动产登记机构能够通过实时互通共享取得的信息，不得要求不动产登记申请人重复提交。

第二十五条 国土资源、公安、民政、财政、税务、工商、金融、审计、统计等部门应当加强不动产登记有关信息互通共享。

第二十六条 不动产登记机构、不动产登记信息共享单位及其工作人员应当对不动产登记信息保密；涉及国家秘密的不动产登记信息，应当依法采取必要的安全保密措施。

第二十七条 权利人、利害关系人可以依法查询、复制不动产登记资料，不动产登记机构应当提供。

有关国家机关可以依照法律、行政法规的规定查询、复制与调查处理事项有关的不动产登记资料。

第二十八条 查询不动产登记资料的单位、个人应当向不动产登记机构说明查询目的，不得将查询获得的不动产登记资料用于其他目的；未经权利人同意，不得泄露查询获得的不动产登记资料。

第五章 法律责任

第二十九条 不动产登记机构登记错误给他人造成损害，或者当事人提供虚假材料申请登记给他人造成损害的，依照《中华人民共和国物权法》的规定承担赔偿责任。

第三十条 不动产登记机构工作人员进行虚假登记，损毁、伪造不动产登记簿，擅自修改登记事项，或者有其他滥用职权、玩忽职守行为的，依法给予处分；给他人造成损害的，依法承担赔偿责任；构成犯罪的，依法追究刑事责任。

第三十一条 伪造、变造不动产权属证书、不动产登记证明，或者买卖、使用伪造、变造的不动产权属证书、不动产登记证明的，由不动产登记机构或者公安机关依法予以收缴；有违法所得的，没收违法所得；给他人造成损害的，依法承担赔偿责任；构成违反治安管理行为的，依法给予治安管理处罚；构成犯罪的，依法追究刑事责任。

第三十二条 不动产登记机构、不动产登记信息共享单位及其工作人员，查询不动产登记资料的单位或者个人违反国家规定，泄露不动产登记资料、登记信息，或者利用不动产登记资料、登记信息进行不正当活动，给他人造成损害的，依法承担赔偿责任；对有关责任人员依法给予处分；有关责任人员构成犯罪的，依法追究刑事责任。

第六章 附　则

第三十三条　本条例施行前依法颁发的各类不动产权属证书和制作的不动产登记簿继续有效。

不动产统一登记过渡期内，农村土地承包经营权的登记按照国家有关规定执行。

第三十四条　本条例实施细则由国务院国土资源主管部门会同有关部门制定。

第三十五条　本条例自 2015 年 3 月 1 日起施行。本条例施行前公布的行政法规有关不动产登记的规定与本条例规定不一致的，以本条例规定为准。

不动产登记暂行条例实施细则

（2016 年 1 月 1 日国土资源部令第 63 号公布　根据 2019 年 7 月 24 日《自然资源部关于第一批废止和修改的部门规章的决定》修订）

第一章 总　则

第一条　为规范不动产登记行为，细化不动产统一登记制度，方便人民群众办理不动产登记，保护权利人合法权益，根据《不动产登记暂行条例》（以下简称《条例》），制定本实施细则。

第二条　不动产登记应当依照当事人的申请进行，但法律、行政法规以及本实施细则另有规定的除外。

房屋等建筑物、构筑物和森林、林木等定着物应当与其所依附的土地、海域一并登记，保持权利主体一致。

第三条 不动产登记机构依照《条例》第七条第二款的规定，协商办理或者接受指定办理跨县级行政区域不动产登记的，应当在登记完毕后将不动产登记簿记载的不动产权利人以及不动产坐落、界址、面积、用途、权利类型等登记结果告知不动产所跨区域的其他不动产登记机构。

第四条 国务院确定的重点国有林区的森林、林木和林地，由自然资源部受理并会同有关部门办理，依法向权利人核发不动产权属证书。

国务院批准的项目用海、用岛的登记，由自然资源部受理，依法向权利人核发不动产权属证书。

第二章　不动产登记簿

第五条 《条例》第八条规定的不动产单元，是指权属界线封闭且具有独立使用价值的空间。

没有房屋等建筑物、构筑物以及森林、林木定着物的，以土地、海域权属界线封闭的空间为不动产单元。

有房屋等建筑物、构筑物以及森林、林木定着物的，以该房屋等建筑物、构筑物以及森林、林木定着物与土地、海域权属界线封闭的空间为不动产单元。

前款所称房屋，包括独立成幢、权属界线封闭的空间，以及区分套、层、间等可以独立使用、权属界线封闭的空间。

第六条 不动产登记簿以宗地或者宗海为单位编成，一宗地或者一宗海范围内的全部不动产单元编入一个不动产登记簿。

第七条 不动产登记机构应当配备专门的不动产登记电子存储设施，采取信息网络安全防护措施，保证电子数据安全。

任何单位和个人不得擅自复制或者篡改不动产登记簿信息。

第八条 承担不动产登记审核、登簿的不动产登记工作人员应当熟悉相关法律法规，具备与其岗位相适应的不动产登记等方面的专业知识。

自然资源部会同有关部门组织开展对承担不动产登记审核、登簿的不动产登记工作人员的考核培训。

第三章　登记程序

第九条　申请不动产登记的，申请人应当填写登记申请书，并提交身份证明以及相关申请材料。

申请材料应当提供原件。因特殊情况不能提供原件的，可以提供复印件，复印件应当与原件保持一致。

第十条　处分共有不动产申请登记的，应当经占份额三分之二以上的按份共有人或者全体共同共有人共同申请，但共有人另有约定的除外。

按份共有人转让其享有的不动产份额，应当与受让人共同申请转移登记。

建筑区划内依法属于全体业主共有的不动产申请登记，依照本实施细则第三十六条的规定办理。

第十一条　无民事行为能力人、限制民事行为能力人申请不动产登记的，应当由其监护人代为申请。

监护人代为申请登记的，应当提供监护人与被监护人的身份证或者户口簿、有关监护关系等材料；因处分不动产而申请登记的，还应当提供为被监护人利益的书面保证。

父母之外的监护人处分未成年人不动产的，有关监护关系材料可以是人民法院指定监护的法律文书、经过公证的对被监护人享有监护权的材料或者其他材料。

第十二条　当事人可以委托他人代为申请不动产登记。

代理申请不动产登记的，代理人应当向不动产登记机构提供被代理人签字或者盖章的授权委托书。

自然人处分不动产，委托代理人申请登记的，应当与代理人共同到不动产登记机构现场签订授权委托书，但授权委托书经公证的除外。

境外申请人委托他人办理处分不动产登记的，其授权委托书应当按照国家有关规定办理认证或者公证。

第十三条 申请登记的事项记载于不动产登记簿前，全体申请人提出撤回登记申请的，登记机构应当将登记申请书以及相关材料退还申请人。

第十四条 因继承、受遗赠取得不动产，当事人申请登记的，应当提交死亡证明材料、遗嘱或者全部法定继承人关于不动产分配的协议以及与被继承人的亲属关系材料等，也可以提交经公证的材料或者生效的法律文书。

第十五条 不动产登记机构受理不动产登记申请后，还应当对下列内容进行查验：

（一）申请人、委托代理人身份证明材料以及授权委托书与申请主体是否一致；

（二）权属来源材料或者登记原因文件与申请登记的内容是否一致；

（三）不动产界址、空间界限、面积等权籍调查成果是否完备，权属是否清楚、界址是否清晰、面积是否准确；

（四）法律、行政法规规定的完税或者缴费凭证是否齐全。

第十六条 不动产登记机构进行实地查看，重点查看下列情况：

（一）房屋等建筑物、构筑物所有权首次登记，查看房屋坐落及其建造完成等情况；

（二）在建建筑物抵押权登记，查看抵押的在建建筑物坐落及其建造等情况；

（三）因不动产灭失导致的注销登记，查看不动产灭失等情况。

第十七条 有下列情形之一的，不动产登记机构应当在登记事项记载于登记簿前进行公告，但涉及国家秘密的除外：

（一）政府组织的集体土地所有权登记；

（二）宅基地使用权及房屋所有权，集体建设用地使用权及建筑物、构筑物所有权，土地承包经营权等不动产权利的首次登记；

（三）依职权更正登记；

（四）依职权注销登记；

（五）法律、行政法规规定的其他情形。

公告应当在不动产登记机构门户网站以及不动产所在地等指定场所进行，公告期不少于 15 个工作日。公告所需时间不计算在登记办理期限内。公告期满无异议或者异议不成立的，应当及时记载于不动产登记簿。

第十八条 不动产登记公告的主要内容包括：

（一）拟予登记的不动产权利人的姓名或者名称；

（二）拟予登记的不动产坐落、面积、用途、权利类型等；

（三）提出异议的期限、方式和受理机构；

（四）需要公告的其他事项。

第十九条 当事人可以持人民法院、仲裁委员会的生效法律文书或者人民政府的生效决定单方申请不动产登记。

有下列情形之一的，不动产登记机构直接办理不动产登记：

（一）人民法院持生效法律文书和协助执行通知书要求不动产登记机构办理登记的；

（二）人民检察院、公安机关依据法律规定持协助查封通知书要求办理查封登记的；

（三）人民政府依法做出征收或者收回不动产权利决定生效后，要求不动产登记机构办理注销登记的；

（四）法律、行政法规规定的其他情形。

不动产登记机构认为登记事项存在异议的，应当依法向有关机关提出审查建议。

第二十条 不动产登记机构应当根据不动产登记簿，填写并核发不动产权属证书或者不动产登记证明。

除办理抵押权登记、地役权登记和预告登记、异议登记，向申请人核发不动产登记证明外，不动产登记机构应当依法向权利人核发不动产权属证书。

不动产权属证书和不动产登记证明，应当加盖不动产登记机构登记专用章。

不动产权属证书和不动产登记证明样式，由自然资源部统一规定。

第二十一条 申请共有不动产登记的，不动产登记机构向全体共有人合并发放一本不动产权属证书；共有人申请分别持证的，可以为共有人分别发放不动产权属证书。

共有不动产权属证书应当注明共有情况，并列明全体共有人。

第二十二条 不动产权属证书或者不动产登记证明污损、破损的，当事人可以向不动产登记机构申请换发。符合换发条件的，不动产登记机构应当予以换发，并收回原不动产权属证书或者不动产登记证明。

不动产权属证书或者不动产登记证明遗失、灭失，不动产权利人申请补发的，由不动产登记机构在其门户网站上刊发不动产权利人的遗失、灭失声明 15 个工作日后，予以补发。

不动产登记机构补发不动产权属证书或者不动产登记证明的，应当将补发不动产权属证书或者不动产登记证明的事项记载于不动产登记簿，并在不动产权属证书或者不动产登记证明上注明"补发"字样。

第二十三条 因不动产权利灭失等情形，不动产登记机构需要收回不动产权属证书或者不动产登记证明的，应当在不动产登记簿上将收回不动产权属证书或者不动产登记证明的事项予以注明；确实无法收回的，应当在不动产登记机构门户网站或者当地公开发行的报刊上公告作废。

第四章 不动产权利登记

第一节 一般规定

第二十四条 不动产首次登记，是指不动产权利第一次登记。

未办理不动产首次登记的，不得办理不动产其他类型登记，但法律、行政法规另有规定的除外。

第二十五条 市、县人民政府可以根据情况对本行政区域内未登记的不动产，组织开展集体土地所有权、宅基地使用权、集体建设用地使用权、土地承包经营权的首次登记。

依照前款规定办理首次登记所需的权属来源、调查等登记材料，由人民政府有关部门组织获取。

第二十六条 下列情形之一的，不动产权利人可以向不动产登记机构申请变更登记：

（一）权利人的姓名、名称、身份证明类型或者身份证明号码发生变更的；

（二）不动产的坐落、界址、用途、面积等状况变更的；

（三）不动产权利期限、来源等状况发生变化的；

（四）同一权利人分割或者合并不动产的；

（五）抵押担保的范围、主债权数额、债务履行期限、抵押权顺位发生变化的；

（六）最高额抵押担保的债权范围、最高债权额、债权确定期间等发生变化的；

（七）地役权的利用目的、方法等发生变化的；

（八）共有性质发生变更的；

（九）法律、行政法规规定的其他不涉及不动产权利转移的变更情形。

第二十七条 因下列情形导致不动产权利转移的，当事人可以向不动产登记机构申请转移登记：

（一）买卖、互换、赠与不动产的；

（二）以不动产作价出资（入股）的；

（三）法人或者其他组织因合并、分立等原因致使不动产权利发生转移的；

（四）不动产分割、合并导致权利发生转移的；

（五）继承、受遗赠导致权利发生转移的；

（六）共有人增加或者减少以及共有不动产份额变化的；

（七）因人民法院、仲裁委员会的生效法律文书导致不动产权利发生转移的；

（八）因主债权转移引起不动产抵押权转移的；

（九）因需役地不动产权利转移引起地役权转移的；

（十）法律、行政法规规定的其他不动产权利转移情形。

第二十八条　有下列情形之一的，当事人可以申请办理注销登记：

（一）不动产灭失的；

（二）权利人放弃不动产权利的；

（三）不动产被依法没收、征收或者收回的；

（四）人民法院、仲裁委员会的生效法律文书导致不动产权利消灭的；

（五）法律、行政法规规定的其他情形。

不动产上已经设立抵押权、地役权或者已经办理预告登记，所有权人、使用权人因放弃权利申请注销登记的，申请人应当提供抵押权人、地役权人、预告登记权利人同意的书面材料。

第二节　集体土地所有权登记

第二十九条　集体土地所有权登记，依照下列规定提出申请：

（一）土地属于村农民集体所有的，由村集体经济组织代为申请，没有集体经济组织的，由村民委员会代为申请；

（二）土地分别属于村内两个以上农民集体所有的，由村内各集体经济组织代为申请，没有集体经济组织的，由村民小组代为申请；

（三）土地属于乡（镇）农民集体所有的，由乡（镇）集体经济组织代为申请。

第三十条 申请集体土地所有权首次登记的，应当提交下列材料：

（一）土地权属来源材料；

（二）权籍调查表、宗地图以及宗地界址点坐标；

（三）其他必要材料。

第三十一条 农民集体因互换、土地调整等原因导致集体土地所有权转移，申请集体土地所有权转移登记的，应当提交下列材料：

（一）不动产权属证书；

（二）互换、调整协议等集体土地所有权转移的材料；

（三）本集体经济组织三分之二以上成员或者三分之二以上村民代表同意的材料；

（四）其他必要材料。

第三十二条 申请集体土地所有权变更、注销登记的，应当提交下列材料：

（一）不动产权属证书；

（二）集体土地所有权变更、消灭的材料；

（三）其他必要材料。

第三节 国有建设用地使用权及房屋所有权登记

第三十三条 依法取得国有建设用地使用权，可以单独申请国有建设用地使用权登记。

依法利用国有建设用地建造房屋的，可以申请国有建设用地使用权及房屋所有权登记。

第三十四条　申请国有建设用地使用权首次登记，应当提交下列材料：

（一）土地权属来源材料；

（二）权籍调查表、宗地图以及宗地界址点坐标；

（三）土地出让价款、土地租金、相关税费等缴纳凭证；

（四）其他必要材料。

前款规定的土地权属来源材料，根据权利取得方式的不同，包括国有建设用地划拨决定书、国有建设用地使用权出让合同、国有建设用地使用权租赁合同以及国有建设用地使用权作价出资（入股）、授权经营批准文件。

申请在地上或者地下单独设立国有建设用地使用权登记的，按照本条规定办理。

第三十五条　申请国有建设用地使用权及房屋所有权首次登记的，应当提交下列材料：

（一）不动产权属证书或者土地权属来源材料；

（二）建设工程符合规划的材料；

（三）房屋已经竣工的材料；

（四）房地产调查或者测绘报告；

（五）相关税费缴纳凭证；

（六）其他必要材料。

第三十六条　办理房屋所有权首次登记时，申请人应当将建筑区划内依法属于业主共有的道路、绿地、其他公共场所、公用设施和物业服务用房及其占用范围内的建设用地使用权一并申请登记为业主共有。业主转让房屋所有权的，其对共有部分享有的权利依法一并转让。

第三十七条　申请国有建设用地使用权及房屋所有权变更登记的，应当根据不同情况，提交下列材料：

（一）不动产权属证书；

（二）发生变更的材料；

（三）有批准权的人民政府或者主管部门的批准文件；

（四）国有建设用地使用权出让合同或者补充协议；

（五）国有建设用地使用权出让价款、税费等缴纳凭证；

（六）其他必要材料。

第三十八条 申请国有建设用地使用权及房屋所有权转移登记的，应当根据不同情况，提交下列材料：

（一）不动产权属证书；

（二）买卖、互换、赠与合同；

（三）继承或者受遗赠的材料；

（四）分割、合并协议；

（五）人民法院或者仲裁委员会生效的法律文书；

（六）有批准权的人民政府或者主管部门的批准文件；

（七）相关税费缴纳凭证；

（八）其他必要材料。

不动产买卖合同依法应当备案的，申请人申请登记时须提交经备案的买卖合同。

第三十九条 具有独立利用价值的特定空间以及码头、油库等其他建筑物、构筑物所有权的登记，按照本实施细则中房屋所有权登记有关规定办理。

第四节 宅基地使用权及房屋所有权登记

第四十条 依法取得宅基地使用权，可以单独申请宅基地使用权登记。

依法利用宅基地建造住房及其附属设施的，可以申请宅基地使用权及房屋所有权登记。

第四十一条 申请宅基地使用权及房屋所有权首次登记的，应当根据不同情况，提交下列材料：

（一）申请人身份证和户口簿；

（二）不动产权属证书或者有批准权的人民政府批准用地的文件等权属来源材料；

（三）房屋符合规划或者建设的相关材料；

（四）权籍调查表、宗地图、房屋平面图以及宗地界址点坐标等有关不动产界址、面积等材料；

（五）其他必要材料。

第四十二条 因依法继承、分家析产、集体经济组织内部互换房屋等导致宅基地使用权及房屋所有权发生转移申请登记的，申请人应当根据不同情况，提交下列材料：

（一）不动产权属证书或者其他权属来源材料；

（二）依法继承的材料；

（三）分家析产的协议或者材料；

（四）集体经济组织内部互换房屋的协议；

（五）其他必要材料。

第四十三条 申请宅基地等集体土地上的建筑物区分所有权登记的，参照国有建设用地使用权及建筑物区分所有权的规定办理登记。

第五节　集体建设用地使用权及建筑物、构筑物所有权登记

第四十四条 依法取得集体建设用地使用权，可以单独申请集体建设用地使用权登记。

依法利用集体建设用地兴办企业，建设公共设施，从事公益事业等的，可以申请集体建设用地使用权及地上建筑物、构筑物所有权登记。

第四十五条 申请集体建设用地使用权及建筑物、构筑物所有权首次登记的，申请人应当根据不同情况，提交下列材料：

（一）有批准权的人民政府批准用地的文件等土地权属来源材料；

（二）建设工程符合规划的材料；

（三）权籍调查表、宗地图、房屋平面图以及宗地界址点坐标等有关不动产界址、面积等材料；

（四）建设工程已竣工的材料；

（五）其他必要材料。

集体建设用地使用权首次登记完成后，申请人申请建筑物、构筑物所有权首次登记的，应当提交享有集体建设用地使用权的不动产权属证书。

第四十六条 申请集体建设用地使用权及建筑物、构筑物所有权变更登记、转移登记、注销登记的，申请人应当根据不同情况，提交下列材料：

（一）不动产权属证书；

（二）集体建设用地使用权及建筑物、构筑物所有权变更、转移、消灭的材料；

（三）其他必要材料。

因企业兼并、破产等原因致使集体建设用地使用权及建筑物、构筑物所有权发生转移的，申请人应当持相关协议及有关部门的批准文件等相关材料，申请不动产转移登记。

第六节 土地承包经营权登记

第四十七条 承包农民集体所有的耕地、林地、草地、水域、滩涂以及荒山、荒沟、荒丘、荒滩等农用地，或者国家所有依法由农民集体使用的农用地从事种植业、林业、畜牧业、渔业等农业生产的，可以申请土地承包经营权登记；地上有森林、林木的，应当在申请土地承包经营权登记时一并申请登记。

第四十八条 依法以承包方式在土地上从事种植业或者养殖业

生产活动的，可以申请土地承包经营权的首次登记。

以家庭承包方式取得的土地承包经营权的首次登记，由发包方持土地承包经营合同等材料申请。

以招标、拍卖、公开协商等方式承包农村土地的，由承包方持土地承包经营合同申请土地承包经营权首次登记。

第四十九条　已经登记的土地承包经营权有下列情形之一的，承包方应当持原不动产权属证书以及其他证实发生变更事实的材料，申请土地承包经营权变更登记：

（一）权利人的姓名或者名称等事项发生变化的；

（二）承包土地的坐落、名称、面积发生变化的；

（三）承包期限依法变更的；

（四）承包期限届满，土地承包经营权人按照国家有关规定继续承包的；

（五）退耕还林、退耕还湖、退耕还草导致土地用途改变的；

（六）森林、林木的种类等发生变化的；

（七）法律、行政法规规定的其他情形。

第五十条　已经登记的土地承包经营权发生下列情形之一的，当事人双方应当持互换协议、转让合同等材料，申请土地承包经营权的转移登记：

（一）互换；

（二）转让；

（三）因家庭关系、婚姻关系变化等原因导致土地承包经营权分割或者合并的；

（四）依法导致土地承包经营权转移的其他情形。

以家庭承包方式取得的土地承包经营权，采取转让方式流转的，还应当提供发包方同意的材料。

第五十一条　已经登记的土地承包经营权发生下列情形之一的，承包方应当持不动产权属证书、证实灭失的材料等，申请注销登记：

（一）承包经营的土地灭失的；

（二）承包经营的土地被依法转为建设用地的；

（三）承包经营权人丧失承包经营资格或者放弃承包经营权的；

（四）法律、行政法规规定的其他情形。

第五十二条 以承包经营以外的合法方式使用国有农用地的国有农场、草场，以及使用国家所有的水域、滩涂等农用地进行农业生产，申请国有农用地的使用权登记的，参照本实施细则有关规定办理。

国有农场、草场申请国有未利用地登记的，依照前款规定办理。

第五十三条 国有林地使用权登记，应当提交有批准权的人民政府或者主管部门的批准文件，地上森林、林木一并登记。

第七节　海域使用权登记

第五十四条 依法取得海域使用权，可以单独申请海域使用权登记。

依法使用海域，在海域上建造建筑物、构筑物的，应当申请海域使用权及建筑物、构筑物所有权登记。

申请无居民海岛登记的，参照海域使用权登记有关规定办理。

第五十五条 申请海域使用权首次登记的，应当提交下列材料：

（一）项目用海批准文件或者海域使用权出让合同；

（二）宗海图以及界址点坐标；

（三）海域使用金缴纳或者减免凭证；

（四）其他必要材料。

第五十六条 有下列情形之一的，申请人应当持不动产权属证书、海域使用权变更的文件等材料，申请海域使用权变更登记：

（一）海域使用权人姓名或者名称改变的；

（二）海域坐落、名称发生变化的；

（三）改变海域使用位置、面积或者期限的；

（四）海域使用权续期的；

（五）共有性质变更的；

（六）法律、行政法规规定的其他情形。

第五十七条　有下列情形之一的，申请人可以申请海域使用权转移登记：

（一）因企业合并、分立或者与他人合资、合作经营、作价入股导致海域使用权转移的；

（二）依法转让、赠与、继承、受遗赠海域使用权的；

（三）因人民法院、仲裁委员会生效法律文书导致海域使用权转移的；

（四）法律、行政法规规定的其他情形。

第五十八条　申请海域使用权转移登记的，申请人应当提交下列材料：

（一）不动产权属证书；

（二）海域使用权转让合同、继承材料、生效法律文书等材料；

（三）转让批准取得的海域使用权，应当提交原批准用海的海洋行政主管部门批准转让的文件；

（四）依法需要补交海域使用金的，应当提交海域使用金缴纳的凭证；

（五）其他必要材料。

第五十九条　申请海域使用权注销登记的，申请人应当提交下列材料：

（一）原不动产权属证书；

（二）海域使用权消灭的材料；

（三）其他必要材料。

因围填海造地等导致海域灭失的，申请人应当在围填海造地等工程竣工后，依照本实施细则规定申请国有土地使用权登记，并办理海域使用权注销登记。

第八节 地役权登记

第六十条 按照约定设定地役权，当事人可以持需役地和供役地的不动产权属证书、地役权合同以及其他必要文件，申请地役权首次登记。

第六十一条 经依法登记的地役权发生下列情形之一的，当事人应当持地役权合同、不动产登记证明和证实变更的材料等必要材料，申请地役权变更登记：

（一）地役权当事人的姓名或者名称等发生变化；

（二）共有性质变更的；

（三）需役地或者供役地自然状况发生变化；

（四）地役权内容变更的；

（五）法律、行政法规规定的其他情形。

供役地分割转让办理登记，转让部分涉及地役权的，应当由受让人与地役权人一并申请地役权变更登记。

第六十二条 已经登记的地役权因土地承包经营权、建设用地使用权转让发生转移的，当事人应当持不动产登记证明、地役权转移合同等必要材料，申请地役权转移登记。

申请需役地转移登记的，或者需役地分割转让，转让部分涉及已登记的地役权的，当事人应当一并申请地役权转移登记，但当事人另有约定的除外。当事人拒绝一并申请地役权转移登记的，应当出具书面材料。不动产登记机构办理转移登记时，应当同时办理地役权注销登记。

第六十三条 已经登记的地役权，有下列情形之一的，当事人可以持不动产登记证明、证实地役权发生消灭的材料等必要材料，申请地役权注销登记：

（一）地役权期限届满；

（二）供役地、需役地归于同一人；

（三）供役地或者需役地灭失；

（四）人民法院、仲裁委员会的生效法律文书导致地役权消灭；

（五）依法解除地役权合同；

（六）其他导致地役权消灭的事由。

第六十四条 地役权登记，不动产登记机构应当将登记事项分别记载于需役地和供役地登记簿。

供役地、需役地分属不同不动产登记机构管辖的，当事人应当向供役地所在地的不动产登记机构申请地役权登记。供役地所在地不动产登记机构完成登记后，应当将相关事项通知需役地所在地不动产登记机构，并由其记载于需役地登记簿。

地役权设立后，办理首次登记前发生变更、转移的，当事人应当提交相关材料，就已经变更或者转移的地役权，直接申请首次登记。

第九节 抵押权登记

第六十五条 对下列财产进行抵押的，可以申请办理不动产抵押登记：

（一）建设用地使用权；

（二）建筑物和其他土地附着物；

（三）海域使用权；

（四）以招标、拍卖、公开协商等方式取得的荒地等土地承包经营权；

（五）正在建造的建筑物；

（六）法律、行政法规未禁止抵押的其他不动产。

以建设用地使用权、海域使用权抵押的，该土地、海域上的建筑物、构筑物一并抵押；以建筑物、构筑物抵押的，该建筑物、构筑物占用范围内的建设用地使用权、海域使用权一并抵押。

第六十六条 自然人、法人或者其他组织为保障其债权的实现，依法以不动产设定抵押的，可以由当事人持不动产权属证书、抵押合同与主债权合同等必要材料，共同申请办理抵押登记。

抵押合同可以是单独订立的书面合同，也可以是主债权合同中的抵押条款。

第六十七条 同一不动产上设立多个抵押权的，不动产登记机构应当按照受理时间的先后顺序依次办理登记，并记载于不动产登记簿。当事人对抵押权顺位另有约定的，从其规定办理登记。

第六十八条 有下列情形之一的，当事人应当持不动产权属证书、不动产登记证明、抵押权变更等必要材料，申请抵押权变更登记：

（一）抵押人、抵押权人的姓名或者名称变更的；

（二）被担保的主债权数额变更的；

（三）债务履行期限变更的；

（四）抵押权顺位变更的；

（五）法律、行政法规规定的其他情形。

因被担保债权主债权的种类及数额、担保范围、债务履行期限、抵押权顺位发生变更申请抵押权变更登记时，如果该抵押权的变更将对其他抵押权人产生不利影响的，还应当提交其他抵押权人书面同意的材料与身份证或者户口簿等材料。

第六十九条 因主债权转让导致抵押权转让的，当事人可以持不动产权属证书、不动产登记证明、被担保主债权的转让协议、债权人已经通知债务人的材料等相关材料，申请抵押权的转移登记。

第七十条 有下列情形之一的，当事人可以持不动产登记证明、抵押权消灭的材料等必要材料，申请抵押权注销登记：

（一）主债权消灭；

（二）抵押权已经实现；

（三）抵押权人放弃抵押权；

（四）法律、行政法规规定抵押权消灭的其他情形。

第七十一条　设立最高额抵押权的，当事人应当持不动产权属证书、最高额抵押合同与一定期间内将要连续发生的债权的合同或者其他登记原因材料等必要材料，申请最高额抵押权首次登记。

当事人申请最高额抵押权首次登记时，同意将最高额抵押权设立前已经存在的债权转入最高额抵押担保的债权范围的，还应当提交已存在债权的合同以及当事人同意将该债权纳入最高额抵押权担保范围的书面材料。

第七十二条　有下列情形之一的，当事人应当持不动产登记证明、最高额抵押权发生变更的材料等必要材料，申请最高额抵押权变更登记：

（一）抵押人、抵押权人的姓名或者名称变更的；

（二）债权范围变更的；

（三）最高债权额变更的；

（四）债权确定的期间变更的；

（五）抵押权顺位变更的；

（六）法律、行政法规规定的其他情形。

因最高债权额、债权范围、债务履行期限、债权确定的期间发生变更申请最高额抵押权变更登记时，如果该变更将对其他抵押权人产生不利影响的，当事人还应当提交其他抵押权人的书面同意文件与身份证或者户口簿等。

第七十三条　当发生导致最高额抵押权担保的债权被确定的事由，从而使最高额抵押权转变为一般抵押权时，当事人应当持不动产登记证明、最高额抵押权担保的债权已确定的材料等必要材料，申请办理确定最高额抵押权的登记。

第七十四条　最高额抵押权发生转移的，应当持不动产登记证明、部分债权转移的材料、当事人约定最高额抵押权随同部分债权的转让而转移的材料等必要材料，申请办理最高额抵押权转移登记。

债权人转让部分债权，当事人约定最高额抵押权随同部分债权的转让而转移的，应当分别申请下列登记：

（一）当事人约定原抵押权人与受让人共同享有最高额抵押权的，应当申请最高额抵押权的转移登记；

（二）当事人约定受让人享有一般抵押权、原抵押权人就扣减已转移的债权数额后继续享有最高额抵押权的，应当申请一般抵押权的首次登记以及最高额抵押权的变更登记；

（三）当事人约定原抵押权人不再享有最高额抵押权的，应当一并申请最高额抵押权确定登记以及一般抵押权转移登记。

最高额抵押权担保的债权确定前，债权人转让部分债权的，除当事人另有约定外，不动产登记机构不得办理最高额抵押权转移登记。

第七十五条 以建设用地使用权以及全部或者部分在建建筑物设定抵押的，应当一并申请建设用地使用权以及在建建筑物抵押权的首次登记。

当事人申请在建建筑物抵押权首次登记时，抵押财产不包括已经办理预告登记的预购商品房和已经办理预售备案的商品房。

前款规定的在建建筑物，是指正在建造、尚未办理所有权首次登记的房屋等建筑物。

第七十六条 申请在建建筑物抵押权首次登记的，当事人应当提交下列材料：

（一）抵押合同与主债权合同；

（二）享有建设用地使用权的不动产权属证书；

（三）建设工程规划许可证；

（四）其他必要材料。

第七十七条 在建建筑物抵押权变更、转移或者消灭的，当事人应当提交下列材料，申请变更登记、转移登记、注销登记：

（一）不动产登记证明；

（二）在建建筑物抵押权发生变更、转移或者消灭的材料；

（三）其他必要材料。

在建建筑物竣工，办理建筑物所有权首次登记时，当事人应当申请将在建建筑物抵押权登记转为建筑物抵押权登记。

第七十八条 申请预购商品房抵押登记，应当提交下列材料：

（一）抵押合同与主债权合同；

（二）预购商品房预告登记材料；

（三）其他必要材料。

预购商品房办理房屋所有权登记后，当事人应当申请将预购商品房抵押预告登记转为商品房抵押权首次登记。

第五章 其他登记

第一节 更正登记

第七十九条 权利人、利害关系人认为不动产登记簿记载的事项有错误，可以申请更正登记。

权利人申请更正登记的，应当提交下列材料：

（一）不动产权属证书；

（二）证实登记确有错误的材料；

（三）其他必要材料。

利害关系人申请更正登记的，应当提交利害关系材料、证实不动产登记簿记载错误的材料以及其他必要材料。

第八十条 不动产权利人或者利害关系人申请更正登记，不动产登记机构认为不动产登记簿记载确有错误的，应当予以更正；但在错误登记之后已经办理了涉及不动产权利处分的登记、预告登记和查封登记的除外。

不动产权属证书或者不动产登记证明填制错误以及不动产登记机构在办理更正登记中，需要更正不动产权属证书或者不动产登记证明内容的，应当书面通知权利人换发，并把换发不动产权属证书或者不动产登记证明的事项记载于登记簿。

不动产登记簿记载无误的，不动产登记机构不予更正，并书面通知申请人。

第八十一条 不动产登记机构发现不动产登记簿记载的事项错误，应当通知当事人在 30 个工作日内办理更正登记。当事人逾期不办理的，不动产登记机构应当在公告 15 个工作日后，依法予以更正；但在错误登记之后已经办理了涉及不动产权利处分的登记、预告登记和查封登记的除外。

第二节 异议登记

第八十二条 利害关系人认为不动产登记簿记载的事项错误，权利人不同意更正的，利害关系人可以申请异议登记。

利害关系人申请异议登记的，应当提交下列材料：

（一）证实对登记的不动产权利有利害关系的材料；

（二）证实不动产登记簿记载的事项错误的材料；

（三）其他必要材料。

第八十三条 不动产登记机构受理异议登记申请的，应当将异议事项记载于不动产登记簿，并向申请人出具异议登记证明。

异议登记申请人应当在异议登记之日起 15 日内，提交人民法院受理通知书、仲裁委员会受理通知书等提起诉讼、申请仲裁的材料；逾期不提交的，异议登记失效。

异议登记失效后，申请人就同一事项以同一理由再次申请异议登记的，不动产登记机构不予受理。

第八十四条 异议登记期间，不动产登记簿上记载的权利人以及第三人因处分权利申请登记的，不动产登记机构应当书面告知申请人该权利已经存在异议登记的有关事项。申请人申请继续办理的，应当予以办理，但申请人应当提供知悉异议登记存在并自担风险的书面承诺。

第三节　预告登记

第八十五条　有下列情形之一的，当事人可以按照约定申请不动产预告登记：

（一）商品房等不动产预售的；

（二）不动产买卖、抵押的；

（三）以预购商品房设定抵押权的；

（四）法律、行政法规规定的其他情形。

预告登记生效期间，未经预告登记的权利人书面同意，处分该不动产权利申请登记的，不动产登记机构应当不予办理。

预告登记后，债权未消灭且自能够进行相应的不动产登记之日起3个月内，当事人申请不动产登记的，不动产登记机构应当按照预告登记事项办理相应的登记。

第八十六条　申请预购商品房的预告登记，应当提交下列材料：

（一）已备案的商品房预售合同；

（二）当事人关于预告登记的约定；

（三）其他必要材料。

预售人和预购人订立商品房买卖合同后，预售人未按照约定与预购人申请预告登记，预购人可以单方申请预告登记。

预购人单方申请预购商品房预告登记，预售人与预购人在商品房预售合同中对预告登记附有条件和期限的，预购人应当提交相应材料。

申请预告登记的商品房已经办理在建建筑物抵押权首次登记的，当事人应当一并申请在建建筑物抵押权注销登记，并提交不动产权属转移材料、不动产登记证明。不动产登记机构应当先办理在建建筑物抵押权注销登记，再办理预告登记。

第八十七条　申请不动产转移预告登记的，当事人应当提交下列材料：

（一）不动产转让合同；

（二）转让方的不动产权属证书；

（三）当事人关于预告登记的约定；

（四）其他必要材料。

第八十八条 抵押不动产，申请预告登记的，当事人应当提交下列材料：

（一）抵押合同与主债权合同；

（二）不动产权属证书；

（三）当事人关于预告登记的约定；

（四）其他必要材料。

第八十九条 预告登记未到期，有下列情形之一的，当事人可以持不动产登记证明、债权消灭或者权利人放弃预告登记的材料，以及法律、行政法规规定的其他必要材料申请注销预告登记：

（一）预告登记的权利人放弃预告登记的；

（二）债权消灭的；

（三）法律、行政法规规定的其他情形。

第四节 查封登记

第九十条 人民法院要求不动产登记机构办理查封登记的，应当提交下列材料：

（一）人民法院工作人员的工作证；

（二）协助执行通知书；

（三）其他必要材料。

第九十一条 两个以上人民法院查封同一不动产的，不动产登记机构应当为先送达协助执行通知书的人民法院办理查封登记，对后送达协助执行通知书的人民法院办理轮候查封登记。

轮候查封登记的顺序按照人民法院协助执行通知书送达不动产登记机构的时间先后进行排列。

第九十二条　查封期间，人民法院解除查封的，不动产登记机构应当及时根据人民法院协助执行通知书注销查封登记。

不动产查封期限届满，人民法院未续封的，查封登记失效。

第九十三条　人民检察院等其他国家有权机关依法要求不动产登记机构办理查封登记的，参照本节规定办理。

第六章　不动产登记资料的查询、保护和利用

第九十四条　不动产登记资料包括：

（一）不动产登记簿等不动产登记结果；

（二）不动产登记原始资料，包括不动产登记申请书、申请人身份材料、不动产权属来源、登记原因、不动产权籍调查成果等材料以及不动产登记机构审核材料。

不动产登记资料由不动产登记机构管理。不动产登记机构应当建立不动产登记资料管理制度以及信息安全保密制度，建设符合不动产登记资料安全保护标准的不动产登记资料存放场所。

不动产登记资料中属于归档范围的，按照相关法律、行政法规的规定进行归档管理，具体办法由自然资源部会同国家档案主管部门另行制定。

第九十五条　不动产登记机构应当加强不动产登记信息化建设，按照统一的不动产登记信息管理基础平台建设要求和技术标准，做好数据整合、系统建设和信息服务等工作，加强不动产登记信息产品开发和技术创新，提高不动产登记的社会综合效益。

各级不动产登记机构应当采取措施保障不动产登记信息安全。任何单位和个人不得泄露不动产登记信息。

第九十六条　不动产登记机构、不动产交易机构建立不动产登记信息与交易信息互联共享机制，确保不动产登记与交易有序衔接。

不动产交易机构应当将不动产交易信息及时提供给不动产登记机构。不动产登记机构完成登记后，应当将登记信息及时提供给不

动产交易机构。

第九十七条 国家实行不动产登记资料依法查询制度。

权利人、利害关系人按照《条例》第二十七条规定依法查询、复制不动产登记资料的，应当到具体办理不动产登记的不动产登记机构申请。

权利人可以查询、复制其不动产登记资料。

因不动产交易、继承、诉讼等涉及的利害关系人可以查询、复制不动产自然状况、权利人及其不动产查封、抵押、预告登记、异议登记等状况。

人民法院、人民检察院、国家安全机关、监察机关等可以依法查询、复制与调查和处理事项有关的不动产登记资料。

其他有关国家机关执行公务依法查询、复制不动产登记资料的，依照本条规定办理。

涉及国家秘密的不动产登记资料的查询，按照保守国家秘密法的有关规定执行。

第九十八条 权利人、利害关系人申请查询、复制不动产登记资料应当提交下列材料：

（一）查询申请书；

（二）查询目的的说明；

（三）申请人的身份材料；

（四）利害关系人查询的，提交证实存在利害关系的材料。

权利人、利害关系人委托他人代为查询的，还应当提交代理人的身份证明材料、授权委托书。权利人查询其不动产登记资料无需提供查询目的的说明。

有关国家机关查询的，应当提供本单位出具的协助查询材料、工作人员的工作证。

第九十九条 有下列情形之一的，不动产登记机构不予查询，并书面告知理由：

（一）申请查询的不动产不属于不动产登记机构管辖范围的；

（二）查询人提交的申请材料不符合规定的；

（三）申请查询的主体或者查询事项不符合规定的；

（四）申请查询的目的不合法的；

（五）法律、行政法规规定的其他情形。

第一百条　对符合本实施细则规定的查询申请，不动产登记机构应当当场提供查询；因情况特殊，不能当场提供查询的，应当在5个工作日内提供查询。

第一百零一条　查询人查询不动产登记资料，应当在不动产登记机构设定的场所进行。

不动产登记原始资料不得带离设定的场所。

查询人在查询时应当保持不动产登记资料的完好，严禁遗失、拆散、调换、抽取、污损登记资料，也不得损坏查询设备。

第一百零二条　查询人可以查阅、抄录不动产登记资料。查询人要求复制不动产登记资料的，不动产登记机构应当提供复制。

查询人要求出具查询结果证明的，不动产登记机构应当出具查询结果证明。查询结果证明应注明查询目的及日期，并加盖不动产登记机构查询专用章。

第七章　法　律　责　任

第一百零三条　不动产登记机构工作人员违反本实施细则规定，有下列行为之一，依法给予处分；构成犯罪的，依法追究刑事责任：

（一）对符合登记条件的登记申请不予登记，对不符合登记条件的登记申请予以登记；

（二）擅自复制、篡改、毁损、伪造不动产登记簿；

（三）泄露不动产登记资料、登记信息；

（四）无正当理由拒绝申请人查询、复制登记资料；

（五）强制要求权利人更换新的权属证书。

第一百零四条 当事人违反本实施细则规定，有下列行为之一，构成违反治安管理行为的，依法给予治安管理处罚；给他人造成损失的，依法承担赔偿责任；构成犯罪的，依法追究刑事责任：

（一）采用提供虚假材料等欺骗手段申请登记；

（二）采用欺骗手段申请查询、复制登记资料；

（三）违反国家规定，泄露不动产登记资料、登记信息；

（四）查询人遗失、拆散、调换、抽取、污损登记资料的；

（五）擅自将不动产登记资料带离查询场所、损坏查询设备的。

第八章 附 则

第一百零五条 本实施细则施行前，依法核发的各类不动产权属证书继续有效。不动产权利未发生变更、转移的，不动产登记机构不得强制要求不动产权利人更换不动产权属证书。

不动产登记过渡期内，农业部会同自然资源部等部门负责指导农村土地承包经营权的统一登记工作，按照农业部有关规定办理耕地的土地承包经营权登记。不动产登记过渡期后，由自然资源部负责指导农村土地承包经营权登记工作。

第一百零六条 不动产信托依法需要登记的，由自然资源部会同有关部门另行规定。

第一百零七条 军队不动产登记，其申请材料经军队不动产主管部门审核后，按照本实施细则规定办理。

第一百零八条 自然资源部委托北京市规划和自然资源委员会直接办理在京中央国家机关的不动产登记。

在京中央国家机关申请不动产登记时，应当提交《不动产登记暂行条例》及本实施细则规定的材料和有关机关事务管理局出具的不动产登记审核意见。不动产权属资料不齐全的，还应当提交由有关机关事务管理局确认盖章的不动产权属来源说明函。不动产权籍调查由有关机关事务管理局会同北京市规划和自然资源委员会组织进行的，还应当提交申请登记不动产单元的不动产权籍调查资料。

北京市规划和自然资源委员会办理在京中央国家机关不动产登记时，应当使用自然资源部制发的"自然资源部不动产登记专用章"。

第一百零九条 本实施细则自公布之日起施行。

城市房地产开发经营管理条例

（1998 年 7 月 20 日中华人民共和国国务院令第 248 号发布 根据 2011 年 1 月 8 日《国务院关于废止和修改部分行政法规的决定》第一次修订 根据 2018 年 3 月 19 日《国务院关于修改和废止部分行政法规的决定》第二次修订 根据 2019 年 3 月 24 日《国务院关于修改部分行政法规的决定》第三次修订 根据 2020 年 3 月 27 日《国务院关于修改和废止部分行政法规的决定》第四次修订 根据 2020 年 11 月 29 日《国务院关于修改和废止部分行政法规的决定》第五次修订）

第一章 总 则

第一条 为了规范房地产开发经营行为，加强对城市房地产开发经营活动的监督管理，促进和保障房地产业的健康发展，根据《中华人民共和国城市房地产管理法》的有关规定，制定本条例。

第二条 本条例所称房地产开发经营，是指房地产开发企业在城市规划区内国有土地上进行基础设施建设、房屋建设，并转让房地产开发项目或者销售、出租商品房的行为。

　　第三条　房地产开发经营应当按照经济效益、社会效益、环境效益相统一的原则，实行全面规划、合理布局、综合开发、配套建设。

　　第四条　国务院建设行政主管部门负责全国房地产开发经营活动的监督管理工作。

　　县级以上地方人民政府房地产开发主管部门负责本行政区域内房地产开发经营活动的监督管理工作。

　　县级以上人民政府负责土地管理工作的部门依照有关法律、行政法规的规定，负责与房地产开发经营有关的土地管理工作。

第二章　房地产开发企业

　　第五条　设立房地产开发企业，除应当符合有关法律、行政法规规定的企业设立条件外，还应当具备下列条件：

　　（一）有100万元以上的注册资本；

　　（二）有4名以上持有资格证书的房地产专业、建筑工程专业的专职技术人员，2名以上持有资格证书的专职会计人员。

　　省、自治区、直辖市人民政府可以根据本地方的实际情况，对设立房地产开发企业的注册资本和专业技术人员的条件作出高于前款的规定。

　　第六条　外商投资设立房地产开发企业的，除应当符合本条例第五条的规定外，还应当符合外商投资法律、行政法规的规定。

　　第七条　设立房地产开发企业，应当向县级以上人民政府工商行政管理部门申请登记。工商行政管理部门对符合本条例第五条规定条件的，应当自收到申请之日起30日内予以登记；对不符合条件不予登记的，应当说明理由。

　　工商行政管理部门在对设立房地产开发企业申请登记进行审查时，应当听取同级房地产开发主管部门的意见。

　　第八条　房地产开发企业应当自领取营业执照之日起30日内，

提交下列纸质或者电子材料，向登记机关所在地的房地产开发主管部门备案：

（一）营业执照复印件；

（二）企业章程；

（三）专业技术人员的资格证书和聘用合同。

第九条　房地产开发主管部门应当根据房地产开发企业的资产、专业技术人员和开发经营业绩等，对备案的房地产开发企业核定资质等级。房地产开发企业应当按照核定的资质等级，承担相应的房地产开发项目。具体办法由国务院建设行政主管部门制定。

第三章　房地产开发建设

第十条　确定房地产开发项目，应当符合土地利用总体规划、年度建设用地计划和城市规划、房地产开发年度计划的要求；按照国家有关规定需要经计划主管部门批准的，还应当报计划主管部门批准，并纳入年度固定资产投资计划。

第十一条　确定房地产开发项目，应当坚持旧区改建和新区建设相结合的原则，注重开发基础设施薄弱、交通拥挤、环境污染严重以及危旧房屋集中的区域，保护和改善城市生态环境，保护历史文化遗产。

第十二条　房地产开发用地应当以出让方式取得；但是，法律和国务院规定可以采用划拨方式的除外。

土地使用权出让或者划拨前，县级以上地方人民政府城市规划行政主管部门和房地产开发主管部门应当对下列事项提出书面意见，作为土地使用权出让或者划拨的依据之一：

（一）房地产开发项目的性质、规模和开发期限；

（二）城市规划设计条件；

（三）基础设施和公共设施的建设要求；

（四）基础设施建成后的产权界定；

（五）项目拆迁补偿、安置要求。

第十三条 房地产开发项目应当建立资本金制度，资本金占项目总投资的比例不得低于20%。

第十四条 房地产开发项目的开发建设应当统筹安排配套基础设施，并根据先地下、后地上的原则实施。

第十五条 房地产开发企业应当按照土地使用权出让合同约定的土地用途、动工开发期限进行项目开发建设。出让合同约定的动工开发期限满1年未动工开发的，可以征收相当于土地使用权出让金20%以下的土地闲置费；满2年未动工开发的，可以无偿收回土地使用权。但是，因不可抗力或者政府、政府有关部门的行为或者动工开发必需的前期工作造成动工迟延的除外。

第十六条 房地产开发企业开发建设的房地产项目，应当符合有关法律、法规的规定和建筑工程质量、安全标准、建筑工程勘察、设计、施工的技术规范以及合同的约定。

房地产开发企业应当对其开发建设的房地产开发项目的质量承担责任。

勘察、设计、施工、监理等单位应当依照有关法律、法规的规定或者合同的约定，承担相应的责任。

第十七条 房地产开发项目竣工，依照《建设工程质量管理条例》的规定验收合格后，方可交付使用。

第十八条 房地产开发企业应当将房地产开发项目建设过程中的主要事项记录在房地产开发项目手册中，并定期送房地产开发主管部门备案。

第四章 房地产经营

第十九条 转让房地产开发项目，应当符合《中华人民共和国城市房地产管理法》第三十九条、第四十条规定的条件。

第二十条 转让房地产开发项目，转让人和受让人应当自土地使用权变更登记手续办理完毕之日起 30 日内，持房地产开发项目转让合同到房地产开发主管部门备案。

第二十一条 房地产开发企业转让房地产开发项目时，尚未完成拆迁补偿安置的，原拆迁补偿安置合同中有关的权利、义务随之转移给受让人。项目转让人应当书面通知被拆迁人。

第二十二条 房地产开发企业预售商品房，应当符合下列条件：

（一）已交付全部土地使用权出让金，取得土地使用权证书；

（二）持有建设工程规划许可证和施工许可证；

（三）按提供的预售商品房计算，投入开发建设的资金达到工程建设总投资的 25% 以上，并已确定施工进度和竣工交付日期；

（四）已办理预售登记，取得商品房预售许可证明。

第二十三条 房地产开发企业申请办理商品房预售登记，应当提交下列文件：

（一）本条例第二十二条第（一）项至第（三）项规定的证明材料；

（二）营业执照和资质等级证书；

（三）工程施工合同；

（四）预售商品房分层平面图；

（五）商品房预售方案。

第二十四条 房地产开发主管部门应当自收到商品房预售申请之日起 10 日内，作出同意预售或者不同意预售的答复。同意预售的，应当核发商品房预售许可证明；不同意预售的，应当说明理由。

第二十五条 房地产开发企业不得进行虚假广告宣传，商品房预售广告中应当载明商品房预售许可证明的文号。

第二十六条 房地产开发企业预售商品房时，应当向预购人出示商品房预售许可证明。

房地产开发企业应当自商品房预售合同签订之日起 30 日内，到商品房所在地的县级以上人民政府房地产开发主管部门和负责土地管理工作的部门备案。

第二十七条　商品房销售，当事人双方应当签订书面合同。合同应当载明商品房的建筑面积和使用面积、价格、交付日期、质量要求、物业管理方式以及双方的违约责任。

第二十八条　房地产开发企业委托中介机构代理销售商品房的，应当向中介机构出具委托书。中介机构销售商品房时，应当向商品房购买人出示商品房的有关证明文件和商品房销售委托书。

第二十九条　房地产开发项目转让和商品房销售价格，由当事人协商议定；但是，享受国家优惠政策的居民住宅价格，应当实行政府指导价或者政府定价。

第三十条　房地产开发企业应当在商品房交付使用时，向购买人提供住宅质量保证书和住宅使用说明书。

住宅质量保证书应当列明工程质量监督单位核验的质量等级、保修范围、保修期和保修单位等内容。房地产开发企业应当按照住宅质量保证书的约定，承担商品房保修责任。

保修期内，因房地产开发企业对商品房进行维修，致使房屋原使用功能受到影响，给购买人造成损失的，应当依法承担赔偿责任。

第三十一条　商品房交付使用后，购买人认为主体结构质量不合格的，可以向工程质量监督单位申请重新核验。经核验，确属主体结构质量不合格的，购买人有权退房；给购买人造成损失的，房地产开发企业应当依法承担赔偿责任。

第三十二条　预售商品房的购买人应当自商品房交付使用之日起 90 日内，办理土地使用权变更和房屋所有权登记手续；现售商品房的购买人应当自销售合同签订之日起 90 日内，办理土地使用权变更和房屋所有权登记手续。房地产开发企业应当协助商品房购买人办理土地使用权变更和房屋所有权登记手续，并提供必要的证明文件。

第五章　法律责任

第三十三条　违反本条例规定，未取得营业执照，擅自从事房地产开发经营的，由县级以上人民政府工商行政管理部门责令停止房地产开发经营活动，没收违法所得，可以并处违法所得5倍以下的罚款。

第三十四条　违反本条例规定，未取得资质等级证书或者超越资质等级从事房地产开发经营的，由县级以上人民政府房地产开发主管部门责令限期改正，处5万元以上10万元以下的罚款；逾期不改正的，由工商行政管理部门吊销营业执照。

第三十五条　违反本条例规定，擅自转让房地产开发项目的，由县级以上人民政府负责土地管理工作的部门责令停止违法行为，没收违法所得，可以并处违法所得5倍以下的罚款。

第三十六条　违反本条例规定，擅自预售商品房的，由县级以上人民政府房地产开发主管部门责令停止违法行为，没收违法所得，可以并处已收取的预付款1%以下的罚款。

第三十七条　国家机关工作人员在房地产开发经营监督管理工作中玩忽职守、徇私舞弊、滥用职权，构成犯罪的，依法追究刑事责任；尚不构成犯罪的，依法给予行政处分。

第六章　附　　则

第三十八条　在城市规划区外国有土地上从事房地产开发经营，实施房地产开发经营监督管理，参照本条例执行。

第三十九条　城市规划区内集体所有的土地，经依法征收转为国有土地后，方可用于房地产开发经营。

第四十条　本条例自发布之日起施行。

闲置土地处置办法

（2012 年 5 月 22 日国土资源部第 1 次部务会议修订通过 2012 年 6 月 1 日中华人民共和国国土资源部令第 53 号公布 自 2012 年 7 月 1 日起施行）

第一章 总 则

第一条 为有效处置和充分利用闲置土地，规范土地市场行为，促进节约集约用地，根据《中华人民共和国土地管理法》、《中华人民共和国城市房地产管理法》及有关法律、行政法规，制定本办法。

第二条 本办法所称闲置土地，是指国有建设用地使用权人超过国有建设用地使用权有偿使用合同或者划拨决定书约定、规定的动工开发日期满一年未动工开发的国有建设用地。

已动工开发但开发建设用地面积占应动工开发建设用地总面积不足三分之一或者已投资额占总投资额不足百分之二十五，中止开发建设满一年的国有建设用地，也可以认定为闲置土地。

第三条 闲置土地处置应当符合土地利用总体规划和城乡规划，遵循依法依规、促进利用、保障权益、信息公开的原则。

第四条 市、县国土资源主管部门负责本行政区域内闲置土地的调查认定和处置工作的组织实施。

上级国土资源主管部门对下级国土资源主管部门调查认定和处置闲置土地工作进行监督管理。

第二章 调查和认定

第五条 市、县国土资源主管部门发现有涉嫌构成本办法第二条规定的闲置土地的,应当在三十日内开展调查核实,向国有建设用地使用权人发出《闲置土地调查通知书》。

国有建设用地使用权人应当在接到《闲置土地调查通知书》之日起三十日内,按照要求提供土地开发利用情况、闲置原因以及相关说明等材料。

第六条 《闲置土地调查通知书》应当包括下列内容:

(一)国有建设用地使用权人的姓名或者名称、地址;

(二)涉嫌闲置土地的基本情况;

(三)涉嫌闲置土地的事实和依据;

(四)调查的主要内容及提交材料的期限;

(五)国有建设用地使用权人的权利和义务;

(六)其他需要调查的事项。

第七条 市、县国土资源主管部门履行闲置土地调查职责,可以采取下列措施:

(一)询问当事人及其他证人;

(二)现场勘测、拍照、摄像;

(三)查阅、复制与被调查人有关的土地资料;

(四)要求被调查人就有关土地权利及使用问题作出说明。

第八条 有下列情形之一,属于政府、政府有关部门的行为造成动工开发延迟的,国有建设用地使用权人应当向市、县国土资源主管部门提供土地闲置原因说明材料,经审核属实的,依照本办法第十二条和第十三条规定处置:

(一)因未按照国有建设用地使用权有偿使用合同或者划拨决定书约定、规定的期限、条件将土地交付给国有建设用地使用权人,致使项目不具备动工开发条件的;

(二)因土地利用总体规划、城乡规划依法修改,造成国有建设用地使用权人不能按照国有建设用地使用权有偿使用合同或者划拨决定书约定、规定的用途、规划和建设条件开发的;

（三）因国家出台相关政策，需要对约定、规定的规划和建设条件进行修改的；

（四）因处置土地上相关群众信访事项等无法动工开发的；

（五）因军事管制、文物保护等无法动工开发的；

（六）政府、政府有关部门的其他行为。

因自然灾害等不可抗力导致土地闲置的，依照前款规定办理。

第九条　经调查核实，符合本办法第二条规定条件，构成闲置土地的，市、县国土资源主管部门应当向国有建设用地使用权人下达《闲置土地认定书》。

第十条　《闲置土地认定书》应当载明下列事项：

（一）国有建设用地使用权人的姓名或者名称、地址；

（二）闲置土地的基本情况；

（三）认定土地闲置的事实、依据；

（四）闲置原因及认定结论；

（五）其他需要说明的事项。

第十一条　《闲置土地认定书》下达后，市、县国土资源主管部门应当通过门户网站等形式向社会公开闲置土地的位置、国有建设用地使用权人名称、闲置时间等信息；属于政府或者政府有关部门的行为导致土地闲置的，应当同时公开闲置原因，并书面告知有关政府或者政府部门。

上级国土资源主管部门应当及时汇总下级国土资源主管部门上报的闲置土地信息，并在门户网站上公开。

闲置土地在没有处置完毕前，相关信息应当长期公开。闲置土地处置完毕后，应当及时撤销相关信息。

第三章　处置和利用

第十二条　因本办法第八条规定情形造成土地闲置的，市、县国土资源主管部门应当与国有建设用地使用权人协商，选择下列方式处置：

（一）延长动工开发期限。签订补充协议，重新约定动工开发、竣工期限和违约责任。从补充协议约定的动工开发日期起，延长动工开发期限最长不得超过一年；

（二）调整土地用途、规划条件。按照新用途或者新规划条件重新办理相关用地手续，并按照新用途或者新规划条件核算、收缴或者退还土地价款。改变用途后的土地利用必须符合土地利用总体规划和城乡规划；

（三）由政府安排临时使用。待原项目具备开发建设条件，国有建设用地使用权人重新开发建设。从安排临时使用之日起，临时使用期限最长不得超过两年；

（四）协议有偿收回国有建设用地使用权；

（五）置换土地。对已缴清土地价款、落实项目资金，且因规划依法修改造成闲置的，可以为国有建设用地使用权人置换其他价值相当、用途相同的国有建设用地进行开发建设。涉及出让土地的，应当重新签订土地出让合同，并在合同中注明为置换土地；

（六）市、县国土资源主管部门还可以根据实际情况规定其他处置方式。

除前款第四项规定外，动工开发时间按照新约定、规定的时间重新起算。

符合本办法第二条第二款规定情形的闲置土地，依照本条规定的方式处置。

第十三条 市、县国土资源主管部门与国有建设用地使用权人协商一致后，应当拟订闲置土地处置方案，报本级人民政府批准后实施。

闲置土地设有抵押权的，市、县国土资源主管部门在拟订闲置土地处置方案时，应当书面通知相关抵押权人。

第十四条 除本办法第八条规定情形外，闲置土地按照下列方式处理：

（一）未动工开发满一年的，由市、县国土资源主管部门报经本级人民政府批准后，向国有建设用地使用权人下达《征缴土地闲置费决定书》，按照土地出让或者划拨价款的百分之二十征缴土地闲置费。土地闲置费不得列入生产成本；

（二）未动工开发满两年的，由市、县国土资源主管部门按照《中华人民共和国土地管理法》第三十七条和《中华人民共和国城市房地产管理法》第二十六条的规定，报经有批准权的人民政府批准后，向国有建设用地使用权人下达《收回国有建设用地使用权决定书》，无偿收回国有建设用地使用权。闲置土地设有抵押权的，同时抄送相关土地抵押权人。

第十五条　市、县国土资源主管部门在依照本办法第十四条规定作出征缴土地闲置费、收回国有建设用地使用权决定前，应当书面告知国有建设用地使用权人有申请听证的权利。国有建设用地使用权人要求举行听证的，市、县国土资源主管部门应当依照《国土资源听证规定》依法组织听证。

第十六条　《征缴土地闲置费决定书》和《收回国有建设用地使用权决定书》应当包括下列内容：

（一）国有建设用地使用权人的姓名或者名称、地址；

（二）违反法律、法规或者规章的事实和证据；

（三）决定的种类和依据；

（四）决定的履行方式和期限；

（五）申请行政复议或者提起行政诉讼的途径和期限；

（六）作出决定的行政机关名称和作出决定的日期；

（七）其他需要说明的事项。

第十七条　国有建设用地使用权人应当自《征缴土地闲置费决定书》送达之日起三十日内，按照规定缴纳土地闲置费；自《收回国有建设用地使用权决定书》送达之日起三十日内，到市、县国土资源主管部门办理国有建设用地使用权注销登记，交回土地权利证书。

国有建设用地使用权人对《征缴土地闲置费决定书》和《收回国有建设用地使用权决定书》不服的，可以依法申请行政复议或者提起行政诉讼。

第十八条 国有建设用地使用权人逾期不申请行政复议、不提起行政诉讼，也不履行相关义务的，市、县国土资源主管部门可以采取下列措施：

（一）逾期不办理国有建设用地使用权注销登记，不交回土地权利证书的，直接公告注销国有建设用地使用权登记和土地权利证书；

（二）申请人民法院强制执行。

第十九条 对依法收回的闲置土地，市、县国土资源主管部门可以采取下列方式利用：

（一）依据国家土地供应政策，确定新的国有建设用地使用权人开发利用；

（二）纳入政府土地储备；

（三）对耕作条件未被破坏且近期无法安排建设项目的，由市、县国土资源主管部门委托有关农村集体经济组织、单位或者个人组织恢复耕种。

第二十条 闲置土地依法处置后土地权属和土地用途发生变化的，应当依据实地现状在当年土地变更调查中进行变更，并依照有关规定办理土地变更登记。

第四章　预防和监管

第二十一条 市、县国土资源主管部门供应土地应当符合下列要求，防止因政府、政府有关部门的行为造成土地闲置：

（一）土地权利清晰；

（二）安置补偿落实到位；

（三）没有法律经济纠纷；

（四）地块位置、使用性质、容积率等规划条件明确；

（五）具备动工开发所必需的其他基本条件。

第二十二条 国有建设用地使用权有偿使用合同或者划拨决定书应当就项目动工开发、竣工时间和违约责任等作出明确约定、规定。约定、规定动工开发时间应当综合考虑办理动工开发所需相关手续的时限规定和实际情况，为动工开发预留合理时间。

因特殊情况，未约定、规定动工开发日期，或者约定、规定不明确的，以实际交付土地之日起一年为动工开发日期。实际交付土地日期以交地确认书确定的时间为准。

第二十三条 国有建设用地使用权人应当在项目开发建设期间，及时向市、县国土资源主管部门报告项目动工开发、开发进度、竣工等情况。

国有建设用地使用权人应当在施工现场设立建设项目公示牌，公布建设用地使用权人、建设单位、项目动工开发、竣工时间和土地开发利用标准等。

第二十四条 国有建设用地使用权人违反法律法规规定和合同约定、划拨决定书规定恶意囤地、炒地的，依照本办法规定处理完毕前，市、县国土资源主管部门不得受理该国有建设用地使用权人新的用地申请，不得办理被认定为闲置土地的转让、出租、抵押和变更登记。

第二十五条 市、县国土资源主管部门应当将本行政区域内的闲置土地信息按宗录入土地市场动态监测与监管系统备案。闲置土地按照规定处置完毕后，市、县国土资源主管部门应当及时更新该宗土地相关信息。

闲置土地未按照规定备案的，不得采取本办法第十二条规定的方式处置。

第二十六条 市、县国土资源主管部门应当将国有建设用地使用权人闲置土地的信息抄送金融监管等部门。

第二十七条 省级以上国土资源主管部门可以根据情况，对闲置土地情况严重的地区，在土地利用总体规划、土地利用年度计划、建设用地审批、土地供应等方面采取限制新增加建设用地、促进闲置土地开发利用的措施。

第五章 法 律 责 任

第二十八条 市、县国土资源主管部门未按照国有建设用地使用权有偿使用合同或者划拨决定书约定、规定的期限、条件将土地交付给国有建设用地使用权人，致使项目不具备动工开发条件的，应当依法承担违约责任。

第二十九条 县级以上国土资源主管部门及其工作人员违反本办法规定，有下列情形之一的，依法给予处分；构成犯罪的，依法追究刑事责任：

（一）违反本办法第二十一条的规定供应土地的；

（二）违反本办法第二十四条的规定受理用地申请和办理土地登记的；

（三）违反本办法第二十五条的规定处置闲置土地的；

（四）不依法履行闲置土地监督检查职责，在闲置土地调查、认定和处置工作中徇私舞弊、滥用职权、玩忽职守的。

第六章 附 则

第三十条 本办法中下列用语的含义：

动工开发：依法取得施工许可证后，需挖深基坑的项目，基坑开挖完毕；使用桩基的项目，打入所有基础桩；其他项目，地基施工完成三分之一。

已投资额、总投资额：均不含国有建设用地使用权出让价款、划拨价款和向国家缴纳的相关税费。

第三十一条 集体所有建设用地闲置的调查、认定和处置，参照本办法有关规定执行。

第三十二条 本办法自 2012 年 7 月 1 日起施行。

城市、镇控制性详细规划编制审批办法

（2010 年 12 月 1 日住房和城乡建设部令第 7 号公布
自 2011 年 1 月 1 日起施行）

第一章 总 则

第一条 为了规范城市、镇控制性详细规划编制和审批工作，根据《中华人民共和国城乡规划法》，制定本办法。

第二条 控制性详细规划的编制和审批，适用本办法。

第三条 控制性详细规划是城乡规划主管部门作出规划行政许可、实施规划管理的依据。

国有土地使用权的划拨、出让应当符合控制性详细规划。

第四条 控制性详细规划的编制和管理经费应当按照《城乡规划法》第六条的规定执行。

第五条 任何单位和个人都应当遵守经依法批准并公布的控制性详细规划，服从规划管理，并有权就涉及其利害关系的建设活动是否符合控制性详细规划的要求向城乡规划主管部门查询。

任何单位和个人都有权向城乡规划主管部门或者其他有关部门举报或者控告违反控制性详细规划的行为。

第二章 城市、镇控制性详细规划的编制

第六条 城市、县人民政府城乡规划主管部门组织编制城市、县人民政府所在地镇的控制性详细规划；其他镇的控制性详细规划

由镇人民政府组织编制。

第七条 城市、县人民政府城乡规划主管部门、镇人民政府（以下统称控制性详细规划组织编制机关）应当委托具备相应资质等级的规划编制单位承担控制性详细规划的具体编制工作。

第八条 编制控制性详细规划，应当综合考虑当地资源条件、环境状况、历史文化遗产、公共安全以及土地权属等因素，满足城市地下空间利用的需要，妥善处理近期与长远、局部与整体、发展与保护的关系。

第九条 编制控制性详细规划，应当依据经批准的城市、镇总体规划，遵守国家有关标准和技术规范，采用符合国家有关规定的基础资料。

第十条 控制性详细规划应当包括下列基本内容：

（一）土地使用性质及其兼容性等用地功能控制要求；

（二）容积率、建筑高度、建筑密度、绿地率等用地指标；

（三）基础设施、公共服务设施、公共安全设施的用地规模、范围及具体控制要求，地下管线控制要求；

（四）基础设施用地的控制界线（黄线）、各类绿地范围的控制线（绿线）、历史文化街区和历史建筑的保护范围界线（紫线）、地表水体保护和控制的地域界线（蓝线）等"四线"及控制要求。

第十一条 编制大城市和特大城市的控制性详细规划，可以根据本地实际情况，结合城市空间布局、规划管理要求，以及社区边界、城乡建设要求等，将建设地区划分为若干规划控制单元，组织编制单元规划。

镇控制性详细规划可以根据实际情况，适当调整或者减少控制要求和指标。规模较小的建制镇的控制性详细规划，可以与镇总体规划编制相结合，提出规划控制要求和指标。

第十二条 控制性详细规划草案编制完成后，控制性详细规划组织编制机关应当依法将控制性详细规划草案予以公告，并采取论证会、听证会或者其他方式征求专家和公众的意见。

公告的时间不得少于 30 日。公告的时间、地点及公众提交意见的期限、方式，应当在政府信息网站以及当地主要新闻媒体上公布。

第十三条 控制性详细规划组织编制机关应当制订控制性详细规划编制工作计划，分期、分批地编制控制性详细规划。

中心区、旧城改造地区、近期建设地区，以及拟进行土地储备或者土地出让的地区，应当优先编制控制性详细规划。

第十四条 控制性详细规划编制成果由文本、图表、说明书以及各种必要的技术研究资料构成。文本和图表的内容应当一致，并作为规划管理的法定依据。

第三章　城市、镇控制性详细规划的审批

第十五条 城市的控制性详细规划经本级人民政府批准后，报本级人民代表大会常务委员会和上一级人民政府备案。

县人民政府所在地镇的控制性详细规划，经县人民政府批准后，报本级人民代表大会常务委员会和上一级人民政府备案。其他镇的控制性详细规划由镇人民政府报上一级人民政府审批。

城市的控制性详细规划成果应当采用纸质及电子文档形式备案。

第十六条 控制性详细规划组织编制机关应当组织召开由有关部门和专家参加的审查会。审查通过后，组织编制机关应当将控制性详细规划草案、审查意见、公众意见及处理结果报审批机关。

第十七条 控制性详细规划应当自批准之日起 20 个工作日内，通过政府信息网站以及当地主要新闻媒体等便于公众知晓的方式公布。

第十八条 控制性详细规划组织编制机关应当建立控制性详细规划档案管理制度，逐步建立控制性详细规划数字化信息管理平台。

第十九条 控制性详细规划组织编制机关应当建立规划动态维

护制度，有计划、有组织地对控制性详细规划进行评估和维护。

第二十条 经批准后的控制性详细规划具有法定效力，任何单位和个人不得随意修改；确需修改的，应当按照下列程序进行：

（一）控制性详细规划组织编制机关应当组织对控制性详细规划修改的必要性进行专题论证；

（二）控制性详细规划组织编制机关应当采用多种方式征求规划地段内利害关系人的意见，必要时应当组织听证；

（三）控制性详细规划组织编制机关提出修改控制性详细规划的建议，并向原审批机关提出专题报告，经原审批机关同意后，方可组织编制修改方案；

（四）修改后应当按法定程序审查报批。报批材料中应当附具规划地段内利害关系人意见及处理结果。

控制性详细规划修改涉及城市总体规划、镇总体规划强制性内容的，应当先修改总体规划。

第四章 附 则

第二十一条 各地可以根据本办法制定实施细则和编制技术规定。

第二十二条 本办法自 2011 年 1 月 1 日起施行。

住房城乡建设部关于废止
注册城市规划师注册登记办法的通知

（2016 年 7 月 5 日）

各省、自治区住房城乡建设厅，直辖市规划局（委），新疆生产建设兵团建设局：

为落实简政放权、放管结合、优化服务要求，激发市场活力和社会创造力，根据新修订的《中华人民共和国城乡规划法》和《国务院关于取消和调整一批行政审批项目等事项的决定》（国发〔2014〕50号）要求，我部已取消注册城市规划师行政许可事项，决定从本通知印发之日起废止《关于印发〈注册城市规划师注册登记办法〉的通知》（建规〔2003〕47号）。城市规划师的注册及相关工作由中国城市规划协会负责承担，我部对注册城市规划师的注册和执业实施指导和监督。

住房和城乡建设部关于印发
《建设用地容积率管理办法》的通知

（2012年2月17日　建规〔2012〕22号）

各省、自治区住房和城乡建设厅，直辖市规划局（委）：

为规范建设用地容积率管理，提高城乡规划依法行政水平，促进反腐倡廉工作，根据《城乡规划法》、《城市、镇控制性详细规划编制审批办法》，我部制定了《建设用地容积率管理办法》，现印发你们，请认真贯彻落实。

建设用地容积率管理办法

第一条　为进一步规范建设用地容积率的管理，根据《中华人民共和国城乡规划法》、《城市、镇控制性详细规划编制审批办法》等法律法规，制定本办法。

第二条　在城市、镇规划区内以划拨或出让方式提供国有土地使用权的建设用地的容积率管理，适用本办法。

第三条 容积率是指一定地块内,总建筑面积与建筑用地面积的比值。

容积率计算规则由省(自治区)、市、县人民政府城乡规划主管部门依据国家有关标准规范确定。

第四条 以出让方式提供国有土地使用权的,在国有土地使用权出让前,城市、县人民政府城乡规划主管部门应当依据控制性详细规划,提出容积率等规划条件,作为国有土地使用权出让合同的组成部分。未确定容积率等规划条件的地块,不得出让国有土地使用权。容积率等规划条件未纳入土地使用权出让合同的,土地使用权出让合同无效。

以划拨方式提供国有土地使用权的建设项目,建设单位应当向城市、县人民政府城乡规划主管部门提出建设用地规划许可申请,由城市、县人民政府城乡规划主管部门依据控制性详细规划核定建设用地容积率等控制性指标,核发建设用地规划许可证。建设单位在取得建设用地规划许可证后,方可向县级以上地方人民政府土地主管部门申请用地。

第五条 任何单位和个人都应当遵守经依法批准的控制性详细规划确定的容积率指标,不得随意调整。确需调整的,应当按本办法的规定进行,不得以政府会议纪要等形式代替规定程序调整容积率。

第六条 在国有土地使用权划拨或出让前需调整控制性详细规划确定的容积率的,应当遵照《城市、镇控制性详细规划编制审批办法》第二十条的规定执行。

第七条 国有土地使用权一经出让或划拨,任何建设单位或个人都不得擅自更改确定的容积率。符合下列情形之一的,方可进行调整:

(一)因城乡规划修改造成地块开发条件变化的;

(二)因城乡基础设施、公共服务设施和公共安全设施建设需要导致已出让或划拨地块的大小及相关建设条件发生变化的；

（三）国家和省、自治区、直辖市的有关政策发生变化的；

（四）法律、法规规定的其他条件。

第八条 国有土地使用权划拨或出让后，拟调整的容积率不符合划拨或出让地块控制性详细规划要求的，应当符合以下程序要求：

（一）建设单位或个人向控制性详细规划组织编制机关提出书面申请并说明变更理由；

（二）控制性详细规划组织编制机关应就是否需要收回国有土地使用权征求有关部门意见，并组织技术人员、相关部门、专家等对容积率修改的必要性进行专题论证；

（三）控制性详细规划组织编制机关应当通过本地主要媒体和现场进行公示等方式征求规划地段内利害关系人的意见，必要时应进行走访、座谈或组织听证；

（四）控制性详细规划组织编制机关提出修改或不修改控制性详细规划的建议，向原审批机关专题报告，并附有关部门意见及论证、公示等情况。经原审批机关同意修改的，方可组织编制修改方案；

（五）修改后的控制性详细规划应当按法定程序报城市、县人民政府批准。报批材料中应当附具规划地段内利害关系人意见及处理结果；

（六）经城市、县人民政府批准后，城乡规划主管部门方可办理后续的规划审批，并及时将变更后的容积率抄告土地主管部门。

第九条 国有土地使用权划拨或出让后，拟调整的容积率符合划拨或出让地块控制性详细规划要求的，应当符合以下程序要求：

（一）建设单位或个人向城市、县城乡规划主管部门提出书面申请报告，说明调整的理由并附拟调整方案，调整方案应表明调整前后的用地总平面布局方案、主要经济技术指标、建筑空间环境、与周围用地和建筑的关系、交通影响评价等内容；

（二）城乡规划主管部门应就是否需要收回国有土地使用权征求有关部门意见，并组织技术人员、相关部门、专家对容积率修改的必要性进行专题论证；

专家论证应根据项目情况确定专家的专业构成和数量，从建立的专家库中随机抽取有关专家，论证意见应当附专家名单和本人签名，保证专家论证的公正性、科学性。专家与申请调整容积率的单位或个人有利害关系的，应当回避；

（三）城乡规划主管部门应当通过本地主要媒体和现场进行公示等方式征求规划地段内利害关系人的意见，必要时应进行走访、座谈或组织听证；

（四）城乡规划主管部门依法提出修改或不修改建议并附有关部门意见、论证、公示等情况报城市、县人民政府批准；

（五）经城市、县人民政府批准后，城乡规划主管部门方可办理后续的规划审批，并及时将变更后的容积率抄告土地主管部门。

第十条 城市、县城乡规划主管部门应当将容积率调整程序、各环节责任部门等内容在办公地点和政府网站上公开。在论证后，应将参与论证的专家名单公开。

第十一条 城乡规划主管部门在对建设项目实施规划管理，必须严格遵守经批准的控制性详细规划确定的容积率。

对同一建设项目，在给出规划条件、建设用地规划许可、建设工程规划许可、建设项目竣工规划核实过程中，城乡规划主管部门给定的容积率均应符合控制性详细规划确定的容积率，且前后一致，并将各环节的审批结果公开，直至该项目竣工验收完成。

对于分期开发的建设项目，各期建设工程规划许可确定的建筑面积的总和，应该符合规划条件、建设用地规划许可证确定的容积率要求。

第十二条 县级以上地方人民政府城乡规划主管部门对建设工程进行核实时，要严格审查建设工程是否符合容积率要求。未经核实或经核实不符合容积率要求的，建设单位不得组织竣工验收。

第十三条 因建设单位或个人原因提出申请容积率调整而不能按期开工的项目，依据土地闲置处置有关规定执行。

第十四条 建设单位或个人违反本办法规定，擅自调整容积率进行建设的，县级以上地方人民政府城乡规划主管部门应按照《城乡规划法》第六十四条规定查处。

第十五条 违反本办法规定进行容积率调整或违反公开公示规定的，对相关责任人员依法给予处分。

第十六条 本办法自2012年3月1日起施行。

最高人民法院关于审理政府信息
公开行政案件若干问题的规定

（2010年12月13日最高人民法院审判委员会第1505次会议通过 2011年7月29日最高人民法院公告公布 自2011年8月13日起施行 法释〔2011〕17号）

为正确审理政府信息公开行政案件，根据《中华人民共和国行政诉讼法》、《中华人民共和国政府信息公开条例》等法律、行政法规的规定，结合行政审判实际，制定本规定。

第一条 公民、法人或者其他组织认为下列政府信息公开工作中的具体行政行为侵犯其合法权益，依法提起行政诉讼的，人民法院应当受理：

（一）向行政机关申请获取政府信息，行政机关拒绝提供或者逾期不予答复的；

（二）认为行政机关提供的政府信息不符合其在申请中要求的内容或者法律、法规规定的适当形式的；

（三）认为行政机关主动公开或者依他人申请公开政府信息侵犯其商业秘密、个人隐私的；

（四）认为行政机关提供的与其自身相关的政府信息记录不准确，要求该行政机关予以更正，该行政机关拒绝更正、逾期不予答复或者不予转送有权机关处理的；

（五）认为行政机关在政府信息公开工作中的其他具体行政行为侵犯其合法权益的。

公民、法人或者其他组织认为政府信息公开行政行为侵犯其合法权益造成损害的，可以一并或单独提起行政赔偿诉讼。

第二条 公民、法人或者其他组织对下列行为不服提起行政诉讼的，人民法院不予受理：

（一）因申请内容不明确，行政机关要求申请人作出更改、补充且对申请人权利义务不产生实际影响的告知行为；

（二）要求行政机关提供政府公报、报纸、杂志、书籍等公开出版物，行政机关予以拒绝的；

（三）要求行政机关为其制作、搜集政府信息，或者对若干政府信息进行汇总、分析、加工，行政机关予以拒绝的；

（四）行政程序中的当事人、利害关系人以政府信息公开名义申请查阅案卷材料，行政机关告知其应当按照相关法律、法规的规定办理的。

第三条 公民、法人或者其他组织认为行政机关不依法履行主动公开政府信息义务，直接向人民法院提起诉讼的，应当告知其先向行政机关申请获取相关政府信息。对行政机关的答复或者逾期不予答复不服的，可以向人民法院提起诉讼。

第四条 公民、法人或者其他组织对国务院部门、地方各级人民政府及县级以上地方人民政府部门依申请公开政府信息行政行为不服提起诉讼的，以作出答复的机关为被告；逾期未作出答复的，以受理申请的机关为被告。

公民、法人或者其他组织对主动公开政府信息行政行为不服提起诉讼的,以公开该政府信息的机关为被告。

公民、法人或者其他组织对法律、法规授权的具有管理公共事务职能的组织公开政府信息的行为不服提起诉讼的,以该组织为被告。

有下列情形之一的,应当以在对外发生法律效力的文书上署名的机关为被告:

(一)政府信息公开与否的答复依法报经有权机关批准的;

(二)政府信息是否可以公开系由国家保密行政管理部门或者省、自治区、直辖市保密行政管理部门确定的;

(三)行政机关在公开政府信息前与有关行政机关进行沟通、确认的。

第五条 被告拒绝向原告提供政府信息的,应当对拒绝的根据以及履行法定告知和说明理由义务的情况举证。

因公共利益决定公开涉及商业秘密、个人隐私政府信息的,被告应当对认定公共利益以及不公开可能对公共利益造成重大影响的理由进行举证和说明。

被告拒绝更正与原告相关的政府信息记录的,应当对拒绝的理由进行举证和说明。

被告能够证明政府信息涉及国家秘密,请求在诉讼中不予提交的,人民法院应当准许。

被告主张政府信息不存在,原告能够提供该政府信息系由被告制作或者保存的相关线索的,可以申请人民法院调取证据。

被告以政府信息与申请人自身生产、生活、科研等特殊需要无关为由不予提供的,人民法院可以要求原告对特殊需要事由作出说明。

原告起诉被告拒绝更正政府信息记录的,应当提供其向被告提出过更正申请以及政府信息与其自身相关且记录不准确的事实根据。

第六条 人民法院审理政府信息公开行政案件，应当视情采取适当的审理方式，以避免泄露涉及国家秘密、商业秘密、个人隐私或者法律规定的其他应当保密的政府信息。

第七条 政府信息由被告的档案机构或者档案工作人员保管的，适用《中华人民共和国政府信息公开条例》的规定。

政府信息已经移交各级国家档案馆的，依照有关档案管理的法律、行政法规和国家有关规定执行。

第八条 政府信息涉及国家秘密、商业秘密、个人隐私的，人民法院应当认定属于不予公开范围。

政府信息涉及商业秘密、个人隐私，但权利人同意公开，或者不公开可能对公共利益造成重大影响的，不受前款规定的限制。

第九条 被告对依法应当公开的政府信息拒绝或者部分拒绝公开的，人民法院应当撤销或者部分撤销被诉不予公开决定，并判决被告在一定期限内公开。尚需被告调查、裁量的，判决其在一定期限内重新答复。

被告提供的政府信息不符合申请人要求的内容或者法律、法规规定的适当形式的，人民法院应当判决被告按照申请人要求的内容或者法律、法规规定的适当形式提供。

人民法院经审理认为被告不予公开的政府信息内容可以作区分处理的，应当判决被告限期公开可以公开的内容。

被告依法应当更正而不更正与原告相关的政府信息记录的，人民法院应当判决被告在一定期限内更正。尚需被告调查、裁量的，判决其在一定期限内重新答复。被告无权更正的，判决其转送有权更正的行政机关处理。

第十条 被告对原告要求公开或者更正政府信息的申请无正当理由逾期不予答复的，人民法院应当判决被告在一定期限内答复。原告一并请求判决被告公开或者更正政府信息且理由成立的，参照第九条的规定处理。

第十一条 被告公开政府信息涉及原告商业秘密、个人隐私且不存在公共利益等法定事由的，人民法院应当判决确认公开政府信息的行为违法，并可以责令被告采取相应的补救措施；造成损害的，根据原告请求依法判决被告承担赔偿责任。政府信息尚未公开的，应当判决行政机关不得公开。

诉讼期间，原告申请停止公开涉及其商业秘密、个人隐私的政府信息，人民法院经审查认为公开该政府信息会造成难以弥补的损失，并且停止公开不损害公共利益的，可以依照《中华人民共和国行政诉讼法》第四十四条的规定，裁定暂时停止公开。

第十二条 有下列情形之一，被告已经履行法定告知或者说明理由义务的，人民法院应当判决驳回原告的诉讼请求：

（一）不属于政府信息、政府信息不存在、依法属于不予公开范围或者依法不属于被告公开的；

（二）申请公开的政府信息已经向公众公开，被告已经告知申请人获取该政府信息的方式和途径的；

（三）起诉被告逾期不予答复，理由不成立的；

（四）以政府信息侵犯其商业秘密、个人隐私为由反对公开，理由不成立的；

（五）要求被告更正与其自身相关的政府信息记录，理由不成立的；

（六）不能合理说明申请获取政府信息系根据自身生产、生活、科研等特殊需要，且被告据此不予提供的；

（七）无法按照申请人要求的形式提供政府信息，且被告已通过安排申请人查阅相关资料、提供复制件或者其他适当形式提供的；

（八）其他应当判决驳回诉讼请求的情形。

第十三条 最高人民法院以前所作的司法解释及规范性文件，凡与本规定不一致的，按本规定执行。

征收项目招标投标

中华人民共和国招标投标法

（1999年8月30日第九届全国人民代表大会常务委员会第十一次会议通过　根据2017年12月27日第十二届全国人民代表大会常务委员会第三十一次会议《关于修改〈中华人民共和国招标投标法〉、〈中华人民共和国计量法〉的决定》修正）

目　　录

第一章　总　　则

第一条　【立法目的】为了规范招标投标活动，保护国家利益、社会公共利益和招标投标活动当事人的合法权益，提高经济效益，保证项目质量，制定本法。

第二条 【适用范围】在中华人民共和国境内进行招标投标活动，适用本法。

第三条 【必须进行招标的工程建设项目】在中华人民共和国境内进行下列工程建设项目包括项目的勘察、设计、施工、监理以及与工程建设有关的重要设备、材料等的采购，必须进行招标：

（一）大型基础设施、公用事业等关系社会公共利益、公众安全的项目；

（二）全部或者部分使用国有资金投资或者国家融资的项目；

（三）使用国际组织或者外国政府贷款、援助资金的项目。

前款所列项目的具体范围和规模标准，由国务院发展计划部门会同国务院有关部门制订，报国务院批准。

法律或者国务院对必须进行招标的其他项目的范围有规定的，依照其规定。

第四条 【禁止规避招标】任何单位和个人不得将依法必须进行招标的项目化整为零或者以其他任何方式规避招标。

第五条 【招投标活动的原则】招标投标活动应当遵循公开、公平、公正和诚实信用的原则。

第六条 【招投标活动不受地区或部门的限制】依法必须进行招标的项目，其招标投标活动不受地区或者部门的限制。任何单位和个人不得违法限制或者排斥本地区、本系统以外的法人或者其他组织参加投标，不得以任何方式非法干涉招标投标活动。

第七条 【对招投标活动的监督】招标投标活动及其当事人应当接受依法实施的监督。

有关行政监督部门依法对招标投标活动实施监督，依法查处招标投标活动中的违法行为。

对招标投标活动的行政监督及有关部门的具体职权划分，由国务院规定。

第二章　招　　标

第八条　【招标人】招标人是依照本法规定提出招标项目、进行招标的法人或者其他组织。

第九条　【招标项目应具备的主要条件】招标项目按照国家有关规定需要履行项目审批手续的，应当先履行审批手续，取得批准。

招标人应当有进行招标项目的相应资金或者资金来源已经落实，并应当在招标文件中如实载明。

第十条　【公开招标和邀请招标】招标分为公开招标和邀请招标。

公开招标，是指招标人以招标公告的方式邀请不特定的法人或者其他组织投标。

邀请招标，是指招标人以投标邀请书的方式邀请特定的法人或者其他组织投标。

第十一条　【适用邀请招标的情形】国务院发展计划部门确定的国家重点项目和省、自治区、直辖市人民政府确定的地方重点项目不适宜公开招标的，经国务院发展计划部门或者省、自治区、直辖市人民政府批准，可以进行邀请招标。

第十二条　【代理招标和自行招标】招标人有权自行选择招标代理机构，委托其办理招标事宜。任何单位和个人不得以任何方式为招标人指定招标代理机构。

招标人具有编制招标文件和组织评标能力的，可以自行办理招标事宜。任何单位和个人不得强制其委托招标代理机构办理招标事宜。

依法必须进行招标的项目，招标人自行办理招标事宜的，应当向有关行政监督部门备案。

第十三条　【招标代理机构及条件】招标代理机构是依法设立、从事招标代理业务并提供相关服务的社会中介组织。

招标代理机构应当具备下列条件：

（一）有从事招标代理业务的营业场所和相应资金；

（二）有能够编制招标文件和组织评标的相应专业力量。

第十四条 【招标代理机构不得与国家机关存在利益关系】招标代理机构与行政机关和其他国家机关不得存在隶属关系或者其他利益关系。

第十五条 【招标代理机构的代理范围】招标代理机构应当在招标人委托的范围内办理招标事宜，并遵守本法关于招标人的规定。

第十六条 【招标公告】招标人采用公开招标方式的，应当发布招标公告。依法必须进行招标的项目的招标公告，应当通过国家指定的报刊、信息网络或者其他媒介发布。

招标公告应当载明招标人的名称和地址、招标项目的性质、数量、实施地点和时间以及获取招标文件的办法等事项。

第十七条 【投标邀请书】招标人采用邀请招标方式的，应当向三个以上具备承担招标项目的能力、资信良好的特定的法人或者其他组织发出投标邀请书。

投标邀请书应当载明本法第十六条第二款规定的事项。

第十八条 【对潜在投标人的资格审查】招标人可以根据招标项目本身的要求，在招标公告或者投标邀请书中，要求潜在投标人提供有关资质证明文件和业绩情况，并对潜在投标人进行资格审查；国家对投标人的资格条件有规定的，依照其规定。

招标人不得以不合理的条件限制或者排斥潜在投标人，不得对潜在投标人实行歧视待遇。

第十九条 【招标文件】招标人应当根据招标项目的特点和需要编制招标文件。招标文件应当包括招标项目的技术要求、对投标人资格审查的标准、投标报价要求和评标标准等所有实质性要求和条件以及拟签订合同的主要条款。

国家对招标项目的技术、标准有规定的，招标人应当按照其规定在招标文件中提出相应要求。

招标项目需要划分标段、确定工期的，招标人应当合理划分标段、确定工期，并在招标文件中载明。

第二十条　**【招标文件的限制】**招标文件不得要求或者标明特定的生产供应者以及含有倾向或者排斥潜在投标人的其他内容。

第二十一条　**【潜在投标人对项目现场的踏勘】**招标人根据招标项目的具体情况，可以组织潜在投标人踏勘项目现场。

第二十二条　**【招标人的保密义务】**招标人不得向他人透露已获取招标文件的潜在投标人的名称、数量以及可能影响公平竞争的有关招标投标的其他情况。

招标人设有标底的，标底必须保密。

第二十三条　**【招标文件的澄清或修改】**招标人对已发出的招标文件进行必要的澄清或者修改的，应当在招标文件要求提交投标文件截止时间至少十五日前，以书面形式通知所有招标文件收受人。该澄清或者修改的内容为招标文件的组成部分。

第二十四条　**【编制投标文件的时间】**招标人应当确定投标人编制投标文件所需要的合理时间；但是，依法必须进行招标的项目，自招标文件开始发出之日起至投标人提交投标文件截止之日止，最短不得少于二十日。

第三章　投　　标

第二十五条　**【投标人】**投标人是响应招标、参加投标竞争的法人或者其他组织。

依法招标的科研项目允许个人参加投标的，投标的个人适用本法有关投标人的规定。

第二十六条　**【投标人的资格条件】**投标人应当具备承担招标项目的能力；国家有关规定对投标人资格条件或者招标文件对投标人资格条件有规定的，投标人应当具备规定的资格条件。

第二十七条 **【投标文件的编制】**投标人应当按照招标文件的要求编制投标文件。投标文件应当对招标文件提出的实质性要求和条件作出响应。

招标项目属于建设施工的，投标文件的内容应当包括拟派出的项目负责人与主要技术人员的简历、业绩和拟用于完成招标项目的机械设备等。

第二十八条 **【投标文件的送达】**投标人应当在招标文件要求提交投标文件的截止时间前，将投标文件送达投标地点。招标人收到投标文件后，应当签收保存，不得开启。投标人少于三个的，招标人应当依照本法重新招标。

在招标文件要求提交投标文件的截止时间后送达的投标文件，招标人应当拒收。

第二十九条 **【投标文件的补充、修改、撤回】**投标人在招标文件要求提交投标文件的截止时间前，可以补充、修改或者撤回已提交的投标文件，并书面通知招标人。补充、修改的内容为投标文件的组成部分。

第三十条 **【投标文件对拟分包情况的说明】**投标人根据招标文件载明的项目实际情况，拟在中标后将中标项目的部分非主体、非关键性工作进行分包的，应当在投标文件中载明。

第三十一条 **【联合体投标】**两个以上法人或者其他组织可以组成一个联合体，以一个投标人的身份共同投标。

联合体各方均应当具备承担招标项目的相应能力；国家有关规定或者招标文件对投标人资格条件有规定的，联合体各方均应当具备规定的相应资格条件。由同一专业的单位组成的联合体，按照资质等级较低的单位确定资质等级。

联合体各方应当签订共同投标协议，明确约定各方拟承担的工作和责任，并将共同投标协议连同投标文件一并提交招标人。联合体中标的，联合体各方应当共同与招标人签订合同，就中标项目向招标人承担连带责任。

招标人不得强制投标人组成联合体共同投标，不得限制投标人之间的竞争。

第三十二条 【串通投标的禁止】投标人不得相互串通投标报价，不得排挤其他投标人的公平竞争，损害招标人或者其他投标人的合法权益。

投标人不得与招标人串通投标，损害国家利益、社会公共利益或者他人的合法权益。

禁止投标人以向招标人或者评标委员会成员行贿的手段谋取中标。

第三十三条 【低于成本的报价竞标与骗取中标的禁止】投标人不得以低于成本的报价竞标，也不得以他人名义投标或者以其他方式弄虚作假，骗取中标。

第四章 开标、评标和中标

第三十四条 【开标的时间与地点】开标应当在招标文件确定的提交投标文件截止时间的同一时间公开进行；开标地点应当为招标文件中预先确定的地点。

第三十五条 【开标参加人】开标由招标人主持，邀请所有投标人参加。

第三十六条 【开标方式】开标时，由投标人或者其推选的代表检查投标文件的密封情况，也可以由招标人委托的公证机构检查并公证；经确认无误后，由工作人员当众拆封，宣读投标人名称、投标价格和投标文件的其他主要内容。

招标人在招标文件要求提交投标文件的截止时间前收到的所有投标文件，开标时都应当当众予以拆封、宣读。

开标过程应当记录，并存档备查。

第三十七条 【评标委员会】评标由招标人依法组建的评标委

员会负责。

依法必须进行招标的项目，其评标委员会由招标人的代表和有关技术、经济等方面的专家组成，成员人数为五人以上单数，其中技术、经济等方面的专家不得少于成员总数的三分之二。

前款专家应当从事相关领域工作满八年并具有高级职称或者具有同等专业水平，由招标人从国务院有关部门或者省、自治区、直辖市人民政府有关部门提供的专家名册或者招标代理机构的专家库内的相关专业的专家名单中确定；一般招标项目可以采取随机抽取方式，特殊招标项目可以由招标人直接确定。

与投标人有利害关系的人不得进入相关项目的评标委员会；已经进入的应当更换。

评标委员会成员的名单在中标结果确定前应当保密。

第三十八条 【评标的保密】招标人应当采取必要的措施，保证评标在严格保密的情况下进行。

任何单位和个人不得非法干预、影响评标的过程和结果。

第三十九条 【投标人对投标文件的澄清或说明】评标委员会可以要求投标人对投标文件中含义不明确的内容作必要的澄清或者说明，但是澄清或者说明不得超出投标文件的范围或者改变投标文件的实质性内容。

第四十条 【评标】评标委员会应当按照招标文件确定的评标标准和方法，对投标文件进行评审和比较；设有标底的，应当参考标底。评标委员会完成评标后，应当向招标人提出书面评标报告，并推荐合格的中标候选人。

招标人根据评标委员会提出的书面评标报告和推荐的中标候选人确定中标人。招标人也可以授权评标委员会直接确定中标人。

国务院对特定招标项目的评标有特别规定的，从其规定。

第四十一条 【中标条件】中标人的投标应当符合下列条件之一：

（一）能够最大限度地满足招标文件中规定的各项综合评价标准；

（二）能够满足招标文件的实质性要求，并且经评审的投标价格最低；但是投标价格低于成本的除外。

第四十二条 【否决所有投标和重新招标】评标委员会经评审，认为所有投标都不符合招标文件要求的，可以否决所有投标。

依法必须进行招标的项目的所有投标被否决的，招标人应当依照本法重新招标。

第四十三条 【禁止与投标人进行实质性谈判】在确定中标人前，招标人不得与投标人就投标价格、投标方案等实质性内容进行谈判。

第四十四条 【评标委员会成员的义务】评标委员会成员应当客观、公正地履行职务，遵守职业道德，对所提出的评审意见承担个人责任。

评标委员会成员不得私下接触投标人，不得收受投标人的财物或者其他好处。

评标委员会成员和参与评标的有关工作人员不得透露对投标文件的评审和比较、中标候选人的推荐情况以及与评标有关的其他情况。

第四十五条 【中标通知书的发出】中标人确定后，招标人应当向中标人发出中标通知书，并同时将中标结果通知所有未中标的投标人。

中标通知书对招标人和中标人具有法律效力。中标通知书发出后，招标人改变中标结果的，或者中标人放弃中标项目的，应当依法承担法律责任。

第四十六条 【订立书面合同和提交履约保证金】招标人和中标人应当自中标通知书发出之日起三十日内，按照招标文件和中标人的投标文件订立书面合同。招标人和中标人不得再行订立背离合同实质性内容的其他协议。

招标文件要求中标人提交履约保证金的，中标人应当提交。

第四十七条 【招投标情况的报告】依法必须进行招标的项目，招标人应当自确定中标人之日起十五日内，向有关行政监督部门提交招标投标情况的书面报告。

第四十八条 【禁止转包和有条件分包】中标人应当按照合同约定履行义务，完成中标项目。中标人不得向他人转让中标项目，也不得将中标项目肢解后分别向他人转让。

中标人按照合同约定或者经招标人同意，可以将中标项目的部分非主体、非关键性工作分包给他人完成。接受分包的人应当具备相应的资格条件，并不得再次分包。

中标人应当就分包项目向招标人负责，接受分包的人就分包项目承担连带责任。

第五章 法 律 责 任

第四十九条 【必须进行招标的项目不招标的责任】违反本法规定，必须进行招标的项目而不招标的，将必须进行招标的项目化整为零或者以其他任何方式规避招标的，责令限期改正，可以处项目合同金额千分之五以上千分之十以下的罚款；对全部或者部分使用国有资金的项目，可以暂停项目执行或者暂停资金拨付；对单位直接负责的主管人员和其他直接责任人员依法给予处分。

第五十条 【招标代理机构的责任】招标代理机构违反本法规定，泄露应当保密的与招标投标活动有关的情况和资料的，或者与招标人、投标人串通损害国家利益、社会公共利益或者他人合法权益的，处五万元以上二十五万元以下的罚款，对单位直接负责的主管人员和其他直接责任人员处单位罚款数额百分之五以上百分之十以下的罚款；有违法所得的，并处没收违法所得；情节严重的，禁止其一年至二年内代理依法必须进行招标的项目并予以公告，直至由工商行政管理机关吊销营业执照；构成犯罪的，依法追究刑事责任。给他人造成损失的，依法承担赔偿责任。

前款所列行为影响中标结果的，中标无效。

第五十一条　【限制或排斥潜在投标人的责任】招标人以不合理的条件限制或者排斥潜在投标人的，对潜在投标人实行歧视待遇的，强制要求投标人组成联合体共同投标的，或者限制投标人之间竞争的，责令改正，可以处一万元以上五万元以下的罚款。

第五十二条　【泄露招投标活动有关秘密的责任】依法必须进行招标的项目的招标人向他人透露已获取招标文件的潜在投标人的名称、数量或者可能影响公平竞争的有关招标投标的其他情况的，或者泄露标底的，给予警告，可以并处一万元以上十万元以下的罚款；对单位直接负责的主管人员和其他直接责任人员依法给予处分；构成犯罪的，依法追究刑事责任。

前款所列行为影响中标结果的，中标无效。

第五十三条　【串通投标的责任】投标人相互串通投标或者与招标人串通投标的，投标人以向招标人或者评标委员会成员行贿的手段谋取中标的，中标无效，处中标项目金额千分之五以上千分之十以下的罚款，对单位直接负责的主管人员和其他直接责任人员处单位罚款数额百分之五以上百分之十以下的罚款；有违法所得的，并处没收违法所得；情节严重的，取消其一年至二年内参加依法必须进行招标的项目的投标资格并予以公告，直至由工商行政管理机关吊销营业执照；构成犯罪的，依法追究刑事责任。给他人造成损失的，依法承担赔偿责任。

第五十四条　【骗取中标的责任】投标人以他人名义投标或者以其他方式弄虚作假，骗取中标的，中标无效，给招标人造成损失的，依法承担赔偿责任；构成犯罪的，依法追究刑事责任。

依法必须进行招标的项目的投标人有前款所列行为尚未构成犯罪的，处中标项目金额千分之五以上千分之十以下的罚款，对单位直接负责的主管人员和其他直接责任人员处单位罚款数额百分之五以上百分之十以下的罚款；有违法所得的，并处没收违法所得；情节严重的，取消其一年至三年内参加依法必须进行招标的项目的投标资格并予以公告，直至由工商行政管理机关吊销营业执照。

第五十五条 **【招标人违规谈判的责任】**依法必须进行招标的项目，招标人违反本法规定，与投标人就投标价格、投标方案等实质性内容进行谈判的，给予警告，对单位直接负责的主管人员和其他直接责任人员依法给予处分。

前款所列行为影响中标结果的，中标无效。

第五十六条 **【评标委员会成员违法行为的责任】**评标委员会成员收受投标人的财物或者其他好处的，评标委员会成员或者参加评标的有关工作人员向他人透露对投标文件的评审和比较、中标候选人的推荐以及与评标有关的其他情况的，给予警告，没收收受的财物，可以并处三千元以上五万元以下的罚款，对有所列违法行为的评标委员会成员取消担任评标委员会成员的资格，不得再参加任何依法必须进行招标的项目的评标；构成犯罪的，依法追究刑事责任。

第五十七条 **【招标人在中标候选人之外确定中标人的责任】**招标人在评标委员会依法推荐的中标候选人以外确定中标人的，依法必须进行招标的项目在所有投标被评标委员会否决后自行确定中标人的，中标无效。责令改正，可以处中标项目金额千分之五以上千分之十以下的罚款；对单位直接负责的主管人员和其他直接责任人员依法给予处分。

第五十八条 **【中标人违法转包、分包的责任】**中标人将中标项目转让给他人的，将中标项目肢解后分别转让给他人的，违反本法规定将中标项目的部分主体、关键性工作分包给他人的，或者分包人再次分包的，转让、分包无效，处转让、分包项目金额千分之五以上千分之十以下的罚款；有违法所得的，并处没收违法所得；可以责令停业整顿；情节严重的，由工商行政管理机关吊销营业执照。

第五十九条 【不按招投标文件订立合同的责任】招标人与中标人不按照招标文件和中标人的投标文件订立合同的，或者招标人、中标人订立背离合同实质性内容的协议的，责令改正；可以处中标项目金额千分之五以上千分之十以下的罚款。

第六十条 【中标人不履行合同或不按合同履行义务的责任】中标人不履行与招标人订立的合同的，履约保证金不予退还，给招标人造成的损失超过履约保证金数额的，还应当对超过部分予以赔偿；没有提交履约保证金的，应当对招标人的损失承担赔偿责任。

中标人不按照与招标人订立的合同履行义务，情节严重的，取消其二年至五年内参加依法必须进行招标的项目的投标资格并予以公告，直至由工商行政管理机关吊销营业执照。

因不可抗力不能履行合同的，不适用前两款规定。

第六十一条 【行政处罚的决定】本章规定的行政处罚，由国务院规定的有关行政监督部门决定。本法已对实施行政处罚的机关作出规定的除外。

第六十二条 【干涉招投标活动的责任】任何单位违反本法规定，限制或者排斥本地区、本系统以外的法人或者其他组织参加投标的，为招标人指定招标代理机构的，强制招标人委托招标代理机构办理招标事宜的，或者以其他方式干涉招标投标活动的，责令改正；对单位直接负责的主管人员和其他直接责任人员依法给予警告、记过、记大过的处分，情节较重的，依法给予降级、撤职、开除的处分。

个人利用职权进行前款违法行为的，依照前款规定追究责任。

第六十三条 【行政监督机关工作人员的责任】对招标投标活动依法负有行政监督职责的国家机关工作人员徇私舞弊、滥用职权或者玩忽职守，构成犯罪的，依法追究刑事责任；不构成犯罪的，依法给予行政处分。

第六十四条 【中标无效的处理】依法必须进行招标的项目违

反本法规定，中标无效的，应当依照本法规定的中标条件从其余投标人中重新确定中标人或者依照本法重新进行招标。

第六章 附 则

第六十五条 【异议或投诉】投标人和其他利害关系人认为招标投标活动不符合本法有关规定的，有权向招标人提出异议或者依法向有关行政监督部门投诉。

第六十六条 【不进行招标的项目】涉及国家安全、国家秘密、抢险救灾或者属于利用扶贫资金实行以工代赈、需要使用农民工等特殊情况，不适宜进行招标的项目，按照国家有关规定可以不进行招标。

第六十七条 【适用除外】使用国际组织或者外国政府贷款、援助资金的项目进行招标，贷款方、资金提供方对招标投标的具体条件和程序有不同规定的，可以适用其规定，但违背中华人民共和国的社会公共利益的除外。

第六十八条 【施行日期】本法自 2000 年 1 月 1 日起施行。

中华人民共和国招标投标法实施条例

（2011 年 12 月 20 日中华人民共和国国务院令第 613 号公布 根据 2017 年 3 月 1 日《国务院关于修改和废止部分行政法规的决定》第一次修订 根据 2018 年 3 月 19 日《国务院关于修改和废止部分行政法规的决定》第二次修订 根据 2019 年 3 月 2 日《国务院关于修改部分行政法规的决定》第三次修订）

第一章 总 则

第一条 为了规范招标投标活动，根据《中华人民共和国招标投标法》（以下简称招标投标法），制定本条例。

第二条 招标投标法第三条所称工程建设项目，是指工程以及与工程建设有关的货物、服务。

前款所称工程，是指建设工程，包括建筑物和构筑物的新建、改建、扩建及其相关的装修、拆除、修缮等；所称与工程建设有关的货物，是指构成工程不可分割的组成部分，且为实现工程基本功能所必需的设备、材料等；所称与工程建设有关的服务，是指为完成工程所需的勘察、设计、监理等服务。

第三条 依法必须进行招标的工程建设项目的具体范围和规模标准，由国务院发展改革部门会同国务院有关部门制订，报国务院批准后公布施行。

第四条 国务院发展改革部门指导和协调全国招标投标工作，对国家重大建设项目的工程招标投标活动实施监督检查。国务院工业和信息化、住房城乡建设、交通运输、铁道、水利、商务等部门，按照规定的职责分工对有关招标投标活动实施监督。

县级以上地方人民政府发展改革部门指导和协调本行政区域的招标投标工作。县级以上地方人民政府有关部门按照规定的职责分工，对招标投标活动实施监督，依法查处招标投标活动中的违法行为。县级以上地方人民政府对其所属部门有关招标投标活动的监督职责分工另有规定的，从其规定。

财政部门依法对实行招标投标的政府采购工程建设项目的政府采购政策执行情况实施监督。

监察机关依法对与招标投标活动有关的监察对象实施监察。

第五条 设区的市级以上地方人民政府可以根据实际需要，建立统一规范的招标投标交易场所，为招标投标活动提供服务。招标投标交易场所不得与行政监督部门存在隶属关系，不得以营利为目的。

国家鼓励利用信息网络进行电子招标投标。

第六条 禁止国家工作人员以任何方式非法干涉招标投标活动。

第二章　招　　标

第七条　按照国家有关规定需要履行项目审批、核准手续的依法必须进行招标的项目，其招标范围、招标方式、招标组织形式应当报项目审批、核准部门审批、核准。项目审批、核准部门应当及时将审批、核准确定的招标范围、招标方式、招标组织形式通报有关行政监督部门。

第八条　国有资金占控股或者主导地位的依法必须进行招标的项目，应当公开招标；但有下列情形之一的，可以邀请招标：

（一）技术复杂、有特殊要求或者受自然环境限制，只有少量潜在投标人可供选择；

（二）采用公开招标方式的费用占项目合同金额的比例过大。

有前款第二项所列情形，属于本条例第七条规定的项目，由项目审批、核准部门在审批、核准项目时作出认定；其他项目由招标人申请有关行政监督部门作出认定。

第九条　除招标投标法第六十六条规定的可以不进行招标的特殊情况外，有下列情形之一的，可以不进行招标：

（一）需要采用不可替代的专利或者专有技术；

（二）采购人依法能够自行建设、生产或者提供；

（三）已通过招标方式选定的特许经营项目投资人依法能够自行建设、生产或者提供；

（四）需要向原中标人采购工程、货物或者服务，否则将影响施工或者功能配套要求；

（五）国家规定的其他特殊情形。

招标人为适用前款规定弄虚作假的，属于招标投标法第四条规定的规避招标。

第十条　招标投标法第十二条第二款规定的招标人具有编制招标文件和组织评标能力，是指招标人具有与招标项目规模和复杂程度相适应的技术、经济等方面的专业人员。

第十一条 国务院住房城乡建设、商务、发展改革、工业和信息化等部门，按照规定的职责分工对招标代理机构依法实施监督管理。

第十二条 招标代理机构应当拥有一定数量的具备编制招标文件、组织评标等相应能力的专业人员。

第十三条 招标代理机构在招标人委托的范围内开展招标代理业务，任何单位和个人不得非法干涉。

招标代理机构代理招标业务，应当遵守招标投标法和本条例关于招标人的规定。招标代理机构不得在所代理的招标项目中投标或者代理投标，也不得为所代理的招标项目的投标人提供咨询。

第十四条 招标人应当与被委托的招标代理机构签订书面委托合同，合同约定的收费标准应当符合国家有关规定。

第十五条 公开招标的项目，应当依照招标投标法和本条例的规定发布招标公告、编制招标文件。

招标人采用资格预审办法对潜在投标人进行资格审查的，应当发布资格预审公告、编制资格预审文件。

依法必须进行招标的项目的资格预审公告和招标公告，应当在国务院发展改革部门依法指定的媒介发布。在不同媒介发布的同一招标项目的资格预审公告或者招标公告的内容应当一致。指定媒介发布依法必须进行招标的项目的境内资格预审公告、招标公告，不得收取费用。

编制依法必须进行招标的项目的资格预审文件和招标文件，应当使用国务院发展改革部门会同有关行政监督部门制定的标准文本。

第十六条 招标人应当按照资格预审公告、招标公告或者投标邀请书规定的时间、地点发售资格预审文件或者招标文件。资格预审文件或者招标文件的发售期不得少于 5 日。

招标人发售资格预审文件、招标文件收取的费用应当限于补偿印刷、邮寄的成本支出，不得以营利为目的。

第十七条 招标人应当合理确定提交资格预审申请文件的时间。依法必须进行招标的项目提交资格预审申请文件的时间，自资格预审文件停止发售之日起不得少于 5 日。

第十八条 资格预审应当按照资格预审文件载明的标准和方法进行。

国有资金占控股或者主导地位的依法必须进行招标的项目，招标人应当组建资格审查委员会审查资格预审申请文件。资格审查委员会及其成员应当遵守招标投标法和本条例有关评标委员会及其成员的规定。

第十九条 资格预审结束后，招标人应当及时向资格预审申请人发出资格预审结果通知书。未通过资格预审的申请人不具有投标资格。

通过资格预审的申请人少于 3 个的，应当重新招标。

第二十条 招标人采用资格后审办法对投标人进行资格审查的，应当在开标后由评标委员会按照招标文件规定的标准和方法对投标人的资格进行审查。

第二十一条 招标人可以对已发出的资格预审文件或者招标文件进行必要的澄清或者修改。澄清或者修改的内容可能影响资格预审申请文件或者投标文件编制的，招标人应当在提交资格预审申请文件截止时间至少 3 日前，或者投标截止时间至少 15 日前，以书面形式通知所有获取资格预审文件或者招标文件的潜在投标人；不足 3 日或者 15 日的，招标人应当顺延提交资格预审申请文件或者投标文件的截止时间。

第二十二条 潜在投标人或者其他利害关系人对资格预审文件有异议的，应当在提交资格预审申请文件截止时间 2 日前提出；对招标文件有异议的，应当在投标截止时间 10 日前提出。招标人应当自收到异议之日起 3 日内作出答复；作出答复前，应当暂停招标投标活动。

第二十三条　招标人编制的资格预审文件、招标文件的内容违反法律、行政法规的强制性规定，违反公开、公平、公正和诚实信用原则，影响资格预审结果或者潜在投标人投标的，依法必须进行招标的项目的招标人应当在修改资格预审文件或者招标文件后重新招标。

第二十四条　招标人对招标项目划分标段的，应当遵守招标投标法的有关规定，不得利用划分标段限制或者排斥潜在投标人。依法必须进行招标的项目的招标人不得利用划分标段规避招标。

第二十五条　招标人应当在招标文件中载明投标有效期。投标有效期从提交投标文件的截止之日起算。

第二十六条　招标人在招标文件中要求投标人提交投标保证金的，投标保证金不得超过招标项目估算价的 2%。投标保证金有效期应当与投标有效期一致。

依法必须进行招标的项目的境内投标单位，以现金或者支票形式提交的投标保证金应当从其基本账户转出。

招标人不得挪用投标保证金。

第二十七条　招标人可以自行决定是否编制标底。一个招标项目只能有一个标底。标底必须保密。

接受委托编制标底的中介机构不得参加受托编制标底项目的投标，也不得为该项目的投标人编制投标文件或者提供咨询。

招标人设有最高投标限价的，应当在招标文件中明确最高投标限价或者最高投标限价的计算方法。招标人不得规定最低投标限价。

第二十八条　招标人不得组织单个或者部分潜在投标人踏勘项目现场。

第二十九条　招标人可以依法对工程以及与工程建设有关的货

物、服务全部或者部分实行总承包招标。以暂估价形式包括在总承包范围内的工程、货物、服务属于依法必须进行招标的项目范围且达到国家规定规模标准的，应当依法进行招标。

前款所称暂估价，是指总承包招标时不能确定价格而由招标人在招标文件中暂时估定的工程、货物、服务的金额。

第三十条 对技术复杂或者无法精确拟定技术规格的项目，招标人可以分两阶段进行招标。

第一阶段，投标人按照招标公告或者投标邀请书的要求提交不带报价的技术建议，招标人根据投标人提交的技术建议确定技术标准和要求，编制招标文件。

第二阶段，招标人向在第一阶段提交技术建议的投标人提供招标文件，投标人按照招标文件的要求提交包括最终技术方案和投标报价的投标文件。

招标人要求投标人提交投标保证金的，应当在第二阶段提出。

第三十一条 招标人终止招标的，应当及时发布公告，或者以书面形式通知被邀请的或者已经获取资格预审文件、招标文件的潜在投标人。已经发售资格预审文件、招标文件或者已经收取投标保证金的，招标人应当及时退还所收取的资格预审文件、招标文件的费用，以及所收取的投标保证金及银行同期存款利息。

第三十二条 招标人不得以不合理的条件限制、排斥潜在投标人或者投标人。

招标人有下列行为之一的，属于以不合理条件限制、排斥潜在投标人或者投标人：

（一）就同一招标项目向潜在投标人或者投标人提供有差别的项目信息；

（二）设定的资格、技术、商务条件与招标项目的具体特点和实际需要不相适应或者与合同履行无关；

（三）依法必须进行招标的项目以特定行政区域或者特定行业

的业绩、奖项作为加分条件或者中标条件；

（四）对潜在投标人或者投标人采取不同的资格审查或者评标标准；

（五）限定或者指定特定的专利、商标、品牌、原产地或者供应商；

（六）依法必须进行招标的项目非法限定潜在投标人或者投标人的所有制形式或者组织形式；

（七）以其他不合理条件限制、排斥潜在投标人或者投标人。

第三章 投　标

第三十三条　投标人参加依法必须进行招标的项目的投标，不受地区或者部门的限制，任何单位和个人不得非法干涉。

第三十四条　与招标人存在利害关系可能影响招标公正性的法人、其他组织或者个人，不得参加投标。

单位负责人为同一人或者存在控股、管理关系的不同单位，不得参加同一标段投标或者未划分标段的同一招标项目投标。

违反前两款规定的，相关投标均无效。

第三十五条　投标人撤回已提交的投标文件，应当在投标截止时间前书面通知招标人。招标人已收取投标保证金的，应当自收到投标人书面撤回通知之日起 5 日内退还。

投标截止后投标人撤销投标文件的，招标人可以不退还投标保证金。

第三十六条　未通过资格预审的申请人提交的投标文件，以及逾期送达或者不按照招标文件要求密封的投标文件，招标人应当拒收。

招标人应当如实记载投标文件的送达时间和密封情况，并存档备查。

第三十七条　招标人应当在资格预审公告、招标公告或者投标邀请书中载明是否接受联合体投标。

招标人接受联合体投标并进行资格预审的，联合体应当在提交资格预审申请文件前组成。资格预审后联合体增减、更换成员的，其投标无效。

联合体各方在同一招标项目中以自己名义单独投标或者参加其他联合体投标的，相关投标均无效。

第三十八条　投标人发生合并、分立、破产等重大变化的，应当及时书面告知招标人。投标人不再具备资格预审文件、招标文件规定的资格条件或者其投标影响招标公正性的，其投标无效。

第三十九条　禁止投标人相互串通投标。

有下列情形之一的，属于投标人相互串通投标：

（一）投标人之间协商投标报价等投标文件的实质性内容；

（二）投标人之间约定中标人；

（三）投标人之间约定部分投标人放弃投标或者中标；

（四）属于同一集团、协会、商会等组织成员的投标人按照该组织要求协同投标；

（五）投标人之间为谋取中标或者排斥特定投标人而采取的其他联合行动。

第四十条　有下列情形之一的，视为投标人相互串通投标：

（一）不同投标人的投标文件由同一单位或者个人编制；

（二）不同投标人委托同一单位或者个人办理投标事宜；

（三）不同投标人的投标文件载明的项目管理成员为同一人；

（四）不同投标人的投标文件异常一致或者投标报价呈规律性差异；

（五）不同投标人的投标文件相互混装；

（六）不同投标人的投标保证金从同一单位或者个人的账户转出。

第四十一条　禁止招标人与投标人串通投标。

有下列情形之一的，属于招标人与投标人串通投标：

（一）招标人在开标前开启投标文件并将有关信息泄露给其他投标人；

（二）招标人直接或者间接向投标人泄露标底、评标委员会成员等信息；

（三）招标人明示或者暗示投标人压低或者抬高投标报价；

（四）招标人授意投标人撤换、修改投标文件；

（五）招标人明示或者暗示投标人为特定投标人中标提供方便；

（六）招标人与投标人为谋求特定投标人中标而采取的其他串通行为。

第四十二条 使用通过受让或者租借等方式获取的资格、资质证书投标的，属于招标投标法第三十三条规定的以他人名义投标。

投标人有下列情形之一的，属于招标投标法第三十三条规定的以其他方式弄虚作假的行为：

（一）使用伪造、变造的许可证件；

（二）提供虚假的财务状况或者业绩；

（三）提供虚假的项目负责人或者主要技术人员简历、劳动关系证明；

（四）提供虚假的信用状况；

（五）其他弄虚作假的行为。

第四十三条 提交资格预审申请文件的申请人应当遵守招标投标法和本条例有关投标人的规定。

第四章 开标、评标和中标

第四十四条 招标人应当按照招标文件规定的时间、地点开标。

投标人少于3个的，不得开标；招标人应当重新招标。

投标人对开标有异议的，应当在开标现场提出，招标人应当当场作出答复，并制作记录。

第四十五条 国家实行统一的评标专家专业分类标准和管理办法。具体标准和办法由国务院发展改革部门会同国务院有关部门制定。

省级人民政府和国务院有关部门应当组建综合评标专家库。

第四十六条 除招标投标法第三十七条第三款规定的特殊招标项目外，依法必须进行招标的项目，其评标委员会的专家成员应当从评标专家库内相关专业的专家名单中以随机抽取方式确定。任何单位和个人不得以明示、暗示等任何方式指定或者变相指定参加评标委员会的专家成员。

依法必须进行招标的项目的招标人非因招标投标法和本条例规定的事由，不得更换依法确定的评标委员会成员。更换评标委员会的专家成员应当依照前款规定进行。

评标委员会成员与投标人有利害关系的，应当主动回避。

有关行政监督部门应当按照规定的职责分工，对评标委员会成员的确定方式、评标专家的抽取和评标活动进行监督。行政监督部门的工作人员不得担任本部门负责监督项目的评标委员会成员。

第四十七条 招标投标法第三十七条第三款所称特殊招标项目，是指技术复杂、专业性强或者国家有特殊要求，采取随机抽取方式确定的专家难以保证胜任评标工作的项目。

第四十八条 招标人应当向评标委员会提供评标所必需的信息，但不得明示或者暗示其倾向或者排斥特定投标人。

招标人应当根据项目规模和技术复杂程度等因素合理确定评标时间。超过三分之一的评标委员会成员认为评标时间不够的，招标人应当适当延长。

评标过程中，评标委员会成员有回避事由、擅离职守或者因健康等原因不能继续评标的，应当及时更换。被更换的评标委员会成员作出的评审结论无效，由更换后的评标委员会成员重新进行评审。

第四十九条 评标委员会成员应当依照招标投标法和本条例的规定，按照招标文件规定的评标标准和方法，客观、公正地对投标文件提出评审意见。招标文件没有规定的评标标准和方法不得作为评标的依据。

评标委员会成员不得私下接触投标人，不得收受投标人给予的财物或者其他好处，不得向招标人征询确定中标人的意向，不得接受任何单位或者个人明示或者暗示提出的倾向或者排斥特定投标人的要求，不得有其他不客观、不公正履行职务的行为。

第五十条 招标项目设有标底的，招标人应当在开标时公布。标底只能作为评标的参考，不得以投标报价是否接近标底作为中标条件，也不得以投标报价超过标底上下浮动范围作为否决投标的条件。

第五十一条 有下列情形之一的，评标委员会应当否决其投标：

（一）投标文件未经投标单位盖章和单位负责人签字；

（二）投标联合体没有提交共同投标协议；

（三）投标人不符合国家或者招标文件规定的资格条件；

（四）同一投标人提交两个以上不同的投标文件或者投标报价，但招标文件要求提交备选投标的除外；

（五）投标报价低于成本或者高于招标文件设定的最高投标限价；

（六）投标文件没有对招标文件的实质性要求和条件作出响应；

（七）投标人有串通投标、弄虚作假、行贿等违法行为。

第五十二条 投标文件中有含义不明确的内容、明显文字或者计算错误，评标委员会认为需要投标人作出必要澄清、说明的，应当书面通知该投标人。投标人的澄清、说明应当采用书面形式，并不得超出投标文件的范围或者改变投标文件的实质性内容。

评标委员会不得暗示或者诱导投标人作出澄清、说明，不得接受投标人主动提出的澄清、说明。

第五十三条 评标完成后，评标委员会应当向招标人提交书面评标报告和中标候选人名单。中标候选人应当不超过 3 个，并标明排序。

评标报告应当由评标委员会全体成员签字。对评标结果有不同意见的评标委员会成员应当以书面形式说明其不同意见和理由，评标报告应当注明该不同意见。评标委员会成员拒绝在评标报告上签字又不书面说明其不同意见和理由的，视为同意评标结果。

第五十四条 依法必须进行招标的项目，招标人应当自收到评标报告之日起 3 日内公示中标候选人，公示期不得少于 3 日。

投标人或者其他利害关系人对依法必须进行招标的项目的评标结果有异议的，应当在中标候选人公示期间提出。招标人应当自收到异议之日起 3 日内作出答复；作出答复前，应当暂停招标投标活动。

第五十五条 国有资金占控股或者主导地位的依法必须进行招标的项目，招标人应当确定排名第一的中标候选人为中标人。排名第一的中标候选人放弃中标、因不可抗力不能履行合同、不按照招标文件要求提交履约保证金，或者被查实存在影响中标结果的违法行为等情形，不符合中标条件的，招标人可以按照评标委员会提出的中标候选人名单排序依次确定其他中标候选人为中标人，也可以重新招标。

第五十六条 中标候选人的经营、财务状况发生较大变化或者存在违法行为，招标人认为可能影响其履约能力的，应当在发出中标通知书前由原评标委员会按照招标文件规定的标准和方法审查确认。

第五十七条 招标人和中标人应当依照招标投标法和本条例的规定签订书面合同，合同的标的、价款、质量、履行期限等主要条款应当与招标文件和中标人的投标文件的内容一致。招标人和中标人不得再行订立背离合同实质性内容的其他协议。

招标人最迟应当在书面合同签订后 5 日内向中标人和未中标的投标人退还投标保证金及银行同期存款利息。

第五十八条 招标文件要求中标人提交履约保证金的，中标人应当按照招标文件的要求提交。履约保证金不得超过中标合同金额的 10%。

第五十九条 中标人应当按照合同约定履行义务，完成中标项目。中标人不得向他人转让中标项目，也不得将中标项目肢解后分别向他人转让。

中标人按照合同约定或者经招标人同意，可以将中标项目的部分非主体、非关键性工作分包给他人完成。接受分包的人应当具备相应的资格条件，并不得再次分包。

中标人应当就分包项目向招标人负责，接受分包的人就分包项目承担连带责任。

第五章　投诉与处理

第六十条 投标人或者其他利害关系人认为招标投标活动不符合法律、行政法规规定的，可以自知道或者应当知道之日起 10 日内向有关行政监督部门投诉。投诉应当有明确的请求和必要的证明材料。

就本条例第二十二条、第四十四条、第五十四条规定事项投诉的，应当先向招标人提出异议，异议答复期间不计算在前款规定的期限内。

第六十一条 投诉人就同一事项向两个以上有权受理的行政监督部门投诉的，由最先收到投诉的行政监督部门负责处理。

行政监督部门应当自收到投诉之日起 3 个工作日内决定是否受理投诉，并自受理投诉之日起 30 个工作日内作出书面处理决定；需要检验、检测、鉴定、专家评审的，所需时间不计算在内。

投诉人捏造事实、伪造材料或者以非法手段取得证明材料进行投诉的，行政监督部门应当予以驳回。

　　第六十二条　行政监督部门处理投诉，有权查阅、复制有关文件、资料，调查有关情况，相关单位和人员应当予以配合。必要时，行政监督部门可以责令暂停招标投标活动。

　　行政监督部门的工作人员对监督检查过程中知悉的国家秘密、商业秘密，应当依法予以保密。

第六章　法律责任

　　第六十三条　招标人有下列限制或者排斥潜在投标人行为之一的，由有关行政监督部门依照招标投标法第五十一条的规定处罚：

　　（一）依法应当公开招标的项目不按照规定在指定媒介发布资格预审公告或者招标公告；

　　（二）在不同媒介发布的同一招标项目的资格预审公告或者招标公告的内容不一致，影响潜在投标人申请资格预审或者投标。

　　依法必须进行招标的项目的招标人不按照规定发布资格预审公告或者招标公告，构成规避招标的，依照招标投标法第四十九条的规定处罚。

　　第六十四条　招标人有下列情形之一的，由有关行政监督部门责令改正，可以处 10 万元以下的罚款：

　　（一）依法应当公开招标而采用邀请招标；

　　（二）招标文件、资格预审文件的发售、澄清、修改的时限，或者确定的提交资格预审申请文件、投标文件的时限不符合招标投标法和本条例规定；

　　（三）接受未通过资格预审的单位或者个人参加投标；

　　（四）接受应当拒收的投标文件。

　　招标人有前款第一项、第三项、第四项所列行为之一的，对单位直接负责的主管人员和其他直接责任人员依法给予处分。

　　第六十五条　招标代理机构在所代理的招标项目中投标、代理投标或者向该项目投标人提供咨询的，接受委托编制标底的中介机构参加受托编制标底项目的投标或者为该项目的投标人编制投标文件、提供咨询的，依照招标投标法第五十条的规定追究法律责任。

第六十六条 招标人超过本条例规定的比例收取投标保证金、履约保证金或者不按照规定退还投标保证金及银行同期存款利息的，由有关行政监督部门责令改正，可以处 5 万元以下的罚款；给他人造成损失的，依法承担赔偿责任。

第六十七条 投标人相互串通投标或者与招标人串通投标的，投标人向招标人或者评标委员会成员行贿谋取中标的，中标无效；构成犯罪的，依法追究刑事责任；尚不构成犯罪的，依照招标投标法第五十三条的规定处罚。投标人未中标的，对单位的罚款金额按照招标项目合同金额依照招标投标法规定的比例计算。

投标人有下列行为之一的，属于招标投标法第五十三条规定的情节严重行为，由有关行政监督部门取消其 1 年至 2 年内参加依法必须进行招标的项目的投标资格：

（一）以行贿谋取中标；

（二）3 年内 2 次以上串通投标；

（三）串通投标行为损害招标人、其他投标人或者国家、集体、公民的合法利益，造成直接经济损失 30 万元以上；

（四）其他串通投标情节严重的行为。

投标人自本条第二款规定的处罚执行期限届满之日起 3 年内又有该款所列违法行为之一的，或者串通投标、以行贿谋取中标情节特别严重的，由工商行政管理机关吊销营业执照。

法律、行政法规对串通投标报价行为的处罚另有规定的，从其规定。

第六十八条 投标人以他人名义投标或者以其他方式弄虚作假骗取中标的，中标无效；构成犯罪的，依法追究刑事责任；尚不构成犯罪的，依照招标投标法第五十四条的规定处罚。依法必须进行招标的项目的投标人未中标的，对单位的罚款金额按照招标项目合同金额依照招标投标法规定的比例计算。

投标人有下列行为之一的，属于招标投标法第五十四条规定的情节严重行为，由有关行政监督部门取消其 1 年至 3 年内参加依法必须进行招标的项目的投标资格：

（一）伪造、变造资格、资质证书或者其他许可证件骗取中标；

（二）3 年内 2 次以上使用他人名义投标；

（三）弄虚作假骗取中标给招标人造成直接经济损失 30 万元以上；

（四）其他弄虚作假骗取中标情节严重的行为。

投标人自本条第二款规定的处罚执行期限届满之日起 3 年内又有该款所列违法行为之一的，或者弄虚作假骗取中标情节特别严重的，由工商行政管理机关吊销营业执照。

第六十九条 出让或者出租资格、资质证书供他人投标的，依照法律、行政法规的规定给予行政处罚；构成犯罪的，依法追究刑事责任。

第七十条 依法必须进行招标的项目的招标人不按照规定组建评标委员会，或者确定、更换评标委员会成员违反招标投标法和本条例规定的，由有关行政监督部门责令改正，可以处 10 万元以下的罚款，对单位直接负责的主管人员和其他直接责任人员依法给予处分；违法确定或者更换的评标委员会成员作出的评审结论无效，依法重新进行评审。

国家工作人员以任何方式非法干涉选取评标委员会成员的，依照本条例第八十条的规定追究法律责任。

第七十一条 评标委员会成员有下列行为之一的，由有关行政监督部门责令改正；情节严重的，禁止其在一定期限内参加依法必须进行招标的项目的评标；情节特别严重的，取消其担任评标委员会成员的资格：

（一）应当回避而不回避；

（二）擅离职守；

（三）不按照招标文件规定的评标标准和方法评标；

（四）私下接触投标人；

（五）向招标人征询确定中标人的意向或者接受任何单位或者个人明示或者暗示提出的倾向或者排斥特定投标人的要求；

（六）对依法应当否决的投标不提出否决意见；

（七）暗示或者诱导投标人作出澄清、说明或者接受投标人主动提出的澄清、说明；

（八）其他不客观、不公正履行职务的行为。

第七十二条　评标委员会成员收受投标人的财物或者其他好处的，没收收受的财物，处 3000 元以上 5 万元以下的罚款，取消担任评标委员会成员的资格，不得再参加依法必须进行招标的项目的评标；构成犯罪的，依法追究刑事责任。

第七十三条　依法必须进行招标的项目的招标人有下列情形之一的，由有关行政监督部门责令改正，可以处中标项目金额 10‰以下的罚款；给他人造成损失的，依法承担赔偿责任；对单位直接负责的主管人员和其他直接责任人员依法给予处分：

（一）无正当理由不发出中标通知书；

（二）不按照规定确定中标人；

（三）中标通知书发出后无正当理由改变中标结果；

（四）无正当理由不与中标人订立合同；

（五）在订立合同时向中标人提出附加条件。

第七十四条　中标人无正当理由不与招标人订立合同，在签订合同时向招标人提出附加条件，或者不按照招标文件要求提交履约保证金的，取消其中标资格，投标保证金不予退还。对依法必须进行招标的项目的中标人，由有关行政监督部门责令改正，可以处中标项目金额 10‰以下的罚款。

第七十五条 招标人和中标人不按照招标文件和中标人的投标文件订立合同，合同的主要条款与招标文件、中标人的投标文件的内容不一致，或者招标人、中标人订立背离合同实质性内容的协议的，由有关行政监督部门责令改正，可以处中标项目金额5‰以上10‰以下的罚款。

第七十六条 中标人将中标项目转让给他人的，将中标项目肢解后分别转让给他人的，违反招标投标法和本条例规定将中标项目的部分主体、关键性工作分包给他人的，或者分包人再次分包的，转让、分包无效，处转让、分包项目金额5‰以上10‰以下的罚款；有违法所得的，并处没收违法所得；可以责令停业整顿；情节严重的，由工商行政管理机关吊销营业执照。

第七十七条 投标人或者其他利害关系人捏造事实、伪造材料或者以非法手段取得证明材料进行投诉，给他人造成损失的，依法承担赔偿责任。

招标人不按照规定对异议作出答复，继续进行招标投标活动的，由有关行政监督部门责令改正，拒不改正或者不能改正并影响中标结果的，依照本条例第八十一条的规定处理。

第七十八条 国家建立招标投标信用制度。有关行政监督部门应当依法公告对招标人、招标代理机构、投标人、评标委员会成员等当事人违法行为的行政处理决定。

第七十九条 项目审批、核准部门不依法审批、核准项目招标范围、招标方式、招标组织形式的，对单位直接负责的主管人员和其他直接责任人员依法给予处分。

有关行政监督部门不依法履行职责，对违反招标投标法和本条例规定的行为不依法查处，或者不按照规定处理投诉、不依法公告对招标投标当事人违法行为的行政处理决定的，对直接负责的主管人员和其他直接责任人员依法给予处分。

项目审批、核准部门和有关行政监督部门的工作人员徇私舞弊、滥用职权、玩忽职守，构成犯罪的，依法追究刑事责任。

第八十条　国家工作人员利用职务便利，以直接或者间接、明示或者暗示等任何方式非法干涉招标投标活动，有下列情形之一的，依法给予记过或者记大过处分；情节严重的，依法给予降级或者撤职处分；情节特别严重的，依法给予开除处分；构成犯罪的，依法追究刑事责任：

（一）要求对依法必须进行招标的项目不招标，或者要求对依法应当公开招标的项目不公开招标；

（二）要求评标委员会成员或者招标人以其指定的投标人作为中标候选人或者中标人，或者以其他方式非法干涉评标活动，影响中标结果；

（三）以其他方式非法干涉招标投标活动。

第八十一条　依法必须进行招标的项目的招标投标活动违反招标投标法和本条例的规定，对中标结果造成实质性影响，且不能采取补救措施予以纠正的，招标、投标、中标无效，应当依法重新招标或者评标。

第七章　附　　则

第八十二条　招标投标协会按照依法制定的章程开展活动，加强行业自律和服务。

第八十三条　政府采购的法律、行政法规对政府采购货物、服务的招标投标另有规定的，从其规定。

第八十四条　本条例自 2012 年 2 月 1 日起施行。

房屋建筑和市政基础设施工程
施工招标投标管理办法

(2001 年 6 月 1 日建设部令第 89 号发布　根据 2018
年 9 月 28 日《住房城乡建设部关于修改〈房屋建筑和市
政基础设施工程施工招标投标管理办法〉的决定》第一次
修正　根据 2019 年 3 月 13 日《住房和城乡建设部关于修
改部分部门规章的决定》第二次修正)

第一章　总　　则

第一条　为了规范房屋建筑和市政基础设施工程施工招标投标
活动,维护招标投标当事人的合法权益,依据《中华人民共和国建
筑法》、《中华人民共和国招标投标法》等法律、行政法规,制定
本办法。

第二条　依法必须进行招标的房屋建筑和市政基础设施工程
(以下简称工程),其施工招标投标活动,适用本办法。

本办法所称房屋建筑工程,是指各类房屋建筑及其附属设施和
与其配套的线路、管道、设备安装工程及室内外装修工程。

本办法所称市政基础设施工程,是指城市道路、公共交通、供
水、排水、燃气、热力、园林、环卫、污水处理、垃圾处理、防
洪、地下公共设施及附属设施的土建、管道、设备安装工程。

第三条　国务院建设行政主管部门负责全国工程施工招标投标
活动的监督管理。

县级以上地方人民政府建设行政主管部门负责本行政区域内工
程施工招标投标活动的监督管理。具体的监督管理工作,可以委托
工程招标投标监督管理机构负责实施。

第四条 任何单位和个人不得违反法律、行政法规规定，限制或者排斥本地区、本系统以外的法人或者其他组织参加投标，不得以任何方式非法干涉施工招标投标活动。

第五条 施工招标投标活动及其当事人应当依法接受监督。

建设行政主管部门依法对施工招标投标活动实施监督，查处施工招标投标活动中的违法行为。

第二章 招 标

第六条 工程施工招标由招标人依法组织实施。招标人不得以不合理条件限制或者排斥潜在投标人，不得对潜在投标人实行歧视待遇，不得对潜在投标人提出与招标工程实际要求不符的过高的资质等级要求和其他要求。

第七条 工程施工招标应当具备下列条件：

（一）按照国家有关规定需要履行项目审批手续的，已经履行审批手续；

（二）工程资金或者资金来源已经落实；

（三）有满足施工招标需要的设计文件及其他技术资料；

（四）法律、法规、规章规定的其他条件。

第八条 工程施工招标分为公开招标和邀请招标。

依法必须进行施工招标的工程，全部使用国有资金投资或者国有资金投资占控股或者主导地位的，应当公开招标，但经国家计委或者省、自治区、直辖市人民政府依法批准可以进行邀请招标的重点建设项目除外；其他工程可以实行邀请招标。

第九条 工程有下列情形之一的，经县级以上地方人民政府建设行政主管部门批准，可以不进行施工招标：

（一）停建或者缓建后恢复建设的单位工程，且承包人未发生变更的；

（二）施工企业自建自用的工程，且该施工企业资质等级符合工程要求的；

（三）在建工程追加的附属小型工程或者主体加层工程，且承包人未发生变更的；

（四）法律、法规、规章规定的其他情形。

第十条 依法必须进行施工招标的工程，招标人自行办理施工招标事宜的，应当具有编制招标文件和组织评标的能力：

（一）有专门的施工招标组织机构；

（二）有与工程规模、复杂程度相适应并具有同类工程施工招标经验、熟悉有关工程施工招标法律法规的工程技术、概预算及工程管理的专业人员。

不具备上述条件的，招标人应当委托工程招标代理机构代理施工招标。

第十一条 招标人自行办理施工招标事宜的，应当在发布招标公告或者发出投标邀请书的5日前，向工程所在地县级以上地方人民政府建设行政主管部门备案，并报送下列材料：

（一）按照国家有关规定办理审批手续的各项批准文件；

（二）本办法第十条所列条件的证明材料，包括专业技术人员的名单、职称证书或者执业资格证书及其工作经历的证明材料；

（三）法律、法规、规章规定的其他材料。

招标人不具备自行办理施工招标事宜条件的，建设行政主管部门应当自收到备案材料之日起5日内责令招标人停止自行办理施工招标事宜。

第十二条 全部使用国有资金投资或者国有资金投资占控股或者主导地位，依法必须进行施工招标的工程项目，应当进入有形建筑市场进行招标投标活动。

政府有关管理机关可以在有形建筑市场集中办理有关手续，并依法实施监督。

第十三条 依法必须进行施工公开招标的工程项目，应当在国家或者地方指定的报刊、信息网络或者其他媒介上发布招标公告，并同时在中国工程建设和建筑业信息网上发布招标公告。

招标公告应当载明招标人的名称和地址，招标工程的性质、规模、地点以及获取招标文件的办法等事项。

第十四条 招标人采用邀请招标方式的，应当向 3 个以上符合资质条件的施工企业发出投标邀请书。

投标邀请书应当载明本办法第十三条第二款规定的事项。

第十五条 招标人可以根据招标工程的需要，对投标申请人进行资格预审，也可以委托工程招标代理机构对投标申请人进行资格预审。实行资格预审的招标工程，招标人应当在招标公告或者投标邀请书中载明资格预审的条件和获取资格预审文件的办法。

资格预审文件一般应当包括资格预审申请书格式、申请人须知，以及需要投标申请人提供的企业资质、业绩、技术装备、财务状况和拟派出的项目经理与主要技术人员的简历、业绩等证明材料。

第十六条 经资格预审后，招标人应当向资格预审合格的投标申请人发出资格预审合格通知书，告知获取招标文件的时间、地点和方法，并同时向资格预审不合格的投标申请人告知资格预审结果。

在资格预审合格的投标申请人过多时，可以由招标人从中选择不少于 7 家资格预审合格的投标申请人。

第十七条 招标人应当根据招标工程的特点和需要，自行或者委托工程招标代理机构编制招标文件。招标文件应当包括下列内容：

（一）投标须知，包括工程概况，招标范围，资格审查条件，工程资金来源或者落实情况，标段划分，工期要求，质量标准，现场踏勘和答疑安排，投标文件编制、提交、修改、撤回的要求，投标报价要求，投标有效期，开标的时间和地点，评标的方法和标准等；

（二）招标工程的技术要求和设计文件；

（三）采用工程量清单招标的，应当提供工程量清单；

（四）投标函的格式及附录；

（五）拟签订合同的主要条款；

（六）要求投标人提交的其他材料。

第十八条 依法必须进行施工招标的工程，招标人应当在招标文件发出的同时，将招标文件报工程所在地的县级以上地方人民政府建设行政主管部门备案，但实施电子招标投标的项目除外。建设行政主管部门发现招标文件有违反法律、法规内容的，应当责令招标人改正。

第十九条 招标人对已发出的招标文件进行必要的澄清或者修改的，应当在招标文件要求提交投标文件截止时间至少 15 日前，以书面形式通知所有招标文件收受人，并同时报工程所在地的县级以上地方人民政府建设行政主管部门备案，但实施电子招标投标的项目除外。该澄清或者修改的内容为招标文件的组成部分。

第二十条 招标人设有标底的，应当依据国家规定的工程量计算规则及招标文件规定的计价方法和要求编制标底，并在开标前保密。一个招标工程只能编制一个标底。

第二十一条 招标人对于发出的招标文件可以酌收工本费。其中的设计文件，招标人可以酌收押金。对于开标后将设计文件退还的，招标人应当退还押金。

第三章　投　　标

第二十二条 施工招标的投标人是响应施工招标、参与投标竞争的施工企业。

投标人应当具备相应的施工企业资质，并在工程业绩、技术能力、项目经理资格条件、财务状况等方面满足招标文件提出的要求。

第二十三条 投标人对招标文件有疑问需要澄清的，应当以书面形式向招标人提出。

第二十四条 投标人应当按照招标文件的要求编制投标文件，对招标文件提出的实质性要求和条件作出响应。

招标文件允许投标人提供备选标的，投标人可以按照招标文件的要求提交替代方案，并作出相应报价作备选标。

第二十五条 投标文件应当包括下列内容：

（一）投标函；

（二）施工组织设计或者施工方案；

（三）投标报价；

（四）招标文件要求提供的其他材料。

第二十六条 招标人可以在招标文件中要求投标人提交投标担保。投标担保可以采用投标保函或者投标保证金的方式。投标保证金可以使用支票、银行汇票等，一般不得超过投标总价的2%，最高不得超过50万元。

投标人应当按照招标文件要求的方式和金额，将投标保函或者投标保证金随投标文件提交招标人。

第二十七条 投标人应当在招标文件要求提交投标文件的截止时间前，将投标文件密封送达投标地点。招标人收到投标文件后，应当向投标人出具标明签收人和签收时间的凭证，并妥善保存投标文件。在开标前，任何单位和个人均不得开启投标文件。在招标文件要求提交投标文件的截止时间后送达的投标文件，为无效的投标文件，招标人应当拒收。

提交投标文件的投标人少于3个的，招标人应当依法重新招标。

第二十八条 投标人在招标文件要求提交投标文件的截止时间前，可以补充、修改或者撤回已提交的投标文件。补充、修改的内容为投标文件的组成部分，并应当按照本办法第二十七条第一款的规定送达、签收和保管。在招标文件要求提交投标文件的截止时间后送达的补充或者修改的内容无效。

第二十九条 两个以上施工企业可以组成一个联合体，签订共同投标协议，以一个投标人的身份共同投标。联合体各方均应当具备承担招标工程的相应资质条件。相同专业的施工企业组成的联合体，按照资质等级低的施工企业的业务许可范围承揽工程。

招标人不得强制投标人组成联合体共同投标，不得限制投标人之间的竞争。

第三十条 投标人不得相互串通投标，不得排挤其他投标人的公平竞争，损害招标人或者其他投标人的合法权益。

投标人不得与招标人串通投标，损害国家利益、社会公共利益或者他人的合法权益。

禁止投标人以向招标人或者评标委员会成员行贿的手段谋取中标。

第三十一条 投标人不得以低于其企业成本的报价竞标，不得以他人名义投标或者以其他方式弄虚作假，骗取中标。

第四章 开标、评标和中标

第三十二条 开标应当在招标文件确定的提交投标文件截止时间的同一时间公开进行；开标地点应当为招标文件中预先确定的地点。

第三十三条 开标由招标人主持，邀请所有投标人参加。开标应当按照下列规定进行：

由投标人或者其推选的代表检查投标文件的密封情况，也可以由招标人委托的公证机构进行检查并公证。经确认无误后，由有关工作人员当众拆封，宣读投标人名称、投标价格和投标文件的其他主要内容。

招标人在招标文件要求提交投标文件的截止时间前收到的所有投标文件，开标时都应当当众予以拆封、宣读。

开标过程应当记录，并存档备查。

第三十四条 在开标时，投标文件出现下列情形之一的，应当作为无效投标文件，不得进入评标：

（一）投标文件未按照招标文件的要求予以密封的；

（二）投标文件中的投标函未加盖投标人的企业及企业法定代表人印章的，或者企业法定代表人委托代理人没有合法、有效的委托书（原件）及委托代理人印章的；

（三）投标文件的关键内容字迹模糊、无法辨认的；

（四）投标人未按照招标文件的要求提供投标保函或者投标保证金的；

（五）组成联合体投标的，投标文件未附联合体各方共同投标协议的。

第三十五条 评标由招标人依法组建的评标委员会负责。

依法必须进行施工招标的工程，其评标委员会由招标人的代表和有关技术、经济等方面的专家组成，成员人数为 5 人以上单数，其中招标人、招标代理机构以外的技术、经济等方面专家不得少于成员总数的 2/3。评标委员会的专家成员，应当由招标人从建设行政主管部门及其他有关政府部门确定的专家名册或者工程招标代理机构的专家库内相关专业的专家名单中确定。确定专家成员一般应当采取随机抽取的方式。

与投标人有利害关系的人不得进入相关工程的评标委员会。评标委员会成员的名单在中标结果确定前应当保密。

第三十六条 建设行政主管部门的专家名册应当拥有一定数量规模并符合法定资格条件的专家。省、自治区、直辖市人民政府建设行政主管部门可以将专家数量少的地区的专家名册予以合并或者实行专家名册计算机联网。

建设行政主管部门应当对进入专家名册的专家组织有关法律和业务培训，对其评标能力、廉洁公正等进行综合评估，及时取消不称职或者违法违规人员的评标专家资格。被取消评标专家资格的人员，不得再参加任何评标活动。

第三十七条 评标委员会应当按照招标文件确定的评标标准和方法，对投标文件进行评审和比较，并对评标结果签字确认；设有标底的，应当参考标底。

第三十八条 评标委员会可以用书面形式要求投标人对投标文件中含义不明确的内容作必要的澄清或者说明。投标人应当采用书面形式进行澄清或者说明，其澄清或者说明不得超出投标文件的范围或者改变投标文件的实质性内容。

第三十九条 评标委员会经评审，认为所有投标文件都不符合招标文件要求的，可以否决所有投标。

依法必须进行施工招标工程的所有投标被否决的，招标人应当依法重新招标。

第四十条 评标可以采用综合评估法、经评审的最低投标价法或者法律法规允许的其他评标方法。

采用综合评估法的，应当对投标文件提出的工程质量、施工工期、投标价格、施工组织设计或者施工方案、投标人及项目经理业绩等，能否最大限度地满足招标文件中规定的各项要求和评价标准进行评审和比较。以评分方式进行评估的，对于各种评比奖项不得额外计分。

采用经评审的最低投标价法的，应当在投标文件能够满足招标文件实质性要求的投标人中，评审出投标价格最低的投标人，但投标价格低于其企业成本的除外。

第四十一条 评标委员会完成评标后，应当向招标人提出书面评标报告，阐明评标委员会对各投标文件的评审和比较意见，并按照招标文件中规定的评标方法，推荐不超过3名有排序的合格的中标候选人。招标人根据评标委员会提出的书面评标报告和推荐的中标候选人确定中标人。

使用国有资金投资或者国家融资的工程项目，招标人应当按照中标候选人的排序确定中标人。当确定中标的中标候选人放弃中标或者因不可抗力提出不能履行合同的，招标人可以依序确定其他中标候选人为中标人。

招标人也可以授权评标委员会直接确定中标人。

第四十二条 有下列情形之一的，评标委员会可以要求投标人作出书面说明并提供相关材料：

（一）设有标底的，投标报价低于标底合理幅度的；

（二）不设标底的，投标报价明显低于其他投标报价，有可能低于其企业成本的。

经评标委员会论证，认定该投标人的报价低于其企业成本的，不能推荐为中标候选人或者中标人。

第四十三条 招标人应当在投标有效期截止时限30日前确定中标人。投标有效期应当在招标文件中载明。

第四十四条 依法必须进行施工招标的工程，招标人应当自确定中标人之日起15日内，向工程所在地的县级以上地方人民政府建设行政主管部门提交施工招标投标情况的书面报告。书面报告应当包括下列内容：

（一）施工招标投标的基本情况，包括施工招标范围、施工招标方式、资格审查、开评标过程和确定中标人的方式及理由等。

（二）相关的文件资料，包括招标公告或者投标邀请书、投标报名表、资格预审文件、招标文件、评标委员会的评标报告（设有标底的，应当附标底）、中标人的投标文件。委托工程招标代理的，还应当附工程施工招标代理委托合同。

前款第二项中已按照本办法的规定办理了备案的文件资料，不再重复提交。

第四十五条 建设行政主管部门自收到书面报告之日起5日内未通知招标人在招标投标活动中有违法行为的，招标人可以向中标人发出中标通知书，并将中标结果通知所有未中标的投标人。

第四十六条 招标人和中标人应当自中标通知书发出之日起30日内，按照招标文件和中标人的投标文件订立书面合同；招标人和中标人不得再行订立背离合同实质性内容的其他协议。

中标人不与招标人订立合同的，投标保证金不予退还并取消其中标资格，给招标人造成的损失超过投标保证金数额的，应当对超过部分予以赔偿；没有提交投标保证金的，应当对招标人的损失承担赔偿责任。

招标人无正当理由不与中标人签订合同，给中标人造成损失的，招标人应当给予赔偿。

第四十七条 招标文件要求中标人提交履约担保的，中标人应当提交。招标人应当同时向中标人提供工程款支付担保。

第五章 罚 则

第四十八条 有违反《招标投标法》行为的，县级以上地方人民政府建设行政主管部门应当按照《招标投标法》的规定予以处罚。

第四十九条 招标投标活动中有《招标投标法》规定中标无效情形的，由县级以上地方人民政府建设行政主管部门宣布中标无效，责令重新组织招标，并依法追究有关责任人责任。

第五十条 应当招标未招标的，应当公开招标未公开招标的，县级以上地方人民政府建设行政主管部门应当责令改正，拒不改正的，不得颁发施工许可证。

第五十一条 招标人不具备自行办理施工招标事宜条件而自行招标的，县级以上地方人民政府建设行政主管部门应当责令改正，处1万元以下的罚款。

第五十二条 评标委员会的组成不符合法律、法规规定的，县级以上地方人民政府建设行政主管部门应当责令招标人重新组织评标委员会。

第五十三条 招标人未向建设行政主管部门提交施工招标投标情况书面报告的，县级以上地方人民政府建设行政主管部门应当责令改正。

第六章 附 则

第五十四条 工程施工专业分包、劳务分包采用招标方式的，参照本办法执行。

第五十五条 招标文件或者投标文件使用两种以上语言文字的，必须有一种是中文；如对不同文本的解释发生异议的，以中文文本为准。用文字表示的金额与数字表示的金额不一致的，以文字表示的金额为准。

第五十六条 涉及国家安全、国家秘密、抢险救灾或者属于利用扶贫资金实行以工代赈、需要使用农民工等特殊情况，不适宜进行施工招标的工程，按照国家有关规定可以不进行施工招标。

第五十七条 使用国际组织或者外国政府贷款、援助资金的工程进行施工招标，贷款方、资金提供方对招标投标的具体条件和程序有不同规定的，可以适用其规定，但违背中华人民共和国的社会公共利益的除外。

第五十八条 本办法由国务院建设行政主管部门负责解释。

第五十九条 本办法自发布之日起施行。1992 年 12 月 30 日建设部颁布的《工程建设施工招标投标管理办法》（建设部令第 23 号）同时废止。

征收房屋面积计算

建筑工程建筑面积计算规范
（GB/T 50353-2013）

（2013 年 12 月 19 日）

前　言

根据住房和城乡建设部《关于印发〈2012 年工程建设标准规范制订修订计划〉的通知》（建标〔2012〕5 号）的要求，规范编制组经广泛调查研究，认真总结经验，并在广泛征求意见的基础上，修订了本规范。

本规范的主要技术内容包括：总则，术语，计算建筑面积的规定。

本规范修订的主要技术内容包括：1. 增加了建筑物架空层的面积计算规定，取消了深基础架空层；2. 取消了有永久性顶盖的面积计算规定，增加了无围护结构有围护设施的面积计算规定；3. 修订了落地橱窗、门斗、挑廊、走廊、檐廊的面积计算规定；4. 增加了凸（飘）窗的建筑面积计算要求；5. 修订了围护结构不垂直于水平面而超出底板外沿的建筑物的面积计算规定；6. 删除了原室外楼梯强调的有永久性顶盖的面积计算要求；7. 修订了阳台的面积计算规定；8. 修订了外保温层的面积计算规定；9. 修订了设备层、管道层的面积计算规定；10. 增加了门廊的面积计算规定；

11. 增加了有顶盖的采光井的面积计算规定。

　　本规范由住房和城乡建设部负责管理，由住房和城乡建设部标准定额研究所负责具体技术内容的解释。在本规范执行过程中如有意见和建议，请寄送住房和城乡建设部标准定额研究所（地址：北京市三里河路9号，邮政编码：100835）。

　　本规范主编单位、参编单位、主要起草人和主要审查人：

　　主编单位：住房和城乡建设部标准定额研究所

　　参编单位：北京市建设工程造价管理处

　　辽宁省建设工程造价管理总站

　　黑龙江省建设工程造价管理总站

　　浙江省建设工程造价管理总站

　　四川省建设工程造价管理总站

　　陕西省建设工程造价总站

　　主要起草人：李艳海　王海宏　胡晓丽　陈国立　徐成高　吴宏伟　王玉波　胡建明　程万里　杜浐阳　白洁如　刘大同　赵彬　泽仁江措

　　主要审查人：杨树海　张丽萍　张莉　林建平　刘洁　陈挺　曾奕辉　金春平　宋德科　田洁莹　刘银龙　廉生中　褚波

1　总　则

1.0.1　为规范工业与民用建筑工程建设全过程的建筑面积计算，统一计算方法，制定本规范。

1.0.2　本规范适用于新建、扩建、改建的工业与民用建筑工程建设全过程的建筑面积计算。

1.0.3　建筑工程的建筑面积计算，除应符合本规范外，尚应符合国家现行有关标准的规定。

2　术　语

2.0.1　建筑面积 construction area

建筑物（包括墙体）所形成的楼地面面积。

2.0.2　自然层 floor

按楼地面结构分层的楼层。

2.0.3　结构层高 structure story height

楼面或地面结构层上表面至上部结构层上表面之间的垂直距离。

2.0.4　围护结构 building enclosure

围合建筑空间的墙体、门、窗。

2.0.5　建筑空间 space

以建筑界面限定的、供人们生活和活动的场所。

2.0.6　结构净高 structure net height

楼面或地面结构层上表面至上部结构层下表面之间的垂直距离。

2.0.7　围护设施 enclosure facilities

为保障安全而设置的栏杆、栏板等围挡。

2.0.8　地下室 basement

室内地平面低于室外地平面的高度超过室内净高的 1/2 的房间。

2.0.9　半地下室 semi-basement

室内地平面低于室外地平面的高度超过室内净高的 1/3，且不超过 1/2 的房间。

2.0.10　架空层 stilt floor

仅有结构支撑而无外围护结构的开敞空间层。

2.0.11　走廊 corridor

建筑物中的水平交通空间。

2.0.12　架空走廊 elevated corridor

专门设置在建筑物的二层或二层以上，作为不同建筑物之间水平交通的空间。

2.0.13 结构层 structure layer

整体结构体系中承重的楼板层。

2.0.14 落地橱窗 french window

突出外墙面且根基落地的橱窗。

2.0.15 凸窗（飘窗）bay window

凸出建筑物外墙面的窗户。

2.0.16 檐廊 eaves gallery

建筑物挑檐下的水平交通空间。

2.0.17 挑廊 overhanging corridor

挑出建筑物外墙的水平交通空间。

2.0.18 门斗 air lock

建筑物入口处两道门之间的空间。

2.0.19 雨篷 canopy

建筑出入口上方为遮挡雨水而设置的部件。

2.0.20 门廊 porch

建筑物入口前有顶棚的半围合空间。

2.0.21 楼梯 stairs

由连续行走的梯级、休息平台和维护安全的栏杆（或栏板）、扶手以及相应的支托结构组成的作为楼层之间垂直交通使用的建筑部件。

2.0.22 阳台 balcony

附设于建筑物外墙，设有栏杆或栏板，可供人活动的室外空间。

2.0.23 主体结构 major structure

接受、承担和传递建设工程所有上部荷载，维持上部结构整体性、稳定性和安全性的有机联系的构造。

2.0.24 变形缝 deformation joint

防止建筑物在某些因素作用下引起开裂甚至破坏而预留的构造缝。

2.0.25 骑楼 overhang

建筑底层沿街面后退且留出公共人行空间的建筑物。

2.0.26 过街楼 overhead building

跨越道路上空并与两边建筑相连接的建筑物。

2.0.27 建筑物通道 passage

为穿过建筑物而设置的空间。

2.0.28 露台 terrace

设置在屋面、首层地面或雨篷上的供人室外活动的有围护设施的平台。

2.0.29 勒脚 plinth

在房屋外墙接近地面部位设置的饰面保护构造。

2.0.30 台阶 step

联系室内外地坪或同楼层不同标高而设置的阶梯形踏步。

3 计算建筑面积的规定

3.0.1 建筑物的建筑面积应按自然层外墙结构外围水平面积之和计算。结构层高在2.20m及以上的，应计算全面积；结构层高在2.20m以下的，应计算1/2面积。

3.0.2 建筑物内设有局部楼层时，对于局部楼层的二层及以上楼层，有围护结构的应按其围护结构外围水平面积计算，无围护结构的应按其结构底板水平面积计算。结构层高在2.20m及以上的，应计算全面积；结构层高在2.20m以下的，应计算1/2面积。

3.0.3 形成建筑空间的坡屋顶，结构净高在2.10m及以上的部位应计算全面积；结构净高在1.20m及以上至2.10m以下的部位应计算1/2面积；结构净高在1.20m以下的部位不应计算建筑面积。

3.0.4 场馆看台下的建筑空间，结构净高在2.10m及以上的部位应计算全面积；结构净高在1.20m及以上至2.10m以下的部位应计算 1/2 面积；结构净高在 1.20m 以下的部位不应计算建筑面积。室内单独设置的有围护设施的悬挑看台，应按看台结构底板水平投影面积计算建筑面积。

有顶盖无围护结构的场馆看台应按其顶盖水平投影面积的 1/2 计算面积。

3.0.5 地下室、半地下室应按其结构外围水平面积计算。结构层高在 2.20m 及以上的，应计算全面积；结构层高在 2.20m 以下的，应计算 1/2 面积。

3.0.6 出入口外墙外侧坡道有顶盖的部位，应按其外墙结构外围水平面积的 1/2 计算面积。

3.0.7 建筑物架空层及坡地建筑物吊脚架空层，应按其顶板水平投影计算建筑面积。结构层高在 2.20m 及以上的，应计算全面积；结构层高在 2.20m 以下的，应计算 1/2 面积。

3.0.8 建筑物的门厅、大厅应按一层计算建筑面积，门厅、大厅内设置的走廊应按走廊结构底板水平投影面积计算建筑面积。结构层高在 2.20m 及以上的，应计算全面积；结构层高在 2.20m 以下的，应计算 1/2 面积。

3.0.9 建筑物间的架空走廊，有顶盖和围护结构的，应按其围护结构外围水平面积计算全面积；无围护结构、有围护设施的，应按其结构底板水平投影面积计算 1/2 面积。

3.0.10 立体书库、立体仓库、立体车库，有围护结构的，应按其围护结构外围水平面积计算建筑面积；无围护结构、有围护设施的，应按其结构底板水平投影面积计算建筑面积。无结构层的应按一层计算，有结构层的应按其结构层面积分别计算。结构层高在 2.20m 及以上的，应计算全面积；结构层高在 2.20m 以下的，应计算 1/2 面积。

3.0.11 有围护结构的舞台灯光控制室，应按其围护结构外围水平面积计算。结构层高在 2.20m 及以上的，应计算全面积；结构层高在 2.20m 以下的，应计算 1/2 面积。

3.0.12 附属在建筑物外墙的落地橱窗，应按其围护结构外围水平面积计算。结构层高在 2.20m 及以上的，应计算全面积；结构层高在 2.20m 以下的，应计算 1/2 面积。

3.0.13 窗台与室内楼地面高差在 0.45m 以下且结构净高在 2.10m 及以上的凸（飘）窗，应按其围护结构外围水平面积计算 1/2 面积。

3.0.14 有围护设施的室外走廊（挑廊），应按其结构底板水平投影面积计算 1/2 面积；有围护设施（或柱）的檐廊，应按其围护设施（或柱）外围水平面积计算 1/2 面积。

3.0.15 门斗应按其围护结构外围水平面积计算建筑面积。结构层高在 2.20m 及以上的，应计算全面积；结构层高在 2.20m 以下的，应计算 1/2 面积。

3.0.16 门廊应按其顶板水平投影面积的 1/2 计算建筑面积；有柱雨篷应按其结构板水平投影面积的 1/2 计算建筑面积；无柱雨篷的结构外边线至外墙结构外边线的宽度在 2.10m 及以上的，应按雨篷结构板的水平投影面积的 1/2 计算建筑面积。

3.0.17 设在建筑物顶部的、有围护结构的楼梯间、水箱间、电梯机房等，结构层高在 2.20m 及以上的应计算全面积；结构层高在 2.20m 以下的，应计算 1/2 面积。

3.0.18 围护结构不垂直于水平面的楼层，应按其底板面的外墙外围水平面积计算。结构净高在 2.10m 及以上的部位，应计算全面积；结构净高在 1.20m 及以上至 2.10m 以下的部位，应计算 1/2 面积；结构净高在 1.20m 以下的部位，不应计算建筑面积。

3.0.19 建筑物的室内楼梯、电梯井、提物井、管道井、通风排气竖井、烟道，应并入建筑物的自然层计算建筑面积。有顶盖的采光井应按一层计算面积，结构净高在 2.10m 及以上的，应计算全面积，结构净高在 2.10m 以下的，应计算 1/2 面积。

3.0.20 室外楼梯应并入所依附建筑物自然层，并应按其水平投影面积的 1/2 计算建筑面积。

3.0.21 在主体结构内的阳台，应按其结构外围水平面积计算全面积；在主体结构外的阳台，应按其结构底板水平投影面积计算 1/2 面积。

3.0.22 有顶盖无围护结构的车棚、货棚、站台、加油站、收费站等，应按其顶盖水平投影面积的 1/2 计算建筑面积。

3.0.23 以幕墙作为围护结构的建筑物，应按幕墙外边线计算建筑面积。

3.0.24 建筑物的外墙外保温层，应按其保温材料的水平截面积计算，并计入自然层建筑面积。

3.0.25 与室内相通的变形缝，应按其自然层合并在建筑物建筑面积内计算。对于高低联跨的建筑物，当高低跨内部连通时，其变形缝应计算在低跨面积内。

3.0.26 对于建筑物内的设备层、管道层、避难层等有结构层的楼层，结构层高在 2.20m 及以上的，应计算全面积；结构层高在 2.20m 以下的，应计算 1/2 面积。

3.0.27 下列项目不应计算建筑面积：

1 与建筑物内不相连通的建筑部件；

2 骑楼、过街楼底层的开放公共空间和建筑物通道；

3 舞台及后台悬挂幕布和布景的天桥、挑台等；

4 露台、露天游泳池、花架、屋顶的水箱及装饰性结构构件；

5 建筑物内的操作平台、上料平台、安装箱和罐体的平台；

6 勒脚、附墙柱、垛、台阶、墙面抹灰、装饰面、镶贴块料面层、装饰性幕墙，主体结构外的空调室外机搁板（箱）、构件、配件，挑出宽度在 2.10m 以下的无柱雨篷和顶盖高度达到或超过两个楼层的无柱雨篷；

7 窗台与室内地面高差在 0.45m 以下且结构净高在 2.10m 以下

的凸（飘）窗，窗台与室内地面高差在0.45m及以上的凸（飘）窗；

8 室外爬梯、室外专用消防钢楼梯；

9 无围护结构的观光电梯；

10 建筑物以外的地下人防通道，独立的烟囱、烟道、地沟、油（水）罐、气柜、水塔、贮油（水）池、贮仓、栈桥等构筑物。

本规范用词说明

1 为便于在执行本规范条文时区别对待，对要求严格程度不同的用词说明如下：

1）表示很严格，非这样做不可的：

正面词采用"必须"，反面词采用"严禁"；

2）表示严格，在正常情况下均应这样做的：

正面词采用"应"，反面词采用"不应"或"不得"；

3）表示允许稍有选择，在条件许可时首先应这样做的：

正面词采用"宜"，反面词采用"不宜"；

4）表示有选择，在一定条件下可以这样做的，采用"可"。

2 条文中指明应按其他有关标准执行的写法为："应符合……的规定"或"应按……执行"。

房产测绘管理办法

（2000年12月28日建设部、国家测绘局令第83号公布 自2001年5月1日起施行）

第一章 总 则

第一条 为加强房产测绘管理，规范房产测绘行为，保护房屋权利人的合法权益，根据《中华人民共和国测绘法》和《中华人民共和国城市房地产管理法》，制定本办法。

第二条 在中华人民共和国境内从事房产测绘活动，实施房产测绘管理，应当遵守本办法。

第三条 房产测绘单位应当严格遵守国家有关法律、法规，执行国家房产测量规范和有关技术标准、规定，对其完成的房产测绘成果质量负责。

房产测绘单位应当采用先进技术和设备，提高测绘技术水平，接受房地产行政主管部门和测绘行政主管部门的技术指导和业务监督。

第四条 房产测绘从业人员应当保证测绘成果的完整、准确，不得违规测绘、弄虚作假，不得损害国家利益、社会公共利益和他人合法权益。

第五条 国务院测绘行政主管部门和国务院建设行政主管部门根据国务院确定的职责分工负责房产测绘及成果应用的监督管理。

省、自治区、直辖市人民政府测绘行政主管部门（以下简称省级测绘行政主管部门）和省、自治区人民政府建设行政主管部门、直辖市人民政府房地产行政主管部门（以下简称省级房地产行政主管部门）根据省、自治区、直辖市人民政府确定的职责分工负责房产测绘及成果应用的监督管理。

第二章　房产测绘的委托

第六条 有下列情形之一的，房屋权利申请人、房屋权利人或者其他利害关系人应当委托房产测绘单位进行房产测绘：

（一）申请产权初始登记的房屋；

（二）自然状况发生变化的房屋；

（三）房屋权利人或者其他利害关系人要求测绘的房屋。

房产管理中需要的房产测绘，由房地产行政主管部门委托房产测绘单位进行。

第七条 房产测绘成果资料应当与房产自然状况保持一致。房产自然状况发生变化时，应当及时实施房产变更测量。

第八条 委托房产测绘的，委托人与房产测绘单位应当签订书面房产测绘合同。

第九条 房产测绘单位应当是独立的经济实体，与委托人不得有利害关系。

第十条 房产测绘所需费用由委托人支付。

房产测绘收费标准按照国家有关规定执行。

第三章 资格管理

第十一条 国家实行房产测绘单位资格审查认证制度。

第十二条 房产测绘单位应当依照《中华人民共和国测绘法》和本办法的规定，取得省级以上人民政府测绘行政主管部门颁发的载明房产测绘业务的《测绘资格证书》。

第十三条 除本办法另有规定外、房产测绘资格审查、分级标准、作业限额、年度检验等按照国家有关规定执行。

第十四条 申请房产测绘资格的单位应当向所在地省级测绘行政主管部门提出书面申请，并按照测绘资格审查管理的要求提交有关材料。

省级测绘行政主管部门在决定受理之日起5日内，转省级房地产行政主管部门初审。省级房地产行政主管部门应当在15日内，提出书面初审意见，并反馈省级测绘行政主管部门；其中，对申请甲级房产测绘资格的初审意见应当同时报国务院建设行政主管部门备案。

申请甲级房产测绘资格的，由省级测绘行政主管部门报国务院测绘行政主管部门审批发证；申请乙级以下房产测绘资格的，由省级测绘行政主管部门审批发证。

取得甲级房产测绘资格的单位，由国务院测绘行政主管部门和国务院建设行政主管部门联合向社会公告。取得乙级以下房产测绘资格的单位，由省级测绘行政主管部门和省级房地产行政主管部门联合向社会公告。

第十五条 《测绘资格证书》有效期为 5 年，期满 3 个月前，由持证单位提请复审，发证机关负责审查和换证。对有房产测绘项目的，发证机关在审查和换证时，应当征求同级房地产行政主管部门的意见。

在《测绘资格证书》有效期内，房产测绘资格由测绘行政主管部门进行年检。年检时，测绘行政主管部门应当征求同级房地产行政主管部门的意见。对年检中被降级或者取消房产测绘资格的单位，由年检的测绘行政主管部门和同级房地产行政主管部门联合向社会公告。

在《测绘资格证书》有效期内申请房产测绘资格升级的，依照本办法第十四条的规定重新办理资格审查手续。

第四章　成　果　管　理

第十六条 房产测绘成果包括：房产簿册、房产数据和房产图集等。

第十七条 当事人对房产测绘成果有异议的，可以委托国家认定的房产测绘成果鉴定机构鉴定。

第十八条 用于房屋权属登记等房产管理的房产测绘成果，房地产行政主管部门应当对施测单位的资格、测绘成果的适用性、界址点准确性、面积测算依据与方法等内容进行审核。审核后的房产测绘成果纳入房产档案统一管理。

第十九条 向国（境）外团体和个人提供、赠送、出售未公开的房产测绘成果资料，委托国（境）外机构印制房产测绘图件，应当按照《中华人民共和国测绘法》和《中华人民共和国测绘成果管理规定》以及国家安全、保密等有关规定办理。

第五章 法 律 责 任

第二十条 未取得载明房产测绘业务的《测绘资格证书》从事房产测绘业务以及承担房产测绘任务超出《测绘资格证书》所规定的房产测绘业务范围、作业限额的，依照《中华人民共和国测绘法》和《测绘资格审查认证管理规定》的规定处罚。

第二十一条 房产测绘单位有下列情形之一的，由县级以上人民政府房地产行政主管部门给予警告并责令限期改正，并可处以1万元以上3万元以下的罚款；情节严重的，由发证机关予以降级或者取消其房产测绘资格：

（一）在房产面积测算中不执行国家标准、规范和规定的；

（二）在房产面积测算中弄虚作假、欺骗房屋权利人的；

（三）房产面积测算失误，造成重大损失的。

第二十二条 违反本办法第十九条规定的，根据《中华人民共和国测绘法》、《中华人民共和国测绘成果管理规定》及国家安全、保密法律法规的规定处理。

第二十三条 房产测绘管理人员、工作人员在工作中玩忽职守、滥用职权、徇私舞弊的，给予行政处分；构成犯罪的，依法追究刑事责任。

第六章 附 则

第二十四条 省级房地产行政主管部门和测绘行政主管部门可以根据本办法制定实施细则。

第二十五条 本办法由国务院建设行政主管部门和国务院测绘行政主管部门共同解释。

第二十六条 本办法自2001年5月1日起施行。

建设部关于房屋建筑面积计算
与房屋权属登记有关问题的通知

（2002 年 3 月 27 日 建住房〔2002〕74 号）

各省、自治区建设厅，直辖市建委及有关部门：

为了切实做好房屋面积计算和房屋权属登记工作，保护当事人合法权益，现就有关问题通知如下：

一、在房屋权属证书附图中应注明施测的房产测绘单位名称、房屋套内建筑面积（在图上标注尺寸）和房屋分摊的共有建筑面积。

二、根据《房产测绘管理办法》的有关规定，由房产测绘单位对其完成的房产测绘成果的质量负责。

三、房屋权属登记涉及的有关房屋建筑面积计算问题，《房产测量规范》未作规定或规定不明确的，暂按下列规定执行：

（一）房屋层高

计算建筑面积的房屋，层高（高度）均应在 2.20 米以上（含 2.20 米，以下同）。

（二）外墙墙体

同一楼层外墙，既有主墙，又有玻璃幕墙的，以主墙为准计算建筑面积，墙厚按主墙体厚度计算。

各楼层墙体厚度不同时，分层分别计算。

金属幕墙及其他材料幕墙，参照玻璃幕墙的有关规定处理。

（三）斜面结构屋顶

房屋屋顶为斜面结构（坡屋顶）的，层高（高度）2.20 米以上的部位计算建筑面积。

（四）不规则围护物

阳台、挑廊、架空通廊的外围水平投影超过其底板外沿的，以底板水平投影计算建筑面积。

（五）变形缝

与室内任意一边相通，具备房屋的一般条件，并能正常利用的伸缩缝、沉降缝应计算建筑面积。

（六）非垂直墙体

对倾斜、弧状等非垂直墙体的房屋，层高（高度）2.20 米以上的部位计算建筑面积。

房屋墙体向外倾斜，超出底板外沿的，以底板投影计算建筑面积。

（七）楼梯下方空间

楼梯已计算建筑面积的，其下方空间不论是否利用均不再计算建筑面积。

（八）公共通道

临街楼房、挑廊下的底层作为公共道路街巷通行的，不论其是否有柱，是否有维护结构，均不计算建筑面积。

（九）二层及二层以上的房屋建筑面积均按《房产测量规范》中多层房屋建筑面积计算的有关规定执行。

（十）与室内不相通的类似于阳台、挑廊、檐廊的建筑，不计算建筑面积。

（十一）室外楼梯的建筑面积，按其在各楼层水平投影面积之和计算。

四、房屋套内具有使用功能但层高（高度）低于 2.20 米的部分，在房屋权属登记中应明确其相应权利的归属。

五、本通知自 2002 年 5 月 1 日起执行。

商品房销售面积计算及公用
建筑面积分摊规则（试行）

（1995 年 9 月 8 日　建设部建房〔1995〕517 号）

第一条　根据国家有关技术标准，制定《商品房销售面积计算及公用建筑面积分摊规则》（试行）。

第二条　本规则适用于商品房的销售和产权登记。

第三条　商品房销售以建筑面积为面积计算单位。建筑面积应按国家现行《建筑面积计算规则》进行计算。

第四条　商品房整栋销售，商品房的销售面积即为整栋商品房的建筑面积（地下室作为人防工程的，应从整栋商品房的建筑面积中扣除）。

第五条　商品房按"套"或"单元"出售，商品房的销售面积即为购房者所购买的套内或单元内建筑面积（以下简称套内建筑面积）与应分摊的公用建筑面积之和。

商品房销售面积=套内建筑面积+分摊的公用建筑面积

第六条　套内建筑面积由以下三部分组成：

1. 套（单元）内的使用面积；

2. 套内墙体面积；

3. 阳台建筑面积。

第七条　套内建筑面积各部分的计算原则如下：

1. 套（单元）内的使用面积住宅按《住宅建筑设计规范》（GBJ96—86）规定的方法计算。其他建筑，按照专用建筑设计规范规定的方法或参照《住宅建筑设计规范》计算。

2. 套内墙体面积

商品房各套（单元）内使用空间周围的维护或承重墙体，有公用墙及非公用墙两种。商品房各套（单元）之间的分隔墙、套（单元）与公用建筑空间之间的分隔墙以及外墙（包括山墙）均为公用墙，公用墙墙体水平投影面积的一半计入套内墙体面积。非公用墙墙体面积水平投影面积全部计入套内墙体面积。

3. 阳台建筑面积

按国家现行《建筑面积计算规则》进行计算。

4. 套内建筑面积的计算

套内建筑面积=套内使用面积+套内墙体面积+阳台建筑面积

第八条 公用建筑面积由以下两部分组成：

1. 电梯井、楼梯间、垃圾道、变电室、设备间、公共门厅和过道、地下室、值班警卫室以及其他功能上为整栋建筑服务的公共用房和管理用房建筑面积；

2. 套（单元）与公用建筑空间之间的分隔墙以及外墙（包括山墙）墙体水平投影面积的一半。

第九条 公用建筑面积计算原则

凡已作为独立使用空间销售或出租的地下室、车棚等，不应计入公用建筑面积部分。作为人防工程的地下室也不计入公用建筑面积。

公用建筑面积按以下方法计算：

整栋建筑物的建筑面积扣除整栋建筑物各套（单元）套内建筑面积之和，并扣除已作为独立使用空间销售或出租的地下室、车棚及人防工程等建筑面积，即为整栋建筑物的公用建筑面积。

第十条 公用建筑面积分摊系数计算

将整栋建筑物的公用建筑面积除以整栋建筑物的合套套内建筑面积之和，得到建筑物的公用建筑面积分摊系数。

公用建筑面积分摊系数=公用建筑面积/室内建筑面积之和

第十一条 公用建筑面积分摊计算各套（单元）的套内建筑面积乘以公用建筑面积分摊系数，得到购房者应合理分摊的公用建筑面积。分摊的公用建筑面积=公用建筑面积分摊系数＊套内建筑面积

第十二条 其他房屋的买卖和房地产权属登记，可参照本规则执行。

第十三条 本规则由建设部解释。

第十四条 本规则自 1995 年 12 月 1 日起施行。

征收房屋估价

房地产估价规范

（GB/T 50291-2015）

（2015 年 4 月 8 日中华人民共和国住房和城乡建设部公告第 797 号公告）

1 总　　则

1.0.1　为规范房地产估价活动，统一房地产估价程序和方法，保证房地产估价质量，制定本规范。

1.0.2　本规范适用于房地产估价活动。

1.0.3　房地产估价除应符合本规范外，尚应符合国家现行有关标准的规定。

2 估价原则

2.0.1　房地产的市场价值评估，应遵循下列原则：

1　独立、客观、公正原则；

2　合法原则；

3　价值时点原则；

4　替代原则；

5　最高最佳利用原则。

2.0.2 房地产的抵押价值和抵押净值评估，除应遵循市场价值评估的原则外，还应遵循谨慎原则。

2.0.3 房地产的投资价值、现状价值等其他价值和价格评估，应根据估价目的和价值类型，从市场价值评估的原则中选择适用的原则，并可增加其他适用的原则。

2.0.4 遵循不同估价原则的评估价值，应符合下列规定：

1 遵循独立、客观、公正原则，评估价值应为对各方估价利害关系人均是公平合理的价值或价格；

2 遵循合法原则，评估价值应为在依法判定的估价对象状况下的价值或价格；

3 遵循价值时点原则，评估价值应为在根据估价目的确定的某一特定时间的价值或价格；

4 遵循替代原则，评估价值与估价对象的类似房地产在同等条件下的价值或价格偏差应在合理范围内；

5 遵循最高最佳利用原则，评估价值应为在估价对象最高最佳利用状况下的价值或价格；

6 遵循谨慎原则，评估价值应为在充分考虑导致估价对象价值或价格偏低的因素，慎重考虑导致估价对象价值或价格偏高的因素下的价值或价格。

2.0.5 估价对象的最高最佳利用状况包括最佳的用途、规模和档次，应按法律上允许、技术上可能、财务上可行、价值最大化的次序进行分析、筛选或判断确定，并应符合下列规定：

1 当估价对象的权利人和意向取得者对估价对象依法享有的开发利用权利不相同时，应先根据估价目的确定从估价对象的权利人角度或意向取得者角度进行估价，再根据其对估价对象依法享有的开发利用权利，确定估价对象的最高最佳利用状况；

2 当估价对象已为某种利用时，应在调查及分析其利用现状的基础上，对其最高最佳利用和相应的估价前提作出下列判断和选择，并应在估价报告中说明：

1） 维持现状、继续利用最为合理的，应选择维持现状前提进行估价；

2） 更新改造再予以利用最为合理的，应选择更新改造前提进行估价；

3） 改变用途再予以利用最为合理的，应选择改变用途前提进行估价；

4） 改变规模再予以利用最为合理的，应选择改变规模前提进行估价；

5） 重新开发再予以利用最为合理的，应选择重新开发前提进行估价；

6） 上述前提的某种组合或其他特殊利用最为合理的，应选择上述前提的某种组合或其他特殊利用前提进行估价。

2.0.6 当估价对象的实际用途、登记用途、规划用途之间不一致时，应按下列规定确定估价所依据的用途，并应作为估价假设中的不相一致假设在估价报告中说明及对估价报告和估价结果的使用作出相应限制：

1 政府或其有关部门对估价对象的用途有认定或处理的，应按其认定或处理结果进行估价；

2 政府或其有关部门对估价对象的用途没有认定或处理的，应按下列规定执行：

1） 登记用途、规划用途之间不一致的，可根据估价目的或最高最佳利用原则选择其中一种用途；

2） 实际用途与登记用途、规划用途均不一致的，应根据估价目的确定估价所依据的用途。

3 估价程序

3.0.1 房地产估价工作应按下列程序进行：

1 受理估价委托；

2 确定估价基本事项；

3 编制估价作业方案；

4 搜集估价所需资料；

5 实地查勘估价对象；

6 选用估价方法进行测算；

7 确定估价结果；

8 撰写估价报告；

9 审核估价报告；

10 交付估价报告；

11 保存估价资料。

3.0.2 估价委托应由房地产估价机构统一受理，并应符合下列规定：

1 在接受估价委托时，应要求估价委托人出具估价委托书；

2 决定受理估价委托的，应与估价委托人订立书面估价委托合同；

3 受理估价委托后，应根据估价项目的规模、难度和完成时间确定参加估价的注册房地产估价师数量，并至少选派两名能胜任该估价工作的注册房地产估价师共同进行估价，且应明确其中一人为项目负责人；

4 除应采用批量估价的项目外，每个估价项目应至少有一名注册房地产估价师全程参与受理估价委托、实地查勘估价对象、撰写估价报告等估价工作。

3.0.3 估价基本事项包括估价目的、价值时点、估价对象和价值类型，应在与估价委托人进行沟通及调查有关情况和规定的基础上确定，并应符合下列规定：

1 估价目的应根据估价委托人真实、具体的估价需要及估价报告的预期用途或预期使用者确定，对其表述应具体、准确、简洁。

2 价值时点应根据估价目的确定，采用公历表示，宜具体到日。回顾性估价和预测性估价的价值时点在难以具体到日且能满足估价目的需要的情况下，可到周或旬、月、季、半年、年等。

3 估价对象应在估价委托人指定及提供有关情况和资料的基础上，根据估价目的依法确定，并应明确界定其财产范围和空间范围，不得遗漏或虚构。法律、行政法规规定不得买卖、租赁、抵押、作为出资或进行其他活动的房地产，或征收不予补偿的房地产，不应作为相应估价目的的估价对象。对作为估价对象的，应在估价报告中根据估价目的分析、说明其进行相应买卖或租赁、抵押、作为出资等活动的合法性。

4 价值类型应根据估价目的确定，并应包括价值或价格的名称、定义或内涵。

3.0.4 估价作业方案应在对估价项目进行分析的基础上编制，并应包括下列内容：

1 估价工作的主要内容及质量要求，应包括拟采用的估价方法和估价技术路线，拟搜集的估价所需资料及其来源渠道等；

2 估价工作的具体步骤及时间进度；

3 估价工作的人员安排等。

3.0.5 估价所需资料应针对估价项目进行搜集，并应包括下列资料：

1 反映估价对象区位、实物和权益状况的资料；

2 估价对象及其同类房地产的交易、收益、成本等资料；

3 对估价对象所在地区的房地产价值和价格有影响的资料；

4 对房地产价值和价格有普遍影响的资料。

3.0.6 对搜集的估价所需资料应进行检查。当估价委托人是估价对象权利人时，应查看估价对象的权属证明原件，并应将复印件与原件核对，不得仅凭复印件判断或假定估价对象的权属状况。

3.0.7 估价对象的实地查勘应符合下列规定：

1 应观察、询问、检查、核对估价对象的区位状况、实物状况和权益状况；

2 应拍摄反映估价对象内部状况、外部状况和周围环境状况的照片等影像资料，并应补充搜集估价所需的关于估价对象的其他资料；

3 应制作实地查勘记录，并应记载实地查勘的对象、内容、结果、时间和人员及其签名，记载的内容应真实、客观、准确、完整、清晰。

3.0.8 当无法进入估价对象内部进行实地查勘时，应对估价对象的外部状况和区位状况进行实地查勘，并应在估价报告中说明未进入估价对象内部进行实地查勘及其具体原因。对未进行实地查勘的估价对象内部状况，应作为估价假设中的依据不足假设在估价报告中说明。

3.0.9 在估价中遇有难以解决的复杂、疑难、特殊的估价技术问题时，应寻求相关估价专家或单位提供专业帮助，并应在估价报告中说明。

3.0.10 对估价对象的房屋安全、质量缺陷、环境污染、建筑面积、财务状况等估价专业以外的专业问题，经实地查勘、查阅现有资料或向相关专业领域的专家咨询后，仍难以作出常规判断和相应假设的，应建议估价委托人聘请具有相应资质资格的专业机构或专家先行鉴定或检测、测量、审计等，再以专业机构或专家出具的专业意见为依据进行估价，并应在估价报告中说明。

3.0.11 估价报告在交付估价委托人前，应对其内容和形式等进行审查核定，并应形成审核记录，记载审核的意见、结论、日期和人员及其签名。

3.0.12 估价报告经审核合格后，应由不少于两名参加估价的注册房地产估价师签名及加盖房地产估价机构公章，并应按有关规定和估价委托合同约定交付估价委托人。

3.0.13 估价报告交付估价委托人后，不得擅自改动、更换、删除或销毁下列估价资料：

1 估价报告；

2 估价委托书和估价委托合同；

3 估价所依据的估价委托人提供的资料；

4 估价项目来源和沟通情况记录；

5 估价对象实地查勘记录；

6 估价报告内部审核记录；

7 估价中的不同意见记录；

8 外部专业帮助的专业意见。

3.0.14 房地产估价机构应及时整理和保存估价资料，并应保存到估价服务的行为结束且不得少于 10 年。保存期限应自估价报告出具之日起计算。

4 估 价 方 法

4.1 估价方法选用

4.1.1 选用估价方法时，应根据估价对象及其所在地的房地产市场状况等客观条件，对比较法、收益法、成本法、假设开发法等估价方法进行适用性分析。

4.1.2 估价方法的选用，应符合下列规定：

1 估价对象的同类房地产有较多交易的，应选用比较法。

2 估价对象或其同类房地产通常有租金等经济收入的，应选用收益法。

3 估价对象可假定为独立的开发建设项目进行重新开发建设的，宜选用成本法；当估价对象的同类房地产没有交易或交易很少，且估价对象或其同类房地产没有租金等经济收入时，应选用成本法。

4 估价对象具有开发或再开发潜力且开发完成后的价值可采用除成本法以外的方法测算的，应选用假设开发法。

4.1.3 当估价对象仅适用一种估价方法进行估价时，可只选用一种估价方法进行估价。当估价对象适用两种或两种以上估价方法进行估价时，宜同时选用所有适用的估价方法进行估价，不得随意取舍；当必须取舍时，应在估价报告中说明并陈述理由。

4.2 比较法

4.2.1 运用比较法进行房地产估价时，应按下列步骤进行：

1 搜集交易实例；

2 选取可比实例；

3 建立比较基础；

4 进行交易情况修正；

5 进行市场状况调整；

6 进行房地产状况调整；

7 计算比较价值。

4.2.2 搜集的交易实例信息应满足比较法运用的需要，宜包括下列内容：

1 交易对象基本状况；

2 交易双方基本情况；

3 交易方式；

4 成交日期；

5 成交价格、付款方式、融资条件、交易税费负担情况；

6 交易目的等。

4.2.3 可比实例的选取应符合下列规定：

1 可比实例应从交易实例中选取且不得少于三个；

2 可比实例的交易方式应适合估价目的；

3 可比实例房地产应与估价对象房地产相似；

4 可比实例的成交日期应接近价值时点，与价值时点相差不宜超过一年，且不得超过两年；

5 可比实例的成交价格应为正常价格或可修正为正常价格。

6 在同等条件下，应将位置与估价对象较近、成交日期与价值时点较近的交易实例选为可比实例。

4.2.4 下列特殊交易情况下的交易实例，不宜选为可比实例：

1 利害关系人之间的交易；

2 对交易对象或市场行情缺乏了解的交易；

3 被迫出售或被迫购买的交易；

4 人为哄抬价格的交易；

5 对交易对象有特殊偏好的交易；

6 相邻房地产合并的交易；

7 受迷信影响的交易。

4.2.5 可比实例及其有关信息应真实、可靠，不得虚构。应对可比实例的外部状况和区位状况进行实地查勘，并应在估价报告中说明可比实例的名称、位置及附位置图和外观照片。

4.2.6 选取可比实例后，应建立比较基础，对可比实例的成交价格进行标准化处理。标准化处理应包括统一财产范围、统一付款方式、统一融资条件、统一税费负担和统一计价单位，并应符合下列规定：

1 统一财产范围应对可比实例与估价对象的财产范围进行对比，并应消除因财产范围不同造成的价格差异；

2 统一付款方式应将可比实例不是成交日期或一次性付清的价格，调整为成交日期且一次性付清的价格；

3 统一融资条件应将可比实例在非常规融资条件下的价格，调整为在常规融资条件下的价格；

4 统一税费负担应将可比实例在交易税费非正常负担下的价格，调整为在交易税费正常负担下的价格；

5 统一计价单位应包括统一为总价或单价、楼面地价，统一币种和货币单位，统一面积或体积内涵及计量单位等。不同币种之间的换算宜按国务院金融主管部门公布的成交日期的市场汇率中间价计算。

4.2.7 当满足本规范第 4.2.3 条要求的交易实例少于三个时，在掌握特殊交易情况且能量化其对成交价格影响的情况下，可将特殊交易情况下的交易实例选为可比实例，但应对其进行交易情况修正。修正时，应消除特殊交易情况造成的可比实例成交价格偏差，将可比实例的非正常成交价格修正为正常价格。

4.2.8 进行市场状况调整时，应消除成交日期的市场状况与价值时点的市场状况不同造成的价格差异，将可比实例在其成交日期的价格调整为在价值时点的价格，并应在调查及分析可比实例所在地同类房地产价格变动情况的基础上，采用可比实例所在地同类房地产的价格变动率或价格指数进行调整，且价格变动率或价格指数的来源应真实、可靠。

4.2.9 房地产状况调整应消除可比实例状况与估价对象状况不同造成的价格差异，包括区位状况调整、实物状况调整和权益状况调整。

4.2.10 进行区位状况调整时，应将可比实例在自身区位状况下的价格调整为在估价对象区位状况下的价格，且调整的内容应包括位置、交通、外部配套设施、周围环境等，单套住宅的调整内容还应包括所处楼幢、楼层和朝向。

4.2.11 进行实物状况调整时，应将可比实例在自身实物状况下的价格调整为在估价对象实物状况下的价格。土地实物状况调整的内容应包括土地的面积、形状、地形、地势、地质、土壤、开发程度等；建筑物实物状况调整的内容应包括建筑规模、建筑结构、设施设备、装饰装修、空间布局、建筑功能、外观、新旧程度等。

4.2.12 进行权益状况调整时，应将可比实例在自身权益状况下的价格调整为在估价对象权益状况下的价格，且调整的内容应包括规划条件、土地使用期限、共有情况、用益物权设立情况、担保物权设立情况、租赁或占用情况、拖欠税费情况、查封等形式限制权利情况、权属清晰情况等。

4.2.13 进行区位、实物和权益状况调整时，应将可比实例与估价对象的区位、实物和权益状况因素逐项进行比较，找出它们之间的差异，量化状况差异造成的价格差异，对可比实例的价格进行相应调整。调整的具体内容和比较因素，应根据估价对象的用途等情况确定。

4.2.14 交易情况修正、市场状况调整和房地产状况调整，可根据具体情况，基于总价或单价，采用金额、百分比或回归分析法，通过直接比较或间接比较，对可比实例成交价格进行处理。

4.2.15 进行交易情况修正、市场状况调整、区位状况调整、实物状况调整、权益状况调整时，应符合下列规定：

1 分别对可比实例成交价格的修正或调整幅度不宜超过 20%，共同对可比实例成交价格的修正和调整幅度不宜超过 30%；

2 经修正和调整后的各个可比实例价格中，最高价与最低价的比值不宜大于 1.2；

3 当幅度或比值超出本条规定时，宜更换可比实例；

4 当因估价对象或市场状况特殊，无更合适的可比实例替换时，应在估价报告中说明并陈述理由。

4.2.16 对经修正和调整后的各个可比实例价格，应根据它们之间的差异程度、可比实例房地产与估价对象房地产的相似程度、可比实例资料的可靠程度等情况，选用简单算术平均、加权算术平均等方法计算出比较价值。

4.2.17 比较法的原理和技术，可用于其他的估价方法中有关估价数据的求得。

4.3　收益法

4.3.1　运用收益法进行房地产估价时，应按下列步骤进行：

1　选择具体估价方法；

2　测算收益期或持有期；

3　测算未来收益；

4　确定报酬率或资本化率、收益乘数；

5　计算收益价值。

4.3.2　收益法估价时，应区分报酬资本化法和直接资本化法，并应优先选用报酬资本化法。报酬资本化法估价时，应区分全剩余寿命模式和持有加转售模式。当收益期较长、难以预测该期限内各年净收益时，宜选用持有加转售模式。

4.3.3　选用全剩余寿命模式进行估价时，收益价值应按下式计算：

$$V = \sum_{i=1}^{n} \frac{A_i}{(1 + Y_i)^i} \tag{4.3.3}$$

式中：V——收益价值（元或元/m²）；

A_i——未来第 i 年的净收益（元或元/m²）；

Y_i——未来第 i 年的报酬率（%）；

n——收益期（年）。

4.3.4　选用持有加转售模式进行估价时，收益价值应按下式计算：

$$V = \sum_{i=1}^{t} \frac{A_i}{(1 + Y_i)^i} + \frac{V_t}{(1 + Y_t)^t} \tag{4.3.4}$$

式中：V——收益价值（元或元/m²）；

A_i——期间收益（元或元/m²）；

V_t——期末转售收益（元或元/m²）；

Y_i——未来第 i 年的报酬率（%）；

Y_t——期末报酬率（%）；

t ——持有期（年）。

4.3.5 选用直接资本化法进行估价时，收益价值应按下式
计算：

$$V = \frac{NOI}{R} \qquad (4.3.5)$$

式中：V——收益价值（元或元/m^2）；

NOI——未来第一年的净收益（元或元/m^2）；

R——资本化率（%）。

4.3.6 收益期应根据土地使用权剩余期限和建筑物剩余经济
寿命进行测算，并应符合下列规定：

1 土地使用权剩余期限和建筑物剩余经济寿命同时结束的，
收益期应为土地使用权剩余期限或建筑物剩余经济寿命；

2 土地使用权剩余期限和建筑物剩余经济寿命不同时结束的，
应选取其中较短者为收益期，并应对超出收益期的土地使用权或建
筑物按本规范第4.3.16条的规定处理；

3 评估承租人权益价值的，收益期应为剩余租赁期限。

4.3.7 持有期应根据市场上投资者对同类房地产的典型持有
时间及能预测期间收益的一般期限来确定，并宜为5年~10年。

4.3.8 净收益可通过租赁收入测算的，应优先通过租赁收入
测算，并应符合下列规定：

1 应根据租赁合同和租赁市场资料测算净收益，且净收益应
为有效毛收入减去由出租人负担的运营费用；

2 有效毛收入应为潜在毛租金收入减去空置和收租损失，再
加租赁保证金或押金的利息等各种其他收入，或为租金收入加其他
收入；

3 运营费用应包括房地产税、房屋保险费、物业服务费、管
理费用、维修费、水电费等维持房地产正常使用或营业的必要支

出，并应根据合同租金的内涵决定取舍，其中由承租人负担的部分不应计入；

4 评估承租人权益价值的，净收益应为市场租金减去合同租金。

4.3.9 净收益不可直接通过租赁收入测算的，应根据估价对象的用途等情况，选择下列方式之一测算：

1 商服经营型房地产，应根据经营资料测算净收益，且净收益应为经营收入减去经营成本、经营费用、经营税金及附加、管理费用、财务费用及应归属于商服经营者的利润；

2 生产型房地产，应根据产品市场价格和原材料、人工费用等资料测算净收益，且净收益应为产品销售收入减去生产成本、销售费用、销售税金及附加、管理费用、财务费用及应归属于生产者的利润；

3 自用或尚未使用的房地产，可比照有收益的类似房地产的有关资料按相应方式测算净收益，或通过直接比较调整得出净收益。

4.3.10 收益法估价中收入、费用或净收益的取值，应符合下列规定：

1 除有租约限制且评估出租人权益价值或承租人权益价值中的租金收入外，都应采用正常客观的数据；

2 有租约限制且评估出租人权益价值的，已出租部分在租赁期间应按合同租金确定租金收入，未出租部分和已出租部分在租赁期间届满后应按市场租金确定租金收入；

3 评估出租人权益价值或承租人权益价值时，合同租金明显高于或明显低于市场租金的，应调查租赁合同的真实性，分析解除租赁合同的可能性及其对收益价值的影响。

4.3.11 测算净收益时，价值时点为现在的，应调查估价对象至少最近三年的各年实际收入、费用或净收益等情况。利用估价对象的资料得出的收入、费用或净收益等数据，应与类似房地产在正常情况下的收入、费用或净收益等数据进行比较。当与正常客观的数据有差异时，应进行分析并予以修正。

4.3.12 期末转售收益应为持有期末的房地产转售价格减去转售成本。持有期末的房地产转售价格可采用直接资本化法、比较法等方法来测算。持有期末的转售成本应为转让人负担的销售费用、销售税费等费用和税金。

4.3.13 测算净收益时，应根据净收益过去、现在和未来的变动情况，判断确定未来净收益流量及其类型和对应的收益法公式，并应在估价报告中说明判断确定的结果及理由。

4.3.14 报酬率宜选用下列方法确定：

1 市场提取法：选取不少于三个可比实例，利用其价格、净收益等数据，选用相应的收益法公式，测算报酬率。

2 累加法：以安全利率加风险调整值作为报酬率。安全利率可选用国务院金融主管部门公布的同一时期一年定期存款年利率或一年期国债年利率；风险调整值应为承担额外风险所要求的补偿，并应根据估价对象及其所在地区、行业、市场等存在的风险来确定。

3 投资收益率排序插入法：找出有关不同类型的投资及其收益率、风险程度，按风险大小排序，将估价对象与这些投资的风险程度进行比较，判断、确定报酬率。

4.3.15 资本化率宜采用市场提取法确定。其中的综合资本化率还可根据具体情况，选用下列方法确定：

1 根据房地产的购买资金构成，将抵押贷款资本化率与权益资金资本化率的加权平均数作为综合资本化率，按下式计算：

$$R_0 = M \cdot R_M + (1 - M) \cdot R_E \qquad (4.3.15 - 1)$$

式中：M——贷款价值比（%）；

R_M——抵押贷款资本率（%）；

R_E——权益资金资本化率（%）。

2 根据房地产中土地和建筑物的价值构成，将土地资本化率与建筑物资本化率的加权平均数作为综合资本化率，按下式计算：

$$R_0 = L \cdot R_L + B \cdot R_B \qquad (4.3.15-2)$$

式中：R_0——综合资本化率（%）；

L——土地价值占房地价值的比率（%）；

R_L——土地资本化率（%）；

B——建筑物价值占房地价值的比率（%）；

R_B——建筑物资本化率（%）。

4.3.16 收益价值的计算，应符合下列规定：

1 对土地使用权剩余期限超过建筑物剩余经济寿命的房地产，收益价值应为按收益期计算的价值，加自收益期结束时起计算的剩余期限土地使用权在价值时点的价值。

2 对建筑物剩余经济寿命超过土地使用权剩余期限，且出让合同等约定土地使用权期间届满后无偿收回土地使用权及地上建筑物的非住宅房地产，收益价值应为按收益期计算的价值。

3 对建筑物剩余经济寿命超过土地使用权剩余期限，且出让合同等未约定土地使用权期间届满后无偿收回土地使用权及地上建筑物的房地产，收益价值应为按收益期计算的价值，加建筑物在收益期结束时的价值折现到价值时点的价值。

4 利用土地和建筑物共同产生的净收益计算土地价值时，可按下式计算：

$$V_L = \frac{A_0 - V_B \cdot R_B}{R_L} \qquad (4.3.16-1)$$

式中：V_L——土地价值（元或元/m²）；

A_0——土地和建筑物共同产生的净收益（元或元/m²）；

V_B——建筑物价值（元或元/m²）。

5 利用土地和建筑物共同产生的净收益计算建筑物价值时，可按下式计算：

$$V_B = \frac{A_0 - V_L \cdot R_L}{R_B} \qquad\qquad (4.3.16-2)$$

4.3.17 自收益期结束时起计算的剩余期限土地使用权在价值时点的价值，可根据具体情况，选用下列方法计算：

1 先分别测算自价值时点起计算的剩余期限土地使用权和以收益期为使用期限的土地使用权在价值时点的价值，再将两者相减；

2 先预测自收益期结束时起计算的剩余期限土地使用权在收益期结束时的价值，再将其折现到价值时点。

4.4 成 本 法

4.4.1 运用成本法进行房地产估价时，应按下列步骤进行：

1 选择具体估价路径；

2 测算重置成本或重建成本；

3 测算折旧；

4 计算成本价值。

4.4.2 成本法估价时，对包含土地和建筑物的估价对象，应选择具体估价路径，并应符合下列规定：

1 应根据估价对象状况和土地市场状况，选择房地合估路径或房地分估路径，并应优先选择房地合估路径；

2 当选择房地合估路径时，应把土地当作原材料，模拟房地产开发建设过程，测算房地产重置成本或重建成本；

3 当选择房地分估路径时，应把土地和建筑物当作各自独立的物，分别测算土地重置成本、建筑物重置成本或重建成本。

4.4.3 测算房地产重置成本或重建成本，应符合下列规定：

1 重置成本和重建成本应为在价值时点重新开发建设全新状况的房地产的必要支出及应得利润；

2 房地产的必要支出及应得利润应包括土地成本、建设成本、管理费用、销售费用、投资利息、销售税费和开发利润。

4.4.4 测算土地成本和土地重置成本，可采用比较法、成本法、基准地价修正法等方法，并应符合下列规定：

1 土地成本和土地重置成本应为在价值时点重新购置土地的必要支出，或重新开发土地的必要支出及应得利润；

2 重新购置土地的必要支出应包括土地购置价款和相关税费，重新开发土地的必要支出及应得利润应包括待开发土地成本、土地开发成本、管理费用、销售费用、投资利息、销售税费和开发利润；

3 除估价对象状况相对于价值时点应为历史状况或未来状况外，土地状况应为土地在价值时点的状况，土地使用期限应为自价值时点起计算的土地使用权剩余期限。

4.4.5 测算建筑物重置成本或重建成本，可采用单位比较法、分部分项法、工料测量法等方法，或利用政府或其有关部门公布的房屋重置价格扣除其中包含的土地价值且进行适当调整，并应符合下列规定：

1 对一般的建筑物，或因年代久远、已缺少与旧建筑物相同的建筑材料、建筑构配件和设备，或因建筑技术、工艺改变等使得旧建筑物复原建造有困难的建筑物，宜测算重置成本；

2 对具有历史、艺术、科学价值或代表性的建筑物，宜测算重建成本；

3 建筑物重置成本和重建成本应为在价值时点重新建造全新建筑物的必要支出及应得利润；

4 建筑物的必要支出及应得利润应包括建筑物建设成本、管理费用、销售费用、投资利息、销售税费和开发利润；

5 利用政府或其有关部门公布的房屋重置价格扣除其中包含的土地价值且进行适当调整测算建筑物重置成本或重建成本的，应了解该房屋重置价格的内涵。

4.4.6 各项必要支出及应得利润的测算，应符合下列规定：

1 各项必要支出及应得利润应为正常客观的支出和利润；

2 销售税费和开发利润不应作为投资利息的计算基数；

3 作为投资利息计算基数的各项必要支出的计息期，应分别自其发生时起至建设期结束时止；

4 开发利润应在明确其计算基数和相应开发利润率的基础上，为其计算基数乘以开发建设类似房地产的相应开发利润率。

4.4.7 建筑物折旧应为各种原因造成的建筑物价值减损，并应等于建筑物在价值时点的重置成本或重建成本减去建筑物在价值时点的市场价值，包括物质折旧、功能折旧和外部折旧。

4.4.8 测算建筑物折旧，可选用年龄–寿命法、市场提取法、分解法。

4.4.9 采用年龄–寿命法测算建筑物折旧后价值时，可选用下列方法：

1 直线法：

$$V = C - (C - S) \cdot \frac{t}{N} \qquad (4.4.9-1)$$

2 成新折扣法：

$$V = C \cdot q \qquad (4.4.9-2)$$

式中：V——建筑物折旧后价值（元或元/m²）；

C——建筑物重置成本或重建成本（元或元/m²）；

S——建筑物预计净残值（元或元/m²）；

t——建筑物有效年龄（年）；

N——建筑物经济寿命（年）；

q——建筑物成新率（%）。

4.4.10 建筑物有效年龄应根据建筑物的施工、使用、维护和更新改造等状况，在建筑物实际年龄的基础上进行适当加减调整得出。

4.4.11 建筑物经济寿命应自建筑物竣工时起计算，可在建筑物设计使用年限的基础上，根据建筑物的施工、使用、维护、更新改造等状况及周围环境、房地产市场状况等进行综合分析判断后确定。非住宅建筑物经济寿命晚于土地使用期限结束，且出让合同等约定土地使用权期间届满后无偿收回土地使用权及地上建筑物的，测算建筑物折旧时，应将建筑物经济寿命替换为自建筑物竣工时起至土地使用权期间届满之日止的时间。

4.4.12 采用市场提取法测算建筑物折旧时，应先从交易实例中选取不少于三个含有与估价对象中的建筑物具有类似折旧状况的建筑物作为可比实例，再通过这些可比实例的成交价格减去土地重置成本得到建筑物折旧后价值，然后将建筑物重置成本或重建成本减去建筑物折旧后价值得到建筑物折旧。

4.4.13 采用分解法测算建筑物折旧时，应先把建筑物折旧分成物质折旧、功能折旧、外部折旧等各个组成部分，并应分为可修复折旧和不可修复折旧两类，再分别测算出各个组成部分，然后相加得到建筑物折旧。修复成本小于或等于修复所能带来的房地产价值增加额的，应作为可修复折旧；否则，应作为不可修复折旧。对可修复折旧，应测算修复成本并将其作为折旧额。

4.4.14 测算建筑物折旧时，应到估价对象现场，观察、判断建筑物的实际新旧程度，并应根据建筑物的建成时间和使用、维护、更新改造等情况确定折旧额或成新率。

4.4.15 成本价值的计算，应符合下列规定：

1 对估价对象为包含土地和建筑物的房地产的，房地合估路径的成本价值应为房地产重置成本或重建成本减去建筑物折旧，房地分估路径的成本价值应为土地重置成本加建筑物重置成本或重建成本减去建筑物折旧；

2 对估价对象为土地的，成本价值应为重新开发土地的必要支出及应得利润；

3 对估价对象为建筑物的，成本价值应为建筑物重置成本或重建成本减去建筑物折旧。

4.4.16 在建工程和新近开发完成的房地产，采用成本法估价时可不扣除折旧，但对存在减价因素的，应予以相应的减价调整。

4.4.17 成本法测算出的价值，宜为房屋所有权和土地使用权且不存在租赁、抵押、查封等情况下的价值。当估价对象的权益状况与此不相同时，应对成本法测算出的价值进行相应调整。

4.5 假设开发法

4.5.1 运用假设开发法进行房地产估价时，应按下列步骤进行：

1 选择具体估价方法；

2 选择估价前提；

3 选择最佳开发经营方式；

4 测算后续开发经营期；

5 测算后续开发的必要支出；

6 测算开发完成后的价值；

7 确定折现率或测算后续开发的应得利润；

8 计算开发价值。

4.5.2 假设开发法估价时，应选择具体估价方法，并应符合下列规定：

1 应根据估价对象所处开发建设阶段等情况，选择动态分析法或静态分析法，并应优先选用动态分析法；

2 动态分析法应对后续开发的必要支出和开发完成后的价值进行折现现金流量分析，且不另外测算后续开发的投资利息和应得利润；

3 静态分析法应另外测算后续开发的投资利息和应得利润。

4.5.3 假设开发法的估价前提应根据估价目的、估价对象所处开发建设状态等情况，并应经过分析，选择下列前提之一：

1 业主自行开发前提；

2 自愿转让开发前提；

3 被迫转让开发前提。

4.5.4 选择最佳开发经营方式时，应先调查估价对象状况、估价对象所在地的房地产市场状况等情况，再据此确定未来开发完成后的房地产状况及其经营方式。

4.5.5 后续开发经营期应根据估价对象状况、未来开发完成后的房地产状况、未来开发完成后的房地产经营方式、类似房地产开发项目相应的一般期限、估价前提、估价对象所处开发建设状态、未来房地产市场状况等进行测算。

4.5.6 后续开发的必要支出应根据估价对象状况、未来开发完成后的房地产状况、未来开发完成后的房地产经营方式、估价前提、估价对象所处开发建设状态等来确定，并应符合下列规定：

1 后续开发的必要支出应为将估价对象开发成未来开发完成后的房地产所必须付出的各项成本、费用和税金，动态分析法的构成项目包括后续开发的建设成本、管理费用、销售费用、销售税费等，静态分析法的构成项目还包括后续开发的投资利息。当估价前提为自愿转让开发和被迫转让开发时，构成项目还应包括估价对象取得税费。

2 动态分析法中折现前后续开发的必要支出应为预计其在未来发生时的金额，静态分析法中后续开发的必要支出可为假设其在价值时点发生时的金额。

4.5.7 开发完成后的价值测算，应符合下列规定：

1 不应采用成本法测算；

2 当采用比较法测算时，应先测算开发完成后的房地产单价，再将该单价乘以未来开发完成后的房地产面积或体积等得出开发完成后的房地产总价值；当未来开发完成后的房地产中有不同用途或档次等较大差别时，应分别测算不同部分的单价，再将它们乘以相应的面积或体积等后相加得出开发完成后的房地产总价值。

4.5.8 动态分析法中折现前开发完成后的价值测算，应符合下列规定：

1 应为未来开发完成后的房地产在其开发完成时的价值，但当能预计未来开发完成后的房地产预售或延迟销售时，应为在预售或延迟销售时的价值；

2 应根据类似房地产未来市场价格变动趋势进行预测。

4.5.9 静态分析法中开发完成后的价值，可为假设未来开发完成后的房地产在价值时点的价值。

4.5.10 动态分析法中的折现率，应为类似房地产开发项目所要求的收益率。

4.5.11 静态分析法中后续开发的投资利息的计算基数，应包括估价对象价值或价格和后续开发的建设成本、管理费用、销售费用。当估价前提为自愿转让开发和被迫转让开发时，计算基数还应包括估价对象取得税费。各项计算基数的计息期，应分别自其发生时起至建设期结束时止。

4.5.12 静态分析法中后续开发的应得利润，应在明确其计算基数和相应开发利润率的基础上，为其计算基数乘以类似房地产开发项目的相应开发利润率。

4.5.13 动态分析法的开发价值，应为开发完成后的价值和后续开发的必要支出分别折现到价值时点后相减；静态分析法的开发价值，应为开发完成后的价值减去后续开发的必要支出及应得利润。

4.6 其他估价方法

4.6.1 房地产估价除可选用比较法、收益法、成本法、假设开发法外，还可根据估价目的和估价对象等情况，选用表4.6.1中的其他估价方法。

表 4.6.1 其他估价方法

序号	估价方法	适用范围
1	基准地价修正法	政府或其有关部门已公布基准地价地区的土地估价
2	路线价法	城镇临街商业用地批量估价
3	标准价调整法	大量相似的房地产批量估价
4	多元回归分析法	大量相似的房地产批量估价
5	修复成本法	可修复的房地产价值减损评估
6	损失资本化法	不可修复的房地产价值减损评估
7	价差法	不可修复的房地产价值减损评估，房地产价值增加评估

4.6.2 运用基准地价修正法进行宗地估价时，应按下列步骤进行：

1 搜集有关基准地价的资料；

2 查找估价对象宗地所在位置的基准地价；

3 对基准地价进行市场状况调整；

4 对基准地价进行土地状况调整；

5 计算估价对象宗地价值或价格。

4.6.3 基准地价修正法估价时，应符合下列规定：

1 在将基准地价调整为宗地价值或价格前，应了解基准地价的内涵；

2 对基准地价进行市场状况调整时，应将基准地价在其基准日期的值调整为在价值时点的值，调整的方法与比较法中市场状况调整的方法相同；

3 对基准地价进行土地状况调整时，应将估价对象宗地状况与基准地价对应的土地状况进行比较，根据它们之间的差异对基准地价进行相应调整；

4 运用基准地价修正法评估宗地价值或价格，宜按估价对象所在地对基准地价的有关规定执行。

4.6.4 运用路线价法进行土地估价时，应先在城镇街道上划分路线价区段并设定标准临街深度，再在每个路线价区段内选取一定数量的标准临街宗地并测算其平均单价或楼面地价，然后利用有关调整系数将该平均单价或楼面地价调整为各宗临街土地的价值或价格。

4.6.5 运用标准价调整法进行房地产估价时，应先确定估价范围，对估价范围内的所有被估价房地产进行分组，使同一组内的房地产具有相似性，再在每组内设定标准房地产并测算其价值或价格，然后利用楼幢、楼层、朝向等调整系数，将标准房地产价值或价格调整为各宗被估价房地产的价值或价格。

4.6.6 运用多元回归分析法进行房地产估价时，应先确定估价的范围，对估价范围内的所有被估价房地产进行分组，使同一组内的房地产具有相似性，再在每组内把房地产价值或价格作为因变量，把影响房地产价值或价格的若干因素作为自变量，设定多元回归模型，搜集大量房地产成交价格及其影响因素数据，经过试算优化和分析检验，确定多元回归模型，然后利用该模型计算出各宗被估价房地产的价值或价格。

4.6.7 运用修复成本法进行房地产价值减损评估时，应测算修复的必要支出及应得利润，将其作为房地产的价值减损额。

4.6.8 运用损失资本化法进行房地产价值减损评估时，应先预测未来各年的净收益减少额或收入减少额、运营费用增加额，再计算其现值之和作为房地产的价值减损额。

4.6.9 运用价差法进行房地产价值减损或价值增加评估时，应先分别评估房地产在改变之前状况下的价值和在改变之后状况下的价值，再将两者之差作为房地产的价值减损额或价值增加额。

5 不同估价目的下的估价

5.1 房地产抵押估价

5.1.1 房地产抵押估价，应区分抵押贷款前估价和抵押贷款后重估。

5.1.2 房地产抵押贷款前估价，应包括下列内容：

1 评估抵押房地产假定未设立法定优先受偿权下的价值；

2 调查抵押房地产法定优先受偿权设立情况及相应的法定优先受偿款；

3 计算抵押房地产的抵押价值或抵押净值；

4 分析抵押房地产的变现能力并作出风险提示。

5.1.3 抵押价值和抵押净值评估应遵循谨慎原则，不得高估假定未设立法定优先受偿权下的价值，不得低估法定优先受偿款及预期实现抵押权的费用和税金。

5.1.4 评估待开发房地产假定未设立法定优先受偿权下的价值采用假设开发法的，应选择被迫转让开发前提进行估价。

5.1.5 抵押房地产已出租的，其假定未设立法定优先受偿权下的价值应符合下列规定：

1 合同租金低于市场租金的，应为出租人权益价值；

2 合同租金高于市场租金的，应为无租约限制价值。

5.1.6 抵押房地产的建设用地使用权为划拨方式取得的，应选择下列方式之一评估其假定未设立法定优先受偿权下的价值：

1 直接评估在划拨建设用地使用权下的假定未设立法定优先受偿权下的价值；

2 先评估在出让建设用地使用权下的假定未设立法定优先受偿权下的价值，且该出让建设用地使用权的使用期限应设定为自价值时点起计算的相应用途法定出让最高年限，再减去由划拨建设用地使用权转变为出让建设用地使用权需要缴纳的出让金等费用。

5.1.7 由划拨建设用地使用权转变为出让建设用地使用权需要缴纳的出让金等费用，应按估价对象所在地规定的标准进行测算；估价对象所在地没有规定的，可按同类房地产已缴纳的标准进行估算。

5.1.8 抵押房地产为按份共有的，抵押价值或抵押净值应为抵押人在共有房地产中享有的份额的抵押价值或抵押净值；为共同共有的，抵押价值或抵押净值应为共有房地产的抵押价值或抵押净值。

5.1.9 抵押房地产为享受国家优惠政策购买的，抵押价值或抵押净值应为房地产权利人可处分和收益的份额的抵押价值或抵押净值。

5.1.10 房地产抵押估价用于设立最高额抵押权，且最高额抵押权设立前已存在的债权经当事人同意转入最高额抵押担保的债权范围的，抵押价值或抵押净值可不减去相应的已抵押担保的债权数额，但应在估价报告中说明并对估价报告和估价结果的使用作出相应限制。

5.1.11 在进行续贷房地产抵押估价时，应调查及在估价报告中说明抵押房地产状况和房地产市场状况发生的变化，并应根据已发生的变化情况进行估价。对同一抵押权人的续贷房地产抵押估价，抵押价值、抵押净值可不减去续贷对应的已抵押担保的债权数额，但应在估价报告中说明并对估价报告和估价结果的使用作出相应限制。

5.1.12 房地产抵押贷款后重估，应根据监测抵押房地产市场价格变化、掌握抵押价值或抵押净值变化情况及有关信息披露等的需要，定期或在房地产市场价格变化较快、抵押房地产状况发生较大改变时，对抵押房地产的市场价格或市场价值、抵押价值、抵押净值等进行重新评估，并应为抵押权人提供相关风险提示。

5.1.13 重新评估大量相似的抵押房地产在同一价值时点的市场价格或市场价值、抵押价值、抵押净值，可采用批量估价的方法。

5.2 房地产税收估价

5.2.1 房地产税收估价，应区分房地产持有环节税收估价、房地产交易环节税收估价和房地产开发环节税收估价，并应按相应税种为核定其计税依据进行估价。

5.2.2 房地产税收估价，应兼顾公平、精准、效率和成本。对同类房地产数量较多、相互间具有可比性的房地产，宜优先选用批量估价的方法进行估价。对同类房地产数量较少、相互间可比性差、难以采用批量估价的方法进行估价的房地产，应采用个案估价的方法进行估价。

5.2.3 房地产持有环节税收估价，各宗房地产的价值时点应相同。房地产交易环节税收估价，各宗房地产的价值时点应为各自的成交日期。

5.3 房地产征收、征用估价

5.3.1 房地产征收估价，应区分国有土地上房屋征收评估和集体土地征收评估。

5.3.2 国有土地上房屋征收评估，应区分被征收房屋价值评估、被征收房屋室内装饰装修价值评估、被征收房屋类似房地产市场价格测算、用于产权调换房屋价值评估、因征收房屋造成的搬迁费评估、因征收房屋造成的临时安置费用评估、因征收房屋造成的停产停业损失评估等。

5.3.3 被征收房屋价值评估，应符合下列规定：

1 被征收房屋价值应包括被征收房屋及其占用范围内的土地使用权和属于被征收人的其他不动产的价值；

2 当被征收房屋室内装饰装修价值由征收当事人协商确定或

房地产估价机构另行评估确定时，所评估的被征收房屋价值不应包括被征收房屋室内装饰装修价值，并应在被征收房屋价值评估报告中作出特别说明；

3 被征收房屋价值应为在正常交易情况下，由熟悉情况的交易双方以公平交易方式在房屋征收决定公告之日自愿进行交易的金额，且假定被征收房屋没有租赁、抵押、查封等情况；

4 当被征收房地产为正常开发建设的待开发房地产或因征收已停建、缓建的未完工程且采用假设开发法估价时，应选择业主自行开发前提进行估价；

5 当被征收房地产为非征收原因已停建、缓建的未完工程且采用假设开发法估价时，应选择自愿转让开发前提进行估价。

5.3.4 用于产权调换房屋价值评估，应符合下列规定：

1 用于产权调换房屋价值应包括用于产权调换房屋及其占用范围内的土地使用权和用于产权调换的其他不动产的价值；

2 用于产权调换房屋价值应是在房屋征收决定公告之日的市场价值，当政府或其有关部门对用于产权调换房屋价格有规定的，应按其规定执行。

5.3.5 房地产征用估价，应评估被征用房地产的市场租金，为给予使用上的补偿提供参考依据。并可评估因征用造成的搬迁费用、临时安置费用、停产停业损失；当房地产被征用或征用后毁损的，还可评估被征用房地产的价值减损额；当房地产被征用或征用后灭失的，还可评估被征用房地产的市场价值，为相关补偿提供参考依据。

5.4 房地产拍卖、变卖估价

5.4.1 房地产拍卖估价，应区分司法拍卖估价和普通拍卖估价。

5.4.2 房地产司法拍卖估价，应符合下列规定：

1 应根据最高人民法院的有关规定和人民法院的委托要求，

评估拍卖房地产的市场价值或市场价格、其他特定价值或价格；

2 评估价值的影响因素应包括拍卖房地产的瑕疵，但不应包括拍卖房地产被查封及拍卖房地产上原有的担保物权和其他优先受偿权；

3 人民法院书面说明依法将拍卖房地产上原有的租赁权和用益物权除去后进行拍卖的，评估价值的影响因素不应包括拍卖房地产上原有的租赁权和用益物权，并应在估价报告中作出特别说明；

4 当拍卖房地产为待开发房地产且采用假设开发法估价时，应选择被迫转让开发前提进行估价。

5.4.3 房地产普通拍卖估价，可根据估价委托人的需要，评估市场价值或市场价格、快速变现价值，为确定拍卖标的的保留价提供参考依据。快速变现价值可根据变现时限短于正常销售期的时间长短，在市场价值或市场价格的基础上进行适当减价确定。

5.4.4 房地产变卖估价，宜评估市场价值。

5.5 房地产分割、合并估价

5.5.1 房地产分割、合并估价，应分别以房地产的实物分割、合并为前提，并应分析实物分割、合并对房地产价值或价格的影响。

5.5.2 房地产分割估价，不应简单地将分割前的整体房地产价值或价格按建筑面积或土地面积、体积等进行分摊得出分割后的各部分房地产价值或价格，应对分割后的各部分房地产分别进行估价，并应分析因分割造成的房地产价值或价格增减。

5.5.3 房地产合并估价，不应简单地将合并前的各部分房地产价值或价格相加作为合并后的整体房地产价值或价格，应对合并后的整体房地产进行估价，并应分析因合并造成的房地产价值或价格增减。

5.6 房地产损害赔偿估价

5.6.1 房地产损害赔偿估价，应区分被损害房地产价值减损评估、因房地产损害造成的其他财产损失评估、因房地产损害造成的搬迁费用评估、因房地产损害造成的临时安置费用评估、因房地产损害造成的停产停业损失评估等。

5.6.2 被损害房地产价值减损评估，应符合下列规定：

1 应调查并在估价报告中说明被损害房地产在损害发生前后的状况；

2 应区分并分析、测算、判断可修复和不可修复的被损害房地产价值减损及房地产损害中可修复和不可修复的部分；

3 对可修复的被损害房地产价值减损和房地产损害中可修复的部分，宜采用修复成本法测算其修复成本作为价值减损额；

4 对不可修复的被损害房地产价值减损，应根据估价对象及其所在地的房地产市场状况，分析损失资本化法、价差法等方法的适用性，从中选用适用的方法进行评估。

5.7 房地产保险估价

5.7.1 房地产保险估价，应区分房地产投保时的保险价值评估和保险事故发生后的财产损失评估。

5.7.2 房地产投保时的保险价值评估，宜评估假定在价值时点因保险事故发生而可能遭受损失的房地产的重置成本或重建成本，可选用成本法、比较法。

5.7.3 保险事故发生后的财产损失评估，应调查保险标的在投保时和保险事故发生后的状况，评估因保险事故发生造成的财产损失，可选用修复成本法、价差法、损失资本化法等方法。对其中可修复的部分，宜采用修复成本法测算其修复成本作为财产损失额。

5.8 房地产转让估价

5.8.1 房地产转让估价，应区分转让人需要的估价和受让人需要的估价，并应根据估价委托人的具体需要，评估市场价值或投资价值、卖方要价、买方出价、买卖双方协议价等。

5.8.2 房地产转让估价应调查转让人、受让人对转让对象状况、转让价款支付方式、转让税费负担等转让条件的设定或约定，并应符合下列规定：

1 当转让人、受让人对转让条件有书面设定或约定时，宜评估在其书面设定或约定的转让条件下的价值或价格；

2 当转让人、受让人对转让条件无书面设定、约定或书面设定、约定不明确时，应评估转让对象在价值时点的状况、转让价款在价值时点一次性付清、转让税费正常负担下的价值或价格。

5.8.3 已出租的房地产转让估价，应评估出租人权益价值；转让人书面设定或转让人与受让人书面约定依法将原有的租赁关系解除后进行转让的，可另行评估无租约限制价值，并应在估价报告中同时说明出租人权益价值和无租约限制价值及其使用条件。

5.8.4 以划拨方式取得建设用地使用权的房地产转让估价，估价对象应符合法律、法规规定的转让条件，并应根据国家和估价对象所在地的土地收益处理规定，给出需要缴纳的出让金等费用或转让价格中所含的土地收益。

5.8.5 保障性住房销售价格评估，应根据分享产权、独享产权等产权享有方式，评估市场价值或其他特定价值、价格。对采取分享产权的，宜评估市场价值；对采取独享产权的，宜根据类似商品住房的市场价格、保障性住房的成本价格、保障性住房供应对象的支付能力、政府补贴水平及每套住房所处楼幢、楼层、朝向等保障性住房价格影响因素，测算公平合理的销售价格水平。但国家和保障性住房所在地对保障性住房销售价格确定有特别规定的，应按其规定执行。

5.9 房地产租赁估价

5.9.1 房地产租赁估价，应区分出租人需要的估价和承租人需要的估价，并应根据估价委托人的具体需要，评估市场租金或其他特定租金、承租人权益价值等。

5.9.2 以营利为目的出租划拨建设用地使用权上的房屋租赁估价，应根据国家和估价对象所在地的土地收益处理规定，给出租金中所含的土地收益。

5.9.3 保障性住房租赁价格评估，应根据货币补贴、实物补贴等租金补贴方式，评估市场租金或其他特定租金。对采取货币补贴的，宜评估市场租金；对采取实物补贴的，宜根据类似商品住房的市场租金、保障性住房的成本租金、保障性住房供应对象的支付能力、政府补贴水平及每套住房所处楼幢、楼层、朝向等保障性住房租金影响因素，测算公平合理的租金水平。但国家和保障性住房所在地对保障性住房租赁价格确定有特别规定的，应按其规定执行。

5.10 建设用地使用权出让估价

5.10.1 建设用地使用权出让估价，应区分出让人需要的估价和意向用地者需要的估价。

5.10.2 出让人需要的建设用地使用权出让估价，应根据招标、拍卖、挂牌、协议等出让方式和出让人的具体需要，评估市场价值或相应出让方式的底价。

5.10.3 意向用地者需要的建设用地使用权出让估价，应根据招标、拍卖、挂牌、协议等出让方式和意向用地者的具体需要，评估市场价值或投资价值、相应出让方式的最高报价、最高出价、竞争对手的可能出价等。

5.10.4 建设用地使用权出让估价应调查出让人对交付的土地状况、出让金等费用的支付方式等出让条件的规定，并应符合下列规定：

1 当出让人对出让条件有明文规定时，应评估在其明文规定的出让条件下的价值或价格；

2 当出让人对出让条件无明文规定或规定不明确时，宜评估在价值时点的土地状况、出让金等费用在价值时点一次性付清等条件下的价值或价格。

5.10.5 当出让人需要的建设用地使用权出让估价采用假设开发法时，宜选择自愿转让开发前提进行估价。

5.10.6 当意向用地者需要的建设用地使用权出让估价采用假设开发法时，应符合下列规定：

1 当土地未被任何意向用地者占有时，应选择自愿转让开发前提进行估价；

2 当土地已被该意向用地者占有时，应选择介于业主自行开发与自愿转让开发之间的某种前提进行估价；

3 当土地已被其他意向用地者占有时，应选择介于自愿转让开发与被迫转让开发之间的某种前提进行估价。

5.11 房地产投资基金物业估价

5.11.1 房地产投资基金物业估价，应区分房地产投资信托基金物业评估、其他房地产投资基金物业估价。

5.11.2 房地产投资信托基金物业评估，根据房地产投资信托基金发行上市、运营管理、退出市场及相关信息披露等的需要，可包括下列全部或部分内容：

1 信托物业状况评价；

2 信托物业市场调研；

3 信托物业价值评估。

5.1.3 信托物业价值评估，应符合下列规定：

1 应对信托物业的市场价值或其他价值、价格进行分析、测算和判断，并提供相关专业意见；

2 宜采用报酬资本化法中的持有加转售模式；

3 应遵循一致性原则，当为同一估价目的对同一房地产投资信托基金的同类物业在同一价值时点的价值或价格进行评估时，应采用相同的估价方法；

4 应遵循一贯性原则，当为同一估价目的对同一房地产投资信托基金的同一物业在不同价值时点的价值或价格进行评估时，应采用相同的估价方法；

5 当未遵循一致性原则或一贯性原则而采用不同的估价方法时，应在估价报告中说明并陈述理由。

5.11.4 已出租的信托物业价值评估，应进行租赁状况调查和分析，查看估价对象的租赁合同原件，并应与执行财务、法律尽职调查的专业人员进行沟通，从不同的信息来源交叉检查估价委托人提供的租赁信息的真实性和客观性。

5.11.5 信托物业状况评价，应对信托物业的实物状况、权益状况和区位状况进行调查、描述、分析和评定，并提供相关专业意见。

5.11.6 信托物业市场调研，应对信托物业所在地区的经济社会发展状况、房地产市场状况及信托物业自身有关市场状况进行调查、描述、分析和预测，并提供相关专业意见。

5.11.7 其他房地产投资基金物业估价，应根据具体情况，按相应估价目的的房地产估价进行。

5.12 为财务报告服务的房地产估价

5.12.1 为财务报告服务的房地产估价，应区分投资性房地产公允价值评估，作为存货的房地产可变现净值评估，存在减值迹象的房地产可回收金额评估，受赠、合并对价分摊等涉及的房地产入账价值评估，境外上市公司的固定资产重估等。

5.12.2 从事为财务报告服务的房地产估价业务时，应与估价委托人及执行审计业务的注册会计师进行沟通，熟悉相关会计准则、会计制度，了解相关会计确认、计量和报告的要求，理解公允价值、现值、可变现净值、重置成本、历史成本等会计计量属性及其与房地产估价相关价值、价格的联系和区别。

5.12.3 为财务报告服务的房地产估价，应根据相关要求，选择相应的资产负债表日、减值测试日、购买日、转换当日、首次执行日等某一特定日期为价值时点。

5.12.4 为财务报告服务的房地产估价，应根据相应的公允价值、现值、可变现净值、重置成本、历史成本等会计计量属性，选用比较法、收益法、假设开发法、成本法等方法评估相应的价值或价格。对采用公允价值计量的，应评估市场价值。

5.13 企业各种经济活动涉及的房地产估价

5.13.1 企业各种经济活动涉及的房地产估价，应区分用房地产作价出资设立企业、企业改制、上市、资产重组、资产置换、收购资产、出售资产、产权转让、对外投资、合资、合作、租赁、合并、分立、清算、抵债等经济活动涉及的房地产估价。

5.13.2 企业各种经济活动涉及的房地产估价，应在界定房地产和其他资产范围的基础上，明确估价对象的财产范围。

5.13.3 企业各种经济活动涉及的房地产估价，应根据企业经济活动的类型，按相应估价目的的房地产估价进行。对房地产权属发生转移的，应按相应的房地产转让行为进行估价。

5.13.4 企业各种经济活动涉及的房地产估价，应调查估价对象合法改变用途的可能性，并应分析、判断以"维持现状前提"或"改变用途前提"进行估价。

5.13.5 企业破产清算等强制处分涉及的房地产估价，评估价值的影响因素应包括估价对象的通用性、可分割转让性，改变用途、更新改造等的合法性和可能性及变现时限、对潜在购买者范围的限制等。

5.14 房地产纠纷估价

5.14.1 房地产纠纷估价，应对有争议的房地产评估价值、赔偿金额、补偿金额、交易价格、市场价格、租金、成本、费用分摊、价值分配等进行鉴别和判断，提出客观、公平、合理的鉴定意见，为和解、调解、仲裁、行政裁决、行政复议、诉讼等方式解决纠纷提供参考依据或证据。

5.14.2 房地产纠纷估价，应根据纠纷的类型，按相应估价目的的房地产估价进行。

5.14.3 房地产纠纷估价，应了解纠纷双方的利益诉求，估价结果应平衡纠纷双方的利益，有利于化解纠纷。

5.15 其他目的的房地产估价

5.15.1 其他目的的房地产估价，应区分分家析产估价，为出境提供财产证明的估价，为行政机关处理、纪律检查部门查处检察机关立案等服务的估价，改变土地使用条件补地价评估，国有土地上房屋征收预评估等。

5.15.2 分家析产估价，应符合下列规定：

1 应区分财产分割的分家析产估价和财产不分割的分家析产估价；

2 财产分割的分家析产估价，应按本规范对房地产分割估价的规定执行；

3 财产不分割的分家析产估价，宜评估财产的市场价值。

5.15.3 为出境提供财产证明的估价，应评估财产的市场价值。

5.15.4 为行政机关处理、纪律检查部门查处、检察机关立案等服务的估价，应慎重确定价值时点等估价基本事项。

5.15.5 改变土地使用条件补地价评估，应调查变更土地用途、调整容积率、延长土地使用期限等改变土地使用条件需要补缴地价的原因，明确需要补缴的地价的内涵，以相关部门同意补缴地价的日期为价值时点，评估新土地使用条件下的总地价和原土地使用条件下的总地价，以该两者的差额作为评估出的需要补缴的地价。但国家和需要补缴地价的建设用地使用权所在地对需要补缴的地价确定有特别规定的，应按其规定执行。

5.15.6 国有土地上房屋征收预评估，应为编制征收补偿方案、确定征收补偿费用或政府作出房屋征收决定等服务，可按本规范对国有土地上房屋征收评估的规定进行，但不得替代国有土地上房屋征收评估。

6 估价结果

6.0.1 估价结果应包括评估价值和相关专业意见。

6.0.2 在确定评估价值前，应对所选用的估价方法的测算结果进行校核。同时选用两种或两种以上估价方法进行估价的，还应对不同估价方法的测算结果进行比较分析。

6.0.3 在对测算结果进行校核和比较分析时，应做下列检查，找出测算结果存在的差错和造成各个测算结果之间差异的原因，并应改正错误，消除不合理的差异：

1 估价计算的正确性；

2 估价基础数据的正确性；

3 估价参数的合理性；

4 估价计算公式的恰当性；

5 不同估价方法的估价对象财产范围的一致性；

6 不同估价方法的估价前提的一致性；

7 估价方法的适用性；

8 估价假设的合理性；

9 估价依据的正确性；

10 估价原则的正确性；

11 房地产市场状况的特殊性。

6.0.4 估价基础数据和估价参数的来源或确定的依据或方法应在估价报告中说明。估价参数应优先选用房地产估价行业组织公布的估价参数；不选用的，应在估价报告中陈述理由。

6.0.5 综合测算结果的确定，应符合下列规定：

1 对同时选用两种或两种以上估价方法进行估价的，应在确认各个测算结果无差错及其之间差异的合理性后，根据估价目的及不同估价方法的适用程度、数据可靠程度、测算结果之间差异程度等情况，选用简单算术平均、加权算术平均等方法得出综合测算结果，并应在估价报告中说明得出综合测算结果的方法和理由；

2 对选用一种估价方法进行估价的，应在确认测算结果无差错后，将其作为综合测算结果。

6.0.6 最终评估价值的确定，应符合下列规定：

1 应根据未能在综合测算结果中反映的价值或价格影响因素，对综合测算结果进行适当调整后确定最终评估价值，并应在估价报告中陈述调整的理由；

2 当确认不存在未能在综合测算结果中反映的价值或价格影响因素时，可直接将综合测算结果确定为最终评估价值；

3 最终评估价值的精度应满足估价目的需要的精度，并应将其误差控制在合理范围内。

7 估 价 报 告

7.0.1 估价报告应采取书面形式，并应真实、客观、准确、完整、清晰、规范。

7.0.2 叙述式估价报告应包括下列部分：

1 封面；

2 致估价委托人函；

3 目录；

4 估价师声明；

5 估价假设和限制条件；

6 估价结果报告；

7 估价技术报告；

8 附件。

7.0.3 房地产抵押贷款前估价报告，应包括估价对象变现能力分析与风险提示。

7.0.4 根据估价委托人的需要或有关要求，可在完整的估价报告的基础上形成估价报告摘要。

7.0.5 估价技术报告可按估价委托合同约定不向估价委托人提供。

7.0.6 封面应包括下列内容：

1 估价报告名称，宜为房地产估价报告，也可结合估价对象和估价目的给估价报告命名；

2 估价报告编号，应反映估价机构简称、估价报告出具年份，并应按顺序编号数，不得重复、遗漏、跳号；

3 估价项目名称，应根据估价对象的名称或位置和估价目的，提炼出简洁的名称；

4 估价委托人，当为单位时，应写明其名称；当为个人时，应写明其姓名；

5 房地产估价机构，应写明其名称；

6 注册房地产估价师，应写明所有参加估价的注册房地产估价师的姓名和注册号；

7 估价报告出具日期，应与致估价委托人函中的致函日期一致。

7.0.7 致估价委托人函应包括下列内容：

1 致函对象，应写明估价委托人的名称或姓名；

2 估价目的，应写明估价委托人对估价报告的预期用途，或估价是为了满足估价委托人的何种需要；

3 估价对象，应写明估价对象的财产范围及名称、坐落、规模、用途、权属等基本状况；

4 价值时点，应写明所评估的估价对象价值或价格对应的时间；

5 价值类型，应写明所评估的估价对象价值或价格的名称当所评估的估价对象价值或价格无规范的名称时，应写明其定义或内涵；

6 估价方法，应写明所采用的估价方法的名称；

7 估价结果，应写明最终评估价值的总价，并应注明其大写金额；除估价对象无法用单价表示外，还应写明最终评估价值的单价；

8 特别提示，应写明与评估价值和使用估价报告、估价结果有关的引起估价委托人和估价报告使用者注意的事项；

9 致函日期，应注明致函的年、月、日。

7.0.8 致估价委托人函应加盖房地产估价机构公章，不得以其他印章代替；法定代表人或执行事务合伙人宜在其上签名或盖章。

7.0.9 目录应按前后次序列出下列估价报告各个组成部分的名称及对应的页码：

1 估价师声明；

2 估价假设和限制条件；

3 估价结果报告；

4 估价技术报告；

5 附件。

7.0.10 估价结果报告、估价技术报告和附件的各个组成部分，应在估价报告的目录中按前后次序列出其名称及对应的页码。

7.0.11 当按估价委托合同约定不向估价委托人提供估价技术报告时，估价报告的目录中可不列出估价技术报告及其各个组成部分，但在估价技术报告中应有单独的目录，且该目录中应按前后次序列出估价技术报告各个组成部分的名称及对应的页码。

7.0.12 估价师声明应写明所有参加估价的注册房地产估价师

对其估价职业道德、专业胜任能力和勤勉尽责估价的承诺和保证。不得将估价师声明的内容与估价假设和限制条件的内容相混淆，或把估价师声明变成注册房地产估价师和房地产估价机构的免责声明。

7.0.13 鉴证性估价报告的估价师声明应包括下列内容：

1 注册房地产估价师在估价报告中对事实的说明是真实和准确的，没有虚假记载、误导性陈述和重大遗漏；

2 估价报告中的分析、意见和结论是注册房地产估价师独立、客观、公正的专业分析、意见和结论，但受到估价报告中已说明的估价假设和限制条件的限制；

3 注册房地产估价师与估价报告中的估价对象没有现实或潜在的利益，与估价委托人及估价利害关系人没有利害关系，也对估价对象、估价委托人及估价利害关系人没有偏见；

4 注册房地产估价师是按照有关房地产估价标准的规定进行估价工作，撰写估价报告。

7.0.14 非鉴证性估价报告的估价师声明的内容，可根据实际情况对鉴证性估价报告的估价师声明的内容进行适当增减。

7.0.15 估价假设应针对估价对象状况等估价前提，作出必要、合理且有依据的假定，不得为了规避应尽的检查资料、调查情况等勤勉尽责估价义务或为了高估、低估估价对象的价值或价格而滥用估价假设。

7.0.16 估价假设和限制条件应说明下列内容：

1 一般假设，应说明对估价所依据的估价对象的权属、面积、用途等资料进行了检查，在无理由怀疑其合法性、真实性、准确性和完整性且未予以核实的情况下，对其合法、真实、准确和完整的合理假定；对房屋安全、环境污染等影响估价对象价值或价格的重大因素给予了关注，在无理由怀疑估价对象存在安全隐患且无相应的专业机构进行鉴定、检测的情况下，对其安全的合理假定等。

2 未定事项假设，应说明对估价所必需的尚未明确或不够明确的土地用途、容积率等事项所做的合理的、最可能的假定。当估价对象无未定事项时，应无未定事项假设。

3 背离事实假设，应说明因估价目的的特殊需要、交易条件设定或约定，对估价对象状况所做的与估价对象的实际状况不一致的合理假定。当估价设定的估价对象状况与估价对象的实际状况无不一致时，应无背离事实假设。

4 不相一致假设，应说明在估价对象的实际用途、登记用途、规划用途等用途之间不一致，或不同权属证明上的权利人之间不一致，估价对象的名称或地址不一致等情况下，对估价所依据的用途或权利人、名称、地址等的合理假定。当估价对象状况之间无不一致时，应无不相一致假设。

5 依据不足假设，应说明在估价委托人无法提供估价所必需的反映估价对象状况的资料及注册房地产估价师进行了尽职调查仍然难以取得该资料的情况下，缺少该资料及对相应的估价对象状况的合理假定。当无依据不足时，应无依据不足假设。

6 估价报告使用限制，应说明估价报告和估价结果的用途、使用者、使用期限等使用范围及在使用估价报告和估价结果时需要注意的其他事项。其中的估价报告使用期限应自估价报告出具之日起计算，根据估价目的和预计估价对象的市场价格变化程度确定，不宜超过一年。

7.0.17 估价结果报告应包括下列内容：

1 估价委托人，当为单位时，应写明其名称、住所和法定代表人姓名；当为个人时，应写明其姓名和住址。

2 房地产估价机构，应写明房地产估价机构的名称、住所、法定代表人或执行事务合伙人姓名、资质等级和资质证书编号。

3 估价目的，应说明估价委托人对估价报告的预期用途，或估价是为了满足估价委托人的何种需要。

4 估价对象，应概要说明估价对象的财产范围及名称、坐落、规模、用途、权属等基本状况；对土地基本状况的说明，还应包括四至、形状、开发程度、土地使用期限；对建筑物基本状况的说明，还应包括建筑结构、设施设备、装饰装修、新旧程度。

5 价值时点，应说明所评估的估价对象价值或价格对应的时间及其确定的简要理由。

6 价值类型，应说明所评估的估价对象价值或价格的名称、定义或内涵。

7 估价原则，应说明所遵循的估价原则的名称、定义或内涵。

8 估价依据，应说明估价所依据的有关法律、法规和政策，有关估价标准，估价委托书、估价委托合同、估价委托人提供的估价所需资料，房地产估价机构、注册房地产估价师掌握和搜集的估价所需资料。

9 估价方法，应说明所采用的估价方法的名称和定义。当按估价委托合同约定不向估价委托人提供估价技术报告时，还应说明估价测算的简要内容。

10 估价结果，应符合下列要求：

1） 除房地产抵押估价外，当估价对象为单宗房地产时，可按表7.0.17-1说明不同估价方法的测算结果和最终评估价值：

表7.0.17-1 估价结果汇总表

币种：

相关结果	估价方法			
测算结果	总价（元或万元）			
	单价（元/m²）			
评估价值	总价（元或万元）			
	单价（元/m²）			

2）除房地产抵押估价外，当估价对象为多宗房地产时，可按表 7.0.17-2 说明不同估价方法的测算结果和最终评估价值；

表 7.0.17-2 估价结果汇总表

币种：

估价对象及结果	估价方法及结果	测算结果		估价结果
估价对象 1	总价（元或万元）			
	单价（元/m²）			
估价对象 2	总价（元或万元）			
	单价（元/m²）			
估价对象 3	总价（元或万元）			
	平均单价（元/m²）			
……	总价（元或万元）			
	单价（元/m²）			
汇总评估价值	总价（元或万元）			
	单价（元/m²）			

3）房地产抵押估价中假定未设立法定优先受偿权下的价值，可按表 7.0.17-1 或表 7.0.17-2 说明不同估价方法的测算结果和最终评估价值；

4）房地产抵押价值评估结果，可按表 7.0.17-3 说明最终评估价值；

表 7.0.17-3 房地产抵押价值评估结果汇总表

币种：

项目及结果	评估对象	估价对象1	估价对象2	估价对象3	……
1. 假定未设立法定优先受偿权下的价值	总价（元或万元）				
	单价（元/m²）				
2. 估价师知悉的法定优先受偿款	总额（元或万元）				
2.1 已抵押担保的债权数额	总额（元或万元）				
2.2 拖欠的建设工程价款	总额（元或万元）				
2.3 其他法定优先受偿款	总额（元或万元）				
3. 抵押价值	总价（元或万元）				
	单价（元/m²）				

5） 当估价对象无法用单价表示时，最终评估价值可不注明单价，除此之外的最终评估价值均应注明单价和总价，且总价应注明大写金额；

6） 当最终评估价值的币种为外币时，应说明国务院金融主管部门公布的价值时点的人民币市场汇率中间价，并应注明最终评估价值的单价和总价所折合的人民币价值。

11 注册房地产估价师，应按表 7.0.17-4 写明所有参加估价的注册房地产估价师的姓名和注册号，并应由本人签名及注明签名日期，不得以个人印章代替签名。

表7.0.17-4 参加估价的注册房地产估价师

姓　名	注册号	签　名	签名日期
			年　月　日
			年　月　日
			年　月　日

12 实地查勘期，应说明实地查勘估价对象的起止日期，具体为自进入估价对象现场之日起至完成实地查勘之日止。

13 估价作业期，应说明估价工作的起止日期，具体为自受理估价委托之日起至估价报告出具之日止。

7.0.18 估价技术报告应包括下列内容：

1 估价对象描述与分析，应有针对性地较详细说明、分析估价对象的区位、实物和权益状况。区位状况应包括位置、交通、外部配套设施、周围环境等状况，单套住宅的区位状况还应包括所处楼幢、楼层和朝向。土地实物状况应包括土地的面积、形状、地形、地势、地质、土壤、开发程度等；建筑物实物状况应包括建筑规模、建筑结构、设施设备、装饰装修、空间布局、建筑功能、外观、新旧程度等。权益状况应包括用途、规划条件、所有权、土地使用权、共有情况、用益物权设立情况、担保物权设立情况、租赁或占用情况、拖欠税费情况、查封等形式限制权利情况、权属清晰情况等。

2 市场背景描述与分析，应简要说明估价对象所在地区的经济社会发展状况和房地产市场总体状况，并应有针对性地较详细说明、分析过去、现在和可预见的未来同类房地产的市场状况。

3 估价对象最高最佳利用分析，应说明以估价对象的最高最佳利用状况为估价前提，并应有针对性地较详细分析、说明估价对象的最高最佳利用状况。当估价对象已为某种利用时，应从维持现状、更新改造、改变用途、改变规模、重新开发及它们的某种组合或其他特殊利用中分析、判断何种利用为最高最佳利用。当根据估价目的不以最高最佳利用状况为估价前提时，可不进行估价对象最高最佳利用分析。

4 估价方法适用性分析，应逐一分析比较法、收益法、成本法、假设开发法等估价方法对估价对象的适用性。对理论上不适用而不选用的，应简述不选用的理由；对理论上适用但客观条件不具备而不选用的，应充分陈述不选用的理由；对选用的估价方法，应简述选用的理由并说明其估价技术路线。

5 估价测算过程，应详细说明所选用的估价方法的测算步骤、计算公式和计算过程及其中的估价基础数据和估价参数的来源或确定依据等。

6 估价结果确定，应说明不同估价方法的测算结果和最终评估价值，并应详细说明最终评估价值确定的方法和理由。

7.0.19 附件应包括下列内容：

1 估价委托书复印件。

2 估价对象位置图。

3 估价对象实地查勘情况和相关照片，应说明对估价对象进行了实地查勘及进行实地查勘的注册房地产估价师。因本规范第3.0.8条规定的情形未能进入估价对象内部进行实地查勘的，应说明未进入估价对象内部进行实地查勘及其具体原因。相关照片应包括估价对象的内部状况、外部状况和周围环境状况的照片。因本规范第3.0.8条规定的情形未能进入估价对象内部进行实地查勘的，可不包括估价对象的内部状况照片。

4 估价对象权属证明复印件。当估价委托人不是估价对象权利人且估价报告为非鉴证性估价报告时，可不包括估价对象权属证明复印件，但应说明无估价对象权属证明复印件的具体原因，并将估价对象权属状况作为估价假设中的依据不足假设在估价报告中说明。

5 估价对象法定优先受偿款调查情况，应说明对估价对象法定优先受偿权设立情况及相应的法定优先受偿款进行了调查，并应提供反映估价对象法定优先受偿款的资料。当不是房地产抵押估价报告时，可不包括该情况。

6 可比实例位置图和外观照片。当未采用比较法进行估价时，可不包括该图和照片。

7 专业帮助情况和相关专业意见，应符合下列规定：

1）当有本规范第3.0.9条规定的情形时，应说明有专业帮助，并应说明专业帮助的内容及提供专业帮助的专家或单位的姓名或名称，相关资格、职称或资质；

2）当有本规范第3.0.10条规定的情形时，应提供相关专业意见复印件，并应说明出具相关专业意见的专业机构或专家的名称或姓名，相关资质或资格、职称；

3）当没有专业帮助或未依据相关专业意见时，应说明没有专业帮助或未依据相关专业意见。

8 估价所依据的其他文件资料。

9 房地产估价机构营业执照和估价资质证书复印件。

10 注册房地产估价师估价资格证书复印件。

7.0.20 估价对象变现能力分析与风险提示，应较详细分析、说明估价对象的通用性、独立使用性、可分割转让性、区位、开发程度、价值大小及房地产市场状况等影响估价对象变现能力的因素及其对变现能力的影响，假定估价对象在价值时点拍卖或变卖时最可能实现的价格与其市场价值或市场价格的差异程度，变现的时间长短及费用、税金的种类和清偿顺序；预期可能导致估价对象抵押价值或抵押净值下跌的因素及其对估价对象抵押价值或抵押净值的影响，未来可能产生的房地产信贷风险关注点等。当不是房地产抵押估价报告时，可不包括估价对象变现能力分析与风险提示。

7.0.21 当为成套住宅抵押估价或基于同一估价目的的大量相

似的房地产批量估价时，估价报告可采取表格形式。

7.0.22 估价报告应做到图文并茂。纸质估价报告应装订成册，纸张大小宜采用尺寸为 210mm×297mm 的 A4 纸规格。

8 估价职业道德

8.0.1 房地产估价师和房地产估价机构应回避与自己、近亲属、关联方及其他利害关系人有利害关系或与估价对象有利益关系的估价业务。

8.0.2 房地产估价师和房地产估价机构不得承接超出自己专业胜任能力和本机构业务范围的估价业务，对部分超出自己专业胜任能力的工作，应聘请具有相应专业胜任能力的专家或单位提供专业帮助。

8.0.3 房地产估价师和房地产估价机构应正直诚实，不得作任何虚假的估价，不得按估价委托人或其他个人、单位的高估或低估要求进行估价，且不得按预先设定的价值或价格进行估价。

8.0.4 房地产估价师和房地产估价机构应勤勉尽责，应搜集合法、真实、准确、完整的估价所需资料，且应对搜集的估价所需资料进行检查，并应对估价对象进行实地查勘。

8.0.5 房地产估价师和房地产估价机构在估价假设等重大估价事项上，应向估价委托人清楚说明，使估价委托人了解估价的限制条件及估价报告、估价结果的使用限制。

8.0.6 房地产估价师和房地产估价机构应保守在执业活动中知悉的国家秘密、商业秘密，不得泄露个人隐私；应妥善保管估价委托人提供的资料，未经估价委托人同意，不得擅自将其提供给其他个人和单位。

8.0.7 房地产估价师和房地产估价机构应维护自己的良好社会形象及房地产估价行业声誉，不得采取迎合估价委托人或估价利害关系人不当要求、恶性压价、支付回扣、贬低同行、虚假宣传等不正当手段招揽估价业务，不得索贿、受贿或利用开展估价业务之便谋取不正当利益。

8.0.8 房地产估价师和房地产估价机构不得允许其他个人和单位以自己的名义从事估价业务，不得以估价者身份在非自己估价的估价报告上签名、盖章，不得以其他房地产估价师、房地产估价机构的名义从事估价业务。

本规范用词说明

1 为便于在执行本规范条文时区别对待，对要求严格程度不同的用词说明如下：

1) 表示很严格，非这样做不可的：

正面词采用"必须"，反面词采用"严禁"；

2) 表示严格，在正常情况下均应这样做的：

正面词采用"应"，反面词采用"不应"或"不得"；

3) 表示允许稍有选择，在条件许可时首先应这样做的：

正面词采用"宜"，反面词采用"不宜"；

4) 表示有选择，在一定条件下可以这样做的，采用"可"。

2 条文中指明应按其他有关标准执行时的写法为："应符合……的规定"或"应按……执行"。

国有土地上房屋征收评估办法

（2011 年 6 月 3 日　建房〔2011〕77 号）

第一条　为规范国有土地上房屋征收评估活动，保证房屋征收评估结果客观公平，根据《国有土地上房屋征收与补偿条例》，制定本办法。

第二条 评估国有土地上被征收房屋和用于产权调换房屋的价值，测算被征收房屋类似房地产的市场价格，以及对相关评估结果进行复核评估和鉴定，适用本办法。

第三条 房地产价格评估机构、房地产估价师、房地产价格评估专家委员会（以下称评估专家委员会）成员应当独立、客观、公正地开展房屋征收评估、鉴定工作，并对出具的评估、鉴定意见负责。

任何单位和个人不得干预房屋征收评估、鉴定活动。与房屋征收当事人有利害关系的，应当回避。

第四条 房地产价格评估机构由被征收人在规定时间内协商选定；在规定时间内协商不成的，由房屋征收部门通过组织被征收人按照少数服从多数的原则投票决定，或者采取摇号、抽签等随机方式确定。具体办法由省、自治区、直辖市制定。

房地产价格评估机构不得采取迎合征收当事人不当要求、虚假宣传、恶意低收费等不正当手段承揽房屋征收评估业务。

第五条 同一征收项目的房屋征收评估工作，原则上由一家房地产价格评估机构承担。房屋征收范围较大的，可以由两家以上房地产价格评估机构共同承担。

两家以上房地产价格评估机构承担的，应当共同协商确定一家房地产价格评估机构为牵头单位；牵头单位应当组织相关房地产价格评估机构就评估对象、评估时点、价值内涵、评估依据、评估假设、评估原则、评估技术路线、评估方法、重要参数选取、评估结果确定方式等进行沟通，统一标准。

第六条 房地产价格评估机构选定或者确定后，一般由房屋征收部门作为委托人，向房地产价格评估机构出具房屋征收评估委托书，并与其签订房屋征收评估委托合同。

房屋征收评估委托书应当载明委托人的名称、委托的房地产价格评估机构的名称、评估目的、评估对象范围、评估要求以及委托日期等内容。

房屋征收评估委托合同应当载明下列事项：

（一）委托人和房地产价格评估机构的基本情况；

（二）负责本评估项目的注册房地产估价师；

（三）评估目的、评估对象、评估时点等评估基本事项；

（四）委托人应提供的评估所需资料；

（五）评估过程中双方的权利和义务；

（六）评估费用及收取方式；

（七）评估报告交付时间、方式；

（八）违约责任；

（九）解决争议的方法；

（十）其他需要载明的事项。

第七条　房地产价格评估机构应当指派与房屋征收评估项目工作量相适应的足够数量的注册房地产估价师开展评估工作。

房地产价格评估机构不得转让或者变相转让受托的房屋征收评估业务。

第八条　被征收房屋价值评估目的应当表述为"为房屋征收部门与被征收人确定被征收房屋价值的补偿提供依据，评估被征收房屋的价值"。

用于产权调换房屋价值评估目的应当表述为"为房屋征收部门与被征收人计算被征收房屋价值与用于产权调换房屋价值的差价提供依据，评估用于产权调换房屋的价值"。

第九条　房屋征收评估前，房屋征收部门应当组织有关单位对被征收房屋情况进行调查，明确评估对象。评估对象应当全面、客观，不得遗漏、虚构。

房屋征收部门应当向受托的房地产价格评估机构提供征收范围内房屋情况，包括已经登记的房屋情况和未经登记建筑的认定、处理结果情况。调查结果应当在房屋征收范围内向被征收人公布。

对于已经登记的房屋，其性质、用途和建筑面积，一般以房屋权属证书和房屋登记簿的记载为准；房屋权属证书与房屋登记簿的记载不一致的，除有证据证明房屋登记簿确有错误外，以房屋登记簿为准。对于未经登记的建筑，应当按照市、县级人民政府的认定、处理结果进行评估。

第十条 被征收房屋价值评估时点为房屋征收决定公告之日。

用于产权调换房屋价值评估时点应当与被征收房屋价值评估时点一致。

第十一条 被征收房屋价值是指被征收房屋及其占用范围内的土地使用权在正常交易情况下，由熟悉情况的交易双方以公平交易方式在评估时点自愿进行交易的金额，但不考虑被征收房屋租赁、抵押、查封等因素的影响。

前款所述不考虑租赁因素的影响，是指评估被征收房屋无租约限制的价值；不考虑抵押、查封因素的影响，是指评估价值中不扣除被征收房屋已抵押担保的债权数额、拖欠的建设工程价款和其他法定优先受偿款。

第十二条 房地产价格评估机构应当安排注册房地产估价师对被征收房屋进行实地查勘，调查被征收房屋状况，拍摄反映被征收房屋内外部状况的照片等影像资料，做好实地查勘记录，并妥善保管。

被征收人应当协助注册房地产估价师对被征收房屋进行实地查勘，提供或者协助搜集被征收房屋价值评估所必需的情况和资料。

房屋征收部门、被征收人和注册房地产估价师应当在实地查勘记录上签字或者盖章确认。被征收人拒绝在实地查勘记录上签字或者盖章的，应当由房屋征收部门、注册房地产估价师和无利害关系的第三人见证，有关情况应当在评估报告中说明。

第十三条 注册房地产估价师应当根据评估对象和当地房地产市场状况，对市场法、收益法、成本法、假设开发法等评估方法进行适用性分析后，选用其中一种或者多种方法对被征收房屋价值进行评估。

被征收房屋的类似房地产有交易的，应当选用市场法评估；被征收房屋或者其类似房地产有经济收益的，应当选用收益法评估；被征收房屋是在建工程的，应当选用假设开发法评估。

可以同时选用两种以上评估方法评估的，应当选用两种以上评估方法评估，并对各种评估方法的测算结果进行校核和比较分析后，合理确定评估结果。

第十四条　被征收房屋价值评估应当考虑被征收房屋的区位、用途、建筑结构、新旧程度、建筑面积以及占地面积、土地使用权等影响被征收房屋价值的因素。

被征收房屋室内装饰装修价值，机器设备、物资等搬迁费用，以及停产停业损失等补偿，由征收当事人协商确定；协商不成的，可以委托房地产价格评估机构通过评估确定。

第十五条　房屋征收评估价值应当以人民币为计价的货币单位，精确到元。

第十六条　房地产价格评估机构应当按照房屋征收评估委托书或者委托合同的约定，向房屋征收部门提供分户的初步评估结果。分户的初步评估结果应当包括评估对象的构成及其基本情况和评估价值。房屋征收部门应当将分户的初步评估结果在征收范围内向被征收人公示。

公示期间，房地产价格评估机构应当安排注册房地产估价师对分户的初步评估结果进行现场说明解释。存在错误的，房地产价格评估机构应当修正。

第十七条　分户初步评估结果公示期满后，房地产价格评估机构应当向房屋征收部门提供委托评估范围内被征收房屋的整体评估报告和分户评估报告。房屋征收部门应当向被征收人转交分户评估报告。

整体评估报告和分户评估报告应当由负责房屋征收评估项目的两名以上注册房地产估价师签字，并加盖房地产价格评估机构公章。不得以印章代替签字。

第十八条 房屋征收评估业务完成后，房地产价格评估机构应当将评估报告及相关资料立卷、归档保管。

第十九条 被征收人或者房屋征收部门对评估报告有疑问的，出具评估报告的房地产价格评估机构应当向其作出解释和说明。

第二十条 被征收人或者房屋征收部门对评估结果有异议的，应当自收到评估报告之日起 10 日内，向房地产价格评估机构申请复核评估。

申请复核评估的，应当向原房地产价格评估机构提出书面复核评估申请，并指出评估报告存在的问题。

第二十一条 原房地产价格评估机构应当自收到书面复核评估申请之日起 10 日内对评估结果进行复核。复核后，改变原评估结果的，应当重新出具评估报告；评估结果没有改变的，应当书面告知复核评估申请人。

第二十二条 被征收人或者房屋征收部门对原房地产价格评估机构的复核结果有异议的，应当自收到复核结果之日起 10 日内，向被征收房屋所在地评估专家委员会申请鉴定。被征收人对补偿仍有异议的，按照《国有土地上房屋征收与补偿条例》第二十六条规定处理。

第二十三条 各省、自治区住房城乡建设主管部门和设区城市的房地产管理部门应当组织成立评估专家委员会，对房地产价格评估机构做出的复核结果进行鉴定。

评估专家委员会由房地产估价师以及价格、房地产、土地、城市规划、法律等方面的专家组成。

第二十四条 评估专家委员会应当选派成员组成专家组，对复核结果进行鉴定。专家组成员为 3 人以上单数，其中房地产估价师不得少于二分之一。

第二十五条 评估专家委员会应当自收到鉴定申请之日起10日内,对申请鉴定评估报告的评估程序、评估依据、评估假设、评估技术路线、评估方法选用、参数选取、评估结果确定方式等评估技术问题进行审核,出具书面鉴定意见。

经评估专家委员会鉴定,评估报告不存在技术问题的,应当维持评估报告;评估报告存在技术问题的,出具评估报告的房地产价格评估机构应当改正错误,重新出具评估报告。

第二十六条 房屋征收评估鉴定过程中,房地产价格评估机构应当按照评估专家委员会要求,就鉴定涉及的评估相关事宜进行说明。需要对被征收房屋进行实地查勘和调查的,有关单位和个人应当协助。

第二十七条 因房屋征收评估、复核评估、鉴定工作需要查询被征收房屋和用于产权调换房屋权属以及相关房地产交易信息的,房地产管理部门及其他相关部门应当提供便利。

第二十八条 在房屋征收评估过程中,房屋征收部门或者被征收人不配合、不提供相关资料的,房地产价格评估机构应当在评估报告中说明有关情况。

第二十九条 除政府对用于产权调换房屋价格有特别规定外,应当以评估方式确定用于产权调换房屋的市场价值。

第三十条 被征收房屋的类似房地产是指与被征收房屋的区位、用途、权利性质、档次、新旧程度、规模、建筑结构等相同或者相似的房地产。

被征收房屋类似房地产的市场价格是指被征收房屋的类似房地产在评估时点的平均交易价格。确定被征收房屋类似房地产的市场价格,应当剔除偶然的和不正常的因素。

第三十一条 房屋征收评估、鉴定费用由委托人承担。但鉴定改变原评估结果的,鉴定费用由原房地产价格评估机构承担。复核评估费用由原房地产价格评估机构承担。房屋征收评估、鉴定费用按照政府价格主管部门规定的收费标准执行。

第三十二条 在房屋征收评估活动中，房地产价格评估机构和房地产估价师的违法违规行为，按照《国有土地上房屋征收与补偿条例》、《房地产估价机构管理办法》、《注册房地产估价师管理办法》等规定处罚。违反规定收费的，由政府价格主管部门依照《中华人民共和国价格法》规定处罚。

第三十三条 本办法自公布之日起施行。2003 年 12 月 1 日原建设部发布的《城市房屋拆迁估价指导意见》同时废止。但《国有土地上房屋征收与补偿条例》施行前已依法取得房屋拆迁许可证的项目，继续沿用原有规定。

房地产估价机构管理办法

（2005 年 10 月 12 日建设部令第 142 号发布　根据 2013 年 10 月 16 日住房和城乡建设部令第 14 号第一次修正　根据 2015 年 5 月 4 日住房和城乡建设部关于修改〈房地产开发企业资质管理规定〉等部门规章的决定》第二次修正）

第一章　总　　则

第一条 为了规范房地产估价机构行为，维护房地产估价市场秩序，保障房地产估价活动当事人合法权益，根据《中华人民共和国城市房地产管理法》、《中华人民共和国行政许可法》和《国务院对确需保留的行政审批项目设定行政许可的决定》等法律、行政法规，制定本办法。

第二条 在中华人民共和国境内申请房地产估价机构资质，从事房地产估价活动，对房地产估价机构实施监督管理，适用本办法。

第三条 本办法所称房地产估价机构，是指依法设立并取得房地产估价机构资质，从事房地产估价活动的中介服务机构。

本办法所称房地产估价活动，包括土地、建筑物、构筑物、在建工程、以房地产为主的企业整体资产、企业整体资产中的房地产等各类房地产评估，以及因转让、抵押、房屋征收、司法鉴定、课税、公司上市、企业改制、企业清算、资产重组、资产处置等需要进行的房地产评估。

第四条 房地产估价机构从事房地产估价活动，应当坚持独立、客观、公正的原则，执行房地产估价规范和标准。

房地产估价机构依法从事房地产估价活动，不受行政区域、行业限制。任何组织或者个人不得非法干预房地产估价活动和估价结果。

第五条 国务院住房城乡建设主管部门负责全国房地产估价机构的监督管理工作。

省、自治区人民政府住房城乡建设主管部门、直辖市人民政府房地产主管部门负责本行政区域内房地产估价机构的监督管理工作。

市、县人民政府房地产主管部门负责本行政区域内房地产估价机构的监督管理工作。

第六条 房地产估价行业组织应当加强房地产估价行业自律管理。

鼓励房地产估价机构加入房地产估价行业组织。

第七条 国家建立全国统一的房地产估价行业管理信息平台，实现房地产估价机构资质核准、人员注册、信用档案管理等信息关联共享。

第二章 估价机构资质核准

第八条 房地产估价机构资质等级分为一、二、三级。

省、自治区人民政府住房城乡建设主管部门、直辖市人民政府房地产主管部门负责房地产估价机构资质许可。

省、自治区人民政府住房城乡建设主管部门、直辖市人民政府房地产主管部门应当执行国家统一的资质许可条件，加强房地产估价机构资质许可管理，营造公平竞争的市场环境。

国务院住房城乡建设主管部门应当加强对省、自治区人民政府住房城乡建设主管部门、直辖市人民政府房地产主管部门资质许可工作的指导和监督检查，及时纠正资质许可中的违法行为。

第九条 房地产估价机构应当由自然人出资，以有限责任公司或者合伙企业形式设立。

第十条 各资质等级房地产估价机构的条件如下：

（一）一级资质

1. 机构名称有房地产估价或者房地产评估字样；

2. 从事房地产估价活动连续 6 年以上，且取得二级房地产估价机构资质 3 年以上；

3. 有 15 名以上专职注册房地产估价师；

4. 在申请核定资质等级之日前 3 年平均每年完成估价标的物建筑面积 50 万平方米以上或者土地面积 25 万平方米以上；

5. 法定代表人或者执行合伙人是注册后从事房地产估价工作 3 年以上的专职注册房地产估价师；

6. 有限责任公司的股东中有 3 名以上、合伙企业的合伙人中有 2 名以上专职注册房地产估价师，股东或者合伙人中有一半以上是注册后从事房地产估价工作 3 年以上的专职注册房地产估价师；

7. 有限责任公司的股份或者合伙企业的出资额中专职注册房地产估价师的股份或者出资额合计不低于 60%；

8. 有固定的经营服务场所；

9. 估价质量管理、估价档案管理、财务管理等各项企业内部管理制度健全；

10. 随机抽查的 1 份房地产估价报告符合《房地产估价规范》的要求；

11. 在申请核定资质等级之日前 3 年内无本办法第三十三条禁止的行为。

（二）二级资质

1. 机构名称有房地产估价或者房地产评估字样；

2. 取得三级房地产估价机构资质后从事房地产估价活动连续 4 年以上；

3. 有 8 名以上专职注册房地产估价师；

4. 在申请核定资质等级之日前 3 年平均每年完成估价标的物建筑面积 30 万平方米以上或者土地面积 15 万平方米以上；

5. 法定代表人或者执行合伙人是注册后从事房地产估价工作 3 年以上的专职注册房地产估价师；

6. 有限责任公司的股东中有 3 名以上、合伙企业的合伙人中有 2 名以上专职注册房地产估价师，股东或者合伙人中有一半以上是注册后从事房地产估价工作 3 年以上的专职注册房地产估价师；

7. 有限责任公司的股份或者合伙企业的出资额中专职注册房地产估价师的股份或者出资额合计不低于 60%；

8. 有固定的经营服务场所；

9. 估价质量管理、估价档案管理、财务管理等各项企业内部管理制度健全；

10. 随机抽查的 1 份房地产估价报告符合《房地产估价规范》的要求；

11. 在申请核定资质等级之日前 3 年内无本办法第三十三条禁止的行为。

（三）三级资质

1. 机构名称有房地产估价或者房地产评估字样；

2. 有 3 名以上专职注册房地产估价师；

3. 在暂定期内完成估价标的物建筑面积 8 万平方米以上或者土地面积 3 万平方米以上；

4. 法定代表人或者执行合伙人是注册后从事房地产估价工作 3 年以上的专职注册房地产估价师；

5. 有限责任公司的股东中有 2 名以上、合伙企业的合伙人中有 2 名以上专职注册房地产估价师，股东或者合伙人中有一半以上是注册后从事房地产估价工作 3 年以上的专职注册房地产估价师；

6. 有限责任公司的股份或者合伙企业的出资额中专职注册房地产估价师的股份或者出资额合计不低于 60%；

7. 有固定的经营服务场所；

8. 估价质量管理、估价档案管理、财务管理等各项企业内部管理制度健全；

9. 随机抽查的 1 份房地产估价报告符合《房地产估价规范》的要求；

10. 在申请核定资质等级之日前 3 年内无本办法第三十三条禁止的行为。

第十一条 申请核定房地产估价机构资质等级，应当如实向资质许可机关提交下列材料：

（一）房地产估价机构资质等级申请表（一式二份，加盖申报机构公章）；

（二）房地产估价机构原资质证书正本复印件、副本原件；

（三）营业执照正、副本复印件（加盖申报机构公章）；

（四）法定代表人或者执行合伙人的任职文件复印件（加盖申报机构公章）；

（五）专职注册房地产估价师证明；

（六）固定经营服务场所的证明；

（七）经工商行政管理部门备案的公司章程或者合伙协议复印件（加盖申报机构公章）及有关估价质量管理、估价档案管理、财务管理等企业内部管理制度的文件、申报机构信用档案信息；

（八）随机抽查的在申请核定资质等级之日前 3 年内申报机构所完成的 1 份房地产估价报告复印件（一式二份，加盖申报机构公章）。

申请人应当对其提交的申请材料实质内容的真实性负责。

第十二条 新设立的中介服务机构申请房地产估价机构资质的，应当提供第十一条第（一）项、第（三）项至第（八）项材料。

新设立中介服务机构的房地产估价机构资质等级应当核定为三级资质，设 1 年的暂定期。

第十三条 房地产估价机构资质核准中的房地产估价报告抽查，应当执行全国统一的标准。

第十四条 申请核定房地产估价机构资质的，应当向设区的市人民政府房地产主管部门提出申请，并提交本办法第十一条规定的材料。

设区的市人民政府房地产主管部门应当自受理申请之日起 20 日内审查完毕，并将初审意见和全部申请材料报省、自治区人民政府住房城乡建设主管部门、直辖市人民政府房地产主管部门。

省、自治区人民政府住房城乡建设主管部门、直辖市人民政府房地产主管部门应当自受理申请材料之日起 20 日内作出决定。

省、自治区人民政府住房城乡建设主管部门、直辖市人民政府房地产主管部门应当在作出资质许可决定之日起 10 日内，将准予资质许可的决定报国务院住房城乡建设主管部门备案。

第十五条 房地产估价机构资质证书分为正本和副本，由国务院住房城乡建设主管部门统一印制，正、副本具有同等法律效力。

房地产估价机构遗失资质证书的，应当在公众媒体上声明作废后，申请补办。

第十六条 房地产估价机构资质有效期为 3 年。

资质有效期届满，房地产估价机构需要继续从事房地产估价活动的，应当在资质有效期届满 30 日前向资质许可机关提出资质延续申请。资质许可机关应当根据申请作出是否准予延续的决定。准予延续的，有效期延续 3 年。

在资质有效期内遵守有关房地产估价的法律、法规、规章、技术标准和职业道德的房地产估价机构，经原资质许可机关同意，不再审查，有效期延续 3 年。

第十七条 房地产估价机构的名称、法定代表人或者执行合伙人、组织形式、住所等事项发生变更的，应当在工商行政管理部门办理变更手续后 30 日内，到资质许可机关办理资质证书变更手续。

第十八条 房地产估价机构合并的，合并后存续或者新设立的房地产估价机构可以承继合并前各方中较高的资质等级，但应当符合相应的资质等级条件。

房地产估价机构分立的，只能由分立后的一方房地产估价机构承继原房地产估价机构资质，但应当符合原房地产估价机构资质等级条件。承继原房地产估价机构资质的一方由各方协商确定；其他各方按照新设立的中介服务机构申请房地产估价机构资质。

第十九条 房地产估价机构的工商登记注销后，其资质证书失效。

第三章 分支机构的设立

第二十条 一级资质房地产估价机构可以按照本办法第二十一条的规定设立分支机构。二、三级资质房地产估价机构不得设立分支机构。

分支机构应当以设立该分支机构的房地产估价机构的名义出具估价报告，并加盖该房地产估价机构公章。

第二十一条 分支机构应当具备下列条件：

（一）名称采用"房地产估价机构名称+分支机构所在地行政区划名+分公司（分所）"的形式；

（二）分支机构负责人应当是注册后从事房地产估价工作 3 年以上并无不良执业记录的专职注册房地产估价师；

（三）在分支机构所在地有 3 名以上专职注册房地产估价师；

（四）有固定的经营服务场所；

（五）估价质量管理、估价档案管理、财务管理等各项内部管理制度健全。

注册于分支机构的专职注册房地产估价师，不计入设立分支机构的房地产估价机构的专职注册房地产估价师人数。

第二十二条 新设立的分支机构，应当自领取分支机构营业执照之日起 30 日内，到分支机构工商注册所在地的省、自治区人民政府住房城乡建设主管部门、直辖市人民政府房地产主管部门备案。

省、自治区人民政府住房城乡建设主管部门、直辖市人民政府房地产主管部门应当在接受备案后 10 日内，告知分支机构工商注册所在地的市、县人民政府房地产主管部门，并报国务院住房城乡建设主管部门备案。

第二十三条 分支机构备案，应当提交下列材料：

（一）分支机构的营业执照复印件；

（二）房地产估价机构资质证书正本复印件；

（三）分支机构及设立该分支机构的房地产估价机构负责人的身份证明；

（四）拟在分支机构执业的专职注册房地产估价师注册证书复印件。

第二十四条 分支机构变更名称、负责人、住所等事项或房地产估价机构撤销分支机构，应当在工商行政管理部门办理变更或者注销登记手续后 30 日内，报原备案机关备案。

第四章 估 价 管 理

第二十五条 从事房地产估价活动的机构，应当依法取得房地产估价机构资质，并在其资质等级许可范围内从事估价业务。

一级资质房地产估价机构可以从事各类房地产估价业务。

二级资质房地产估价机构可以从事除公司上市、企业清算以外的房地产估价业务。

三级资质房地产估价机构可以从事除公司上市、企业清算、司法鉴定以外的房地产估价业务。

暂定期内的三级资质房地产估价机构可以从事除公司上市、企业清算、司法鉴定、房屋征收、在建工程抵押以外的房地产估价业务。

第二十六条 房地产估价业务应当由房地产估价机构统一接受委托，统一收取费用。

房地产估价师不得以个人名义承揽估价业务，分支机构应当以设立该分支机构的房地产估价机构名义承揽估价业务。

第二十七条 房地产估价机构及执行房地产估价业务的估价人员与委托人或者估价业务相对人有利害关系的，应当回避。

第二十八条 房地产估价机构承揽房地产估价业务，应当与委托人签订书面估价委托合同。

估价委托合同应当包括下列内容：

（一）委托人的名称或者姓名和住所；

（二）估价机构的名称和住所；

（三）估价对象；

（四）估价目的；

（五）价值时点；

（六）委托人的协助义务；

（七）估价服务费及其支付方式；

（八）估价报告交付的日期和方式；

（九）违约责任；

（十）解决争议的方法。

第二十九条 房地产估价机构未经委托人书面同意，不得转让受托的估价业务。

经委托人书面同意，房地产估价机构可以与其他房地产估价机构合作完成估价业务，以合作双方的名义共同出具估价报告。

第三十条 委托人及相关当事人应当协助房地产估价机构进行实地查勘，如实向房地产估价机构提供估价所必需的资料，并对其所提供资料的真实性负责。

第三十一条 房地产估价机构和注册房地产估价师因估价需要向房地产主管部门查询房地产交易、登记信息时，房地产主管部门应当提供查询服务，但涉及国家秘密、商业秘密和个人隐私的内容除外。

第三十二条 房地产估价报告应当由房地产估价机构出具，加盖房地产估价机构公章，并有至少2名专职注册房地产估价师签字。

第三十三条 房地产估价机构不得有下列行为：

（一）涂改、倒卖、出租、出借或者以其他形式非法转让资质证书；

（二）超越资质等级业务范围承接房地产估价业务；

（三）以迎合高估或者低估要求、给予回扣、恶意压低收费等方式进行不正当竞争；

（四）违反房地产估价规范和标准；

（五）出具有虚假记载、误导性陈述或者重大遗漏的估价报告；

（六）擅自设立分支机构；

（七）未经委托人书面同意，擅自转让受托的估价业务；

（八）法律、法规禁止的其他行为。

第三十四条 房地产估价机构应当妥善保管房地产估价报告及相关资料。

房地产估价报告及相关资料的保管期限自估价报告出具之日起不得少于10年。保管期限届满而估价服务的行为尚未结束的，应当保管到估价服务的行为结束为止。

第三十五条 除法律、法规另有规定外，未经委托人书面同意，房地产估价机构不得对外提供估价过程中获知的当事人的商业秘密和业务资料。

第三十六条 房地产估价机构应当加强对执业人员的职业道德教育和业务培训，为本机构的房地产估价师参加继续教育提供必要的条件。

第三十七条 县级以上人民政府房地产主管部门应当依照有关法律、法规和本办法的规定，对房地产估价机构和分支机构的设立、估价业务及执行房地产估价规范和标准的情况实施监督检查。

第三十八条 县级以上人民政府房地产主管部门履行监督检查职责时，有权采取下列措施：

（一）要求被检查单位提供房地产估价机构资质证书、房地产估价师注册证书，有关房地产估价业务的文档，有关估价质量管理、估价档案管理、财务管理等企业内部管理制度的文件；

（二）进入被检查单位进行检查，查阅房地产估价报告以及估价委托合同、实地查勘记录等估价相关资料；

（三）纠正违反有关法律、法规和本办法及房地产估价规范和标准的行为。

县级以上人民政府房地产主管部门应当将监督检查的处理结果向社会公布。

第三十九条 县级以上人民政府房地产主管部门进行监督检查时，应当有两名以上监督检查人员参加，并出示执法证件，不得妨碍被检查单位的正常经营活动，不得索取或者收受财物、谋取其他利益。

有关单位和个人对依法进行的监督检查应当协助与配合，不得拒绝或者阻挠。

第四十条 房地产估价机构违法从事房地产估价活动的，违法行为发生地的县级以上地方人民政府房地产主管部门应当依法查处，并将违法事实、处理结果及处理建议及时报告该估价机构资质的许可机关。

第四十一条　有下列情形之一的，资质许可机关或者其上级机关，根据利害关系人的请求或者依据职权，可以撤销房地产估价机构资质：

（一）资质许可机关工作人员滥用职权、玩忽职守作出准予房地产估价机构资质许可的；

（二）超越法定职权作出准予房地产估价机构资质许可的；

（三）违反法定程序作出准予房地产估价机构资质许可的；

（四）对不符合许可条件的申请人作出准予房地产估价机构资质许可的；

（五）依法可以撤销房地产估价机构资质的其他情形。

房地产估价机构以欺骗、贿赂等不正当手段取得房地产估价机构资质的，应当予以撤销。

第四十二条　房地产估价机构取得房地产估价机构资质后，不再符合相应资质条件的，资质许可机关根据利害关系人的请求或者依据职权，可以责令其限期改正；逾期不改的，可以撤回其资质。

第四十三条　有下列情形之一的，资质许可机关应当依法注销房地产估价机构资质：

（一）房地产估价机构资质有效期届满未延续的；

（二）房地产估价机构依法终止的；

（三）房地产估价机构资质被撤销、撤回，或者房地产估价资质证书依法被吊销的；

（四）法律、法规规定的应当注销房地产估价机构资质的其他情形。

第四十四条　资质许可机关或者房地产估价行业组织应当建立房地产估价机构信用档案。

房地产估价机构应当按照要求提供真实、准确、完整的房地产估价信用档案信息。

房地产估价机构信用档案应当包括房地产估价机构的基本情况、业绩、良好行为、不良行为等内容。违法行为、被投诉举报处理、行政处罚等情况应当作为房地产估价机构的不良记录记入其信用档案。

房地产估价机构的不良行为应当作为该机构法定代表人或者执行合伙人的不良行为记入其信用档案。

任何单位和个人有权查阅信用档案。

第五章　法　律　责　任

第四十五条　申请人隐瞒有关情况或者提供虚假材料申请房地产估价机构资质的，资质许可机关不予受理或者不予行政许可，并给予警告，申请人在 1 年内不得再次申请房地产估价机构资质。

第四十六条　以欺骗、贿赂等不正当手段取得房地产估价机构资质的，由资质许可机关给予警告，并处 1 万元以上 3 万元以下的罚款，申请人 3 年内不得再次申请房地产估价机构资质。

第四十七条　未取得房地产估价机构资质从事房地产估价活动或者超越资质等级承揽估价业务的，出具的估价报告无效，由县级以上地方人民政府房地产主管部门给予警告，责令限期改正，并处 1 万元以上 3 万元以下的罚款；造成当事人损失的，依法承担赔偿责任。

第四十八条　违反本办法第十七条规定，房地产估价机构不及时办理资质证书变更手续的，由资质许可机关责令限期办理；逾期不办理的，可处 1 万元以下的罚款。

第四十九条　有下列行为之一的，由县级以上地方人民政府房地产主管部门给予警告，责令限期改正，并可处 1 万元以上 2 万元以下的罚款：

（一）违反本办法第二十条第一款规定设立分支机构的；

（二）违反本办法第二十一条规定设立分支机构的；

（三）违反本办法第二十二条第一款规定，新设立的分支机构不备案的。

第五十条　有下列行为之一的，由县级以上地方人民政府房地产主管部门给予警告，责令限期改正；逾期未改正的，可处 5 千元以上 2 万元以下的罚款；给当事人造成损失的，依法承担赔偿责任：

（一）违反本办法第二十六条规定承揽业务的；

（二）违反本办法第二十九条第一款规定，擅自转让受托的估价业务的；

（三）违反本办法第二十条第二款、第二十九条第二款、第三十二条规定出具估价报告的。

第五十一条　违反本办法第二十七条规定，房地产估价机构及其估价人员应当回避未回避的，由县级以上地方人民政府房地产主管部门给予警告，责令限期改正，并可处 1 万元以下的罚款；给当事人造成损失的，依法承担赔偿责任。

第五十二条　违反本办法第三十一条规定，房地产主管部门拒绝提供房地产交易、登记信息查询服务的，由其上级房地产主管部门责令改正。

第五十三条　房地产估价机构有本办法第三十三条行为之一的，由县级以上地方人民政府房地产主管部门给予警告，责令限期改正，并处 1 万元以上 3 万元以下的罚款；给当事人造成损失的，依法承担赔偿责任；构成犯罪的，依法追究刑事责任。

第五十四条　违反本办法第三十五条规定，房地产估价机构擅自对外提供估价过程中获知的当事人的商业秘密和业务资料，给当事人造成损失的，依法承担赔偿责任；构成犯罪的，依法追究刑事责任。

第五十五条 资质许可机关有下列情形之一的，由其上级主管部门或者监察机关责令改正，对直接负责的主管人员和其他直接责任人员依法给予处分；构成犯罪的，依法追究刑事责任：

（一）对不符合法定条件的申请人准予房地产估价机构资质许可或者超越职权作出准予房地产估价机构资质许可决定的；

（二）对符合法定条件的申请人不予房地产估价机构资质许可或者不在法定期限内作出准予房地产估价机构资质许可决定的；

（三）利用职务上的便利，收受他人财物或者其他利益的；

（四）不履行监督管理职责，或者发现违法行为不予查处的。

第六章 附 则

第五十六条 本办法自 2005 年 12 月 1 日起施行。1997 年 1 月 9 日建设部颁布的《关于房地产价格评估机构资格等级管理的若干规定》（建房〔1997〕12 号）同时废止。

本办法施行前建设部发布的规章的规定与本办法的规定不一致的，以本办法为准。

五

危房改造及被征收人住房保障

城市危险房屋管理规定

（1989年11月21日建设部令第4号发布　根据2004年7月20日《建设部关于修改〈城市危险房屋管理规定〉的决定》修订）

第一章　总　　则

第一条　为加强城市危险房屋管理，保障居住和使用安全，促进房屋有效利用，制定本规定。

第二条　本规定适用于城市（指直辖市、市、建制镇，下同）内各种所有制的房屋。

本规定所称危险房屋，系指结构已严重损坏或承重构件已属危险构件，随时有可能丧失结构稳定和承载能力，不能保证居住和使用安全的房屋。

第三条　房屋所有人、使用人，均应遵守本规定。

第四条　房屋所有人和使用人，应当爱护和正确使用房屋。

第五条　建设部负责全国的城市危险房屋管理工作。

县级以上地方人民政府房地产行政主管部门负责本辖区的城市危险房屋管理工作。

第二章 鉴 定

第六条 市、县人民政府房地产行政主管部门应设立房屋安全鉴定机构（以下简称鉴定机构），负责房屋的安全鉴定，并统一启用"房屋安全鉴定专用章"。

第七条 房屋所有人或使用人向当地鉴定机构提供鉴定申请时，必须持有证明其具备相关民事权利的合法证件。

鉴定机构接到鉴定申请后，应及时进行鉴定。

第八条 鉴定机构进行房屋安全鉴定应按下列程序进行：

（一）受理申请；

（二）初始调查，摸清房屋的历史和现状；

（三）现场查勘、测试、记录各种损坏数据和状况；

（四）检测验算，整理技术资料；

（五）全面分析，论证定性，作出综合判断，提出处理建议；

（六）签发鉴定文书。

第九条 对被鉴定为危险房屋的，一般可分为以下四类进行处理：

（一）观察使用。适用于采取适当安全技术措施后，尚能短期使用，但需继续观察的房屋。

（二）处理使用。适用于采取适当技术措施后，可解除危险的房屋。

（三）停止使用。适用于已无修缮价值，暂时不便拆除，又不危及相邻建筑和影响他人安全的房屋。

（四）整体拆除。适用于整幢危险且无修缮价值，需立即拆除的房屋。

第十条 进行安全鉴定，必须有两名以上鉴定人员参加。对特殊复杂的鉴定项目，鉴定机构可另外聘请专业人员或邀请有关部门派员参与鉴定。

第十一条　房屋安全鉴定应使用统一术语，填写鉴定文书，提出处理意见。

经鉴定属危险房屋的，鉴定机构必须及时发出危险房屋通知书；属于非危险房屋的，应在鉴定文书上注明在正常使用条件下的有效时限，一般不超过一年。

第十二条　房屋经安全鉴定后，鉴定机构可以收取鉴定费。鉴定费的收取标准，可根据当地情况，由鉴定机构提出，经市、县人民政府房地产行政主管部门会同物价部门批准后执行。

房屋所有人和使用人都可提出鉴定申请。经鉴定为危险房屋的，鉴定费由所有人承担；经鉴定为非危险房屋的，鉴定费由申请人承担。

第十三条　受理涉及危险房屋纠纷案件的仲裁或审判机关，可指定纠纷案件的当事人申请房屋安全鉴定；必要时，亦可直接提出房屋安全鉴定的要求。

第十四条　鉴定危险房屋执行部颁《危险房屋鉴定标准》（CJ13—86）。对工业建筑、公共建筑、高层建筑及文物保护建筑等的鉴定，还应参照有关专业技术标准、规范和规程进行。

第三章　治　　理

第十五条　房屋所有人应定期对其房屋进行安全检查。在暴风、雨雪季节，房屋所有人应做好排险解危的各项准备；市、县人民政府房地产行政主管部门要加强监督检查，并在当地政府统一领导下，做好抢险救灾工作。

第十六条　房屋所有人对危险房屋能解危的，要及时解危；解危暂时有困难的，应采取安全措施。

第十七条　房屋所有人对经鉴定的危险房屋，必须按照鉴定机构的处理建议，及时加固或修缮治理；如房屋所有人拒不按照处理建议修缮治理，或使用人有阻碍行为的，房地产行政主管部门有权指定有关部门代修，或采取其它强制措施。发生的费用由责任人承担。

第十八条 房屋所有人进行抢险解危需要办理各项手续时，各有关部门应给予支持，及时办理，以免延误时间发生事故。

第十九条 治理私有危险房屋，房屋所有人确有经济困难无力治理时，其所在单位可给予借贷；如系出租房屋，可以和承租人合资治理，承租人付出的修缮费用可以折抵租金或由出租人分期偿还。

第二十条 经鉴定机构鉴定为危险房屋，并需要拆除重建时，有关部门应酌情给予政策优惠。

第二十一条 异产毗连危险房屋的各所有人，应按照国家对异产毗连房屋的有关规定，共同履行治理责任。拒不承担责任的，由房屋所在地房地产行政主管部门调处；当事人不服的，可向当地人民法院起诉。

第四章 法 律 责 任

第二十二条 因下列原因造成事故的，房屋所有人应承担民事或行政责任：

（一）有险不查或损坏不修；

（二）经鉴定机构鉴定为危险房屋而未采取有效的解危措施。

第二十三条 因下列原因造成事故的，使用人、行为人应承担民事责任：

（一）使用人擅自改变房屋结构、构件、设备或使用性质；

（二）使用人阻碍房屋所有人对危险房屋采取解危措施；

（三）行为人由于施工、堆物、碰撞等行为危及房屋。

第二十四条 有下列情况的，鉴定机构应承担民事或行政责任：

（一）因故意把非危险房屋鉴定为危险房屋而造成损失；

（二）因过失把危险房屋鉴定为非危险房屋，并在有效时限内发生事故；

（三）因拖延鉴定时间而发生事故。

第二十五条 有本章第二十二、二十三、二十四条所列行为，给他人造成生命财产损失，已构成犯罪的，由司法机关依法追究刑事责任。

第五章 附 则

第二十六条 县级以上地方人民政府房地产行政主管部门可依据本规定，结合当地情况，制定实施细则，经同级人民政府批准后，报上一级主管部门备案。

第二十七条 未设镇建制的工矿区可参照本规定执行。

第二十八条 本规定由建设部负责解释。

第二十九条 本规定自一九九〇年一月一日起施行。

经济适用住房管理办法

（2007 年 11 月 19 日 建住房〔2007〕258 号）

第一章 总 则

第一条 为改进和规范经济适用住房制度，保护当事人合法权益，制定本办法。

第二条 本办法所称经济适用住房，是指政府提供政策优惠，限定套型面积和销售价格，按照合理标准建设，面向城市低收入住房困难家庭供应，具有保障性质的政策性住房。

本办法所称城市低收入住房困难家庭，是指城市和县人民政府所在地镇的范围内，家庭收入、住房状况等符合市、县人民政府规定条件的家庭。

第三条　经济适用住房制度是解决城市低收入家庭住房困难政策体系的组成部分。经济适用住房供应对象要与廉租住房保障对象相衔接。经济适用住房的建设、供应、使用及监督管理，应当遵守本办法。

第四条　发展经济适用住房应当在国家统一政策指导下，各地区因地制宜，政府主导、社会参与。市、县人民政府要根据当地经济社会发展水平、居民住房状况和收入水平等因素，合理确定经济适用住房的政策目标、建设标准、供应范围和供应对象等，并组织实施。省、自治区、直辖市人民政府对本行政区域经济适用住房工作负总责，对所辖市、县人民政府实行目标责任制管理。

第五条　国务院建设行政主管部门负责对全国经济适用住房工作的指导和实施监督。县级以上地方人民政府建设或房地产行政主管部门（以下简称"经济适用住房主管部门"）负责本行政区域内经济适用住房管理工作。

县级以上人民政府发展改革（价格）、监察、财政、国土资源、税务及金融管理等部门根据职责分工，负责经济适用住房有关工作。

第六条　市、县人民政府应当在解决城市低收入家庭住房困难发展规划和年度计划中，明确经济适用住房建设规模、项目布局和用地安排等内容，并纳入本级国民经济与社会发展规划和住房建设规划，及时向社会公布。

第二章　优惠和支持政策

第七条　经济适用住房建设用地以划拨方式供应。经济适用住房建设用地应纳入当地年度土地供应计划，在申报年度用地指标时单独列出，确保优先供应。

第八条　经济适用住房建设项目免收城市基础设施配套费等各

种行政事业性收费和政府性基金。经济适用住房项目外基础设施建设费用，由政府负担。经济适用住房建设单位可以以在建项目作抵押向商业银行申请住房开发贷款。

第九条 购买经济适用住房的个人向商业银行申请贷款，除符合《个人住房贷款管理办法》规定外，还应当出具市、县人民政府经济适用住房主管部门准予购房的核准通知。

购买经济适用住房可提取个人住房公积金和优先办理住房公积金贷款。

第十条 经济适用住房的贷款利率按有关规定执行。

第十一条 经济适用住房的建设和供应要严格执行国家规定的各项税费优惠政策。

第十二条 严禁以经济适用住房名义取得划拨土地后，以补交土地出让金等方式，变相进行商品房开发。

第三章 建 设 管 理

第十三条 经济适用住房要统筹规划、合理布局、配套建设，充分考虑城市低收入住房困难家庭对交通等基础设施条件的要求，合理安排区位布局。

第十四条 在商品住房小区中配套建设经济适用住房的，应当在项目出让条件中，明确配套建设的经济适用住房的建设总面积、单套建筑面积、套数、套型比例、建设标准以及建成后移交或者回购等事项，并以合同方式约定。

第十五条 经济适用住房单套的建筑面积控制在 60 平方米左右。市、县人民政府应当根据当地经济发展水平、群众生活水平、住房状况、家庭结构和人口等因素，合理确定经济适用住房建设规模和各种套型的比例，并进行严格管理。

第十六条 经济适用住房建设按照政府组织协调、市场运作的原则，可以采取项目法人招标的方式，选择具有相应资质和良好社会责任的房地产开发企业实施；也可以由市、县人民政府确定的经济适用住房管理实施机构直接组织建设。在经济适用住房建设中，应注重发挥国有大型骨干建筑企业的积极作用。

第十七条　经济适用住房的规划设计和建设必须按照发展节能省地环保型住宅的要求，严格执行《住宅建筑规范》等国家有关住房建设的强制性标准，采取竞标方式优选规划设计方案，做到在较小的套型内实现基本的使用功能。积极推广应用先进、成熟、适用、安全的新技术、新工艺、新材料、新设备。

第十八条　经济适用住房建设单位对其建设的经济适用住房工程质量负最终责任，向买受人出具《住宅质量保证书》和《住宅使用说明书》，并承担保修责任，确保工程质量和使用安全。有关住房质量和性能等方面的要求，应在建设合同中予以明确。

经济适用住房的施工和监理，应当采取招标方式，选择具有资质和良好社会责任的建筑企业和监理公司实施。

第十九条　经济适用住房项目可采取招标方式选择物业服务企业实施前期物业服务，也可以在社区居委会等机构的指导下，由居民自我管理，提供符合居住区居民基本生活需要的物业服务。

第四章　价 格 管 理

第二十条　确定经济适用住房的价格应当以保本微利为原则。其销售基准价格及浮动幅度，由有定价权的价格主管部门会同经济适用住房主管部门，依据经济适用住房价格管理的有关规定，在综合考虑建设、管理成本和利润的基础上确定并向社会公布。房地产开发企业实施的经济适用住房项目利润率按不高于3%核定；市、县人民政府直接组织建设的经济适用住房只能按成本价销售，不得有利润。

第二十一条　经济适用住房销售应当实行明码标价，销售价格不得高于基准价格及上浮幅度，不得在标价之外收取任何未予标明的费用。经济适用住房价格确定后应当向社会公布。价格主管部门应依法进行监督管理。

第二十二条 经济适用住房实行收费卡制度，各有关部门收取费用时，必须填写价格主管部门核发的交费登记卡。任何单位不得以押金、保证金等名义，变相向经济适用住房建设单位收取费用。

第二十三条 价格主管部门要加强成本监审，全面掌握经济适用住房成本及利润变动情况，确保经济适用住房做到质价相符。

第五章　准入和退出管理

第二十四条 经济适用住房管理应建立严格的准入和退出机制。经济适用住房由市、县人民政府按限定的价格，统一组织向符合购房条件的低收入家庭出售。经济适用住房供应实行申请、审核、公示和轮候制度。市、县人民政府应当制定经济适用住房申请、审核、公示和轮候的具体办法，并向社会公布。

第二十五条 城市低收入家庭申请购买经济适用住房应同时符合下列条件：

（一）具有当地城镇户口；

（二）家庭收入符合市、县人民政府划定的低收入家庭收入标准；

（三）无房或现住房面积低于市、县人民政府规定的住房困难标准。

经济适用住房供应对象的家庭收入标准和住房困难标准，由市、县人民政府根据当地商品住房价格、居民家庭可支配收入、居住水平和家庭人口结构等因素确定，实行动态管理，每年向社会公布一次。

第二十六条 经济适用住房资格申请采取街道办事处（镇人民政府）、市（区）、县人民政府逐级审核并公示的方式认定。审核单位应当通过入户调查、邻里访问以及信函索证等方式对申请人的家庭收入和住房状况等情况进行核实。申请人及有关单位、组织或者个人应当予以配合，如实提供有关情况。

第二十七条 经审核公示通过的家庭，由市、县人民政府经济适用住房主管部门发放准予购买经济适用住房的核准通知，注明可以购买的面积标准。然后按照收入水平、住房困难程度和申请顺序等因素进行轮候。

第二十八条 符合条件的家庭，可以持核准通知购买一套与核准面积相对应的经济适用住房。购买面积原则上不得超过核准面积。购买面积在核准面积以内的，按核准的价格购买；超过核准面积的部分，不得享受政府优惠，由购房人按照同地段同类普通商品住房的价格补交差价。

第二十九条 居民个人购买经济适用住房后，应当按照规定办理权属登记。房屋、土地登记部门在办理权属登记时，应当分别注明经济适用住房、划拨土地。

第三十条 经济适用住房购房人拥有有限产权。

购买经济适用住房不满 5 年，不得直接上市交易，购房人因特殊原因确需转让经济适用住房的，由政府按照原价格并考虑折旧和物价水平等因素进行回购。

购买经济适用住房满 5 年，购房人上市转让经济适用住房的，应按照届时同地段普通商品住房与经济适用住房差价的一定比例向政府交纳土地收益等相关价款，具体交纳比例由市、县人民政府确定，政府可优先回购；购房人也可以按照政府所定的标准向政府交纳土地收益等相关价款后，取得完全产权。

上述规定应在经济适用住房购买合同中予以载明，并明确相关违约责任。

第三十一条 已经购买经济适用住房的家庭又购买其他住房的，原经济适用住房由政府按规定及合同约定回购。政府回购的经济适用住房，仍应用于解决低收入家庭的住房困难。

第三十二条 已参加福利分房的家庭在退回所分房屋前不得购买经济适用住房，已购买经济适用住房的家庭不得再购买经济适用住房。

第三十三条 个人购买的经济适用住房在取得完全产权以前不得用于出租经营。

第六章 单位集资合作建房

第三十四条 距离城区较远的独立工矿企业和住房困难户较多的企业，在符合土地利用总体规划、城市规划、住房建设规划的前提下，经市、县人民政府批准，可以利用单位自用土地进行集资合作建房。参加单位集资合作建房的对象，必须限定在本单位符合市、县人民政府规定的低收入住房困难家庭。

第三十五条 单位集资合作建房是经济适用住房的组成部分，其建设标准、优惠政策、供应对象、产权关系等均按照经济适用住房的有关规定严格执行。单位集资合作建房应当纳入当地经济适用住房建设计划和用地计划管理。

第三十六条 任何单位不得利用新征用或新购买土地组织集资合作建房；各级国家机关一律不得搞单位集资合作建房。单位集资合作建房不得向不符合经济适用住房供应条件的家庭出售。

第三十七条 单位集资合作建房在满足本单位低收入住房困难家庭购买后，房源仍有少量剩余的，由市、县人民政府统一组织向符合经济适用住房购房条件的家庭出售，或由市、县人民政府以成本价收购后用作廉租住房。

第三十八条 向职工收取的单位集资合作建房款项实行专款管理、专项使用，并接受当地财政和经济适用住房主管部门的监督。

第三十九条 已参加福利分房、购买经济适用住房或参加单位集资合作建房的人员，不得再次参加单位集资合作建房。严禁任何单位借集资合作建房名义，变相实施住房实物分配或商品房开发。

第四十条 单位集资合作建房原则上不收取管理费用，不得有利润。

第七章 监 督 管 理

第四十一条 市、县人民政府要加强对已购经济适用住房的后续管理，经济适用住房主管部门要切实履行职责，对已购经济适用住房家庭的居住人员、房屋的使用等情况进行定期检查，发现违规行为及时纠正。

第四十二条 市、县人民政府及其有关部门应当加强对经济适用住房建设、交易中违纪违法行为的查处。

（一）擅自改变经济适用住房或集资合作建房用地性质的，由国土资源主管部门按有关规定处罚。

（二）擅自提高经济适用住房或集资合作建房销售价格等价格违法行为的，由价格主管部门依法进行处罚。

（三）未取得资格的家庭购买经济适用住房或参加集资合作建房的，其所购买或集资建设的住房由经济适用住房主管部门限期按原价格并考虑折旧等因素作价收购；不能收购的，由经济适用住房主管部门责成其补缴经济适用住房或单位集资合作建房与同地段同类普通商品住房价格差，并对相关责任单位和责任人依法予以处罚。

第四十三条 对弄虚作假、隐瞒家庭收入和住房条件，骗购经济适用住房或单位集资合作建房的个人，由市、县人民政府经济适用住房主管部门限期按原价格并考虑折旧等因素作价收回所购住房，并依法和有关规定追究责任。对出具虚假证明的，依法追究相关责任人的责任。

第四十四条 国家机关工作人员在经济适用住房建设、管理过程中滥用职权、玩忽职守、徇私舞弊的，依法依纪追究责任；涉嫌犯罪的，移送司法机关处理。

第四十五条 任何单位和个人有权对违反本办法规定的行为进行检举和控告。

第八章 附 则

第四十六条 省、自治区、直辖市人民政府经济适用住房主管部门会同发展改革（价格）、监察、财政、国土资源、金融管理、税务主管部门根据本办法，可以制定具体实施办法。

第四十七条 本办法由建设部会同发展改革委、监察部、财政部、国土资源部、人民银行、税务总局负责解释。

第四十八条 本办法下发后尚未销售的经济适用住房，执行本办法有关准入和退出管理、价格管理、监督管理等规定；已销售的经济适用住房仍按原有规定执行。此前已审批但尚未开工的经济适用住房项目，凡不符合本办法规定内容的事项，应按本办法做相应调整。

第四十九条 建设部、发展改革委、国土资源部、人民银行《关于印发〈经济适用住房管理办法〉的通知》（建住房〔2004〕77号）同时废止。

国务院关于解决城市低收入
家庭住房困难的若干意见

（2007年8月7日 国发〔2007〕24号）

住房问题是重要的民生问题。党中央、国务院高度重视解决城市居民住房问题，始终把改善群众居住条件作为城市住房制度改革和房地产业发展的根本目的。20多年来，我国住房制度改革不断深化，城市住宅建设持续快速发展，城市居民住房条件总体上有了较大改善。但也要看到，城市廉租住房制度建设相对滞后，经济适用住房制度不够完善，政策措施还不配套，部分城市低收入家庭住房还比较困难。为切实加大解决城市低收入家庭住房困难工作力度，现提出以下意见：

一、明确指导思想、总体要求和基本原则

（一）指导思想。以邓小平理论和"三个代表"重要思想为指导，深入贯彻落实科学发展观，按照全面建设小康社会和构建社会主义和谐社会的目标要求，把解决城市（包括县城，下同）低收入家庭住房困难作为维护群众利益的重要工作和住房制度改革的重要内容，作为政府公共服务的一项重要职责，加快建立健全以廉租住房制度为重点、多渠道解决城市低收入家庭住房困难的政策体系。

（二）总体要求。以城市低收入家庭为对象，进一步建立健全城市廉租住房制度，改进和规范经济适用住房制度，加大棚户区、旧住宅区改造力度，力争到"十一五"期末，使低收入家庭住房条件得到明显改善，农民工等其他城市住房困难群体的居住条件得到逐步改善。

（三）基本原则。解决低收入家庭住房困难，要坚持立足国情，满足基本住房需要；统筹规划，分步解决；政府主导，社会参与；统一政策，因地制宜；省级负总责，市县抓落实。

二、进一步建立健全城市廉租住房制度

（四）逐步扩大廉租住房制度的保障范围。城市廉租住房制度是解决低收入家庭住房困难的主要途径。2007年底前，所有设区的城市要对符合规定住房困难条件、申请廉租住房租赁补贴的城市低保家庭基本做到应保尽保；2008年底前，所有县城要基本做到应保尽保。"十一五"期末，全国廉租住房制度保障范围要由城市最低收入住房困难家庭扩大到低收入住房困难家庭；2008年底前，东部地区和其他有条件的地区要将保障范围扩大到低收入住房困难家庭。

（五）合理确定廉租住房保障对象和保障标准。廉租住房保障对象的家庭收入标准和住房困难标准，由城市人民政府按照当地统计部门公布的家庭人均可支配收入和人均住房水平的一定比例，结合城市经济发展水平和住房价格水平确定。廉租住房保障面积标准，由城市人民政府根据当地家庭平均住房水平及财政承受能力等因素统筹研究确定。廉租住房保障对象的家庭收入标准、住房困难标准和保障面积标准实行动态管理，由城市人民政府每年向社会公布一次。

（六）健全廉租住房保障方式。城市廉租住房保障实行货币补贴和实物配租等方式相结合，主要通过发放租赁补贴，增强低收入家庭在市场上承租住房的能力。每平方米租赁补贴标准由城市人民政府根据当地经济发展水平、市场平均租金、保障对象的经济承受能力等因素确定。其中，对符合条件的城市低保家庭，可按当地的廉租住房保障面积标准和市场平均租金给予补贴。

（七）多渠道增加廉租住房房源。要采取政府新建、收购、改建以及鼓励社会捐赠等方式增加廉租住房供应。小户型租赁住房短缺和住房租金较高的地方，城市人民政府要加大廉租住房建设力度。新建廉租住房套型建筑面积控制在50平方米以内，主要在经济适用住房以及普通商品住房小区中配建，并在用地规划和土地出让条件中明确规定建成后由政府收回或回购；也可以考虑相对集中建设。积极发展住房租赁市场，鼓励房地产开发企业开发建设中小户型住房面向社会出租。

（八）确保廉租住房保障资金来源。地方各级人民政府要根据廉租住房工作的年度计划，切实落实廉租住房保障资金：一是地方财政要将廉租住房保障资金纳入年度预算安排。二是住房公积金增值收益在提取贷款风险准备金和管理费用之后全部用于廉租住房建设。三是土地出让净收益用于廉租住房保障资金的比例不得低于10%，各地还可根据实际情况进一步适当提高比例。四是廉租住房租金收入实行收支两条线管理，专项用于廉租住房的维护和管理。

对中西部财政困难地区，通过中央预算内投资补助和中央财政廉租住房保障专项补助资金等方式给予支持。

三、改进和规范经济适用住房制度

（九）规范经济适用住房供应对象。经济适用住房供应对象为城市低收入住房困难家庭，并与廉租住房保障对象衔接。经济适用住房供应对象的家庭收入标准和住房困难标准，由城市人民政府确定，实行动态管理，每年向社会公布一次。低收入住房困难家庭要求购买经济适用住房的，由该家庭提出申请，有关单位按规定的程序进行审查，对符合标准的，纳入经济适用住房供应对象范围。过去享受过福利分房或购买过经济适用住房的家庭不得再购买经济适用住房。已经购买了经济适用住房的家庭又购买其他住房的，原经济适用住房由政府按规定回购。

（十）合理确定经济适用住房标准。经济适用住房套型标准根据经济发展水平和群众生活水平，建筑面积控制在 60 平方米左右。各地要根据实际情况，每年安排建设一定规模的经济适用住房。房价较高、住房结构性矛盾突出的城市，要增加经济适用住房供应。

（十一）严格经济适用住房上市交易管理。经济适用住房属于政策性住房，购房人拥有有限产权。购买经济适用住房不满 5 年，不得直接上市交易，购房人因各种原因确需转让经济适用住房的，由政府按照原价格并考虑折旧和物价水平等因素进行回购。购买经济适用住房满 5 年，购房人可转让经济适用住房，但应按照届时同地段普通商品住房与经济适用住房差价的一定比例向政府交纳土地收益等价款，具体交纳比例由城市人民政府确定，政府可优先回购；购房人向政府交纳土地收益等价款后，也可以取得完全产权。上述规定应在经济适用住房购房合同中予以明确。政府回购的经济适用住房，继续向符合条件的低收入住房困难家庭出售。

（十二）加强单位集资合作建房管理。单位集资合作建房只能由距离城区较远的独立工矿企业和住房困难户较多的企业，在符合城市规划前提下，经城市人民政府批准，并利用自用土地组织实施。单位集资合作建房纳入当地经济适用住房供应计划，其建设标准、供应对象、产权关系等均按照经济适用住房的有关规定执行。在优先满足本单位住房困难职工购买基础上房源仍有多余的，由城市人民政府统一向符合经济适用住房购买条件的家庭出售，或以成本价收购后用作廉租住房。各级国家机关一律不得搞单位集资合作建房；任何单位不得新征用或新购买土地搞集资合作建房；单位集资合作建房不得向非经济适用住房供应对象出售。

四、逐步改善其他住房困难群体的居住条件

（十三）加快集中成片棚户区的改造。对集中成片的棚户区，城市人民政府要制定改造计划，因地制宜进行改造。棚户区改造要符合以下要求：困难住户的住房得到妥善解决；住房质量、小区环境、配套设施明显改善；困难家庭的负担控制在合理水平。

（十四）积极推进旧住宅区综合整治。对可整治的旧住宅区要力戒大拆大建。要以改善低收入家庭居住环境和保护历史文化街区为宗旨，遵循政府组织、居民参与的原则，积极进行房屋维修养护、配套设施完善、环境整治和建筑节能改造。

（十五）多渠道改善农民工居住条件。用工单位要向农民工提供符合基本卫生和安全条件的居住场所。农民工集中的开发区和工业园区，应按照集约用地的原则，集中建设向农民工出租的集体宿舍，但不得按商品住房出售。城中村改造时，要考虑农民工的居住需要，在符合城市规划和土地利用总体规划的前提下，集中建设向农民工出租的集体宿舍。有条件的地方，可比照经济适用住房建设的相关优惠政策，政府引导，市场运作，建设符合农民工特点的住房，以农民工可承受的合理租金向农民工出租。

五、完善配套政策和工作机制

（十六）落实解决城市低收入家庭住房困难的经济政策和建房用地。一是廉租住房和经济适用住房建设、棚户区改造、旧住宅区整治一律免收城市基础设施配套费等各种行政事业性收费和政府性基金。二是廉租住房和经济适用住房建设用地实行行政划拨方式供应。三是对廉租住房和经济适用住房建设用地，各地要切实保证供应。要根据住房建设规划，在土地供应计划中予以优先安排，并在申报年度用地指标时单独列出。四是社会各界向政府捐赠廉租住房房源的，执行公益性捐赠税收扣除的有关政策。五是社会机构投资廉租住房或经济适用住房建设、棚户区改造、旧住宅区整治的，可同时给予相关的政策支持。

（十七）确保住房质量和使用功能。廉租住房和经济适用住房建设、棚户区改造以及旧住宅区整治，要坚持经济、适用的原则。要提高规划设计水平，在较小的户型内实现基本的使用功能。要按照发展节能省地环保型住宅的要求，推广新材料、新技术、新工艺。要切实加强施工管理，确保施工质量。有关住房质量和使用功能等方面的要求，应在建设合同中予以明确。

（十八）健全工作机制。城市人民政府要抓紧开展低收入家庭住房状况调查，于2007年底之前建立低收入住房困难家庭住房档案，制订解决城市低收入家庭住房困难的工作目标、发展规划和年度计划，纳入当地经济社会发展规划和住房建设规划，并向社会公布。要按照解决城市低收入家庭住房困难的年度计划，确保廉租住房保障的各项资金落实到位；确保廉租住房、经济适用住房建设用地落实到位，并合理确定区位布局。要规范廉租住房保障和经济适用住房供应的管理，建立健全申请、审核和公示办法，并于2007年9月底之前向社会公布；要严格做好申请人家庭收入、住房状况的调查审核，完善轮候制度，特别是强化廉租住房的年度复核工作，健全退出机制。要严肃纪律，坚决查处弄虚作假等违纪违规行为和有关责任人员，确保各项政策得以公开、公平、公正实施。

（十九）落实工作责任。省级人民政府对本地区解决城市低收入家庭住房困难工作负总责，要对所属城市人民政府实行目标责任制管理，加强监督指导。有关工作情况，纳入对城市人民政府的政绩考核之中。解决城市低收入家庭住房困难是城市人民政府的重要责任。城市人民政府要把解决城市低收入家庭住房困难摆上重要议事日程，加强领导，落实相应的管理工作机构和具体实施机构，切实抓好各项工作；要接受人民群众的监督，每年在向人民代表大会所作的《政府工作报告》中报告解决城市低收入家庭住房困难年度计划的完成情况。

房地产市场宏观调控部际联席会议负责研究提出解决城市低收入家庭住房困难的有关政策，协调解决工作实施中的重大问题。国务院有关部门要按照各自职责，加强对各地工作的指导，抓好督促落实。建设部会同发展改革委、财政部、国土资源部等有关部门抓紧完善廉租住房管理办法和经济适用住房管理办法。民政部会同有关部门抓紧制定城市低收入家庭资格认定办法。财政部会同建设部、民政部等有关部门抓紧制定廉租住房保障专项补助资金的实施办法。发展改革委会同建设部抓紧制定中央预算内投资对中西部财政困难地区新建廉租住房项目的支持办法。财政部、税务总局抓紧研究制定廉租住房建设、经济适用住房建设和住房租赁的税收支持政策。人民银行会同建设部、财政部等有关部门抓紧研究提出对廉租住房和经济适用住房建设的金融支持意见。

（二十）加强监督检查。2007 年底前，直辖市、计划单列市和省会（首府）城市要把解决城市低收入家庭住房困难的发展规划和年度计划报建设部备案，其他城市报省（区、市）建设主管部门备案。建设部会同监察部等有关部门负责本意见执行情况的监督检查，对工作不落实、措施不到位的地区，要通报批评，限期整改，并追究有关领导责任。对在解决城市低收入家庭住房困难工作中以权谋私、玩忽职守的，要依法依规追究有关责任人的行政和法律责任。

（二十一）继续抓好国务院关于房地产市场各项调控政策措施的落实。各地区、各有关部门要在认真解决城市低收入家庭住房困难的同时，进一步贯彻落实国务院关于房地产市场各项宏观调控政策措施。要加大住房供应结构调整力度，认真落实《国务院办公厅转发建设部等部门关于调整住房供应结构稳定住房价格意见的通知》（国办发〔2006〕37号），重点发展中低价位、中小套型普通商品住房，增加住房有效供应。城市新审批、新开工的住房建设，套型建筑面积90平方米以下住房面积所占比重，必须达到开发建设总面积的70%以上。廉租住房、经济适用住房和中低价位、中小套型普通商品住房建设用地的年度供应量不得低于居住用地供应总量的70%。要加大住房需求调节力度，引导合理的住房消费，建立符合国情的住房建设和消费模式。要加强市场监管，坚决整治房地产开发、交易、中介服务、物业管理及房屋拆迁中的违法违规行为，维护群众合法权益。要加强房地产价格的监管，抑制房地产价格过快上涨，保持合理的价格水平，引导房地产市场健康发展。

（二十二）凡过去文件规定与本意见不一致的，以本意见为准。

廉租住房保障办法

（2007年11月8日中华人民共和国建设部、国家发展和改革委员会、中华人民共和国监察部、中华人民共和国民政部、中华人民共和国财政部、中华人民共和国国土资源部、中国人民银行、国家税务总局、国家统计局令第162号公布　自2007年12月1日起施行）

第一章　总　　则

第一条　为促进廉租住房制度建设，逐步解决城市低收入家庭的住房困难，制定本办法。

第二条　城市低收入住房困难家庭的廉租住房保障及其监督管

理，适用本办法。

本办法所称城市低收入住房困难家庭，是指城市和县人民政府所在地的镇范围内，家庭收入、住房状况等符合市、县人民政府规定条件的家庭。

第三条 市、县人民政府应当在解决城市低收入家庭住房困难的发展规划及年度计划中，明确廉租住房保障工作目标、措施，并纳入本级国民经济与社会发展规划和住房建设规划。

第四条 国务院建设主管部门指导和监督全国廉租住房保障工作。县级以上地方人民政府建设（住房保障）主管部门负责本行政区域内廉租住房保障管理工作。廉租住房保障的具体工作可以由市、县人民政府确定的实施机构承担。

县级以上人民政府发展改革（价格）、监察、民政、财政、国土资源、金融管理、税务、统计等部门按照职责分工，负责廉租住房保障的相关工作。

第二章 保 障 方 式

第五条 廉租住房保障方式实行货币补贴和实物配租等相结合。货币补贴是指县级以上地方人民政府向申请廉租住房保障的城市低收入住房困难家庭发放租赁住房补贴，由其自行承租住房。实物配租是指县级以上地方人民政府向申请廉租住房保障的城市低收入住房困难家庭提供住房，并按照规定标准收取租金。

实施廉租住房保障，主要通过发放租赁补贴，增强城市低收入住房困难家庭承租住房的能力。廉租住房紧缺的城市，应当通过新建和收购等方式，增加廉租住房实物配租的房源。

第六条 市、县人民政府应当根据当地家庭平均住房水平、财政承受能力以及城市低收入住房困难家庭的人口数量、结构等因素，以户为单位确定廉租住房保障面积标准。

第七条 采取货币补贴方式的，补贴额度按照城市低收入住房困难家庭现住房面积与保障面积标准的差额、每平方米租赁住房补贴标准确定。

每平方米租赁住房补贴标准由市、县人民政府根据当地经济发展水平、市场平均租金、城市低收入住房困难家庭的经济承受能力等因素确定。其中对城市居民最低生活保障家庭，可以按照当地市场平均租金确定租赁住房补贴标准；对其他城市低收入住房困难家庭，可以根据收入情况等分类确定租赁住房补贴标准。

第八条 采取实物配租方式的，配租面积为城市低收入住房困难家庭现住房面积与保障面积标准的差额。

实物配租的住房租金标准实行政府定价。实物配租住房的租金，按照配租面积和市、县人民政府规定的租金标准确定。有条件的地区，对城市居民最低生活保障家庭，可以免收实物配租住房中住房保障面积标准内的租金。

第三章　保障资金及房屋来源

第九条 廉租住房保障资金采取多种渠道筹措。

廉租住房保障资金来源包括：

（一）年度财政预算安排的廉租住房保障资金；

（二）提取贷款风险准备金和管理费用后的住房公积金增值收益余额；

（三）土地出让净收益中安排的廉租住房保障资金；

（四）政府的廉租住房租金收入；

（五）社会捐赠及其他方式筹集的资金。

第十条 提取贷款风险准备金和管理费用后的住房公积金增值收益余额，应当全部用于廉租住房建设。

土地出让净收益用于廉租住房保障资金的比例，不得低于10%。

政府的廉租住房租金收入应当按照国家财政预算支出和财务制度的有关规定，实行收支两条线管理，专项用于廉租住房的维护和管理。

第十一条 对中西部财政困难地区，按照中央预算内投资补助和中央财政廉租住房保障专项补助资金的有关规定给予支持。

第十二条 实物配租的廉租住房来源主要包括：

（一）政府新建、收购的住房；

（二）腾退的公有住房；

（三）社会捐赠的住房；

（四）其他渠道筹集的住房。

第十三条 廉租住房建设用地，应当在土地供应计划中优先安排，并在申报年度用地指标时单独列出，采取划拨方式，保证供应。

廉租住房建设用地的规划布局，应当考虑城市低收入住房困难家庭居住和就业的便利。

廉租住房建设应当坚持经济、适用原则，提高规划设计水平，满足基本使用功能，应当按照发展节能省地环保型住宅的要求，推广新材料、新技术、新工艺。廉租住房应当符合国家质量安全标准。

第十四条 新建廉租住房，应当采取配套建设与相对集中建设相结合的方式，主要在经济适用住房、普通商品住房项目中配套建设。

新建廉租住房，应当将单套的建筑面积控制在 50 平方米以内，并根据城市低收入住房困难家庭的居住需要，合理确定套型结构。

配套建设廉租住房的经济适用住房或者普通商品住房项目，应当在用地规划、国有土地划拨决定书或者国有土地使用权出让合同中，明确配套建设的廉租住房总建筑面积、套数、布局、套型以及建成后的移交或回购等事项。

第十五条 廉租住房建设免征行政事业性收费和政府性基金。

鼓励社会捐赠住房作为廉租住房房源或捐赠用于廉租住房的资金。

政府或经政府认定的单位新建、购买、改建住房作为廉租住房，社会捐赠廉租住房房源、资金，按照国家规定的有关税收政策执行。

第四章 申请与核准

第十六条 申请廉租住房保障，应当提供下列材料：

（一）家庭收入情况的证明材料；

（二）家庭住房状况的证明材料；

（三）家庭成员身份证和户口簿；

（四）市、县人民政府规定的其他证明材料。

第十七条 申请廉租住房保障，按照下列程序办理：

（一）申请廉租住房保障的家庭，应当由户主向户口所在地街道办事处或者镇人民政府提出书面申请；

（二）街道办事处或者镇人民政府应当自受理申请之日起30日内，就申请人的家庭收入、家庭住房状况是否符合规定条件进行审核，提出初审意见并张榜公布，将初审意见和申请材料一并报送市（区）、县人民政府 建设（住房保障）主管部门；

（三）建设（住房保障）主管部门应当自收到申请材料之日起15日内，就申请人的家庭住房状况是否符合规定条件提出审核意见，并将符合条件的申请人的申请材料转同级民政部门；

（四）民政部门应当自收到申请材料之日起15日内，就申请人的家庭收入是否符合规定条件提出审核意见，并反馈同级建设（住房保障）主管部门；

（五）经审核，家庭收入、家庭住房状况符合规定条件的，由建设（住房保障）主管部门予以公示，公示期限为15日；对经公示无异议或者异议不成立的，作为廉租住房保障对象予以登记，书面通知申请人，并向社会公开登记结果。

经审核，不符合规定条件的，建设（住房保障）主管部门应当书面通知申请人，说明理由。申请人对审核结果有异议的，可以向建设（住房保障）主管部门申诉。

第十八条 建设（住房保障）主管部门、民政等有关部门以及街道办事处、镇人民政府，可以通过入户调查、邻里访问以及信函索证等方式对申请人的家庭收入和住房状况等进行核实。申请人及有关单位和个人应当予以配合，如实提供有关情况。

第十九条 建设（住房保障）主管部门应当综合考虑登记的城市低收入住房困难家庭的收入水平、住房困难程度和申请顺序以及个人申请的保障方式等，确定相应的保障方式及轮候顺序，并向社会公开。

对已经登记为廉租住房保障对象的城市居民最低生活保障家庭，凡申请租赁住房货币补贴的，要优先安排发放补贴，基本做到应保尽保。

实物配租应当优先面向已经登记为廉租住房保障对象的孤、老、病、残等特殊困难家庭，城市居民最低生活保障家庭以及其他急需救助的家庭。

第二十条 对轮候到位的城市低收入住房困难家庭，建设（住房保障）主管部门或者具体实施机构应当按照已确定的保障方式，与其签订租赁住房补贴协议或者廉租住房租赁合同，予以发放租赁住房补贴或者配租廉租住房。

发放租赁住房补贴和配租廉租住房的结果，应当予以公布。

第二十一条 租赁住房补贴协议应当明确租赁住房补贴额度、停止发放租赁住房补贴的情形等内容。

廉租住房租赁合同应当明确下列内容：

（一）房屋的位置、朝向、面积、结构、附属设施和设备状况；

（二）租金及其支付方式；

（三）房屋用途和使用要求；

（四）租赁期限；

（五）房屋维修责任；

（六）停止实物配租的情形，包括承租人已不符合规定条件的，将所承租的廉租住房转借、转租或者改变用途，无正当理由连续6

个月以上未在所承租的廉租住房居住或者未交纳廉租住房租金等；

（七）违约责任及争议解决办法，包括退回廉租住房、调整租金、依照有关法律法规规定处理等；

（八）其他约定。

第五章　监　督　管　理

第二十二条　国务院建设主管部门、省级建设（住房保障）主管部门应当会同有关部门，加强对廉租住房保障工作的监督检查，并公布监督检查结果。

市、县人民政府应当定期向社会公布城市低收入住房困难家庭廉租住房保障情况。

第二十三条　市（区）、县人民政府建设（住房保障）主管部门应当按户建立廉租住房档案，并采取定期走访、抽查等方式，及时掌握城市低收入住房困难家庭的人口、收入及住房变动等有关情况。

第二十四条　已领取租赁住房补贴或者配租廉租住房的城市低收入住房困难家庭，应当按年度向所在地街道办事处或者镇人民政府如实申报家庭人口、收入及住房等变动情况。

街道办事处或者镇人民政府可以对申报情况进行核实、张榜公布，并将申报情况及核实结果报建设（住房保障）主管部门。

建设（住房保障）主管部门应当根据城市低收入住房困难家庭人口、收入、住房等变化情况，调整租赁住房补贴额度或实物配租面积、租金等；对不再符合规定条件的，应当停止发放租赁住房补贴，或者由承租人按照合同约定退回廉租住房。

第二十五条　城市低收入住房困难家庭不得将所承租的廉租住房转借、转租或者改变用途。

城市低收入住房困难家庭违反前款规定或者有下列行为之一的，应当按照合同约定退回廉租住房：

（一）无正当理由连续 6 个月以上未在所承租的廉租住房居住的；

（二）无正当理由累计 6 个月以上未交纳廉租住房租金的。

第二十六条 城市低收入住房困难家庭未按照合同约定退回廉租住房的，建设（住房保障）主管部门应当责令其限期退回；逾期未退回的，可以按照合同约定，采取调整租金等方式处理。

城市低收入住房困难家庭拒绝接受前款规定的处理方式的，由建设（住房保障）主管部门或者具体实施机构依照有关法律法规规定处理。

第二十七条 城市低收入住房困难家庭的收入标准、住房困难标准等以及住房保障面积标准，实行动态管理，由市、县人民政府每年向社会公布一次。

第二十八条 任何单位和个人有权对违反本办法规定的行为进行检举和控告。

第六章 法 律 责 任

第二十九条 城市低收入住房困难家庭隐瞒有关情况或者提供虚假材料申请廉租住房保障的，建设（住房保障）主管部门不予受理，并给予警告。

第三十条 对以欺骗等不正当手段，取得审核同意或者获得廉租住房保障的，由建设（住房保障）主管部门给予警告；对已经登记但尚未获得廉租住房保障的，取消其登记；对已经获得廉租住房保障的，责令其退还已领取的租赁住房补贴，或者退出实物配租的住房并按市场价格补交以前房租。

第三十一条 廉租住房保障实施机构违反本办法规定，不执行政府规定的廉租住房租金标准的，由价格主管部门依法查处。

第三十二条 违反本办法规定，建设（住房保障）主管部门及有关部门的工作人员或者市、县人民政府确定的实施机构的工作人员，在廉租住房保障工作中滥用职权、玩忽职守、徇私舞弊的，依法给予处分；构成犯罪的，依法追究刑事责任。

第七章 附 则

第三十三条 对承租直管公房的城市低收入家庭，可以参照本办法有关规定，对住房保障面积标准范围内的租金予以适当减免。

第三十四条 本办法自 2007 年 12 月 1 日起施行。2003 年 12 月 31 日发布的《城镇最低收入家庭廉租住房管理办法》（建设部、财政部、民政部、国土资源部、国家税务总局令第 120 号）同时废止。

征收争议解决

中华人民共和国行政复议法

（1999 年 4 月 29 日第九届全国人民代表大会常务委员会第九次会议通过 根据 2009 年 8 月 27 日第十一届全国人民代表大会常务委员会第十次会议《关于修改部分法律的决定》第一次修正 根据 2017 年 9 月 1 日第十二届全国人民代表大会常务委员会第二十九次会议《关于修改〈中华人民共和国法官法〉等八部法律的决定》第二次修正 2023 年 9 月 1 日第十四届全国人民代表大会常务委员会第五次会议修订 2023 年 9 月 1 日中华人民共和国主席令第 9 号公布 自 2024 年 1 月 1 日起施行）

目　　录

第一章　总　　则

第一条　**【立法目的】**为了防止和纠正违法的或者不当的行政行为，保护公民、法人和其他组织的合法权益，监督和保障行政机关依法行使职权，发挥行政复议化解行政争议的主渠道作用，推进法治政府建设，根据宪法，制定本法。

第二条　**【适用范围】**公民、法人或者其他组织认为行政机关的行政行为侵犯其合法权益，向行政复议机关提出行政复议申请，行政复议机关办理行政复议案件，适用本法。

前款所称行政行为，包括法律、法规、规章授权的组织的行政行为。

第三条　**【工作原则】**行政复议工作坚持中国共产党的领导。

行政复议机关履行行政复议职责，应当遵循合法、公正、公开、高效、便民、为民的原则，坚持有错必纠，保障法律、法规的正确实施。

第四条　**【行政复议机关、机构及其职责】**县级以上各级人民政府以及其他依照本法履行行政复议职责的行政机关是行政复议机关。

行政复议机关办理行政复议事项的机构是行政复议机构。行政复议机构同时组织办理行政复议机关的行政应诉事项。

行政复议机关应当加强行政复议工作，支持和保障行政复议机构依法履行职责。上级行政复议机构对下级行政复议机构的行政复议工作进行指导、监督。

国务院行政复议机构可以发布行政复议指导性案例。

第五条 【行政复议调解】行政复议机关办理行政复议案件，可以进行调解。

调解应当遵循合法、自愿的原则，不得损害国家利益、社会公共利益和他人合法权益，不得违反法律、法规的强制性规定。

第六条 【行政复议人员】国家建立专业化、职业化行政复议人员队伍。

行政复议机构中初次从事行政复议工作的人员，应当通过国家统一法律职业资格考试取得法律职业资格，并参加统一职前培训。

国务院行政复议机构应当会同有关部门制定行政复议人员工作规范，加强对行政复议人员的业务考核和管理。

第七条 【行政复议保障】行政复议机关应当确保行政复议机构的人员配备与所承担的工作任务相适应，提高行政复议人员专业素质，根据工作需要保障办案场所、装备等设施。县级以上各级人民政府应当将行政复议工作经费列入本级预算。

第八条 【行政复议信息化建设】行政复议机关应当加强信息化建设，运用现代信息技术，方便公民、法人或者其他组织申请、参加行政复议，提高工作质量和效率。

第九条 【表彰和奖励】对在行政复议工作中做出显著成绩的单位和个人，按照国家有关规定给予表彰和奖励。

第十条 【行政复议与诉讼衔接】公民、法人或者其他组织对行政复议决定不服的，可以依照《中华人民共和国行政诉讼法》的规定向人民法院提起行政诉讼，但是法律规定行政复议决定为最终裁决的除外。

第二章　行政复议申请

第一节　行政复议范围

第十一条　【行政复议范围】有下列情形之一的，公民、法人或者其他组织可以依照本法申请行政复议：

（一）对行政机关作出的行政处罚决定不服；

（二）对行政机关作出的行政强制措施、行政强制执行决定不服；

（三）申请行政许可，行政机关拒绝或者在法定期限内不予答复，或者对行政机关作出的有关行政许可的其他决定不服；

（四）对行政机关作出的确认自然资源的所有权或者使用权的决定不服；

（五）对行政机关作出的征收征用决定及其补偿决定不服；

（六）对行政机关作出的赔偿决定或者不予赔偿决定不服；

（七）对行政机关作出的不予受理工伤认定申请的决定或者工伤认定结论不服；

（八）认为行政机关侵犯其经营自主权或者农村土地承包经营权、农村土地经营权；

（九）认为行政机关滥用行政权力排除或者限制竞争；

（十）认为行政机关违法集资、摊派费用或者违法要求履行其他义务；

（十一）申请行政机关履行保护人身权利、财产权利、受教育权利等合法权益的法定职责，行政机关拒绝履行、未依法履行或者不予答复；

（十二）申请行政机关依法给付抚恤金、社会保险待遇或者最低生活保障等社会保障，行政机关没有依法给付；

（十三）认为行政机关不依法订立、不依法履行、未按照约定履行或者违法变更、解除政府特许经营协议、土地房屋征收补偿协议等行政协议；

（十四）认为行政机关在政府信息公开工作中侵犯其合法权益；

（十五）认为行政机关的其他行政行为侵犯其合法权益。

第十二条 【不属于行政复议范围的事项】下列事项不属于行政复议范围：

（一）国防、外交等国家行为；

（二）行政法规、规章或者行政机关制定、发布的具有普遍约束力的决定、命令等规范性文件；

（三）行政机关对行政机关工作人员的奖惩、任免等决定；

（四）行政机关对民事纠纷作出的调解。

第十三条 【行政复议附带审查申请范围】公民、法人或者其他组织认为行政机关的行政行为所依据的下列规范性文件不合法，在对行政行为申请行政复议时，可以一并向行政复议机关提出对该规范性文件的附带审查申请：

（一）国务院部门的规范性文件；

（二）县级以上地方各级人民政府及其工作部门的规范性文件；

（三）乡、镇人民政府的规范性文件；

（四）法律、法规、规章授权的组织的规范性文件。

前款所列规范性文件不含规章。规章的审查依照法律、行政法规办理。

第二节 行政复议参加人

第十四条 【申请人】依照本法申请行政复议的公民、法人或者其他组织是申请人。

有权申请行政复议的公民死亡的，其近亲属可以申请行政复议。有权申请行政复议的法人或者其他组织终止的，其权利义务承受人可以申请行政复议。

有权申请行政复议的公民为无民事行为能力人或者限制民事行

为能力人的，其法定代理人可以代为申请行政复议。

第十五条 【代表人】同一行政复议案件申请人人数众多的，可以由申请人推选代表人参加行政复议。

代表人参加行政复议的行为对其所代表的申请人发生效力，但是代表人变更行政复议请求、撤回行政复议申请、承认第三人请求的，应当经被代表的申请人同意。

第十六条 【第三人】申请人以外的同被申请行政复议的行政行为或者行政复议案件处理结果有利害关系的公民、法人或者其他组织，可以作为第三人申请参加行政复议，或者由行政复议机构通知其作为第三人参加行政复议。

第三人不参加行政复议，不影响行政复议案件的审理。

第十七条 【委托代理人】申请人、第三人可以委托一至二名律师、基层法律服务工作者或者其他代理人代为参加行政复议。

申请人、第三人委托代理人的，应当向行政复议机构提交授权委托书、委托人及被委托人的身份证明文件。授权委托书应当载明委托事项、权限和期限。申请人、第三人变更或者解除代理人权限的，应当书面告知行政复议机构。

第十八条 【法律援助】符合法律援助条件的行政复议申请人申请法律援助的，法律援助机构应当依法为其提供法律援助。

第十九条 【被申请人】公民、法人或者其他组织对行政行为不服申请行政复议的，作出行政行为的行政机关或者法律、法规、规章授权的组织是被申请人。

两个以上行政机关以共同的名义作出同一行政行为的，共同作出行政行为的行政机关是被申请人。

行政机关委托的组织作出行政行为的，委托的行政机关是被申请人。

作出行政行为的行政机关被撤销或者职权变更的，继续行使其职权的行政机关是被申请人。

第三节 申请的提出

第二十条 【申请期限】公民、法人或者其他组织认为行政行为侵犯其合法权益的，可以自知道或者应当知道该行政行为之日起六十日内提出行政复议申请；但是法律规定的申请期限超过六十日的除外。

因不可抗力或者其他正当理由耽误法定申请期限的，申请期限自障碍消除之日起继续计算。

行政机关作出行政行为时，未告知公民、法人或者其他组织申请行政复议的权利、行政复议机关和申请期限的，申请期限自公民、法人或者其他组织知道或者应当知道申请行政复议的权利、行政复议机关和申请期限之日起计算，但是自知道或者应当知道行政行为内容之日起最长不得超过一年。

第二十一条 【不动产行政复议申请期限】因不动产提出的行政复议申请自行政行为作出之日起超过二十年，其他行政复议申请自行政行为作出之日起超过五年的，行政复议机关不予受理。

第二十二条 【申请形式】申请人申请行政复议，可以书面申请；书面申请有困难的，也可以口头申请。

书面申请的，可以通过邮寄或者行政复议机关指定的互联网渠道等方式提交行政复议申请书，也可以当面提交行政复议申请书。行政机关通过互联网渠道送达行政行为决定书的，应当同时提供提交行政复议申请书的互联网渠道。

口头申请的，行政复议机关应当当场记录申请人的基本情况、行政复议请求、申请行政复议的主要事实、理由和时间。

申请人对两个以上行政行为不服的，应当分别申请行政复议。

第二十三条 【行政复议前置】有下列情形之一的，申请人应当先向行政复议机关申请行政复议，对行政复议决定不服的，可以再依法向人民法院提起行政诉讼：

（一）对当场作出的行政处罚决定不服；

（二）对行政机关作出的侵犯其已经依法取得的自然资源的所有权或者使用权的决定不服；

（三）认为行政机关存在本法第十一条规定的未履行法定职责情形；

（四）申请政府信息公开，行政机关不予公开；

（五）法律、行政法规规定应当先向行政复议机关申请行政复议的其他情形。

对前款规定的情形，行政机关在作出行政行为时应当告知公民、法人或者其他组织先向行政复议机关申请行政复议。

第四节　行政复议管辖

第二十四条　【县级以上地方人民政府管辖】县级以上地方各级人民政府管辖下列行政复议案件：

（一）对本级人民政府工作部门作出的行政行为不服的；

（二）对下一级人民政府作出的行政行为不服的；

（三）对本级人民政府依法设立的派出机关作出的行政行为不服的；

（四）对本级人民政府或者其工作部门管理的法律、法规、规章授权的组织作出的行政行为不服的。

除前款规定外，省、自治区、直辖市人民政府同时管辖对本机关作出的行政行为不服的行政复议案件。

省、自治区人民政府依法设立的派出机关参照设区的市级人民政府的职责权限，管辖相关行政复议案件。

对县级以上地方各级人民政府工作部门依法设立的派出机构依照法律、法规、规章规定，以派出机构的名义作出的行政行为不服的行政复议案件，由本级人民政府管辖；其中，对直辖市、设区的市人民政府工作部门按照行政区划设立的派出机构作出的行政行为不服的，也可以由其所在地的人民政府管辖。

第二十五条 【国务院部门管辖】国务院部门管辖下列行政复议案件：

（一）对本部门作出的行政行为不服的；

（二）对本部门依法设立的派出机构依照法律、行政法规、部门规章规定，以派出机构的名义作出的行政行为不服的；

（三）对本部门管理的法律、行政法规、部门规章授权的组织作出的行政行为不服的。

第二十六条 【原级行政复议决定的救济途径】对省、自治区、直辖市人民政府依照本法第二十四条第二款的规定、国务院部门依照本法第二十五条第一项的规定作出的行政复议决定不服的，可以向人民法院提起行政诉讼；也可以向国务院申请裁决，国务院依照本法的规定作出最终裁决。

第二十七条 【垂直领导行政机关等管辖】对海关、金融、外汇管理等实行垂直领导的行政机关、税务和国家安全机关的行政行为不服的，向上一级主管部门申请行政复议。

第二十八条 【司法行政部门的管辖】对履行行政复议机构职责的地方人民政府司法行政部门的行政行为不服的，可以向本级人民政府申请行政复议，也可以向上一级司法行政部门申请行政复议。

第二十九条 【行政复议和行政诉讼的选择】公民、法人或者其他组织申请行政复议，行政复议机关已经依法受理的，在行政复议期间不得向人民法院提起行政诉讼。

公民、法人或者其他组织向人民法院提起行政诉讼，人民法院已经依法受理的，不得申请行政复议。

第三章 行政复议受理

第三十条 【受理条件】行政复议机关收到行政复议申请后，应当在五日内进行审查。对符合下列规定的，行政复议机关应当予以受理：

（一）有明确的申请人和符合本法规定的被申请人；

（二）申请人与被申请行政复议的行政行为有利害关系；

（三）有具体的行政复议请求和理由；

（四）在法定申请期限内提出；

（五）属于本法规定的行政复议范围；

（六）属于本机关的管辖范围；

（七）行政复议机关未受理过该申请人就同一行政行为提出的行政复议申请，并且人民法院未受理过该申请人就同一行政行为提起的行政诉讼。

对不符合前款规定的行政复议申请，行政复议机关应当在审查期限内决定不予受理并说明理由；不属于本机关管辖的，还应当在不予受理决定中告知申请人有管辖权的行政复议机关。

行政复议申请的审查期限届满，行政复议机关未作出不予受理决定的，审查期限届满之日起视为受理。

第三十一条　【申请材料补正】行政复议申请材料不齐全或者表述不清楚，无法判断行政复议申请是否符合本法第三十条第一款规定的，行政复议机关应当自收到申请之日起五日内书面通知申请人补正。补正通知应当一次性载明需要补正的事项。

申请人应当自收到补正通知之日起十日内提交补正材料。有正当理由不能按期补正的，行政复议机关可以延长合理的补正期限。无正当理由逾期不补正的，视为申请人放弃行政复议申请，并记录在案。

行政复议机关收到补正材料后，依照本法第三十条的规定处理。

第三十二条　【部分案件的复核处理】对当场作出或者依据电子技术监控设备记录的违法事实作出的行政处罚决定不服申请行政复议的，可以通过作出行政处罚决定的行政机关提交行政复议申请。

行政机关收到行政复议申请后，应当及时处理；认为需要维持行政处罚决定的，应当自收到行政复议申请之日起五日内转送行政复议机关。

第三十三条 【程序性驳回】行政复议机关受理行政复议申请后，发现该行政复议申请不符合本法第三十条第一款规定的，应当决定驳回申请并说明理由。

第三十四条 【复议前置等情形的诉讼衔接】法律、行政法规规定应当先向行政复议机关申请行政复议、对行政复议决定不服再向人民法院提起行政诉讼的，行政复议机关决定不予受理、驳回申请或者受理后超过行政复议期限不作答复的，公民、法人或者其他组织可以自收到决定书之日起或者行政复议期限届满之日起十五日内，依法向人民法院提起行政诉讼。

第三十五条 【对行政复议受理的监督】公民、法人或者其他组织依法提出行政复议申请，行政复议机关无正当理由不予受理、驳回申请或者受理后超过行政复议期限不作答复的，申请人有权向上级行政机关反映，上级行政机关应当责令其纠正；必要时，上级行政复议机关可以直接受理。

第四章　行政复议审理

第一节　一般规定

第三十六条 【审理程序及要求】行政复议机关受理行政复议申请后，依照本法适用普通程序或者简易程序进行审理。行政复议机构应当指定行政复议人员负责办理行政复议案件。

行政复议人员对办理行政复议案件过程中知悉的国家秘密、商业秘密和个人隐私，应当予以保密。

第三十七条 【审理依据】行政复议机关依照法律、法规、规章审理行政复议案件。

行政复议机关审理民族自治地方的行政复议案件，同时依照该民族自治地方的自治条例和单行条例。

第三十八条 【提级审理】上级行政复议机关根据需要，可以审理下级行政复议机关管辖的行政复议案件。

下级行政复议机关对其管辖的行政复议案件，认为需要由上级行政复议机关审理的，可以报请上级行政复议机关决定。

第三十九条 【中止情形】行政复议期间有下列情形之一的，行政复议中止：

（一）作为申请人的公民死亡，其近亲属尚未确定是否参加行政复议；

（二）作为申请人的公民丧失参加行政复议的行为能力，尚未确定法定代理人参加行政复议；

（三）作为申请人的公民下落不明；

（四）作为申请人的法人或者其他组织终止，尚未确定权利义务承受人；

（五）申请人、被申请人因不可抗力或者其他正当理由，不能参加行政复议；

（六）依照本法规定进行调解、和解，申请人和被申请人同意中止；

（七）行政复议案件涉及的法律适用问题需要有权机关作出解释或者确认；

（八）行政复议案件审理需要以其他案件的审理结果为依据，而其他案件尚未审结；

（九）有本法第五十六条或者第五十七条规定的情形；

（十）需要中止行政复议的其他情形。

行政复议中止的原因消除后，应当及时恢复行政复议案件的审理。

行政复议机关中止、恢复行政复议案件的审理，应当书面告知当事人。

第四十条 【对无正当理由中止的监督】行政复议期间，行政复议机关无正当理由中止行政复议的，上级行政机关应当责令其恢复审理。

第四十一条 【终止情形】行政复议期间有下列情形之一的，行政复议机关决定终止行政复议：

（一）申请人撤回行政复议申请，行政复议机构准予撤回；

（二）作为申请人的公民死亡，没有近亲属或者其近亲属放弃行政复议权利；

（三）作为申请人的法人或者其他组织终止，没有权利义务承受人或者其权利义务承受人放弃行政复议权利；

（四）申请人对行政拘留或者限制人身自由的行政强制措施不服申请行政复议后，因同一违法行为涉嫌犯罪，被采取刑事强制措施；

（五）依照本法第三十九条第一款第一项、第二项、第四项的规定中止行政复议满六十日，行政复议中止的原因仍未消除。

第四十二条 【行政行为停止执行情形】行政复议期间行政行为不停止执行；但是有下列情形之一的，应当停止执行：

（一）被申请人认为需要停止执行；

（二）行政复议机关认为需要停止执行；

（三）申请人、第三人申请停止执行，行政复议机关认为其要求合理，决定停止执行；

（四）法律、法规、规章规定停止执行的其他情形。

第二节　行政复议证据

第四十三条 【行政复议证据种类】行政复议证据包括：

（一）书证；

（二）物证；

（三）视听资料；

（四）电子数据；

（五）证人证言；

（六）当事人的陈述；

（七）鉴定意见；

（八）勘验笔录、现场笔录。

以上证据经行政复议机构审查属实，才能作为认定行政复议案件事实的根据。

第四十四条 【举证责任分配】被申请人对其作出的行政行为的合法性、适当性负有举证责任。

有下列情形之一的，申请人应当提供证据：

（一）认为被申请人不履行法定职责的，提供曾经要求被申请人履行法定职责的证据，但是被申请人应当依职权主动履行法定职责或者申请人因正当理由不能提供的除外；

（二）提出行政赔偿请求的，提供受行政行为侵害而造成损害的证据，但是因被申请人原因导致申请人无法举证的，由被申请人承担举证责任；

（三）法律、法规规定需要申请人提供证据的其他情形。

第四十五条 【行政复议机关调查取证】行政复议机关有权向有关单位和个人调查取证，查阅、复制、调取有关文件和资料，向有关人员进行询问。

调查取证时，行政复议人员不得少于两人，并应当出示行政复议工作证件。

被调查取证的单位和个人应当积极配合行政复议人员的工作，不得拒绝或者阻挠。

第四十六条 【被申请人收集和补充证据限制】行政复议期间，被申请人不得自行向申请人和其他有关单位或者个人收集证据；自行收集的证据不作为认定行政行为合法性、适当性的依据。

行政复议期间，申请人或者第三人提出被申请行政复议的行政行为作出时没有提出的理由或者证据的，经行政复议机构同意，被申请人可以补充证据。

第四十七条　【申请人等查阅、复制权利】行政复议期间，申请人、第三人及其委托代理人可以按照规定查阅、复制被申请人提出的书面答复、作出行政行为的证据、依据和其他有关材料，除涉及国家秘密、商业秘密、个人隐私或者可能危及国家安全、公共安全、社会稳定的情形外，行政复议机构应当同意。

第三节　普通程序

第四十八条　【被申请人书面答复】行政复议机构应当自行政复议申请受理之日起七日内，将行政复议申请书副本或者行政复议申请笔录复印件发送被申请人。被申请人应当自收到行政复议申请书副本或者行政复议申请笔录复印件之日起十日内，提出书面答复，并提交作出行政行为的证据、依据和其他有关材料。

第四十九条　【听取意见程序】适用普通程序审理的行政复议案件，行政复议机构应当当面或者通过互联网、电话等方式听取当事人的意见，并将听取的意见记录在案。因当事人原因不能听取意见的，可以书面审理。

第五十条　【听证情形和人员组成】审理重大、疑难、复杂的行政复议案件，行政复议机构应当组织听证。

行政复议机构认为有必要听证，或者申请人请求听证的，行政复议机构可以组织听证。

听证由一名行政复议人员任主持人，两名以上行政复议人员任听证员，一名记录员制作听证笔录。

第五十一条　【听证程序和要求】行政复议机构组织听证的，应当于举行听证的五日前将听证的时间、地点和拟听证事项书面通知当事人。

申请人无正当理由拒不参加听证的，视为放弃听证权利。

被申请人的负责人应当参加听证。不能参加的，应当说明理由并委托相应的工作人员参加听证。

第五十二条　**【行政复议委员会组成和职责】**县级以上各级人民政府应当建立相关政府部门、专家、学者等参与的行政复议委员会，为办理行政复议案件提供咨询意见，并就行政复议工作中的重大事项和共性问题研究提出意见。行政复议委员会的组成和开展工作的具体办法，由国务院行政复议机构制定。

审理行政复议案件涉及下列情形之一的，行政复议机构应当提请行政复议委员会提出咨询意见：

（一）案情重大、疑难、复杂；

（二）专业性、技术性较强；

（三）本法第二十四条第二款规定的行政复议案件；

（四）行政复议机构认为有必要。

行政复议机构应当记录行政复议委员会的咨询意见。

第四节　简易程序

第五十三条　**【简易程序适用情形】**行政复议机关审理下列行政复议案件，认为事实清楚、权利义务关系明确、争议不大的，可以适用简易程序：

（一）被申请行政复议的行政行为是当场作出；

（二）被申请行政复议的行政行为是警告或者通报批评；

（三）案件涉及款额三千元以下；

（四）属于政府信息公开案件。

除前款规定以外的行政复议案件，当事人各方同意适用简易程序的，可以适用简易程序。

第五十四条　**【简易程序书面答复】**适用简易程序审理的行政复议案件，行政复议机构应当自受理行政复议申请之日起三日内，将行政复议申请书副本或者行政复议申请笔录复印件发送被申请人。被申请人应当自收到行政复议申请书副本或者行政复议申请笔录复印件之日起五日内，提出书面答复，并提交作出行政行为的证据、依据和其他有关材料。

适用简易程序审理的行政复议案件，可以书面审理。

第五十五条　【简易程序向普通程序转换】 适用简易程序审理的行政复议案件，行政复议机构认为不宜适用简易程序的，经行政复议机构的负责人批准，可以转为普通程序审理。

第五节　行政复议附带审查

第五十六条　【规范性文件审查处理】 申请人依照本法第十三条的规定提出对有关规范性文件的附带审查申请，行政复议机关有权处理的，应当在三十日内依法处理；无权处理的，应当在七日内转送有权处理的行政机关依法处理。

第五十七条　【行政行为依据审查处理】 行政复议机关在对被申请人作出的行政行为进行审查时，认为其依据不合法，本机关有权处理的，应当在三十日内依法处理；无权处理的，应当在七日内转送有权处理的国家机关依法处理。

第五十八条　【附带审查处理程序】 行政复议机关依照本法第五十六条、第五十七条的规定有权处理有关规范性文件或者依据的，行政复议机构应当自行政复议中止之日起三日内，书面通知规范性文件或者依据的制定机关就相关条款的合法性提出书面答复。制定机关应当自收到书面通知之日起十日内提交书面答复及相关材料。

行政复议机构认为必要时，可以要求规范性文件或者依据的制定机关当面说明理由，制定机关应当配合。

第五十九条　【附带审查处理结果】 行政复议机关依照本法第五十六条、第五十七条的规定有权处理有关规范性文件或者依据，认为相关条款合法的，在行政复议决定书中一并告知；认为相关条款超越权限或者违反上位法的，决定停止该条款的执行，并责令制定机关予以纠正。

第六十条 【接受转送机关的职责】依照本法第五十六条、第五十七条的规定接受转送的行政机关、国家机关应当自收到转送之日起六十日内，将处理意见回复转送的行政复议机关。

第五章　行政复议决定

第六十一条 【行政复议决定程序】行政复议机关依照本法审理行政复议案件，由行政复议机构对行政行为进行审查，提出意见，经行政复议机关的负责人同意或者集体讨论通过后，以行政复议机关的名义作出行政复议决定。

经过听证的行政复议案件，行政复议机关应当根据听证笔录、审查认定的事实和证据，依照本法作出行政复议决定。

提请行政复议委员会提出咨询意见的行政复议案件，行政复议机关应当将咨询意见作为作出行政复议决定的重要参考依据。

第六十二条 【行政复议审理期限】适用普通程序审理的行政复议案件，行政复议机关应当自受理申请之日起六十日内作出行政复议决定；但是法律规定的行政复议期限少于六十日的除外。情况复杂，不能在规定期限内作出行政复议决定的，经行政复议机构的负责人批准，可以适当延长，并书面告知当事人；但是延长期限最多不得超过三十日。

适用简易程序审理的行政复议案件，行政复议机关应当自受理申请之日起三十日内作出行政复议决定。

第六十三条 【变更决定】行政行为有下列情形之一的，行政复议机关决定变更该行政行为：

（一）事实清楚，证据确凿，适用依据正确，程序合法，但是内容不适当；

（二）事实清楚，证据确凿，程序合法，但是未正确适用依据；

（三）事实不清、证据不足，经行政复议机关查清事实和证据。

行政复议机关不得作出对申请人更为不利的变更决定，但是第三人提出相反请求的除外。

第六十四条 【撤销或者部分撤销、责令重作】行政行为有下列情形之一的，行政复议机关决定撤销或者部分撤销该行政行为，并可以责令被申请人在一定期限内重新作出行政行为：

（一）主要事实不清、证据不足；

（二）违反法定程序；

（三）适用的依据不合法；

（四）超越职权或者滥用职权。

行政复议机关责令被申请人重新作出行政行为的，被申请人不得以同一事实和理由作出与被申请行政复议的行政行为相同或者基本相同的行政行为，但是行政复议机关以违反法定程序为由决定撤销或者部分撤销的除外。

第六十五条 【确认违法】行政行为有下列情形之一的，行政复议机关不撤销该行政行为，但是确认该行政行为违法：

（一）依法应予撤销，但是撤销会给国家利益、社会公共利益造成重大损害；

（二）程序轻微违法，但是对申请人权利不产生实际影响。

行政行为有下列情形之一，不需要撤销或者责令履行的，行政复议机关确认该行政行为违法：

（一）行政行为违法，但是不具有可撤销内容；

（二）被申请人改变原违法行政行为，申请人仍要求撤销或者确认该行政行为违法；

（三）被申请人不履行或者拖延履行法定职责，责令履行没有意义。

第六十六条 【责令履行】被申请人不履行法定职责的，行政复议机关决定被申请人在一定期限内履行。

第六十七条 【确认无效】行政行为有实施主体不具有行政主体资格或者没有依据等重大且明显违法情形，申请人申请确认行政行为无效的，行政复议机关确认该行政行为无效。

第六十八条 【维持决定】行政行为认定事实清楚，证据确凿，适用依据正确，程序合法，内容适当的，行政复议机关决定维持该行政行为。

第六十九条 【驳回行政复议请求】行政复议机关受理申请人认为被申请人不履行法定职责的行政复议申请后，发现被申请人没有相应法定职责或者在受理前已经履行法定职责的，决定驳回申请人的行政复议请求。

第七十条 【被申请人不提交书面答复等情形的处理】被申请人不按照本法第四十八条、第五十四条的规定提出书面答复、提交作出行政行为的证据、依据和其他有关材料的，视为该行政行为没有证据、依据，行政复议机关决定撤销、部分撤销该行政行为，确认该行政行为违法、无效或者决定被申请人在一定期限内履行，但是行政行为涉及第三人合法权益，第三人提供证据的除外。

第七十一条 【行政协议案件处理】被申请人不依法订立、不依法履行、未按照约定履行或者违法变更、解除行政协议的，行政复议机关决定被申请人承担依法订立、继续履行、采取补救措施或者赔偿损失等责任。

被申请人变更、解除行政协议合法，但是未依法给予补偿或者补偿不合理的，行政复议机关决定被申请人依法给予合理补偿。

第七十二条 【行政复议期间赔偿请求的处理】申请人在申请行政复议时一并提出行政赔偿请求，行政复议机关对依照《中华人民共和国国家赔偿法》的有关规定应当不予赔偿的，在作出行政复议决定时，应当同时决定驳回行政赔偿请求；对符合《中华人民共和国国家赔偿法》的有关规定应当给予赔偿的，在决定撤销或者部分撤销、变更行政行为或者确认行政行为违法、无效时，应当同时决定被申请人依法给予赔偿；确认行政行为违法的，还可以同时责令被申请人采取补救措施。

申请人在申请行政复议时没有提出行政赔偿请求的，行政复议机关在依法决定撤销或者部分撤销、变更罚款，撤销或者部分撤销违法集资、没收财物、征收征用、摊派费用以及对财产的查封、扣押、冻结等行政行为时，应当同时责令被申请人返还财产，解除对财产的查封、扣押、冻结措施，或者赔偿相应的价款。

第七十三条 【行政复议调解处理】 当事人经调解达成协议的，行政复议机关应当制作行政复议调解书，经各方当事人签字或者签章，并加盖行政复议机关印章，即具有法律效力。

调解未达成协议或者调解书生效前一方反悔的，行政复议机关应当依法审查或者及时作出行政复议决定。

第七十四条 【行政复议和解处理】 当事人在行政复议决定作出前可以自愿达成和解，和解内容不得损害国家利益、社会公共利益和他人合法权益，不得违反法律、法规的强制性规定。

当事人达成和解后，由申请人向行政复议机构撤回行政复议申请。行政复议机构准予撤回行政复议申请、行政复议机关决定终止行政复议的，申请人不得再以同一事实和理由提出行政复议申请。但是，申请人能够证明撤回行政复议申请违背其真实意愿的除外。

第七十五条 【行政复议决定书】 行政复议机关作出行政复议决定，应当制作行政复议决定书，并加盖行政复议机关印章。

行政复议决定书一经送达，即发生法律效力。

第七十六条 【行政复议意见书】 行政复议机关在办理行政复议案件过程中，发现被申请人或者其他下级行政机关的有关行政行为违法或者不当的，可以向其制发行政复议意见书。有关机关应当自收到行政复议意见书之日起六十日内，将纠正相关违法或者不当行政行为的情况报送行政复议机关。

第七十七条 【被申请人履行义务】 被申请人应当履行行政复

议决定书、调解书、意见书。

被申请人不履行或者无正当理由拖延履行行政复议决定书、调解书、意见书的，行政复议机关或者有关上级行政机关应当责令其限期履行，并可以约谈被申请人的有关负责人或者予以通报批评。

第七十八条　【行政复议决定书、调解书的强制执行】申请人、第三人逾期不起诉又不履行行政复议决定书、调解书的，或者不履行最终裁决的行政复议决定的，按照下列规定分别处理：

（一）维持行政行为的行政复议决定书，由作出行政行为的行政机关依法强制执行，或者申请人民法院强制执行；

（二）变更行政行为的行政复议决定书，由行政复议机关依法强制执行，或者申请人民法院强制执行；

（三）行政复议调解书，由行政复议机关依法强制执行，或者申请人民法院强制执行。

第七十九条　【行政复议决定书公开和文书抄告】行政复议机关根据被申请行政复议的行政行为的公开情况，按照国家有关规定将行政复议决定书向社会公开。

县级以上地方各级人民政府办理以本级人民政府工作部门为被申请人的行政复议案件，应当将发生法律效力的行政复议决定书、意见书同时抄告被申请人的上一级主管部门。

第六章　法　律　责　任

第八十条　【行政复议机关不依法履职的法律责任】行政复议机关不依照本法规定履行行政复议职责，对负有责任的领导人员和直接责任人员依法给予警告、记过、记大过的处分；经有权监督的机关督促仍不改正或者造成严重后果的，依法给予降级、撤职、开除的处分。

第八十一条　【行政复议机关工作人员法律责任】行政复议机关工作人员在行政复议活动中，徇私舞弊或者有其他渎职、失职行为的，依法给予警告、记过、记大过的处分；情节严重的，依法给予降级、撤职、开除的处分；构成犯罪的，依法追究刑事责任。

第八十二条 【被申请人不书面答复等行为的法律责任】被申请人违反本法规定，不提出书面答复或者不提交作出行政行为的证据、依据和其他有关材料，或者阻挠、变相阻挠公民、法人或者其他组织依法申请行政复议的，对负有责任的领导人员和直接责任人员依法给予警告、记过、记大过的处分；进行报复陷害的，依法给予降级、撤职、开除的处分；构成犯罪的，依法追究刑事责任。

第八十三条 【被申请人不履行有关文书的法律责任】被申请人不履行或者无正当理由拖延履行行政复议决定书、调解书、意见书的，对负有责任的领导人员和直接责任人员依法给予警告、记过、记大过的处分；经责令履行仍拒不履行的，依法给予降级、撤职、开除的处分。

第八十四条 【拒绝、阻挠调查取证等行为的法律责任】拒绝、阻挠行政复议人员调查取证，故意扰乱行政复议工作秩序的，依法给予处分、治安管理处罚；构成犯罪的，依法追究刑事责任。

第八十五条 【违法事实材料移送】行政机关及其工作人员违反本法规定的，行政复议机关可以向监察机关或者公职人员任免机关、单位移送有关人员违法的事实材料，接受移送的监察机关或者公职人员任免机关、单位应当依法处理。

第八十六条 【职务违法犯罪线索移送】行政复议机关在办理行政复议案件过程中，发现公职人员涉嫌贪污贿赂、失职渎职等职务违法或者职务犯罪的问题线索，应当依照有关规定移送监察机关，由监察机关依法调查处置。

第七章 附 则

第八十七条 【受理申请不收费】行政复议机关受理行政复议申请，不得向申请人收取任何费用。

第八十八条 【期间计算和文书送达】行政复议期间的计算和行政复议文书的送达，本法没有规定的，依照《中华人民共和国民事诉讼法》关于期间、送达的规定执行。

本法关于行政复议期间有关"三日"、"五日"、"七日"、"十日"的规定是指工作日，不含法定休假日。

第八十九条 【外国人等法律适用】外国人、无国籍人、外国组织在中华人民共和国境内申请行政复议，适用本法。

第九十条 【施行日期】本法自 2024 年 1 月 1 日起施行。

中华人民共和国行政复议法实施条例

(2007 年 5 月 23 日国务院第 177 次常务会议通过
2007 年 5 月 29 日中华人民共和国国务院令第 499 号公布
自 2007 年 8 月 1 日起施行)

第一章 总 则

第一条 为了进一步发挥行政复议制度在解决行政争议、建设法治政府、构建社会主义和谐社会中的作用，根据《中华人民共和国行政复议法》（以下简称行政复议法），制定本条例。

第二条 各级行政复议机关应当认真履行行政复议职责，领导并支持本机关负责法制工作的机构（以下简称行政复议机构）依法办理行政复议事项，并依照有关规定配备、充实、调剂专职行政复议人员，保证行政复议机构的办案能力与工作任务相适应。

第三条 行政复议机构除应当依照行政复议法第三条的规定履行职责外，还应当履行下列职责：

（一）依照行政复议法第十八条的规定转送有关行政复议申请；

（二）办理行政复议法第二十九条规定的行政赔偿等事项；

（三）按照职责权限，督促行政复议申请的受理和行政复议决定的履行；

（四）办理行政复议、行政应诉案件统计和重大行政复议决定备案事项；

（五）办理或者组织办理未经行政复议直接提起行政诉讼的行政应诉事项；

（六）研究行政复议工作中发现的问题，及时向有关机关提出改进建议，重大问题及时向行政复议机关报告。

第四条 专职行政复议人员应当具备与履行行政复议职责相适应的品行、专业知识和业务能力，并取得相应资格。具体办法由国务院法制机构会同国务院有关部门规定。

第二章　行政复议申请

第一节　申　请　人

第五条 依照行政复议法和本条例的规定申请行政复议的公民、法人或者其他组织为申请人。

第六条 合伙企业申请行政复议的，应当以核准登记的企业为申请人，由执行合伙事务的合伙人代表该企业参加行政复议；其他合伙组织申请行政复议的，由合伙人共同申请行政复议。

前款规定以外的不具备法人资格的其他组织申请行政复议的，由该组织的主要负责人代表该组织参加行政复议；没有主要负责人的，由共同推选的其他成员代表该组织参加行政复议。

第七条 股份制企业的股东大会、股东代表大会、董事会认为行政机关作出的具体行政行为侵犯企业合法权益的，可以以企业的名义申请行政复议。

第八条 同一行政复议案件申请人超过5人的，推选1至5名代表参加行政复议。

第九条 行政复议期间，行政复议机构认为申请人以外的公民、法人或者其他组织与被审查的具体行政行为有利害关系的，可以通知其作为第三人参加行政复议。

行政复议期间，申请人以外的公民、法人或者其他组织与被审查的具体行政行为有利害关系的，可以向行政复议机构申请作为第三人参加行政复议。

第三人不参加行政复议，不影响行政复议案件的审理。

第十条 申请人、第三人可以委托1至2名代理人参加行政复议。申请人、第三人委托代理人的，应当向行政复议机构提交授权委托书。授权委托书应当载明委托事项、权限和期限。公民在特殊情况下无法书面委托的，可以口头委托。口头委托的，行政复议机构应当核实并记录在卷。申请人、第三人解除或者变更委托的，应当书面报告行政复议机构。

<h3 style="text-align:center">第二节　被申请人</h3>

第十一条 公民、法人或者其他组织对行政机关的具体行政行为不服，依照行政复议法和本条例的规定申请行政复议的，作出该具体行政行为的行政机关为被申请人。

第十二条 行政机关与法律、法规授权的组织以共同的名义作出具体行政行为的，行政机关和法律、法规授权的组织为共同被申请人。

行政机关与其他组织以共同名义作出具体行政行为的，行政机关为被申请人。

第十三条 下级行政机关依照法律、法规、规章规定，经上级行政机关批准作出具体行政行为的，批准机关为被申请人。

第十四条 行政机关设立的派出机构、内设机构或者其他组织，未经法律、法规授权，对外以自己名义作出具体行政行为的，该行政机关为被申请人。

第三节　行政复议申请期限

第十五条　行政复议法第九条第一款规定的行政复议申请期限的计算，依照下列规定办理：

（一）当场作出具体行政行为的，自具体行政行为作出之日起计算；

（二）载明具体行政行为的法律文书直接送达的，自受送达人签收之日起计算；

（三）载明具体行政行为的法律文书邮寄送达的，自受送达人在邮件签收单上签收之日起计算；没有邮件签收单的，自受送达人在送达回执上签名之日起计算；

（四）具体行政行为依法通过公告形式告知受送达人的，自公告规定的期限届满之日起计算；

（五）行政机关作出具体行政行为时未告知公民、法人或者其他组织，事后补充告知的，自该公民、法人或者其他组织收到行政机关补充告知的通知之日起计算；

（六）被申请人能够证明公民、法人或者其他组织知道具体行政行为的，自证据材料证明其知道具体行政行为之日起计算。

行政机关作出具体行政行为，依法应当向有关公民、法人或者其他组织送达法律文书而未送达的，视为该公民、法人或者其他组织不知道该具体行政行为。

第十六条　公民、法人或者其他组织依照行政复议法第六条第（八）项、第（九）项、第（十）项的规定申请行政机关履行法定职责，行政机关未履行的，行政复议申请期限依照下列规定计算：

（一）有履行期限规定的，自履行期限届满之日起计算；

（二）没有履行期限规定的，自行政机关收到申请满60日起计算。

公民、法人或者其他组织在紧急情况下请求行政机关履行保护人身权、财产权的法定职责，行政机关不履行的，行政复议申请期限不受前款规定的限制。

第十七条 行政机关作出的具体行政行为对公民、法人或者其他组织的权利、义务可能产生不利影响的，应当告知其申请行政复议的权利、行政复议机关和行政复议申请期限。

第四节 行政复议申请的提出

第十八条 申请人书面申请行政复议的，可以采取当面递交、邮寄或者传真等方式提出行政复议申请。

有条件的行政复议机构可以接受以电子邮件形式提出的行政复议申请。

第十九条 申请人书面申请行政复议的，应当在行政复议申请书中载明下列事项：

（一）申请人的基本情况，包括：公民的姓名、性别、年龄、身份证号码、工作单位、住所、邮政编码；法人或者其他组织的名称、住所、邮政编码和法定代表人或者主要负责人的姓名、职务；

（二）被申请人的名称；

（三）行政复议请求、申请行政复议的主要事实和理由；

（四）申请人的签名或者盖章；

（五）申请行政复议的日期。

第二十条 申请人口头申请行政复议的，行政复议机构应当依照本条例第十九条规定的事项，当场制作行政复议申请笔录交申请人核对或者向申请人宣读，并由申请人签字确认。

第二十一条 有下列情形之一的，申请人应当提供证明材料：

（一）认为被申请人不履行法定职责的，提供曾经要求被申请人履行法定职责而被申请人未履行的证明材料；

（二）申请行政复议时一并提出行政赔偿请求的，提供受具体行政行为侵害而造成损害的证明材料；

（三）法律、法规规定需要申请人提供证据材料的其他情形。

第二十二条 申请人提出行政复议申请时错列被申请人的，行政复议机构应当告知申请人变更被申请人。

第二十三条 申请人对两个以上国务院部门共同作出的具体行政行为不服的，依照行政复议法第十四条的规定，可以向其中任何一个国务院部门提出行政复议申请，由作出具体行政行为的国务院部门共同作出行政复议决定。

第二十四条 申请人对经国务院批准实行省以下垂直领导的部门作出的具体行政行为不服的，可以选择向该部门的本级人民政府或者上一级主管部门申请行政复议；省、自治区、直辖市另有规定的，依照省、自治区、直辖市的规定办理。

第二十五条 申请人依照行政复议法第三十条第二款的规定申请行政复议的，应当向省、自治区、直辖市人民政府提出行政复议申请。

第二十六条 依照行政复议法第七条的规定，申请人认为具体行政行为所依据的规定不合法的，可以在对具体行政行为申请行政复议的同时一并提出对该规定的审查申请；申请人在对具体行政行为提出行政复议申请时尚不知道该具体行政行为所依据的规定的，可以在行政复议机关作出行政复议决定前向行政复议机关提出对该规定的审查申请。

第三章　行政复议受理

第二十七条 公民、法人或者其他组织认为行政机关的具体行政行为侵犯其合法权益提出行政复议申请，除不符合行政复议法和本条例规定的申请条件的，行政复议机关必须受理。

第二十八条 行政复议申请符合下列规定的，应当予以受理：

（一）有明确的申请人和符合规定的被申请人；

（二）申请人与具体行政行为有利害关系；

（三）有具体的行政复议请求和理由；

（四）在法定申请期限内提出；

（五）属于行政复议法规定的行政复议范围；

（六）属于收到行政复议申请的行政复议机构的职责范围；

（七）其他行政复议机关尚未受理同一行政复议申请，人民法院尚未受理同一主体就同一事实提起的行政诉讼。

第二十九条 行政复议申请材料不齐全或者表述不清楚的，行政复议机构可以自收到该行政复议申请之日起 5 日内书面通知申请人补正。补正通知应当载明需要补正的事项和合理的补正期限。无正当理由逾期不补正的，视为申请人放弃行政复议申请。补正申请材料所用时间不计入行政复议审理期限。

第三十条 申请人就同一事项向两个或者两个以上有权受理的行政机关申请行政复议的，由最先收到行政复议申请的行政机关受理；同时收到行政复议申请的，由收到行政复议申请的行政机关在 10 日内协商确定；协商不成的，由其共同上一级行政机关在 10 日内指定受理机关。协商确定或者指定受理机关所用时间不计入行政复议审理期限。

第三十一条 依照行政复议法第二十条的规定，上级行政机关认为行政复议机构不予受理行政复议申请的理由不成立的，可以先行督促其受理；经督促仍不受理的，应当责令其限期受理，必要时也可以直接受理；认为行政复议申请不符合法定受理条件的，应当告知申请人。

第四章　行政复议决定

第三十二条 行政复议机构审理行政复议案件，应当由 2 名以上行政复议人员参加。

第三十三条 行政复议机构认为必要时，可以实地调查核实证据；对重大、复杂的案件，申请人提出要求或者行政复议机构认为必要时，可以采取听证的方式审理。

第三十四条　行政复议人员向有关组织和人员调查取证时，可以查阅、复制、调取有关文件和资料，向有关人员进行询问。

调查取证时，行政复议人员不得少于2人，并应当向当事人或者有关人员出示证件。被调查单位和人员应当配合行政复议人员的工作，不得拒绝或者阻挠。

需要现场勘验的，现场勘验所用时间不计入行政复议审理期限。

第三十五条　行政复议机关应当为申请人、第三人查阅有关材料提供必要条件。

第三十六条　依照行政复议法第十四条的规定申请原级行政复议的案件，由原承办具体行政行为有关事项的部门或者机构提出书面答复，并提交作出具体行政行为的证据、依据和其他有关材料。

第三十七条　行政复议期间涉及专门事项需要鉴定的，当事人可以自行委托鉴定机构进行鉴定，也可以申请行政复议机构委托鉴定机构进行鉴定。鉴定费用由当事人承担。鉴定所用时间不计入行政复议审理期限。

第三十八条　申请人在行政复议决定作出前自愿撤回行政复议申请的，经行政复议机构同意，可以撤回。

申请人撤回行政复议申请的，不得再以同一事实和理由提出行政复议申请。但是，申请人能够证明撤回行政复议申请违背其真实意思表示的除外。

第三十九条　行政复议期间被申请人改变原具体行政行为的，不影响行政复议案件的审理。但是，申请人依法撤回行政复议申请的除外。

第四十条　公民、法人或者其他组织对行政机关行使法律、法规规定的自由裁量权作出的具体行政行为不服申请行政复议，申请人与被申请人在行政复议决定作出前自愿达成和解的，应当向行政复议机构提交书面和解协议；和解内容不损害社会公共利益和他人合法权益的，行政复议机构应当准许。

第四十一条 行政复议期间有下列情形之一，影响行政复议案件审理的，行政复议中止：

（一）作为申请人的自然人死亡，其近亲属尚未确定是否参加行政复议的；

（二）作为申请人的自然人丧失参加行政复议的能力，尚未确定法定代理人参加行政复议的；

（三）作为申请人的法人或者其他组织终止，尚未确定权利义务承受人的；

（四）作为申请人的自然人下落不明或者被宣告失踪的；

（五）申请人、被申请人因不可抗力，不能参加行政复议的；

（六）案件涉及法律适用问题，需要有权机关作出解释或者确认的；

（七）案件审理需要以其他案件的审理结果为依据，而其他案件尚未审结的；

（八）其他需要中止行政复议的情形。

行政复议中止的原因消除后，应当及时恢复行政复议案件的审理。

行政复议机构中止、恢复行政复议案件的审理，应当告知有关当事人。

第四十二条 行政复议期间有下列情形之一的，行政复议终止：

（一）申请人要求撤回行政复议申请，行政复议机构准予撤回的；

（二）作为申请人的自然人死亡，没有近亲属或者其近亲属放弃行政复议权利的；

（三）作为申请人的法人或者其他组织终止，其权利义务的承受人放弃行政复议权利的；

（四）申请人与被申请人依照本条例第四十条的规定，经行政复议机构准许达成和解的；

（五）申请人对行政拘留或者限制人身自由的行政强制措施不服申请行政复议后，因申请人同一违法行为涉嫌犯罪，该行政拘留或者限制人身自由的行政强制措施变更为刑事拘留的。

依照本条例第四十一条第一款第（一）项、第（二）项、第（三）项规定中止行政复议，满60日行政复议中止的原因仍未消除的，行政复议终止。

第四十三条 依照行政复议法第二十八条第一款第（一）项规定，具体行政行为认定事实清楚，证据确凿，适用依据正确，程序合法，内容适当的，行政复议机关应当决定维持。

第四十四条 依照行政复议法第二十八条第一款第（二）项规定，被申请人不履行法定职责的，行政复议机关应当决定其在一定期限内履行法定职责。

第四十五条 具体行政行为有行政复议法第二十八条第一款第（三）项规定情形之一的，行政复议机关应当决定撤销、变更该具体行政行为或者确认该具体行政行为违法；决定撤销该具体行政行为或者确认该具体行政行为违法的，可以责令被申请人在一定期限内重新作出具体行政行为。

第四十六条 被申请人未依照行政复议法第二十三条的规定提出书面答复、提交当初作出具体行政行为的证据、依据和其他有关材料的，视为该具体行政行为没有证据、依据，行政复议机关应当决定撤销该具体行政行为。

第四十七条 具体行政行为有下列情形之一，行政复议机关可以决定变更：

（一）认定事实清楚，证据确凿，程序合法，但是明显不当或者适用依据错误的；

（二）认定事实不清，证据不足，但是经行政复议机关审理查明事实清楚，证据确凿的。

第四十八条　有下列情形之一的，行政复议机关应当决定驳回行政复议申请：

（一）申请人认为行政机关不履行法定职责申请行政复议，行政复议机关受理后发现该行政机关没有相应法定职责或者在受理前已经履行法定职责的；

（二）受理行政复议申请后，发现该行政复议申请不符合行政复议法和本条例规定的受理条件的。

上级行政机关认为行政复议机关驳回行政复议申请的理由不成立的，应当责令其恢复审理。

第四十九条　行政复议机关依照行政复议法第二十八条的规定责令被申请人重新作出具体行政行为的，被申请人应当在法律、法规、规章规定的期限内重新作出具体行政行为；法律、法规、规章未规定期限的，重新作出具体行政行为的期限为60日。

公民、法人或者其他组织对被申请人重新作出的具体行政行为不服，可以依法申请行政复议或者提起行政诉讼。

第五十条　有下列情形之一的，行政复议机关可以按照自愿、合法的原则进行调解：

（一）公民、法人或者其他组织对行政机关行使法律、法规规定的自由裁量权作出的具体行政行为不服申请行政复议的；

（二）当事人之间的行政赔偿或者行政补偿纠纷。

当事人经调解达成协议的，行政复议机关应当制作行政复议调解书。调解书应当载明行政复议请求、事实、理由和调解结果，并加盖行政复议机关印章。行政复议调解书经双方当事人签字，即具有法律效力。

调解未达成协议或者调解书生效前一方反悔的，行政复议机关应当及时作出行政复议决定。

第五十一条　行政复议机关在申请人的行政复议请求范围内，不得作出对申请人更为不利的行政复议决定。

第五十二条 第三人逾期不起诉又不履行行政复议决定的,依照行政复议法第三十三条的规定处理。

第五章 行政复议指导和监督

第五十三条 行政复议机关应当加强对行政复议工作的领导。

行政复议机构在本级行政复议机关的领导下,按照职责权限对行政复议工作进行督促、指导。

第五十四条 县级以上各级人民政府应当加强对所属工作部门和下级人民政府履行行政复议职责的监督。

行政复议机关应当加强对其行政复议机构履行行政复议职责的监督。

第五十五条 县级以上地方各级人民政府应当建立健全行政复议工作责任制,将行政复议工作纳入本级政府目标责任制。

第五十六条 县级以上地方各级人民政府应当按照职责权限,通过定期组织检查、抽查等方式,对所属工作部门和下级人民政府行政复议工作进行检查,并及时向有关方面反馈检查结果。

第五十七条 行政复议期间行政复议机关发现被申请人或者其他下级行政机关的相关行政行为违法或者需要做好善后工作的,可以制作行政复议意见书。有关机关应当自收到行政复议意见书之日起 60 日内将纠正相关行政违法行为或者做好善后工作的情况通报行政复议机构。

行政复议期间行政复议机构发现法律、法规、规章实施中带有普遍性的问题,可以制作行政复议建议书,向有关机关提出完善制度和改进行政执法的建议。

第五十八条 县级以上各级人民政府行政复议机构应当定期向本级人民政府提交行政复议工作状况分析报告。

第五十九条 下级行政复议机关应当及时将重大行政复议决定报上级行政复议机关备案。

第六十条　各级行政复议机构应当定期组织对行政复议人员进行业务培训，提高行政复议人员的专业素质。

第六十一条　各级行政复议机关应当定期总结行政复议工作，对在行政复议工作中做出显著成绩的单位和个人，依照有关规定给予表彰和奖励。

第六章　法律责任

第六十二条　被申请人在规定期限内未按照行政复议决定的要求重新作出具体行政行为，或者违反规定重新作出具体行政行为的，依照行政复议法第三十七条的规定追究法律责任。

第六十三条　拒绝或者阻挠行政复议人员调查取证、查阅、复制、调取有关文件和资料的，对有关责任人员依法给予处分或者治安处罚；构成犯罪的，依法追究刑事责任。

第六十四条　行政复议机关或者行政复议机构不履行行政复议法和本条例规定的行政复议职责，经有权监督的行政机关督促仍不改正的，对直接负责的主管人员和其他直接责任人员依法给予警告、记过、记大过的处分；造成严重后果的，依法给予降级、撤职、开除的处分。

第六十五条　行政机关及其工作人员违反行政复议法和本条例规定的，行政复议机构可以向人事、监察部门提出对有关责任人员的处分建议，也可以将有关人员违法的事实材料直接转送人事、监察部门处理；接受转送的人事、监察部门应当依法处理，并将处理结果通报转送的行政复议机构。

第七章　附　　则

第六十六条　本条例自2007年8月1日起施行。

中华人民共和国行政诉讼法

（1989 年 4 月 4 日第七届全国人民代表大会第二次会议通过　根据 2014 年 11 月 1 日第十二届全国人民代表大会常务委员会第十一次会议《关于修改〈中华人民共和国行政诉讼法〉的决定》第一次修正　根据 2017 年 6 月 27 日第十二届全国人民代表大会常务委员会第二十八次会议《关于修改〈中华人民共和国民事诉讼法〉和〈中华人民共和国行政诉讼法〉的决定》第二次修正)

目　　录

第一章　总　　则

第一条　【立法目的】 为保证人民法院公正、及时审理行政案件，解决行政争议，保护公民、法人和其他组织的合法权益，监督行政机关依法行使职权，根据宪法，制定本法。

第二条　【诉权】 公民、法人或者其他组织认为行政机关和行政机关工作人员的行政行为侵犯其合法权益，有权依照本法向人民法院提起诉讼。

前款所称行政行为，包括法律、法规、规章授权的组织作出的行政行为。

第三条　【行政机关负责人出庭应诉】 人民法院应当保障公民、法人和其他组织的起诉权利，对应当受理的行政案件依法受理。

行政机关及其工作人员不得干预、阻碍人民法院受理行政案件。

被诉行政机关负责人应当出庭应诉。不能出庭的，应当委托行政机关相应的工作人员出庭。

第四条　【独立行使审判权】 人民法院依法对行政案件独立行使审判权，不受行政机关、社会团体和个人的干涉。

人民法院设行政审判庭，审理行政案件。

第五条　【以事实为根据，以法律为准绳原则】 人民法院审理行政案件，以事实为根据，以法律为准绳。

第六条　【合法性审查原则】 人民法院审理行政案件，对行政行为是否合法进行审查。

第七条　【合议、回避、公开审判和两审终审原则】 人民法院审理行政案件，依法实行合议、回避、公开审判和两审终审制度。

第八条　【法律地位平等原则】 当事人在行政诉讼中的法律地位平等。

第九条 　【本民族语言文字原则】各民族公民都有用本民族语言、文字进行行政诉讼的权利。

在少数民族聚居或者多民族共同居住的地区，人民法院应当用当地民族通用的语言、文字进行审理和发布法律文书。

人民法院应当对不通晓当地民族通用的语言、文字的诉讼参与人提供翻译。

第十条 　【辩论原则】当事人在行政诉讼中有权进行辩论。

第十一条 　【法律监督原则】人民检察院有权对行政诉讼实行法律监督。

第二章　受案范围

第十二条 　【行政诉讼受案范围】人民法院受理公民、法人或者其他组织提起的下列诉讼：

（一）对行政拘留、暂扣或者吊销许可证和执照、责令停产停业、没收违法所得、没收非法财物、罚款、警告等行政处罚不服的；

（二）对限制人身自由或者对财产的查封、扣押、冻结等行政强制措施和行政强制执行不服的；

（三）申请行政许可，行政机关拒绝或者在法定期限内不予答复，或者对行政机关作出的有关行政许可的其他决定不服的；

（四）对行政机关作出的关于确认土地、矿藏、水流、森林、山岭、草原、荒地、滩涂、海域等自然资源的所有权或者使用权的决定不服的；

（五）对征收、征用决定及其补偿决定不服的；

（六）申请行政机关履行保护人身权、财产权等合法权益的法定职责，行政机关拒绝履行或者不予答复的；

（七）认为行政机关侵犯其经营自主权或者农村土地承包经营权、农村土地经营权的；

（八）认为行政机关滥用行政权力排除或者限制竞争的；

（九）认为行政机关违法集资、摊派费用或者违法要求履行其他义务的；

（十）认为行政机关没有依法支付抚恤金、最低生活保障待遇或者社会保险待遇的；

（十一）认为行政机关不依法履行、未按照约定履行或者违法变更、解除政府特许经营协议、土地房屋征收补偿协议等协议的；

（十二）认为行政机关侵犯其他人身权、财产权等合法权益的。

除前款规定外，人民法院受理法律、法规规定可以提起诉讼的其他行政案件。

第十三条　【受案范围的排除】 人民法院不受理公民、法人或者其他组织对下列事项提起的诉讼：

（一）国防、外交等国家行为；

（二）行政法规、规章或者行政机关制定、发布的具有普遍约束力的决定、命令；

（三）行政机关对行政机关工作人员的奖惩、任免等决定；

（四）法律规定由行政机关最终裁决的行政行为。

第三章　管　　辖

第十四条　【基层人民法院管辖第一审行政案件】 基层人民法院管辖第一审行政案件。

第十五条　【中级人民法院管辖的第一审行政案件】 中级人民法院管辖下列第一审行政案件：

（一）对国务院部门或者县级以上地方人民政府所作的行政行为提起诉讼的案件；

（二）海关处理的案件；

（三）本辖区内重大、复杂的案件；

（四）其他法律规定由中级人民法院管辖的案件。

第十六条　【高级人民法院管辖的第一审行政案件】 高级人民

法院管辖本辖区内重大、复杂的第一审行政案件。

第十七条 【最高人民法院管辖的第一审行政案件】最高人民法院管辖全国范围内重大、复杂的第一审行政案件。

第十八条 【一般地域管辖和法院跨行政区域管辖】行政案件由最初作出行政行为的行政机关所在地人民法院管辖。经复议的案件，也可以由复议机关所在地人民法院管辖。

经最高人民法院批准，高级人民法院可以根据审判工作的实际情况，确定若干人民法院跨行政区域管辖行政案件。

第十九条 【限制人身自由行政案件的管辖】对限制人身自由的行政强制措施不服提起的诉讼，由被告所在地或者原告所在地人民法院管辖。

第二十条 【不动产行政案件的管辖】因不动产提起的行政诉讼，由不动产所在地人民法院管辖。

第二十一条 【选择管辖】两个以上人民法院都有管辖权的案件，原告可以选择其中一个人民法院提起诉讼。原告向两个以上有管辖权的人民法院提起诉讼的，由最先立案的人民法院管辖。

第二十二条 【移送管辖】人民法院发现受理的案件不属于本院管辖的，应当移送有管辖权的人民法院，受移送的人民法院应当受理。受移送的人民法院认为受移送的案件按照规定不属于本院管辖的，应当报请上级人民法院指定管辖，不得再自行移送。

第二十三条 【指定管辖】有管辖权的人民法院由于特殊原因不能行使管辖权的，由上级人民法院指定管辖。

人民法院对管辖权发生争议，由争议双方协商解决。协商不成的，报它们的共同上级人民法院指定管辖。

第二十四条 【管辖权转移】上级人民法院有权审理下级人民法院管辖的第一审行政案件。

下级人民法院对其管辖的第一审行政案件，认为需要由上级人民法院审理或者指定管辖的，可以报请上级人民法院决定。

第四章　诉讼参加人

第二十五条　【原告资格】行政行为的相对人以及其他与行政行为有利害关系的公民、法人或者其他组织，有权提起诉讼。

有权提起诉讼的公民死亡，其近亲属可以提起诉讼。

有权提起诉讼的法人或者其他组织终止，承受其权利的法人或者其他组织可以提起诉讼。

人民检察院在履行职责中发现生态环境和资源保护、食品药品安全、国有财产保护、国有土地使用权出让等领域负有监督管理职责的行政机关违法行使职权或者不作为，致使国家利益或者社会公共利益受到侵害的，应当向行政机关提出检察建议，督促其依法履行职责。行政机关不依法履行职责的，人民检察院依法向人民法院提起诉讼。

第二十六条　【被告资格】公民、法人或者其他组织直接向人民法院提起诉讼的，作出行政行为的行政机关是被告。

经复议的案件，复议机关决定维持原行政行为的，作出原行政行为的行政机关和复议机关是共同被告；复议机关改变原行政行为的，复议机关是被告。

复议机关在法定期限内未作出复议决定，公民、法人或者其他组织起诉原行政行为的，作出原行政行为的行政机关是被告；起诉复议机关不作为的，复议机关是被告。

两个以上行政机关作出同一行政行为的，共同作出行政行为的行政机关是共同被告。

行政机关委托的组织所作的行政行为，委托的行政机关是被告。

行政机关被撤销或者职权变更的，继续行使其职权的行政机关是被告。

第二十七条　【共同诉讼】当事人一方或者双方为二人以上，

因同一行政行为发生的行政案件，或者因同类行政行为发生的行政案件、人民法院认为可以合并审理并经当事人同意的，为共同诉讼。

第二十八条 【代表人诉讼】当事人一方人数众多的共同诉讼，可以由当事人推选代表人进行诉讼。代表人的诉讼行为对其所代表的当事人发生效力，但代表人变更、放弃诉讼请求或者承认对方当事人的诉讼请求，应当经被代表的当事人同意。

第二十九条 【诉讼第三人】公民、法人或者其他组织同被诉行政行为有利害关系但没有提起诉讼，或者同案件处理结果有利害关系的，可以作为第三人申请参加诉讼，或者由人民法院通知参加诉讼。

人民法院判决第三人承担义务或者减损第三人权益的，第三人有权依法提起上诉。

第三十条 【法定代理人】没有诉讼行为能力的公民，由其法定代理人代为诉讼。法定代理人互相推诿代理责任的，由人民法院指定其中一人代为诉讼。

第三十一条 【委托代理人】当事人、法定代理人，可以委托一至二人作为诉讼代理人。

下列人员可以被委托为诉讼代理人：

（一）律师、基层法律服务工作者；

（二）当事人的近亲属或者工作人员；

（三）当事人所在社区、单位以及有关社会团体推荐的公民。

第三十二条 【当事人及诉讼代理人权利】代理诉讼的律师，有权按照规定查阅、复制本案有关材料，有权向有关组织和公民调查，收集与本案有关的证据。对涉及国家秘密、商业秘密和个人隐私的材料，应当依照法律规定保密。

当事人和其他诉讼代理人有权按照规定查阅、复制本案庭审材料，但涉及国家秘密、商业秘密和个人隐私的内容除外。

第五章 证 据

第三十三条 【证据种类】证据包括:

(一) 书证;

(二) 物证;

(三) 视听资料;

(四) 电子数据;

(五) 证人证言;

(六) 当事人的陈述;

(七) 鉴定意见;

(八) 勘验笔录、现场笔录。

以上证据经法庭审查属实,才能作为认定案件事实的根据。

第三十四条 【被告举证责任】被告对作出的行政行为负有举证责任,应当提供作出该行政行为的证据和所依据的规范性文件。

被告不提供或者无正当理由逾期提供证据,视为没有相应证据。但是,被诉行政行为涉及第三人合法权益,第三人提供证据的除外。

第三十五条 【行政机关收集证据的限制】在诉讼过程中,被告及其诉讼代理人不得自行向原告、第三人和证人收集证据。

第三十六条 【被告延期提供证据和补充证据】被告在作出行政行为时已经收集了证据,但因不可抗力等正当事由不能提供的,经人民法院准许,可以延期提供。

原告或者第三人提出了其在行政处理程序中没有提出的理由或者证据的,经人民法院准许,被告可以补充证据。

第三十七条 【原告可以提供证据】原告可以提供证明行政行为违法的证据。原告提供的证据不成立的,不免除被告的举证责任。

第三十八条 【原告举证责任】在起诉被告不履行法定职责的案件中,原告应当提供其向被告提出申请的证据。但有下列情形之一的除外：

（一）被告应当依职权主动履行法定职责的；

（二）原告因正当理由不能提供证据的。

在行政赔偿、补偿的案件中，原告应当对行政行为造成的损害提供证据。因被告的原因导致原告无法举证的，由被告承担举证责任。

第三十九条　【法院要求当事人提供或者补充证据】人民法院有权要求当事人提供或者补充证据。

第四十条　【法院调取证据】人民法院有权向有关行政机关以及其他组织、公民调取证据。但是，不得为证明行政行为的合法性调取被告作出行政行为时未收集的证据。

第四十一条　【申请法院调取证据】与本案有关的下列证据，原告或者第三人不能自行收集的，可以申请人民法院调取：

（一）由国家机关保存而须由人民法院调取的证据；

（二）涉及国家秘密、商业秘密和个人隐私的证据；

（三）确因客观原因不能自行收集的其他证据。

第四十二条　【证据保全】在证据可能灭失或者以后难以取得的情况下，诉讼参加人可以向人民法院申请保全证据，人民法院也可以主动采取保全措施。

第四十三条　【证据适用规则】证据应当在法庭上出示，并由当事人互相质证。对涉及国家秘密、商业秘密和个人隐私的证据，不得在公开开庭时出示。

人民法院应当按照法定程序，全面、客观地审查核实证据。对未采纳的证据应当在裁判文书中说明理由。

以非法手段取得的证据，不得作为认定案件事实的根据。

第六章　起诉和受理

第四十四条　【行政复议与行政诉讼的关系】对属于人民法院

受案范围的行政案件，公民、法人或者其他组织可以先向行政机关申请复议，对复议决定不服的，再向人民法院提起诉讼；也可以直接向人民法院提起诉讼。

法律、法规规定应当先向行政机关申请复议，对复议决定不服再向人民法院提起诉讼的，依照法律、法规的规定。

第四十五条 【经行政复议的起诉期限】公民、法人或者其他组织不服复议决定的，可以在收到复议决定书之日起十五日内向人民法院提起诉讼。复议机关逾期不作决定的，申请人可以在复议期满之日起十五日内向人民法院提起诉讼。法律另有规定的除外。

第四十六条 【起诉期限】公民、法人或者其他组织直接向人民法院提起诉讼的，应当自知道或者应当知道作出行政行为之日起六个月内提出。法律另有规定的除外。

因不动产提起诉讼的案件自行政行为作出之日起超过二十年，其他案件自行政行为作出之日起超过五年提起诉讼的，人民法院不予受理。

第四十七条 【行政机关不履行法定职责的起诉期限】公民、法人或者其他组织申请行政机关履行保护其人身权、财产权等合法权益的法定职责，行政机关在接到申请之日起两个月内不履行的，公民、法人或者其他组织可以向人民法院提起诉讼。法律、法规对行政机关履行职责的期限另有规定的，从其规定。

公民、法人或者其他组织在紧急情况下请求行政机关履行保护其人身权、财产权等合法权益的法定职责，行政机关不履行的，提起诉讼不受前款规定期限的限制。

第四十八条 【起诉期限的扣除和延长】公民、法人或者其他组织因不可抗力或者其他不属于其自身的原因耽误起诉期限的，被耽误的时间不计算在起诉期限内。

公民、法人或者其他组织因前款规定以外的其他特殊情况耽误起诉期限的，在障碍消除后十日内，可以申请延长期限，是否准许由人民法院决定。

第四十九条 【起诉条件】提起诉讼应当符合下列条件：

（一）原告是符合本法第二十五条规定的公民、法人或者其他组织；

（二）有明确的被告；

（三）有具体的诉讼请求和事实根据；

（四）属于人民法院受案范围和受诉人民法院管辖。

第五十条 【起诉方式】起诉应当向人民法院递交起诉状，并按照被告人数提出副本。

书写起诉状确有困难的，可以口头起诉，由人民法院记入笔录，出具注明日期的书面凭证，并告知对方当事人。

第五十一条 【登记立案】人民法院在接到起诉状时对符合本法规定的起诉条件的，应当登记立案。

对当场不能判定是否符合本法规定的起诉条件的，应当接收起诉状，出具注明收到日期的书面凭证，并在七日内决定是否立案。不符合起诉条件的，作出不予立案的裁定。裁定书应当载明不予立案的理由。原告对裁定不服的，可以提起上诉。

起诉状内容欠缺或者有其他错误的，应当给予指导和释明，并一次性告知当事人需要补正的内容。不得未经指导和释明即以起诉不符合条件为由不接收起诉状。

对于不接收起诉状、接收起诉状后不出具书面凭证，以及不一次性告知当事人需要补正的起诉状内容的，当事人可以向上级人民法院投诉，上级人民法院应当责令改正，并对直接负责的主管人员和其他直接责任人员依法给予处分。

第五十二条 【法院不立案的救济】人民法院既不立案，又不作出不予立案裁定的，当事人可以向上一级人民法院起诉。上一级人民法院认为符合起诉条件的，应当立案、审理，也可以指定其他下级人民法院立案、审理。

第五十三条 **【规范性文件的附带审查】**公民、法人或者其他组织认为行政行为所依据的国务院部门和地方人民政府及其部门制定的规范性文件不合法，在对行政行为提起诉讼时，可以一并请求对该规范性文件进行审查。

前款规定的规范性文件不含规章。

第七章 审理和判决

第一节 一 般 规 定

第五十四条 **【公开审理原则】**人民法院公开审理行政案件，但涉及国家秘密、个人隐私和法律另有规定的除外。

涉及商业秘密的案件，当事人申请不公开审理的，可以不公开审理。

第五十五条 **【回避】**当事人认为审判人员与本案有利害关系或者有其他关系可能影响公正审判，有权申请审判人员回避。

审判人员认为自己与本案有利害关系或者有其他关系，应当申请回避。

前两款规定，适用于书记员、翻译人员、鉴定人、勘验人。

院长担任审判长时的回避，由审判委员会决定；审判人员的回避，由院长决定；其他人员的回避，由审判长决定。当事人对决定不服的，可以申请复议一次。

第五十六条 **【诉讼不停止执行】**诉讼期间，不停止行政行为的执行。但有下列情形之一的，裁定停止执行：

（一）被告认为需要停止执行的；

（二）原告或者利害关系人申请停止执行，人民法院认为该行政行为的执行会造成难以弥补的损失，并且停止执行不损害国家利益、社会公共利益的；

（三）人民法院认为该行政行为的执行会给国家利益、社会公共利益造成重大损害的；

（四）法律、法规规定停止执行的。

当事人对停止执行或者不停止执行的裁定不服的，可以申请复议一次。

第五十七条　【先予执行】人民法院对起诉行政机关没有依法支付抚恤金、最低生活保障金和工伤、医疗社会保险金的案件，权利义务关系明确、不先予执行将严重影响原告生活的，可以根据原告的申请，裁定先予执行。

当事人对先予执行裁定不服的，可以申请复议一次。复议期间不停止裁定的执行。

第五十八条　【拒不到庭或中途退庭的法律后果】经人民法院传票传唤，原告无正当理由拒不到庭，或者未经法庭许可中途退庭的，可以按照撤诉处理；被告无正当理由拒不到庭，或者未经法庭许可中途退庭的，可以缺席判决。

第五十九条　【妨害行政诉讼强制措施】诉讼参与人或者其他人有下列行为之一的，人民法院可以根据情节轻重，予以训诫、责令具结悔过或者处一万元以下的罚款、十五日以下的拘留；构成犯罪的，依法追究刑事责任：

（一）有义务协助调查、执行的人，对人民法院的协助调查决定、协助执行通知书，无故推拖、拒绝或者妨碍调查、执行的；

（二）伪造、隐藏、毁灭证据或者提供虚假证明材料，妨碍人民法院审理案件的；

（三）指使、贿买、胁迫他人作伪证或者威胁、阻止证人作证的；

（四）隐藏、转移、变卖、毁损已被查封、扣押、冻结的财产的；

（五）以欺骗、胁迫等非法手段使原告撤诉的；

（六）以暴力、威胁或者其他方法阻碍人民法院工作人员执行职务，或者以哄闹、冲击法庭等方法扰乱人民法院工作秩序的；

（七）对人民法院审判人员或者其他工作人员、诉讼参与人、协助调查和执行的人员恐吓、侮辱、诽谤、诬陷、殴打、围攻或者打击报复的。

人民法院对有前款规定的行为之一的单位，可以对其主要负责人或者直接责任人员依照前款规定予以罚款、拘留；构成犯罪的，依法追究刑事责任。

罚款、拘留须经人民法院院长批准。当事人不服的，可以向上一级人民法院申请复议一次。复议期间不停止执行。

第六十条　【调解】人民法院审理行政案件，不适用调解。但是，行政赔偿、补偿以及行政机关行使法律、法规规定的自由裁量权的案件可以调解。

调解应当遵循自愿、合法原则，不得损害国家利益、社会公共利益和他人合法权益。

第六十一条　【民事争议和行政争议交叉】在涉及行政许可、登记、征收、征用和行政机关对民事争议所作的裁决的行政诉讼中，当事人申请一并解决相关民事争议的，人民法院可以一并审理。

在行政诉讼中，人民法院认为行政案件的审理需以民事诉讼的裁判为依据的，可以裁定中止行政诉讼。

第六十二条　【撤诉】人民法院对行政案件宣告判决或者裁定前，原告申请撤诉的，或者被告改变其所作的行政行为，原告同意并申请撤诉的，是否准许，由人民法院裁定。

第六十三条　【审理依据】人民法院审理行政案件，以法律和行政法规、地方性法规为依据。地方性法规适用于本行政区域内发生的行政案件。

人民法院审理民族自治地方的行政案件，并以该民族自治地方的自治条例和单行条例为依据。

人民法院审理行政案件，参照规章。

第六十四条 【规范性文件审查和处理】人民法院在审理行政案件中，经审查认为本法第五十三条规定的规范性文件不合法的，不作为认定行政行为合法的依据，并向制定机关提出处理建议。

第六十五条 【裁判文书公开】人民法院应当公开发生法律效力的判决书、裁定书，供公众查阅，但涉及国家秘密、商业秘密和个人隐私的内容除外。

第六十六条 【有关行政机关工作人员和被告的处理】人民法院在审理行政案件中，认为行政机关的主管人员、直接责任人员违法违纪的，应当将有关材料移送监察机关、该行政机关或者其上一级行政机关；认为有犯罪行为的，应当将有关材料移送公安、检察机关。

人民法院对被告经传票传唤无正当理由拒不到庭，或者未经法庭许可中途退庭的，可以将被告拒不到庭或者中途退庭的情况予以公告，并可以向监察机关或者被告的上一级行政机关提出依法给予其主要负责人或者直接责任人员处分的司法建议。

第二节 第一审普通程序

第六十七条 【发送起诉状和提出答辩状】人民法院应当在立案之日起五日内，将起诉状副本发送被告。被告应当在收到起诉状副本之日起十五日内向人民法院提交作出行政行为的证据和所依据的规范性文件，并提出答辩状。人民法院应当在收到答辩状之日起五日内，将答辩状副本发送原告。

被告不提出答辩状的，不影响人民法院审理。

第六十八条 【审判组织形式】人民法院审理行政案件，由审判员组成合议庭，或者由审判员、陪审员组成合议庭。合议庭的成员，应当是三人以上的单数。

第六十九条 【驳回原告诉讼请求判决】行政行为证据确凿，适用法律、法规正确，符合法定程序的，或者原告申请被告履行法定职责或者给付义务理由不成立的，人民法院判决驳回原告的诉讼请求。

第七十条 【撤销判决和重作判决】行政行为有下列情形之一的，人民法院判决撤销或者部分撤销，并可以判决被告重新作出行政行为：

（一）主要证据不足的；

（二）适用法律、法规错误的；

（三）违反法定程序的；

（四）超越职权的；

（五）滥用职权的；

（六）明显不当的。

第七十一条 【重作判决对被告的限制】人民法院判决被告重新作出行政行为的，被告不得以同一的事实和理由作出与原行政行为基本相同的行政行为。

第七十二条 【履行判决】人民法院经过审理，查明被告不履行法定职责的，判决被告在一定期限内履行。

第七十三条 【给付判决】人民法院经过审理，查明被告依法负有给付义务的，判决被告履行给付义务。

第七十四条 【确认违法判决】行政行为有下列情形之一的，人民法院判决确认违法，但不撤销行政行为：

（一）行政行为依法应当撤销，但撤销会给国家利益、社会公共利益造成重大损害的；

（二）行政行为程序轻微违法，但对原告权利不产生实际影响的。

行政行为有下列情形之一，不需要撤销或者判决履行的，人民法院判决确认违法：

（一）行政行为违法，但不具有可撤销内容的；

（二）被告改变原违法行政行为，原告仍要求确认原行政行为违法的；

（三）被告不履行或者拖延履行法定职责，判决履行没有意义的。

第七十五条 【确认无效判决】行政行为有实施主体不具有行政主体资格或者没有依据等重大且明显违法情形，原告申请确认行政行为无效的，人民法院判决确认无效。

第七十六条 【确认违法和无效判决的补充规定】人民法院判决确认违法或者无效的，可以同时判决责令被告采取补救措施；给原告造成损失的，依法判决被告承担赔偿责任。

第七十七条 【变更判决】行政处罚明显不当，或者其他行政行为涉及对款额的确定、认定确有错误的，人民法院可以判决变更。

人民法院判决变更，不得加重原告的义务或者减损原告的权益。但利害关系人同为原告，且诉讼请求相反的除外。

第七十八条 【行政协议履行及补偿判决】被告不依法履行、未按照约定履行或者违法变更、解除本法第十二条第一款第十一项规定的协议的，人民法院判决被告承担继续履行、采取补救措施或者赔偿损失等责任。

被告变更、解除本法第十二条第一款第十一项规定的协议合法，但未依法给予补偿的，人民法院判决给予补偿。

第七十九条 【复议决定和原行政行为一并裁判】复议机关与作出原行政行为的行政机关为共同被告的案件，人民法院应当对复议决定和原行政行为一并作出裁判。

第八十条 【公开宣判】人民法院对公开审理和不公开审理的案件，一律公开宣告判决。

当庭宣判的，应当在十日内发送判决书；定期宣判的，宣判后立即发给判决书。

宣告判决时，必须告知当事人上诉权利、上诉期限和上诉的人民法院。

第八十一条 **【第一审审限】**人民法院应当在立案之日起六个月内作出第一审判决。有特殊情况需要延长的，由高级人民法院批准，高级人民法院审理第一审案件需要延长的，由最高人民法院批准。

第三节　简易程序

第八十二条 **【简易程序适用情形】**人民法院审理下列第一审行政案件，认为事实清楚、权利义务关系明确、争议不大的，可以适用简易程序：

（一）被诉行政行为是依法当场作出的；

（二）案件涉及款额二千元以下的；

（三）属于政府信息公开案件的。

除前款规定以外的第一审行政案件，当事人各方同意适用简易程序的，可以适用简易程序。

发回重审、按照审判监督程序再审的案件不适用简易程序。

第八十三条 **【简易程序的审判组织形式和审限】**适用简易程序审理的行政案件，由审判员一人独任审理，并应当在立案之日起四十五日内审结。

第八十四条 **【简易程序与普通程序的转换】**人民法院在审理过程中，发现案件不宜适用简易程序的，裁定转为普通程序。

第四节　第二审程序

第八十五条 **【上诉】**当事人不服人民法院第一审判决的，有权在判决书送达之日起十五日内向上一级人民法院提起上诉。当事人不服人民法院第一审裁定的，有权在裁定书送达之日起十日内向上一级人民法院提起上诉。逾期不提起上诉的，人民法院的第一审判决或者裁定发生法律效力。

第八十六条 **【二审审理方式】**人民法院对上诉案件，应当组成合议庭，开庭审理。经过阅卷、调查和询问当事人，对没有提出新的事实、证据或者理由，合议庭认为不需要开庭审理的，也可以不开庭审理。

第八十七条 【二审审查范围】人民法院审理上诉案件，应当对原审人民法院的判决、裁定和被诉行政行为进行全面审查。

第八十八条 【二审审限】人民法院审理上诉案件，应当在收到上诉状之日起三个月内作出终审判决。有特殊情况需要延长的，由高级人民法院批准，高级人民法院审理上诉案件需要延长的，由最高人民法院批准。

第八十九条 【二审裁判】人民法院审理上诉案件，按照下列情形，分别处理：

（一）原判决、裁定认定事实清楚，适用法律、法规正确的，判决或者裁定驳回上诉，维持原判决、裁定；

（二）原判决、裁定认定事实错误或者适用法律、法规错误的，依法改判、撤销或者变更；

（三）原判决认定基本事实不清、证据不足的，发回原审人民法院重审，或者查清事实后改判；

（四）原判决遗漏当事人或者违法缺席判决等严重违反法定程序的，裁定撤销原判决，发回原审人民法院重审。

原审人民法院对发回重审的案件作出判决后，当事人提起上诉的，第二审人民法院不得再次发回重审。

人民法院审理上诉案件，需要改变原审判决的，应当同时对被诉行政行为作出判决。

第五节 审判监督程序

第九十条 【当事人申请再审】当事人对已经发生法律效力的判决、裁定，认为确有错误的，可以向上一级人民法院申请再审，但判决、裁定不停止执行。

第九十一条 【再审事由】当事人的申请符合下列情形之一

的，人民法院应当再审：

（一）不予立案或者驳回起诉确有错误的；

（二）有新的证据，足以推翻原判决、裁定的；

（三）原判决、裁定认定事实的主要证据不足、未经质证或者系伪造的；

（四）原判决、裁定适用法律、法规确有错误的；

（五）违反法律规定的诉讼程序，可能影响公正审判的；

（六）原判决、裁定遗漏诉讼请求的；

（七）据以作出原判决、裁定的法律文书被撤销或者变更的；

（八）审判人员在审理该案件时有贪污受贿、徇私舞弊、枉法裁判行为的。

第九十二条　【人民法院依职权再审】各级人民法院院长对本院已经发生法律效力的判决、裁定，发现有本法第九十一条规定情形之一，或者发现调解违反自愿原则或者调解书内容违法，认为需要再审的，应当提交审判委员会讨论决定。

最高人民法院对地方各级人民法院已经发生法律效力的判决、裁定，上级人民法院对下级人民法院已经发生法律效力的判决、裁定，发现有本法第九十一条规定情形之一，或者发现调解违反自愿原则或者调解书内容违法的，有权提审或者指令下级人民法院再审。

第九十三条　【抗诉和检察建议】最高人民检察院对各级人民法院已经发生法律效力的判决、裁定，上级人民检察院对下级人民法院已经发生法律效力的判决、裁定，发现有本法第九十一条规定情形之一，或者发现调解书损害国家利益、社会公共利益的，应当提出抗诉。

地方各级人民检察院对同级人民法院已经发生法律效力的判决、裁定，发现有本法第九十一条规定情形之一，或者发现调解书损害国家利益、社会公共利益的，可以向同级人民法院提出检察建议，并报上级人民检察院备案；也可以提请上级人民检察院向同级人民法院提出抗诉。

各级人民检察院对审判监督程序以外的其他审判程序中审判人员的违法行为，有权向同级人民法院提出检察建议。

第八章 执 行

第九十四条 【生效裁判和调解书的执行】当事人必须履行人民法院发生法律效力的判决、裁定、调解书。

第九十五条 【申请强制执行和执行管辖】公民、法人或者其他组织拒绝履行判决、裁定、调解书的，行政机关或者第三人可以向第一审人民法院申请强制执行，或者由行政机关依法强制执行。

第九十六条 【对行政机关拒绝履行的执行措施】行政机关拒绝履行判决、裁定、调解书的，第一审人民法院可以采取下列措施：

（一）对应当归还的罚款或者应当给付的款额，通知银行从该行政机关的账户内划拨；

（二）在规定期限内不履行的，从期满之日起，对该行政机关负责人按日处五十元至一百元的罚款；

（三）将行政机关拒绝履行的情况予以公告；

（四）向监察机关或者该行政机关的上一级行政机关提出司法建议。接受司法建议的机关，根据有关规定进行处理，并将处理情况告知人民法院；

（五）拒不履行判决、裁定、调解书，社会影响恶劣的，可以对该行政机关直接负责的主管人员和其他直接责任人员予以拘留；情节严重，构成犯罪的，依法追究刑事责任。

第九十七条 【非诉执行】公民、法人或者其他组织对行政行为在法定期限内不提起诉讼又不履行的，行政机关可以申请人民法院强制执行，或者依法强制执行。

第九章　涉外行政诉讼

第九十八条　【涉外行政诉讼的法律适用原则】外国人、无国籍人、外国组织在中华人民共和国进行行政诉讼，适用本法。法律另有规定的除外。

第九十九条　【同等与对等原则】外国人、无国籍人、外国组织在中华人民共和国进行行政诉讼，同中华人民共和国公民、组织有同等的诉讼权利和义务。

外国法院对中华人民共和国公民、组织的行政诉讼权利加以限制的，人民法院对该国公民、组织的行政诉讼权利，实行对等原则。

第一百条　【中国律师代理】外国人、无国籍人、外国组织在中华人民共和国进行行政诉讼，委托律师代理诉讼的，应当委托中华人民共和国律师机构的律师。

第十章　附　　则

第一百零一条　【适用民事诉讼法规定】人民法院审理行政案件，关于期间、送达、财产保全、开庭审理、调解、中止诉讼、终结诉讼、简易程序、执行等，以及人民检察院对行政案件受理、审理、裁判、执行的监督，本法没有规定的，适用《中华人民共和国民事诉讼法》的相关规定。

第一百零二条　【诉讼费用】人民法院审理行政案件，应当收取诉讼费用。诉讼费用由败诉方承担，双方都有责任的由双方分担。收取诉讼费用的具体办法另行规定。

第一百零三条　【施行日期】本法自 1990 年 10 月 1 日起施行。

最高人民法院关于适用
《中华人民共和国行政诉讼法》的解释

（2017 年 11 月 13 日最高人民法院审判委员会第 1726 次会议通过　2018 年 2 月 6 日最高人民法院公告公布　自 2018 年 2 月 8 日起施行　法释〔2018〕1 号）

为正确适用《中华人民共和国行政诉讼法》（以下简称行政诉讼法），结合人民法院行政审判工作实际，制定本解释。

一、受案范围

第一条　公民、法人或者其他组织对行政机关及其工作人员的行政行为不服，依法提起诉讼的，属于人民法院行政诉讼的受案范围。

下列行为不属于人民法院行政诉讼的受案范围：

（一）公安、国家安全等机关依照刑事诉讼法的明确授权实施的行为；

（二）调解行为以及法律规定的仲裁行为；

（三）行政指导行为；

（四）驳回当事人对行政行为提起申诉的重复处理行为；

（五）行政机关作出的不产生外部法律效力的行为；

（六）行政机关为作出行政行为而实施的准备、论证、研究、层报、咨询等过程性行为；

（七）行政机关根据人民法院的生效裁判、协助执行通知书作出的执行行为，但行政机关扩大执行范围或者采取违法方式实施的除外；

（八）上级行政机关基于内部层级监督关系对下级行政机关作出的听取报告、执法检查、督促履责等行为；

（九）行政机关针对信访事项作出的登记、受理、交办、转送、复查、复核意见等行为；

（十）对公民、法人或者其他组织权利义务不产生实际影响的行为。

第二条　行政诉讼法第十三条第一项规定的"国家行为"，是指国务院、中央军事委员会、国防部、外交部等根据宪法和法律的授权，以国家的名义实施的有关国防和外交事务的行为，以及经宪法和法律授权的国家机关宣布紧急状态等行为。

行政诉讼法第十三条第二项规定的"具有普遍约束力的决定、命令"，是指行政机关针对不特定对象发布的能反复适用的规范性文件。

行政诉讼法第十三条第三项规定的"对行政机关工作人员的奖惩、任免等决定"，是指行政机关作出的涉及行政机关工作人员公务员权利义务的决定。

行政诉讼法第十三条第四项规定的"法律规定由行政机关最终裁决的行政行为"中的"法律"，是指全国人民代表大会及其常务委员会制定、通过的规范性文件。

二、管　辖

第三条　各级人民法院行政审判庭审理行政案件和审查行政机关申请执行其行政行为的案件。

专门人民法院、人民法庭不审理行政案件，也不审查和执行行政机关申请执行其行政行为的案件。铁路运输法院等专门人民法院审理行政案件，应当执行行政诉讼法第十八条第二款的规定。

第四条　立案后，受诉人民法院的管辖权不受当事人住所地改变、追加被告等事实和法律状态变更的影响。

第五条 有下列情形之一的，属于行政诉讼法第十五条第三项规定的"本辖区内重大、复杂的案件"：

（一）社会影响重大的共同诉讼案件；

（二）涉外或者涉及香港特别行政区、澳门特别行政区、台湾地区的案件；

（三）其他重大、复杂案件。

第六条 当事人以案件重大复杂为由，认为有管辖权的基层人民法院不宜行使管辖权或者根据行政诉讼法第五十二条的规定，向中级人民法院起诉，中级人民法院应当根据不同情况在七日内分别作出以下处理：

（一）决定自行审理；

（二）指定本辖区其他基层人民法院管辖；

（三）书面告知当事人向有管辖权的基层人民法院起诉。

第七条 基层人民法院对其管辖的第一审行政案件，认为需要由中级人民法院审理或者指定管辖的，可以报请中级人民法院决定。中级人民法院应当根据不同情况在七日内分别作出以下处理：

（一）决定自行审理；

（二）指定本辖区其他基层人民法院管辖；

（三）决定由报请的人民法院审理。

第八条 行政诉讼法第十九条规定的"原告所在地"，包括原告的户籍所在地、经常居住地和被限制人身自由地。

对行政机关基于同一事实，既采取限制公民人身自由的行政强制措施，又采取其他行政强制措施或者行政处罚不服的，由被告所在地或者原告所在地的人民法院管辖。

第九条 行政诉讼法第二十条规定的"因不动产提起的行政诉讼"是指因行政行为导致不动产物权变动而提起的诉讼。

不动产已登记的，以不动产登记簿记载的所在地为不动产所在地；不动产未登记的，以不动产实际所在地为不动产所在地。

第十条 人民法院受理案件后，被告提出管辖异议的，应当在收到起诉状副本之日起十五日内提出。

对当事人提出的管辖异议，人民法院应当进行审查。异议成立的，裁定将案件移送有管辖权的人民法院；异议不成立的，裁定驳回。

人民法院对管辖异议审查后确定有管辖权的，不因当事人增加或者变更诉讼请求等改变管辖，但违反级别管辖、专属管辖规定的除外。

第十一条 有下列情形之一的，人民法院不予审查：

（一）人民法院发回重审或者按第一审程序再审的案件，当事人提出管辖异议的；

（二）当事人在第一审程序中未按照法律规定的期限和形式提出管辖异议，在第二审程序中提出的。

三、诉讼参加人

第十二条 有下列情形之一的，属于行政诉讼法第二十五条第一款规定的"与行政行为有利害关系"：

（一）被诉的行政行为涉及其相邻权或者公平竞争权的；

（二）在行政复议等行政程序中被追加为第三人的；

（三）要求行政机关依法追究加害人法律责任的；

（四）撤销或者变更行政行为涉及其合法权益的；

（五）为维护自身合法权益向行政机关投诉，具有处理投诉职责的行政机关作出或者未作出处理的；

（六）其他与行政行为有利害关系的情形。

第十三条 债权人以行政机关对债务人所作的行政行为损害债权实现为由提起行政诉讼的，人民法院应当告知其就民事争议提起民事诉讼，但行政机关作出行政行为时依法应予保护或者应予考虑的除外。

第十四条　行政诉讼法第二十五条第二款规定的"近亲属"，包括配偶、父母、子女、兄弟姐妹、祖父母、外祖父母、孙子女、外孙子女和其他具有扶养、赡养关系的亲属。

公民因被限制人身自由而不能提起诉讼的，其近亲属可以依其口头或者书面委托以该公民的名义提起诉讼。近亲属起诉时无法与被限制人身自由的公民取得联系，近亲属可以先行起诉，并在诉讼中补充提交委托证明。

第十五条　合伙企业向人民法院提起诉讼的，应当以核准登记的字号为原告。未依法登记领取营业执照的个人合伙的全体合伙人为共同原告；全体合伙人可以推选代表人，被推选的代表人，应当由全体合伙人出具推选书。

个体工商户向人民法院提起诉讼的，以营业执照上登记的经营者为原告。有字号的，以营业执照上登记的字号为原告，并应当注明该字号经营者的基本信息。

第十六条　股份制企业的股东大会、股东会、董事会等认为行政机关作出的行政行为侵犯企业经营自主权的，可以企业名义提起诉讼。

联营企业、中外合资或者合作企业的联营、合资、合作各方，认为联营、合资、合作企业权益或者自己一方合法权益受行政行为侵害的，可以自己的名义提起诉讼。

非国有企业被行政机关注销、撤销、合并、强令兼并、出售、分立或者改变企业隶属关系的，该企业或者其法定代表人可以提起诉讼。

第十七条　事业单位、社会团体、基金会、社会服务机构等非营利法人的出资人、设立人认为行政行为损害法人合法权益的，可以自己的名义提起诉讼。

第十八条　业主委员会对于行政机关作出的涉及业主共有利益的行政行为，可以自己的名义提起诉讼。

业主委员会不起诉的，专有部分占建筑物总面积过半数或者占总户数过半数的业主可以提起诉讼。

第十九条 当事人不服经上级行政机关批准的行政行为，向人民法院提起诉讼的，以在对外发生法律效力的文书上署名的机关为被告。

第二十条 行政机关组建并赋予行政管理职能但不具有独立承担法律责任能力的机构，以自己的名义作出行政行为，当事人不服提起诉讼的，应当以组建该机构的行政机关为被告。

法律、法规或者规章授权行使行政职权的行政机关内设机构、派出机构或者其他组织，超出法定授权范围实施行政行为，当事人不服提起诉讼的，应当以实施该行为的机构或者组织为被告。

没有法律、法规或者规章规定，行政机关授权其内设机构、派出机构或者其他组织行使行政职权的，属于行政诉讼法第二十六条规定的委托。当事人不服提起诉讼的，应当以该行政机关为被告。

第二十一条 当事人对由国务院、省级人民政府批准设立的开发区管理机构作出的行政行为不服提起诉讼的，以该开发区管理机构为被告；对由国务院、省级人民政府批准设立的开发区管理机构所属职能部门作出的行政行为不服提起诉讼的，以其职能部门为被告；对其他开发区管理机构所属职能部门作出的行政行为不服提起诉讼的，以开发区管理机构为被告；开发区管理机构没有行政主体资格的，以设立该机构的地方人民政府为被告。

第二十二条 行政诉讼法第二十六条第二款规定的"复议机关改变原行政行为"，是指复议机关改变原行政行为的处理结果。复议机关改变原行政行为所认定的主要事实和证据、改变原行政行为所适用的规范依据，但未改变原行政行为处理结果的，视为复议机关维持原行政行为。

复议机关确认原行政行为无效，属于改变原行政行为。

复议机关确认原行政行为违法，属于改变原行政行为，但复议机关以违反法定程序为由确认原行政行为违法的除外。

第二十三条 行政机关被撤销或者职权变更，没有继续行使其职权的行政机关的，以其所属的人民政府为被告；实行垂直领导的，以垂直领导的上一级行政机关为被告。

第二十四条 当事人对村民委员会或者居民委员会依据法律、法规、规章的授权履行行政管理职责的行为不服提起诉讼的，以村民委员会或者居民委员会为被告。

当事人对村民委员会、居民委员会受行政机关委托作出的行为不服提起诉讼的，以委托的行政机关为被告。

当事人对高等学校等事业单位以及律师协会、注册会计师协会等行业协会依据法律、法规、规章的授权实施的行政行为不服提起诉讼的，以该事业单位、行业协会为被告。

当事人对高等学校等事业单位以及律师协会、注册会计师协会等行业协会受行政机关委托作出的行为不服提起诉讼的，以委托的行政机关为被告。

第二十五条 市、县级人民政府确定的房屋征收部门组织实施房屋征收与补偿工作过程中作出行政行为，被征收人不服提起诉讼的，以房屋征收部门为被告。

征收实施单位受房屋征收部门委托，在委托范围内从事的行为，被征收人不服提起诉讼的，应当以房屋征收部门为被告。

第二十六条 原告所起诉的被告不适格，人民法院应当告知原告变更被告；原告不同意变更的，裁定驳回起诉。

应当追加被告而原告不同意追加的，人民法院应当通知其以第三人的身份参加诉讼，但行政复议机关作共同被告的除外。

第二十七条 必须共同进行诉讼的当事人没有参加诉讼的，人民法院应当依法通知其参加；当事人也可以向人民法院申请参加。

人民法院应当对当事人提出的申请进行审查，申请理由不成立的，裁定驳回；申请理由成立的，书面通知其参加诉讼。

前款所称的必须共同进行诉讼，是指按照行政诉讼法第二十七条的规定，当事人一方或者双方为两人以上，因同一行政行为发生行政争议，人民法院必须合并审理的诉讼。

第二十八条　人民法院追加共同诉讼的当事人时，应当通知其他当事人。应当追加的原告，已明确表示放弃实体权利的，可不予追加；既不愿意参加诉讼，又不放弃实体权利的，应追加为第三人，其不参加诉讼，不能阻碍人民法院对案件的审理和裁判。

第二十九条　行政诉讼法第二十八条规定的"人数众多"，一般指十人以上。

根据行政诉讼法第二十八条的规定，当事人一方人数众多的，由当事人推选代表人。当事人推选不出的，可以由人民法院在起诉的当事人中指定代表人。

行政诉讼法第二十八条规定的代表人为二至五人。代表人可以委托一至二人作为诉讼代理人。

第三十条　行政机关的同一行政行为涉及两个以上利害关系人，其中一部分利害关系人对行政行为不服提起诉讼，人民法院应当通知没有起诉的其他利害关系人作为第三人参加诉讼。

与行政案件处理结果有利害关系的第三人，可以申请参加诉讼，或者由人民法院通知其参加诉讼。人民法院判决其承担义务或者减损其权益的第三人，有权提出上诉或者申请再审。

行政诉讼法第二十九条规定的第三人，因不能归责于本人的事由未参加诉讼，但有证据证明发生法律效力的判决、裁定、调解书损害其合法权益的，可以依照行政诉讼法第九十条的规定，自知道或者应当知道其合法权益受到损害之日起六个月内，向上一级人民法院申请再审。

第三十一条　当事人委托诉讼代理人，应当向人民法院提交由委托人签名或者盖章的授权委托书。委托书应当载明委托事项和具体权限。公民在特殊情况下无法书面委托的，也可以由他人代书，并由自己捺印等方式确认，人民法院应当核实并记录在卷；被诉行政机关或者其他有义务协助的机关拒绝人民法院向被限制人身自由的公民核实的，视为委托成立。当事人解除或者变更委托的，应当书面报告人民法院。

第三十二条 依照行政诉讼法第三十一条第二款第二项规定，与当事人有合法劳动人事关系的职工，可以当事人工作人员的名义作为诉讼代理人。以当事人的工作人员身份参加诉讼活动，应当提交以下证据之一加以证明：

（一）缴纳社会保险记录凭证；

（二）领取工资凭证；

（三）其他能够证明其为当事人工作人员身份的证据。

第三十三条 根据行政诉讼法第三十一条第二款第三项规定，有关社会团体推荐公民担任诉讼代理人的，应当符合下列条件：

（一）社会团体属于依法登记设立或者依法免予登记设立的非营利性法人组织；

（二）被代理人属于该社会团体的成员，或者当事人一方住所地位于该社会团体的活动地域；

（三）代理事务属于该社会团体章程载明的业务范围；

（四）被推荐的公民是该社会团体的负责人或者与该社会团体有合法劳动人事关系的工作人员。

专利代理人经中华全国专利代理人协会推荐，可以在专利行政案件中担任诉讼代理人。

四、证　　据

第三十四条 根据行政诉讼法第三十六条第一款的规定，被告申请延期提供证据的，应当在收到起诉状副本之日起十五日内以书面方式向人民法院提出。人民法院准许延期提供的，被告应当在正当事由消除后十五日内提供证据。逾期提供的，视为被诉行政行为没有相应的证据。

第三十五条 原告或者第三人应当在开庭审理前或者人民法院指定的交换证据清单之日提供证据。因正当事由申请延期提供证据的，经人民法院准许，可以在法庭调查中提供。逾期提供证据的，人民法院应当责令其说明理由；拒不说明理由或者理由不成立的，视为放弃举证权利。

原告或者第三人在第一审程序中无正当事由未提供而在第二审程序中提供的证据，人民法院不予接纳。

第三十六条 当事人申请延长举证期限，应当在举证期限届满前向人民法院提出书面申请。

申请理由成立的，人民法院应当准许，适当延长举证期限，并通知其他当事人。申请理由不成立的，人民法院不予准许，并通知申请人。

第三十七条 根据行政诉讼法第三十九条的规定，对当事人无争议，但涉及国家利益、公共利益或者他人合法权益的事实，人民法院可以责令当事人提供或者补充有关证据。

第三十八条 对于案情比较复杂或者证据数量较多的案件，人民法院可以组织当事人在开庭前向对方出示或者交换证据，并将交换证据清单的情况记录在卷。

当事人在庭前证据交换过程中没有争议并记录在卷的证据，经审判人员在庭审中说明后，可以作为认定案件事实的依据。

第三十九条 当事人申请调查收集证据，但该证据与待证事实无关联、对证明待证事实无意义或者其他无调查收集必要的，人民法院不予准许。

第四十条 人民法院在证人出庭作证前应当告知其如实作证的义务以及作伪证的法律后果。

证人因履行出庭作证义务而支出的交通、住宿、就餐等必要费用以及误工损失，由败诉一方当事人承担。

第四十一条 有下列情形之一，原告或者第三人要求相关行政执法人员出庭说明的，人民法院可以准许：

（一）对现场笔录的合法性或者真实性有异议的；

（二）对扣押财产的品种或者数量有异议的；

（三）对检验的物品取样或者保管有异议的；

（四）对行政执法人员身份的合法性有异议的；

（五）需要出庭说明的其他情形。

第四十二条 能够反映案件真实情况、与待证事实相关联、来源和形式符合法律规定的证据，应当作为认定案件事实的根据。

第四十三条 有下列情形之一的，属于行政诉讼法第四十三条第三款规定的"以非法手段取得的证据"：

（一）严重违反法定程序收集的证据材料；

（二）以违反法律强制性规定的手段获取且侵害他人合法权益的证据材料；

（三）以利诱、欺诈、胁迫、暴力等手段获取的证据材料。

第四十四条 人民法院认为有必要的，可以要求当事人本人或者行政机关执法人员到庭，就案件有关事实接受询问。在询问之前，可以要求其签署保证书。

保证书应当载明据实陈述、如有虚假陈述愿意接受处罚等内容。当事人或者行政机关执法人员应当在保证书上签名或者捺印。

负有举证责任的当事人拒绝到庭、拒绝接受询问或者拒绝签署保证书，待证事实又欠缺其他证据加以佐证的，人民法院对其主张的事实不予认定。

第四十五条 被告有证据证明其在行政程序中依照法定程序要求原告或者第三人提供证据，原告或者第三人依法应当提供而没有提供，在诉讼程序中提供的证据，人民法院一般不予采纳。

第四十六条 原告或者第三人确有证据证明被告持有的证据对原告或者第三人有利的，可以在开庭审理前书面申请人民法院责令行政机关提交。

申请理由成立的，人民法院应当责令行政机关提交，因提交证据所产生的费用，由申请人预付。行政机关无正当理由拒不提交的，人民法院可以推定原告或者第三人基于该证据主张的事实成立。

持有证据的当事人以妨碍对方当事人使用为目的，毁灭有关证据或者实施其他致使证据不能使用行为的，人民法院可以推定对方当事人基于该证据主张的事实成立，并可依照行政诉讼法第五十九条规定处理。

第四十七条 根据行政诉讼法第三十八条第二款的规定，在行政赔偿、补偿案件中，因被告的原因导致原告无法就损害情况举证的，应当由被告就该损害情况承担举证责任。

对于各方主张损失的价值无法认定的，应当由负有举证责任的一方当事人申请鉴定，但法律、法规、规章规定行政机关在作出行政行为时依法应当评估或者鉴定的除外；负有举证责任的当事人拒绝申请鉴定的，由其承担不利的法律后果。

当事人的损失因客观原因无法鉴定的，人民法院应当结合当事人的主张和在案证据，遵循法官职业道德，运用逻辑推理和生活经验、生活常识等，酌情确定赔偿数额。

五、期间、送达

第四十八条 期间包括法定期间和人民法院指定的期间。

期间以时、日、月、年计算。期间开始的时和日，不计算在期间内。

期间届满的最后一日是节假日的，以节假日后的第一日为期间届满的日期。

期间不包括在途时间，诉讼文书在期满前交邮的，视为在期限内发送。

第四十九条 行政诉讼法第五十一条第二款规定的立案期限，因起诉状内容欠缺或者有其他错误通知原告限期补正的，从补正后递交人民法院的次日起算。由上级人民法院转交下级人民法院立案的案件，从受诉人民法院收到起诉状的次日起算。

第五十条 行政诉讼法第八十一条、第八十三条、第八十八条规定的审理期限，是指从立案之日起至裁判宣告、调解书送达之日止的期间，但公告期间、鉴定期间、调解期间、中止诉讼期间、审理当事人提出的管辖异议以及处理人民法院之间的管辖争议期间不应计算在内。

再审案件按照第一审程序或者第二审程序审理的，适用行政诉讼法第八十一条、第八十八条规定的审理期限。审理期限自再审立案的次日起算。

基层人民法院申请延长审理期限，应当直接报请高级人民法院批准，同时报中级人民法院备案。

第五十一条 人民法院可以要求当事人签署送达地址确认书，当事人确认的送达地址为人民法院法律文书的送达地址。

当事人同意电子送达的，应当提供并确认传真号、电子信箱等电子送达地址。

当事人送达地址发生变更的，应当及时书面告知受理案件的人民法院；未及时告知的，人民法院按原地址送达，视为依法送达。

人民法院可以通过国家邮政机构以法院专递方式进行送达。

第五十二条 人民法院可以在当事人住所地以外向当事人直接送达诉讼文书。当事人拒绝签署送达回证的，采用拍照、录像等方式记录送达过程即视为送达。审判人员、书记员应当在送达回证上注明送达情况并签名。

六、起诉与受理

第五十三条 人民法院对符合起诉条件的案件应当立案，依法保障当事人行使诉讼权利。

对当事人依法提起的诉讼，人民法院应当根据行政诉讼法第五十一条的规定接收起诉状。能够判断符合起诉条件的，应当当场登记立案；当场不能判断是否符合起诉条件的，应当在接收起诉状后七日内决定是否立案；七日内仍不能作出判断的，应当先予立案。

第五十四条 依照行政诉讼法第四十九条的规定，公民、法人或者其他组织提起诉讼时应当提交以下起诉材料：

（一）原告的身份证明材料以及有效联系方式；

（二）被诉行政行为或者不作为存在的材料；

（三）原告与被诉行政行为具有利害关系的材料；

（四）人民法院认为需要提交的其他材料。

由法定代理人或者委托代理人代为起诉的，还应当在起诉状中写明或者在口头起诉时向人民法院说明法定代理人或者委托代理人的基本情况，并提交法定代理人或者委托代理人的身份证明和代理权限证明等材料。

第五十五条 依照行政诉讼法第五十一条的规定，人民法院应当就起诉状内容和材料是否完备以及是否符合行政诉讼法规定的起诉条件进行审查。

起诉状内容或者材料欠缺的，人民法院应当给予指导和释明，并一次性全面告知当事人需要补正的内容、补充的材料及期限。在指定期限内补正并符合起诉条件的，应当登记立案。当事人拒绝补正或者经补正仍不符合起诉条件的，退回诉状并记录在册；坚持起诉的，裁定不予立案，并载明不予立案的理由。

第五十六条 法律、法规规定应当先申请复议，公民、法人或者其他组织未申请复议直接提起诉讼的，人民法院裁定不予立案。

依照行政诉讼法第四十五条的规定，复议机关不受理复议申请或者在法定期限内不作出复议决定，公民、法人或者其他组织不服，依法向人民法院提起诉讼的，人民法院应当依法立案。

第五十七条 法律、法规未规定行政复议为提起行政诉讼必经程序，公民、法人或者其他组织既提起诉讼又申请行政复议的，由先立案的机关管辖；同时立案的，由公民、法人或者其他组织选择。公民、法人或者其他组织已经申请行政复议，在法定复议期间内又向人民法院提起诉讼的，人民法院裁定不予立案。

第五十八条 法律、法规未规定行政复议为提起行政诉讼必经程序，公民、法人或者其他组织向复议机关申请行政复议后，又经复议机关同意撤回复议申请，在法定起诉期限内对原行政行为提起诉讼的，人民法院应当依法立案。

第五十九条 公民、法人或者其他组织向复议机关申请行政复议后，复议机关作出维持决定的，应当以复议机关和原行为机关为共同被告，并以复议决定送达时间确定起诉期限。

第六十条 人民法院裁定准许原告撤诉后，原告以同一事实和理由重新起诉的，人民法院不予立案。

准予撤诉的裁定确有错误，原告申请再审的，人民法院应当通过审判监督程序撤销原准予撤诉的裁定，重新对案件进行审理。

第六十一条 原告或者上诉人未按规定的期限预交案件受理费，又不提出缓交、减交、免交申请，或者提出申请未获批准的，按自动撤诉处理。在按撤诉处理后，原告或者上诉人在法定期限内再次起诉或者上诉，并依法解决诉讼费预交问题的，人民法院应予立案。

第六十二条 人民法院判决撤销行政机关的行政行为后，公民、法人或者其他组织对行政机关重新作出的行政行为不服向人民法院起诉的，人民法院应当依法立案。

第六十三条 行政机关作出行政行为时，没有制作或者没有送达法律文书，公民、法人或者其他组织只要能证明行政行为存在，并在法定期限内起诉的，人民法院应当依法立案。

第六十四条 行政机关作出行政行为时，未告知公民、法人或者其他组织起诉期限的，起诉期限从公民、法人或者其他组织知道或者应当知道起诉期限之日起计算，但从知道或者应当知道行政行为内容之日起最长不得超过一年。

复议决定未告知公民、法人或者其他组织起诉期限的，适用前款规定。

第六十五条 公民、法人或者其他组织不知道行政机关作出的行政行为内容的，其起诉期限从知道或者应当知道该行政行为内容之日起计算，但最长不得超过行政诉讼法第四十六条第二款规定的起诉期限。

第六十六条 公民、法人或者其他组织依照行政诉讼法第四十七条第一款的规定，对行政机关不履行法定职责提起诉讼的，应当在行政机关履行法定职责期限届满之日起六个月内提出。

第六十七条 原告提供被告的名称等信息足以使被告与其他行政机关相区别的，可以认定为行政诉讼法第四十九条第二项规定的"有明确的被告"。

起诉状列写被告信息不足以认定明确的被告的，人民法院可以告知原告补正；原告补正后仍不能确定明确的被告的，人民法院裁定不予立案。

第六十八条 行政诉讼法第四十九条第三项规定的"有具体的诉讼请求"是指：

（一）请求判决撤销或者变更行政行为；

（二）请求判决行政机关履行特定法定职责或者给付义务；

（三）请求判决确认行政行为违法；

（四）请求判决确认行政行为无效；

（五）请求判决行政机关予以赔偿或者补偿；

（六）请求解决行政协议争议；

（七）请求一并审查规章以下规范性文件；

（八）请求一并解决相关民事争议；

（九）其他诉讼请求。

当事人单独或者一并提起行政赔偿、补偿诉讼的，应当有具体的赔偿、补偿事项以及数额；请求一并审查规章以下规范性文件的，应当提供明确的文件名称或者审查对象；请求一并解决相关民事争议的，应当有具体的民事诉讼请求。

当事人未能正确表达诉讼请求的，人民法院应当要求其明确诉讼请求。

第六十九条 有下列情形之一，已经立案的，应当裁定驳回起诉：

（一）不符合行政诉讼法第四十九条规定的；

（二）超过法定起诉期限且无行政诉讼法第四十八条规定情形的；

（三）错列被告且拒绝变更的；

（四）未按照法律规定由法定代理人、指定代理人、代表人为诉讼行为的；

（五）未按照法律、法规规定先向行政机关申请复议的；

（六）重复起诉的；

（七）撤回起诉后无正当理由再行起诉的；

（八）行政行为对其合法权益明显不产生实际影响的；

（九）诉讼标的已为生效裁判或者调解书所羁束的；

（十）其他不符合法定起诉条件的情形。

前款所列情形可以补正或者更正的，人民法院应当指定期间责令补正或者更正；在指定期间已经补正或者更正的，应当依法审理。

人民法院经过阅卷、调查或者询问当事人，认为不需要开庭审理的，可以迳行裁定驳回起诉。

第七十条 起诉状副本送达被告后，原告提出新的诉讼请求的，人民法院不予准许，但有正当理由的除外。

七、审理与判决

第七十一条 人民法院适用普通程序审理案件，应当在开庭三日前用传票传唤当事人。对证人、鉴定人、勘验人、翻译人员，应当用通知书通知其到庭。当事人或者其他诉讼参与人在外地的，应当留有必要的在途时间。

第七十二条 有下列情形之一的，可以延期开庭审理：

（一）应当到庭的当事人和其他诉讼参与人有正当理由没有到庭的；

（二）当事人临时提出回避申请且无法及时作出决定的；

（三）需要通知新的证人到庭，调取新的证据，重新鉴定、勘验，或者需要补充调查的；

（四）其他应当延期的情形。

第七十三条 根据行政诉讼法第二十七条的规定，有下列情形之一的，人民法院可以决定合并审理：

（一）两个以上行政机关分别对同一事实作出行政行为，公民、法人或者其他组织不服向同一人民法院起诉的；

（二）行政机关就同一事实对若干公民、法人或者其他组织分别作出行政行为，公民、法人或者其他组织不服分别向同一人民法院起诉的；

（三）在诉讼过程中，被告对原告作出新的行政行为，原告不服向同一人民法院起诉的；

（四）人民法院认为可以合并审理的其他情形。

第七十四条 当事人申请回避，应当说明理由，在案件开始审理时提出；回避事由在案件开始审理后知道的，应当在法庭辩论终结前提出。

被申请回避的人员，在人民法院作出是否回避的决定前，应当暂停参与本案的工作，但案件需要采取紧急措施的除外。

对当事人提出的回避申请，人民法院应当在三日内以口头或者书面形式作出决定。对当事人提出的明显不属于法定回避事由的申请，法庭可以依法当庭驳回。

申请人对驳回回避申请决定不服的，可以向作出决定的人民法院申请复议一次。复议期间，被申请回避的人员不停止参与本案的工作。对申请人的复议申请，人民法院应当在三日内作出复议决定，并通知复议申请人。

第七十五条 在一个审判程序中参与过本案审判工作的审判人员，不得再参与该案其他程序的审判。

发回重审的案件，在一审法院作出裁判后又进入第二审程序的，原第二审程序中合议庭组成人员不受前款规定的限制。

第七十六条 人民法院对于因一方当事人的行为或者其他原因，可能使行政行为或者人民法院生效裁判不能或者难以执行的案件，根据对方当事人的申请，可以裁定对其财产进行保全、责令其作出一定行为或者禁止其作出一定行为；当事人没有提出申请的，人民法院在必要时也可以裁定采取上述保全措施。

人民法院采取保全措施，可以责令申请人提供担保；申请人不提供担保的，裁定驳回申请。

人民法院接受申请后，对情况紧急的，必须在四十八小时内作出裁定；裁定采取保全措施的，应当立即开始执行。

当事人对保全的裁定不服的，可以申请复议；复议期间不停止裁定的执行。

第七十七条 利害关系人因情况紧急，不立即申请保全将会使其合法权益受到难以弥补的损害的，可以在提起诉讼前向被保全财产所在地、被申请人住所地或者对案件有管辖权的人民法院申请采取保全措施。申请人应当提供担保，不提供担保的，裁定驳回申请。

人民法院接受申请后，必须在四十八小时内作出裁定；裁定采取保全措施的，应当立即开始执行。

申请人在人民法院采取保全措施后三十日内不依法提起诉讼的，人民法院应当解除保全。

当事人对保全的裁定不服的，可以申请复议；复议期间不停止裁定的执行。

第七十八条 保全限于请求的范围，或者与本案有关的财物。

财产保全采取查封、扣押、冻结或者法律规定的其他方法。人民法院保全财产后，应当立即通知被保全人。

财产已被查封、冻结的，不得重复查封、冻结。

涉及财产的案件，被申请人提供担保的，人民法院应当裁定解除保全。

申请有错误的，申请人应当赔偿被申请人因保全所遭受的损失。

第七十九条 原告或者上诉人申请撤诉，人民法院裁定不予准许的，原告或者上诉人经传票传唤无正当理由拒不到庭，或者未经法庭许可中途退庭的，人民法院可以缺席判决。

第三人经传票传唤无正当理由拒不到庭，或者未经法庭许可中途退庭的，不发生阻止案件审理的效果。

根据行政诉讼法第五十八条的规定，被告经传票传唤无正当理由拒不到庭，或者未经法庭许可中途退庭的，人民法院可以按期开庭或者继续开庭审理，对到庭的当事人诉讼请求、双方的诉辩理由以及已经提交的证据及其他诉讼材料进行审理后，依法缺席判决。

第八十条 原告或者上诉人在庭审中明确拒绝陈述或者以其他方式拒绝陈述，导致庭审无法进行，经法庭释明法律后果后仍不陈述意见的，视为放弃陈述权利，由其承担不利的法律后果。

当事人申请撤诉或者依法可以按撤诉处理的案件，当事人有违反法律的行为需要依法处理的，人民法院可以不准许撤诉或者不按撤诉处理。

法庭辩论终结后原告申请撤诉，人民法院可以准许，但涉及到国家利益和社会公共利益的除外。

第八十一条 被告在一审期间改变被诉行政行为的，应当书面告知人民法院。

原告或者第三人对改变后的行政行为不服提起诉讼的，人民法院应当就改变后的行政行为进行审理。

被告改变原违法行政行为，原告仍要求确认原行政行为违法的，人民法院应当依法作出确认判决。

原告起诉被告不作为，在诉讼中被告作出行政行为，原告不撤诉的，人民法院应当就不作为依法作出确认判决。

第八十二条 当事人之间恶意串通，企图通过诉讼等方式侵害国家利益、社会公共利益或者他人合法权益的，人民法院应当裁定驳回起诉或者判决驳回其请求，并根据情节轻重予以罚款、拘留；构成犯罪的，依法追究刑事责任。

第八十三条 行政诉讼法第五十九条规定的罚款、拘留可以单独适用，也可以合并适用。

对同一妨害行政诉讼行为的罚款、拘留不得连续适用。发生新的妨害行政诉讼行为的，人民法院可以重新予以罚款、拘留。

第八十四条 人民法院审理行政诉讼法第六十条第一款规定的行政案件，认为法律关系明确、事实清楚，在征得当事人双方同意后，可以迳行调解。

第八十五条 调解达成协议，人民法院应当制作调解书。调解书应当写明诉讼请求、案件的事实和调解结果。

调解书由审判人员、书记员署名，加盖人民法院印章，送达双方当事人。

调解书经双方当事人签收后，即具有法律效力。调解书生效日期根据最后收到调解书的当事人签收的日期确定。

第八十六条 人民法院审理行政案件，调解过程不公开，但当事人同意公开的除外。

经人民法院准许，第三人可以参加调解。人民法院认为有必要的，可以通知第三人参加调解。

调解协议内容不公开，但为保护国家利益、社会公共利益、他人合法权益，人民法院认为确有必要公开的除外。

当事人一方或者双方不愿调解、调解未达成协议的，人民法院应当及时判决。

当事人自行和解或者调解达成协议后，请求人民法院按照和解协议或者调解协议的内容制作判决书的，人民法院不予准许。

第八十七条 在诉讼过程中，有下列情形之一的，中止诉讼：

（一）原告死亡，须等待其近亲属表明是否参加诉讼的；

（二）原告丧失诉讼行为能力，尚未确定法定代理人的；

（三）作为一方当事人的行政机关、法人或者其他组织终止，尚未确定权利义务承受人的；

（四）一方当事人因不可抗力的事由不能参加诉讼的；

（五）案件涉及法律适用问题，需要送请有权机关作出解释或者确认的；

（六）案件的审判须以相关民事、刑事或者其他行政案件的审理结果为依据，而相关案件尚未审结的；

（七）其他应当中止诉讼的情形。

中止诉讼的原因消除后，恢复诉讼。

第八十八条 在诉讼过程中，有下列情形之一的，终结诉讼：

（一）原告死亡，没有近亲属或者近亲属放弃诉讼权利的；

（二）作为原告的法人或者其他组织终止后，其权利义务的承受人放弃诉讼权利的。

因本解释第八十七条第一款第一、二、三项原因中止诉讼满九十日仍无人继续诉讼的，裁定终结诉讼，但有特殊情况的除外。

第八十九条 复议决定改变原行政行为错误，人民法院判决撤销复议决定时，可以一并责令复议机关重新作出复议决定或者判决恢复原行政行为的法律效力。

第九十条 人民法院判决被告重新作出行政行为，被告重新作出的行政行为与原行政行为的结果相同，但主要事实或者主要理由有改变的，不属于行政诉讼法第七十一条规定的情形。

人民法院以违反法定程序为由，判决撤销被诉行政行为的，行政机关重新作出行政行为不受行政诉讼法第七十一条规定的限制。

行政机关以同一事实和理由重新作出与原行政行为基本相同的行政行为，人民法院应当根据行政诉讼法第七十条、第七十一条的规定判决撤销或者部分撤销，并根据行政诉讼法第九十六条的规定处理。

第九十一条 原告请求被告履行法定职责的理由成立，被告违法拒绝履行或者无正当理由逾期不予答复的，人民法院可以根据行政诉讼法第七十二条的规定，判决被告在一定期限内依法履行原告请求的法定职责；尚需被告调查或者裁量的，应当判决被告针对原告的请求重新作出处理。

第九十二条 原告申请被告依法履行支付抚恤金、最低生活保障待遇或者社会保险待遇等给付义务的理由成立，被告依法负有给付义务而拒绝或者拖延履行义务的，人民法院可以根据行政诉讼法第七十三条的规定，判决被告在一定期限内履行相应的给付义务。

第九十三条 原告请求被告履行法定职责或者依法履行支付抚恤金、最低生活保障待遇或者社会保险待遇等给付义务，原告未先向行政机关提出申请的，人民法院裁定驳回起诉。

人民法院经审理认为原告所请求履行的法定职责或者给付义务明显不属于行政机关权限范围的，可以裁定驳回起诉。

第九十四条 公民、法人或者其他组织起诉请求撤销行政行为，人民法院经审查认为行政行为无效的，应当作出确认无效的判决。

公民、法人或者其他组织起诉请求确认行政行为无效，人民法院审查认为行政行为不属于无效情形，经释明，原告请求撤销行政行为的，应当继续审理并依法作出相应判决；原告请求撤销行政行为但超过法定起诉期限的，裁定驳回起诉；原告拒绝变更诉讼请求的，判决驳回其诉讼请求。

第九十五条 人民法院经审理认为被诉行政行为违法或者无效，可能给原告造成损失，经释明，原告请求一并解决行政赔偿争议的，人民法院可以就赔偿事项进行调解；调解不成的，应当一并判决。人民法院也可以告知其就赔偿事项另行提起诉讼。

第九十六条 有下列情形之一，且对原告依法享有的听证、陈述、申辩等重要程序性权利不产生实质损害的，属于行政诉讼法第七十四条第一款第二项规定的"程序轻微违法"：

（一）处理期限轻微违法；

（二）通知、送达等程序轻微违法；

（三）其他程序轻微违法的情形。

第九十七条 原告或者第三人的损失系由其自身过错和行政机关的违法行政行为共同造成的，人民法院应当依据各方行为与损害结果之间有无因果关系以及在损害发生和结果中作用力的大小，确定行政机关相应的赔偿责任。

第九十八条 因行政机关不履行、拖延履行法定职责，致使公民、法人或者其他组织的合法权益遭受损害的，人民法院应当判决行政机关承担行政赔偿责任。在确定赔偿数额时，应当考虑该不履行、拖延履行法定职责的行为在损害发生过程和结果中所起的作用等因素。

第九十九条 有下列情形之一的，属于行政诉讼法第七十五条规定的"重大且明显违法"：

（一）行政行为实施主体不具有行政主体资格；

（二）减损权利或者增加义务的行政行为没有法律规范依据；

（三）行政行为的内容客观上不可能实施；

（四）其他重大且明显违法的情形。

第一百条 人民法院审理行政案件，适用最高人民法院司法解释的，应当在裁判文书中援引。

人民法院审理行政案件，可以在裁判文书中引用合法有效的规章及其他规范性文件。

第一百零一条 裁定适用于下列范围：

（一）不予立案；

（二）驳回起诉；

（三）管辖异议；

（四）终结诉讼；

（五）中止诉讼；

（六）移送或者指定管辖；

（七）诉讼期间停止行政行为的执行或者驳回停止执行的申请；

（八）财产保全；

（九）先予执行；

（十）准许或者不准许撤诉；

（十一）补正裁判文书中的笔误；

（十二）中止或者终结执行；

（十三）提审、指令再审或者发回重审；

（十四）准许或者不准许执行行政机关的行政行为；

（十五）其他需要裁定的事项。

对第一、二、三项裁定，当事人可以上诉。

裁定书应当写明裁定结果和作出该裁定的理由。裁定书由审判人员、书记员署名，加盖人民法院印章。口头裁定的，记入笔录。

第一百零二条 行政诉讼法第八十二条规定的行政案件中的"事实清楚"，是指当事人对争议的事实陈述基本一致，并能提供相应的证据，无须人民法院调查收集证据即可查明事实；"权利义务关系明确"，是指行政法律关系中权利和义务能够明确区分；"争议不大"，是指当事人对行政行为的合法性、责任承担等没有实质分歧。

第一百零三条 适用简易程序审理的行政案件，人民法院可以用口头通知、电话、短信、传真、电子邮件等简便方式传唤当事人、通知证人、送达裁判文书以外的诉讼文书。

以简便方式送达的开庭通知，未经当事人确认或者没有其他证据证明当事人已经收到的，人民法院不得缺席判决。

第一百零四条 适用简易程序案件的举证期限由人民法院确定，也可以由当事人协商一致并经人民法院准许，但不得超过十五日。被告要求书面答辩的，人民法院可以确定合理的答辩期间。

人民法院应当将举证期限和开庭日期告知双方当事人，并向当事人说明逾期举证以及拒不到庭的法律后果，由双方当事人在笔录和开庭传票的送达回证上签名或者捺印。

当事人双方均表示同意立即开庭或者缩短举证期限、答辩期间的，人民法院可以立即开庭审理或者确定近期开庭。

第一百零五条 人民法院发现案情复杂，需要转为普通程序审理的，应当在审理期限届满前作出裁定并将合议庭组成人员及相关事项书面通知双方当事人。

案件转为普通程序审理的，审理期限自人民法院立案之日起计算。

第一百零六条 当事人就已经提起诉讼的事项在诉讼过程中或者裁判生效后再次起诉，同时具有下列情形的，构成重复起诉：

（一）后诉与前诉的当事人相同；

（二）后诉与前诉的诉讼标的相同；

（三）后诉与前诉的诉讼请求相同，或者后诉的诉讼请求被前诉裁判所包含。

第一百零七条 第一审人民法院作出判决和裁定后，当事人均提起上诉的，上诉各方均为上诉人。

诉讼当事人中的一部分人提出上诉，没有提出上诉的对方当事人为被上诉人，其他当事人依原审诉讼地位列明。

第一百零八条 当事人提出上诉，应当按照其他当事人或者诉讼代表人的人数提出上诉状副本。

原审人民法院收到上诉状，应当在五日内将上诉状副本发送其他当事人，对方当事人应当在收到上诉状副本之日起十五日内提出答辩状。

原审人民法院应当在收到答辩状之日起五日内将副本发送上诉人。对方当事人不提出答辩状的，不影响人民法院审理。

原审人民法院收到上诉状、答辩状，应当在五日内连同全部案卷和证据，报送第二审人民法院；已经预收的诉讼费用，一并报送。

第一百零九条 第二审人民法院经审理认为原审人民法院不予立案或者驳回起诉的裁定确有错误且当事人的起诉符合起诉条件的，应当裁定撤销原审人民法院的裁定，指令原审人民法院依法立案或者继续审理。

第二审人民法院裁定发回原审人民法院重新审理的行政案件，原审人民法院应当另行组成合议庭进行审理。

原审判决遗漏了必须参加诉讼的当事人或者诉讼请求的，第二审人民法院应当裁定撤销原审判决，发回重审。

原审判决遗漏行政赔偿请求，第二审人民法院经审查认为依法不应当予以赔偿的，应当判决驳回行政赔偿请求。

原审判决遗漏行政赔偿请求，第二审人民法院经审理认为依法应当予以赔偿的，在确认被诉行政行为违法的同时，可以就行政赔偿问题进行调解；调解不成的，应当就行政赔偿部分发回重审。

当事人在第二审期间提出行政赔偿请求的，第二审人民法院可以进行调解；调解不成的，应当告知当事人另行起诉。

第一百一十条 当事人向上一级人民法院申请再审，应当在判决、裁定或者调解书发生法律效力后六个月内提出。有下列情形之一的，自知道或者应当知道之日起六个月内提出：

（一）有新的证据，足以推翻原判决、裁定的；

（二）原判决、裁定认定事实的主要证据是伪造的；

（三）据以作出原判决、裁定的法律文书被撤销或者变更的；

（四）审判人员审理该案件时有贪污受贿、徇私舞弊、枉法裁判行为的。

第一百一十一条 当事人申请再审的，应当提交再审申请书等材料。人民法院认为有必要的，可以自收到再审申请书之日起五日内将再审申请书副本发送对方当事人。对方当事人应当自收到再审申请书副本之日起十五日内提交书面意见。人民法院可以要求申请人和对方当事人补充有关材料，询问有关事项。

第一百一十二条 人民法院应当自再审申请案件立案之日起六个月内审查，有特殊情况需要延长的，由本院院长批准。

第一百一十三条 人民法院根据审查再审申请案件的需要决定是否询问当事人；新的证据可能推翻原判决、裁定的，人民法院应当询问当事人。

第一百一十四条 审查再审申请期间，被申请人及原审其他当事人依法提出再审申请的，人民法院应当将其列为再审申请人，对其再审事由一并审查，审查期限重新计算。经审查，其中一方再审申请人主张的再审事由成立的，应当裁定再审。各方再审申请人主张的再审事由均不成立的，一并裁定驳回再审申请。

第一百一十五条 审查再审申请期间，再审申请人申请人民法院委托鉴定、勘验的，人民法院不予准许。

审查再审申请期间，再审申请人撤回再审申请的，是否准许，由人民法院裁定。

再审申请人经传票传唤，无正当理由拒不接受询问的，按撤回再审申请处理。

人民法院准许撤回再审申请或者按撤回再审申请处理后，再审申请人再次申请再审的，不予立案，但有行政诉讼法第九十一条第二项、第三项、第七项、第八项规定情形，自知道或者应当知道之日起六个月内提出的除外。

第一百一十六条 当事人主张的再审事由成立，且符合行政诉讼法和本解释规定的申请再审条件的，人民法院应当裁定再审。

当事人主张的再审事由不成立，或者当事人申请再审超过法定申请再审期限、超出法定再审事由范围等不符合行政诉讼法和本解释规定的申请再审条件的，人民法院应当裁定驳回再审申请。

第一百一十七条 有下列情形之一的，当事人可以向人民检察院申请抗诉或者检察建议：

（一）人民法院驳回再审申请的；

（二）人民法院逾期未对再审申请作出裁定的；

（三）再审判决、裁定有明显错误的。

人民法院基于抗诉或者检察建议作出再审判决、裁定后，当事人申请再审的，人民法院不予立案。

第一百一十八条 按照审判监督程序决定再审的案件，裁定中止原判决、裁定、调解书的执行，但支付抚恤金、最低生活保障费或者社会保险待遇的案件，可以不中止执行。

上级人民法院决定提审或者指令下级人民法院再审的，应当作出裁定，裁定应当写明中止原判决的执行；情况紧急的，可以将中止执行的裁定口头通知负责执行的人民法院或者作出生效判决、裁定的人民法院，但应当在口头通知后十日内发出裁定书。

第一百一十九条 人民法院按照审判监督程序再审的案件，发生法律效力的判决、裁定是由第一审法院作出的，按照第一审程序审理，所作的判决、裁定，当事人可以上诉；发生法律效力的判决、裁定是由第二审法院作出的，按照第二审程序审理，所作的判决、裁定，是发生法律效力的判决、裁定；上级人民法院按照审判监督程序提审的，按照第二审程序审理，所作的判决、裁定是发生法律效力的判决、裁定。

人民法院审理再审案件，应当另行组成合议庭。

第一百二十条 人民法院审理再审案件应当围绕再审请求和被诉行政行为合法性进行。当事人的再审请求超出原审诉讼请求，符合另案诉讼条件的，告知当事人可以另行起诉。

被申请人及原审其他当事人在庭审辩论结束前提出的再审请求，符合本解释规定的申请期限的，人民法院应当一并审理。

人民法院经再审，发现已经发生法律效力的判决、裁定损害国家利益、社会公共利益、他人合法权益的，应当一并审理。

第一百二十一条 再审审理期间，有下列情形之一的，裁定终结再审程序：

（一）再审申请人在再审期间撤回再审请求，人民法院准许的；

（二）再审申请人经传票传唤，无正当理由拒不到庭的，或者未经法庭许可中途退庭，按撤回再审请求处理的；

（三）人民检察院撤回抗诉的；

（四）其他应当终结再审程序的情形。

因人民检察院提出抗诉裁定再审的案件，申请抗诉的当事人有前款规定的情形，且不损害国家利益、社会公共利益或者他人合法权益的，人民法院裁定终结再审程序。

再审程序终结后，人民法院裁定中止执行的原生效判决自动恢复执行。

第一百二十二条 人民法院审理再审案件，认为原生效判决、裁定确有错误，在撤销原生效判决或者裁定的同时，可以对生效判决、裁定的内容作出相应裁判，也可以裁定撤销生效判决或者裁定，发回作出生效判决、裁定的人民法院重新审理。

第一百二十三条 人民法院审理二审案件和再审案件，对原审法院立案、不予立案或者驳回起诉错误的，应当分别情况作如下处理：

（一）第一审人民法院作出实体判决后，第二审人民法院认为不应当立案的，在撤销第一审人民法院判决的同时，可以迳行驳回起诉；

（二）第二审人民法院维持第一审人民法院不予立案裁定错误的，再审法院应当撤销第一审、第二审人民法院裁定，指令第一审人民法院受理；

（三）第二审人民法院维持第一审人民法院驳回起诉裁定错误的，再审法院应当撤销第一审、第二审人民法院裁定，指令第一审人民法院审理。

第一百二十四条　人民检察院提出抗诉的案件，接受抗诉的人民法院应当自收到抗诉书之日起三十日内作出再审的裁定；有行政诉讼法第九十一条第二、三项规定情形之一的，可以指令下一级人民法院再审，但经该下一级人民法院再审过的除外。

人民法院在审查抗诉材料期间，当事人之间已经达成和解协议的，人民法院可以建议人民检察院撤回抗诉。

第一百二十五条　人民检察院提出抗诉的案件，人民法院再审开庭时，应当在开庭三日前通知人民检察院派员出庭。

第一百二十六条　人民法院收到再审检察建议后，应当组成合议庭，在三个月内进行审查，发现原判决、裁定、调解书确有错误，需要再审的，依照行政诉讼法第九十二条规定裁定再审，并通知当事人；经审查，决定不予再审的，应当书面回复人民检察院。

第一百二十七条　人民法院审理因人民检察院抗诉或者检察建议裁定再审的案件，不受此前已经作出的驳回当事人再审申请裁定的限制。

八、行政机关负责人出庭应诉

第一百二十八条　行政诉讼法第三条第三款规定的行政机关负责人，包括行政机关的正职、副职负责人以及其他参与分管的负责人。

行政机关负责人出庭应诉的，可以另行委托一至二名诉讼代理人。行政机关负责人不能出庭的，应当委托行政机关相应的工作人员出庭，不得仅委托律师出庭。

第一百二十九条 涉及重大公共利益、社会高度关注或者可能引发群体性事件等案件以及人民法院书面建议行政机关负责人出庭的案件，被诉行政机关负责人应当出庭。

被诉行政机关负责人出庭应诉的，应当在当事人及其诉讼代理人基本情况、案件由来部分予以列明。

行政机关负责人有正当理由不能出庭应诉的，应当向人民法院提交情况说明，并加盖行政机关印章或者由该机关主要负责人签字认可。

行政机关拒绝说明理由的，不发生阻止案件审理的效果，人民法院可以向监察机关、上一级行政机关提出司法建议。

第一百三十条 行政诉讼法第三条第三款规定的"行政机关相应的工作人员"，包括该行政机关具有国家行政编制身份的工作人员以及其他依法履行公职的人员。

被诉行政行为是地方人民政府作出的，地方人民政府法制工作机构的工作人员，以及被诉行政行为具体承办机关工作人员，可以视为被诉人民政府相应的工作人员。

第一百三十一条 行政机关负责人出庭应诉的，应当向人民法院提交能够证明该行政机关负责人职务的材料。

行政机关委托相应的工作人员出庭应诉的，应当向人民法院提交加盖行政机关印章的授权委托书，并载明工作人员的姓名、职务和代理权限。

第一百三十二条 行政机关负责人和行政机关相应的工作人员均不出庭，仅委托律师出庭的或者人民法院书面建议行政机关负责人出庭应诉，行政机关负责人不出庭应诉的，人民法院应当记录在案和在裁判文书中载明，并可以建议有关机关依法作出处理。

九、复议机关作共同被告

第一百三十三条 行政诉讼法第二十六条第二款规定的"复议机关决定维持原行政行为",包括复议机关驳回复议申请或者复议请求的情形,但以复议申请不符合受理条件为由驳回的除外。

第一百三十四条 复议机关决定维持原行政行为的,作出原行政行为的行政机关和复议机关是共同被告。原告只起诉作出原行政行为的行政机关或者复议机关的,人民法院应当告知原告追加被告。原告不同意追加的,人民法院应当将另一机关列为共同被告。

行政复议决定既有维持原行政行为内容,又有改变原行政行为内容或者不予受理申请内容的,作出原行政行为的行政机关和复议机关为共同被告。

复议机关作共同被告的案件,以作出原行政行为的行政机关确定案件的级别管辖。

第一百三十五条 复议机关决定维持原行政行为的,人民法院应当在审查原行政行为合法性的同时,一并审查复议决定的合法性。

作出原行政行为的行政机关和复议机关对原行政行为合法性共同承担举证责任,可以由其中一个机关实施举证行为。复议机关对复议决定的合法性承担举证责任。

复议机关作共同被告的案件,复议机关在复议程序中依法收集和补充的证据,可以作为人民法院认定复议决定和原行政行为合法的依据。

第一百三十六条 人民法院对原行政行为作出判决的同时,应当对复议决定一并作出相应判决。

人民法院依职权追加作出原行政行为的行政机关或者复议机关为共同被告的,对原行政行为或者复议决定可以作出相应判决。

人民法院判决撤销原行政行为和复议决定的,可以判决作出原行政行为的行政机关重新作出行政行为。

人民法院判决作出原行政行为的行政机关履行法定职责或者给付义务的，应当同时判决撤销复议决定。

原行政行为合法、复议决定违法的，人民法院可以判决撤销复议决定或者确认复议决定违法，同时判决驳回原告针对原行政行为的诉讼请求。

原行政行为被撤销、确认违法或者无效，给原告造成损失的，应当由作出原行政行为的行政机关承担赔偿责任；因复议决定加重损害的，由复议机关对加重部分承担赔偿责任。

原行政行为不符合复议或者诉讼受案范围等受理条件，复议机关作出维持决定的，人民法院应当裁定一并驳回对原行政行为和复议决定的起诉。

十、相关民事争议的一并审理

第一百三十七条 公民、法人或者其他组织请求一并审理行政诉讼法第六十一条规定的相关民事争议，应当在第一审开庭审理前提出；有正当理由的，也可以在法庭调查中提出。

第一百三十八条 人民法院决定在行政诉讼中一并审理相关民事争议，或者案件当事人一致同意相关民事争议在行政诉讼中一并解决，人民法院准许的，由受理行政案件的人民法院管辖。

公民、法人或者其他组织请求一并审理相关民事争议，人民法院经审查发现行政案件已经超过起诉期限，民事案件尚未立案的，告知当事人另行提起民事诉讼；民事案件已经立案的，由原审判组织继续审理。

人民法院在审理行政案件中发现民事争议为解决行政争议的基础，当事人没有请求人民法院一并审理相关民事争议的，人民法院应当告知当事人依法申请一并解决民事争议。当事人就民事争议另行提起民事诉讼并已立案的，人民法院应当中止行政诉讼的审理。

民事争议处理期间不计算在行政诉讼审理期限内。

第一百三十九条 有下列情形之一的，人民法院应当作出不予准许一并审理民事争议的决定，并告知当事人可以依法通过其他渠道主张权利：

（一）法律规定应当由行政机关先行处理的；

（二）违反民事诉讼法专属管辖规定或者协议管辖约定的；

（三）约定仲裁或者已经提起民事诉讼的；

（四）其他不宜一并审理民事争议的情形。

对不予准许的决定可以申请复议一次。

第一百四十条 人民法院在行政诉讼中一并审理相关民事争议的，民事争议应当单独立案，由同一审判组织审理。

人民法院审理行政机关对民事争议所作裁决的案件，一并审理民事争议的，不另行立案。

第一百四十一条 人民法院一并审理相关民事争议，适用民事法律规范的相关规定，法律另有规定的除外。

当事人在调解中对民事权益的处分，不能作为审查被诉行政行为合法性的根据。

第一百四十二条 对行政争议和民事争议应当分别裁判。

当事人仅对行政裁判或者民事裁判提出上诉的，未上诉的裁判在上诉期满后即发生法律效力。第一审人民法院应当将全部案卷一并移送第二审人民法院，由行政审判庭审理。第二审人民法院发现未上诉的生效裁判确有错误的，应当按照审判监督程序再审。

第一百四十三条 行政诉讼原告在宣判前申请撤诉的，是否准许由人民法院裁定。人民法院裁定准许行政诉讼原告撤诉，但其对已经提起的一并审理相关民事争议不撤诉的，人民法院应当继续审理。

第一百四十四条 人民法院一并审理相关民事争议，应当按行政案件、民事案件的标准分别收取诉讼费用。

十一、规范性文件的一并审查

第一百四十五条 公民、法人或者其他组织在对行政行为提起诉讼时一并请求对所依据的规范性文件审查的，由行政行为案件管辖法院一并审查。

第一百四十六条 公民、法人或者其他组织请求人民法院一并审查行政诉讼法第五十三条规定的规范性文件，应当在第一审开庭审理前提出；有正当理由的，也可以在法庭调查中提出。

第一百四十七条 人民法院在对规范性文件审查过程中，发现规范性文件可能不合法的，应当听取规范性文件制定机关的意见。

制定机关申请出庭陈述意见的，人民法院应当准许。

行政机关未陈述意见或者未提供相关证明材料的，不能阻止人民法院对规范性文件进行审查。

第一百四十八条 人民法院对规范性文件进行一并审查时，可以从规范性文件制定机关是否超越权限或者违反法定程序、作出行政行为所依据的条款以及相关条款等方面进行。

有下列情形之一的，属于行政诉讼法第六十四条规定的"规范性文件不合法"：

（一）超越制定机关的法定职权或者超越法律、法规、规章的授权范围的；

（二）与法律、法规、规章等上位法的规定相抵触的；

（三）没有法律、法规、规章依据，违法增加公民、法人和其他组织义务或者减损公民、法人和其他组织合法权益的；

（四）未履行法定批准程序、公开发布程序，严重违反制定程序的；

（五）其他违反法律、法规以及规章规定的情形。

第一百四十九条 人民法院经审查认为行政行为所依据的规范性文件合法的，应当作为认定行政行为合法的依据；经审查认为规范性文件不合法的，不作为人民法院认定行政行为合法的依据，并在裁判理由中予以阐明。作出生效裁判的人民法院应当向规范性文件的制定机关提出处理建议，并可以抄送制定机关的同级人民政府、上一级行政机关、监察机关以及规范性文件的备案机关。

规范性文件不合法的，人民法院可以在裁判生效之日起三个月内，向规范性文件制定机关提出修改或者废止该规范性文件的司法建议。

规范性文件由多个部门联合制定的，人民法院可以向该规范性文件的主办机关或者共同上一级行政机关发送司法建议。

接收司法建议的行政机关应当在收到司法建议之日起六十日内予以书面答复。情况紧急的，人民法院可以建议制定机关或者其上一级行政机关立即停止执行该规范性文件。

第一百五十条　人民法院认为规范性文件不合法的，应当在裁判生效后报送上一级人民法院进行备案。涉及国务院部门、省级行政机关制定的规范性文件，司法建议还应当分别层报最高人民法院、高级人民法院备案。

第一百五十一条　各级人民法院院长对本院已经发生法律效力的判决、裁定，发现规范性文件合法性认定错误，认为需要再审的，应当提交审判委员会讨论。

最高人民法院对地方各级人民法院已经发生法律效力的判决、裁定，上级人民法院对下级人民法院已经发生法律效力的判决、裁定，发现规范性文件合法性认定错误的，有权提审或者指令下级人民法院再审。

十二、执　　行

第一百五十二条　对发生法律效力的行政判决书、行政裁定书、行政赔偿判决书和行政调解书，负有义务的一方当事人拒绝履行的，对方当事人可以依法申请人民法院强制执行。

人民法院判决行政机关履行行政赔偿、行政补偿或者其他行政给付义务，行政机关拒不履行的，对方当事人可以依法向法院申请强制执行。

第一百五十三条 申请执行的期限为二年。申请执行时效的中止、中断，适用法律有关规定。

申请执行的期限从法律文书规定的履行期间最后一日起计算；法律文书规定分期履行的，从规定的每次履行期间的最后一日起计算；法律文书中没有规定履行期限的，从该法律文书送达当事人之日起计算。

逾期申请的，除有正当理由外，人民法院不予受理。

第一百五十四条 发生法律效力的行政判决书、行政裁定书、行政赔偿判决书和行政调解书，由第一审人民法院执行。

第一审人民法院认为情况特殊，需要由第二审人民法院执行的，可以报请第二审人民法院执行；第二审人民法院可以决定由其执行，也可以决定由第一审人民法院执行。

第一百五十五条 行政机关根据行政诉讼法第九十七条的规定申请执行其行政行为，应当具备以下条件：

（一）行政行为依法可以由人民法院执行；

（二）行政行为已经生效并具有可执行内容；

（三）申请人是作出该行政行为的行政机关或者法律、法规、规章授权的组织；

（四）被申请人是该行政行为所确定的义务人；

（五）被申请人在行政行为确定的期限内或者行政机关催告期限内未履行义务；

（六）申请人在法定期限内提出申请；

（七）被申请执行的行政案件属于受理执行申请的人民法院管辖。

行政机关申请人民法院执行，应当提交行政强制法第五十五条规定的相关材料。

人民法院对符合条件的申请，应当在五日内立案受理，并通知申请人；对不符合条件的申请，应当裁定不予受理。行政机关对不予受理裁定有异议，在十五日内向上一级人民法院申请复议的，上一级人民法院应当在收到复议申请之日起十五日内作出裁定。

第一百五十六条 没有强制执行权的行政机关申请人民法院强制执行其行政行为，应当自被执行人的法定起诉期限届满之日起三个月内提出。逾期申请的，除有正当理由外，人民法院不予受理。

第一百五十七条 行政机关申请人民法院强制执行其行政行为的，由申请人所在地的基层人民法院受理；执行对象为不动产的，由不动产所在地的基层人民法院受理。

基层人民法院认为执行确有困难的，可以报请上级人民法院执行；上级人民法院可以决定由其执行，也可以决定由下级人民法院执行。

第一百五十八条 行政机关根据法律的授权对平等主体之间民事争议作出裁决后，当事人在法定期限内不起诉又不履行，作出裁决的行政机关在申请执行的期限内未申请人民法院强制执行的，生效行政裁决确定的权利人或者其继承人、权利承受人在六个月内可以申请人民法院强制执行。

享有权利的公民、法人或者其他组织申请人民法院强制执行生效行政裁决，参照行政机关申请人民法院强制执行行政行为的规定。

第一百五十九条 行政机关或者行政行为确定的权利人申请人民法院强制执行前，有充分理由认为被执行人可能逃避执行的，可以申请人民法院采取财产保全措施。后者申请强制执行的，应当提供相应的财产担保。

第一百六十条 人民法院受理行政机关申请执行其行政行为的案件后，应当在七日内由行政审判庭对行政行为的合法性进行审查，并作出是否准予执行的裁定。

人民法院在作出裁定前发现行政行为明显违法并损害被执行人合法权益的，应当听取被执行人和行政机关的意见，并自受理之日起三十日内作出是否准予执行的裁定。

需要采取强制执行措施的，由本院负责强制执行非诉行政行为的机构执行。

第一百六十一条 被申请执行的行政行为有下列情形之一的，人民法院应当裁定不准予执行：

（一）实施主体不具有行政主体资格的；

（二）明显缺乏事实根据的；

（三）明显缺乏法律、法规依据的；

（四）其他明显违法并损害被执行人合法权益的情形。

行政机关对不准予执行的裁定有异议，在十五日内向上一级人民法院申请复议的，上一级人民法院应当在收到复议申请之日起三十日内作出裁定。

十三、附　则

第一百六十二条 公民、法人或者其他组织对 2015 年 5 月 1 日之前作出的行政行为提起诉讼，请求确认行政行为无效的，人民法院不予立案。

第一百六十三条 本解释自 2018 年 2 月 8 日起施行。

本解释施行后，《最高人民法院关于执行〈中华人民共和国行政诉讼法〉若干问题的解释》（法释〔2000〕8 号）、《最高人民法院关于适用〈中华人民共和国行政诉讼法〉若干问题的解释》（法释〔2015〕9 号）同时废止。最高人民法院以前发布的司法解释与本解释不一致的，不再适用。

自然资源听证规定

(2003 年 12 月 30 日国土资源部令第 22 号公布　根据 2020 年 3 月 20 日《自然资源部关于第二批废止和修改的部门规章的决定》修订)

第一章　总　　则

第一条　为了规范自然资源管理活动，促进依法行政，提高自然资源管理的科学性和民主性，保护公民、法人和其他组织的合法权益，根据有关法律、法规，制定本规定。

第二条　县级以上人民政府自然资源行政主管部门（以下简称主管部门）依职权或者依当事人的申请组织听证的，适用本规定。

第三条　听证由拟作出行政处罚、行政许可决定，制定规章和规范性文件、实施需报政府批准的事项的主管部门组织。

依照本规定具体办理听证事务的法制工作机构为听证机构；但实施需报政府批准的事项可以由其经办机构作为听证机构。

本规定所称需报政府批准的事项，是指依法由本级人民政府批准后生效但主要由主管部门具体负责实施的事项，包括拟定或者修改基准地价、组织编制或者修改国土空间规划和矿产资源规划、拟定或者修改区片综合地价、拟定拟征地项目的补偿标准和安置方案、拟定非农业建设占用永久基本农田方案等。

第四条　主管部门组织听证，应当遵循公开、公平、公正和便民的原则，充分听取公民、法人和其他组织的意见，保证其陈述意见、质证和申辩的权利。

依职权组织的听证，除涉及国家秘密外，以听证会形式公开举行，并接受社会监督；依当事人的申请组织的听证，除涉及国家秘密、商业秘密或者个人隐私外，听证公开举行。

第五条 法律、法规和规章规定应当听证的事项，当事人放弃听证权利或者因情况紧急须即时决定的，主管部门不组织听证。

第二章 听证的一般规定

第六条 听证参加人包括拟听证事项经办机构的指派人员、听证会代表、当事人及其代理人、证人、鉴定人、翻译等。

第七条 听证一般由一名听证员组织；必要时，可以由三或五名听证员组织。听证员由主管部门指定。

听证设听证主持人，在听证员中产生；但须是听证机构或者经办机构的有关负责人。

记录员由听证主持人指定，具体承担听证准备和听证记录工作。

拟听证事项的具体经办人员，不得作为听证员和记录员；但可以由经办机构办理听证事务的除外。

第八条 在听证开始前，记录员应当查明听证参加人的身份和到场情况，宣布听证纪律和听证会场有关注意事项。

第九条 听证会按下列程序进行：

（一）听证主持人宣布听证开始，介绍听证员、记录员，宣布听证事项和事由，告知听证参加人的权利和义务；

（二）拟听证事项的经办机构提出理由、依据和有关材料及意见；

（三）当事人进行质证、申辩，提出维护其合法权益的事实、理由和依据（听证会代表对拟听证事项的必要性、可行性以及具体内容发表意见和质询）；

（四）最后陈述；

（五）听证主持人宣布听证结束。

第十条 记录员应当将听证的全部活动记入笔录。听证笔录应当载明下列事项，并由听证员和记录员签名：

（一）听证事项名称；

（二）听证员和记录员的姓名、职务；

（三）听证参加人的基本情况；

（四）听证的时间、地点；

（五）听证公开情况；

（六）拟听证事项的理由、依据和有关材料；

（七）当事人或者听证会代表的观点、理由和依据；

（八）延期、中止或者终止的说明；

（九）听证主持人对听证活动中有关事项的处理情况；

（十）听证主持人认为的其他事项。

听证笔录经听证参加人确认无误或者补正后当场签字或者盖章；无正当理由又拒绝签字或者盖章的，记明情况附卷。

第十一条 公开举行的听证会，公民、法人或者其他组织可以申请参加旁听。

第三章 依职权听证的范围和程序

第十二条 有下列情形之一的，主管部门应当组织听证：

（一）拟定或者修改基准地价；

（二）编制或者修改国土空间规划和矿产资源规划；

（三）拟定或者修改区片综合地价。

有下列情形之一的，直接涉及公民、法人或者其他组织的重大利益的，主管部门根据需要组织听证：

（一）制定规章和规范性文件；

（二）主管部门规定的其他情形。

第十三条 主管部门对本规定第十二条规定的事项举行听证的，应当在举行听证会 30 日前，向社会公告听证会的时间、地点、内容和申请参加听证会须知。

第十四条 符合主管部门规定条件的公民、法人和其他组织，均可申请参加听证会，也可推选代表参加听证会。

主管部门根据拟听证事项与公民、法人和其他组织的申请情况，指定听证会代表；指定的听证会代表应当具有广泛性、代表性。

公民、法人和其他组织推选的代表，符合主管部门条件的，应当优先被指定为听证会代表。

第十五条 听证机构应当在举行听证会的 10 个工作日前将听证会材料送达听证会代表。

第十六条 听证会代表应当亲自参加听证，并有权对拟听证事项的必要性、可行性以及具体内容发表意见和质询，查阅听证纪要。

听证会代表应当忠于事实，实事求是地反映所代表的公民、法人和其他组织的意见，遵守听证纪律，保守国家秘密。

第十七条 听证机构应当在举行听证会后 7 个工作日内，根据听证笔录制作包括下列内容的听证纪要：

（一）听证会的基本情况；

（二）听证事项的说明；

（三）听证会代表的意见陈述；

（四）听证事项的意见分歧；

（五）对听证会意见的处理建议。

第十八条 主管部门应当参照听证纪要依法制定规章和规范性文件；在报批拟定或者修改的基准地价、编制或者修改的国土空间规划和矿产资源规划、拟定或者修改的区片综合地价时，应当附具听证纪要。

第四章 依申请听证的范围和程序

第十九条 有下列情形之一的，主管部门在报批之前，应当书面告知

当事人有要求举行听证的权利：

（一）拟定拟征地项目的补偿标准和安置方案的；

（二）拟定非农业建设占用永久基本农田方案的。

有下列情形之一的，主管部门在作出决定之前，应当书面告知当事人有要求举行听证的权利：

（一）较大数额罚款、责令停止违法勘查或者违法开采行为、吊销勘查许可证或者采矿许可证等行政处罚的；

（二）国有土地使用权、探矿权、采矿权的许可直接涉及申请人与他人之间重大利益关系的；

（三）法律、法规或者规章规定的其他情形。

第二十条 当事人对本规定第十九条规定的事项要求听证的，主管部门应当组织听证。

第二十一条 当事人应当在告知后5个工作日内向听证机构提出书面申请，逾期未提出的，视为放弃听证；但行政处罚听证的时限为3个工作日。放弃听证的，应当书面记载。

第二十二条 当事人可以委托一至二名代理人参加听证，收集、提供相关材料和证据，进行质证和申辩。

第二十三条 听证的书面申请包括以下内容：

（一）当事人的姓名、地址（法人或者其他组织的名称、地址、法定代表人）；

（二）申请听证的具体事项；

（三）申请听证的依据、理由。

申请听证的，应当同时提供相关材料。

第二十四条 听证机构收到听证的书面申请后，应当对申请材料进行审查；申请材料不齐备的，应当一次告知当事人补正。

有下列情形之一的，不予受理：

（一）提出申请的不是听证事项的当事人或者其代理人的；

（二）在告知后超过5个工作日提出听证的；

（三）其他不符合申请听证条件的。

不予受理的，主管部门应当书面告知当事人不予听证。

第二十五条 听证机构审核后，对符合听证条件的，应当制作《听证通知书》，并在听证的 7 个工作日前通知当事人和拟听证事项的经办机构。

《听证通知书》应当载明下列事项：

（一）听证的事由与依据；

（二）听证的时间、地点；

（三）听证员和记录员的姓名、职务；

（四）当事人、拟听证事项的经办机构的权利和义务；

（五）注意事项。

第二十六条 当事人在接到《听证通知书》后，应当准时到场；无正当理由不到场的，或者未经听证主持人允许中途退场的，视为放弃听证。放弃听证的，记入听证笔录。

第二十七条 拟听证事项的经办机构在接到《听证通知书》后，应当指派人员参加听证，不得放弃听证。

第二十八条 当事人认为听证员、记录员与拟听证事项有利害关系可能影响公正的，有权申请回避，并说明理由。

听证主持人的回避由主管部门决定。听证员、记录员的回避，由听证主持人决定。

第二十九条 有下列情形之一的，可以延期举行听证：

（一）因不可抗力的事由致使听证无法按期举行的；

（二）当事人申请延期，有正当理由的；

（三）可以延期的其他情形。

延期听证的，主管部门应当书面通知听证参加人。

第三十条 有下列情形之一的，中止听证：

（一）听证主持人认为听证过程中提出新的事实、理由和依据或者提出的事实有待调查核实的；

（二）申请听证的公民死亡、法人或者其他组织终止，尚未确定权利、义务承受人的；

（三）应当中止听证的其他情形。

中止听证的，主管部门应当书面通知听证参加人。

第三十一条 延期、中止听证的情形消失后，由主管部门决定恢复听证，并书面通知听证参加人。

第三十二条 有下列情形之一的，终止听证：

（一）有权申请听证的公民死亡，没有继承人，或者继承人放弃听证权利的；

（二）有权申请听证的法人或者其他组织终止，承受其权利的法人或者组织放弃听证权利的；

（三）当事人在听证过程中声明退出的；

（四）当事人在告知后明确放弃听证权利或者被视为放弃听证权利的；

（五）需要终止听证的其他情形。

第三十三条 主管部门应当根据听证笔录，作出行政许可决定，依法作出行政处罚决定；在报批拟定的拟征地项目的补偿标准和安置方案、非农业建设占用永久基本农田方案时，应当附具听证笔录。

第五章 法 律 责 任

第三十四条 法律、法规和规章规定应当听证的事项，当事人要求听证而未组织的，对直接负责的主管人员和其他直接责任人员依法给予处分。

第三十五条 主管部门的拟听证事项经办机构指派人员、听证员、记录员在听证时玩忽职守、滥用职权、徇私舞弊的，依法给予处分；构成犯罪的，依法追究刑事责任。

第六章 附 则

第三十六条 组织听证不得向当事人收取或者变相收取任何

费用。

组织听证所需经费列入主管部门预算。听证机构组织听证必需的场地、设备、工作条件，主管部门应当给予保障。

第三十七条 主管部门办理行政复议，受委托起草法律、法规或者政府规章草案时，组织听证的具体程序参照本规定执行。

第三十八条 本规定自 2004 年 5 月 1 日起施行。

公证程序规则

（2006 年 5 月 18 日司法部令第 103 号发布　2020 年 10 月 20 日司法部令第 145 号修正）

第一章　总　　则

第一条 为了规范公证程序，保证公证质量，根据《中华人民共和国公证法》（以下简称《公证法》）和有关法律、行政法规的规定，制定本规则。

第二条 公证机构办理公证，应当遵守法律，坚持客观、公正、便民的原则，遵守公证执业规范和执业纪律。

第三条 公证机构依法独立行使公证职能，独立承担民事责任，任何单位、个人不得非法干预，其合法权益不受侵犯。

第四条 公证机构应当根据《公证法》的规定，受理公证申请，办理公证业务，以本公证机构的名义出具公证书。

第五条 公证员受公证机构指派，依照《公证法》和本规则规定的程序办理公证业务，并在出具的公证书上署名。

依照《公证法》和本规则的规定，在办理公证过程中须公证员亲自办理的事务，不得指派公证机构的其他工作人员办理。

第六条 公证机构和公证员办理公证，不得有《公证法》第十三条、第二十三条禁止的行为。

公证机构的其他工作人员以及依据本规则接触到公证业务的相关人员，不得泄露在参与公证业务活动中知悉的国家秘密、商业秘密或者个人隐私。

第七条 公证机构应当建立、健全公证业务管理制度和公证质量管理制度，对公证员的执业行为进行监督。

第八条 司法行政机关依照《公证法》和本规则规定，对公证机构和公证员的执业活动和遵守程序规则的情况进行监督、指导。

公证协会依据章程和行业规范，对公证机构和公证员的执业活动和遵守程序规则的情况进行监督。

第二章　公证当事人

第九条 公证当事人是指与公证事项有利害关系并以自己的名义向公证机构提出公证申请，在公证活动中享有权利和承担义务的自然人、法人或者其他组织。

第十条 无民事行为能力人或者限制民事行为能力人申办公证，应当由其监护人代理。

法人申办公证，应当由其法定代表人代表。

其他组织申办公证，应当由其负责人代表。

第十一条 当事人可以委托他人代理申办公证，但申办遗嘱、遗赠扶养协议、赠与、认领亲子、收养关系、解除收养关系、生存状况、委托、声明、保证及其他与自然人人身有密切关系的公证事项，应当由其本人亲自申办。

公证员、公证机构的其他工作人员不得代理当事人在本公证机构申办公证。

第十二条 居住在香港、澳门、台湾地区的当事人，委托他人代理申办涉及继承、财产权益处分、人身关系变更等重要公证事项的，其授权委托书应当经其居住地的公证人（机构）公证，或者经司法部指定的机构、人员证明。

居住在国外的当事人，委托他人代理申办前款规定的重要公证事项的，其授权委托书应当经其居住地的公证人（机构）、我驻外使（领）馆公证。

第三章　公证执业区域

第十三条　公证执业区域是指由省、自治区、直辖市司法行政机关，根据《公证法》第二十五条和《公证机构执业管理办法》第十条的规定以及当地公证机构设置方案，划定的公证机构受理公证业务的地域范围。

公证机构的执业区域，由省、自治区、直辖市司法行政机关在办理该公证机构设立或者变更审批时予以核定。

公证机构应当在核定的执业区域内受理公证业务。

第十四条　公证事项由当事人住所地、经常居住地、行为地或者事实发生地的公证机构受理。

涉及不动产的公证事项，由不动产所在地的公证机构受理；涉及不动产的委托、声明、赠与、遗嘱的公证事项，可以适用前款规定。

第十五条　二个以上当事人共同申办同一公证事项的，可以共同到行为地、事实发生地或者其中一名当事人住所地、经常居住地的公证机构申办。

第十六条　当事人向二个以上可以受理该公证事项的公证机构提出申请的，由最先受理申请的公证机构办理。

第四章　申请与受理

第十七条　自然人、法人或者其他组织向公证机构申请办理公证，应当填写公证申请表。公证申请表应当载明下列内容：

（一）申请人及其代理人的基本情况；

（二）申请公证的事项及公证书的用途；

（三）申请公证的文书的名称；

（四）提交证明材料的名称、份数及有关证人的姓名、住址、联系方式；

（五）申请的日期；

（六）其他需要说明的情况。

申请人应当在申请表上签名或者盖章，不能签名、盖章的由本人捺指印。

第十八条 自然人、法人或者其他组织申请办理公证，应当提交下列材料：

（一）自然人的身份证明，法人的资格证明及其法定代表人的身份证明，其他组织的资格证明及其负责人的身份证明；

（二）委托他人代为申请的，代理人须提交当事人的授权委托书，法定代理人或者其他代理人须提交有代理权的证明；

（三）申请公证的文书；

（四）申请公证的事项的证明材料，涉及财产关系的须提交有关财产权利证明；

（五）与申请公证的事项有关的其他材料。

对于前款第四项、第五项所规定的申请人应当提交的证明材料，公证机构能够通过政务信息资源共享方式获取的，当事人可以不提交，但应当作出有关信息真实合法的书面承诺。

第十九条 符合下列条件的申请，公证机构可以受理：

（一）申请人与申请公证的事项有利害关系；

（二）申请人之间对申请公证的事项无争议；

（三）申请公证的事项符合《公证法》第十一条规定的范围；

（四）申请公证的事项符合《公证法》第二十五条的规定和该公证机构在其执业区域内可以受理公证业务的范围。

法律、行政法规规定应当公证的事项，符合前款第一项、第二项、第四项规定条件的，公证机构应当受理。

对不符合本条第一款、第二款规定条件的申请，公证机构不予受理，并通知申请人。对因不符合本条第一款第四项规定不予受理的，应当告知申请人向可以受理该公证事项的公证机构申请。

第二十条 公证机构受理公证申请后，应当指派承办公证员，并通知当事人。当事人要求该公证员回避，经查属于《公证法》第二十三条第三项规定应当回避情形的，公证机构应当改派其他公证员承办。

第二十一条 公证机构受理公证申请后，应当告知当事人申请公证事项的法律意义和可能产生的法律后果，告知其在办理公证过程中享有的权利、承担的义务。告知内容、告知方式和时间，应当记录归档，并由申请人或其代理人签字。

公证机构受理公证申请后，应当在全国公证管理系统录入办证信息，加强公证办理流程管理，方便当事人查询。

第二十二条 公证机构受理公证申请后，应当按照规定向当事人收取公证费。公证办结后，经核定的公证费与预收数额不一致的，应当办理退还或者补收手续。

对符合法律援助条件的当事人，公证机构应当按照规定减收或者免收公证费。

第五章 审 查

第二十三条 公证机构受理公证申请后，应当根据不同公证事项的办证规则，分别审查下列事项：

（一）当事人的人数、身份、申请办理该项公证的资格及相应的权利；

（二）当事人的意思表示是否真实；

（三）申请公证的文书的内容是否完备，含义是否清晰，签名、印鉴是否齐全；

（四）提供的证明材料是否真实、合法、充分；

（五）申请公证的事项是否真实、合法。

第二十四条 当事人应当向公证机构如实说明申请公证的事项的有关情况，提交的证明材料应当真实、合法、充分。

公证机构在审查中，对申请公证的事项的真实性、合法性有疑义的，认为当事人的情况说明或者提供的证明材料不充分、不完备或者有疑义的，可以要求当事人作出说明或者补充证明材料。

当事人拒绝说明有关情况或者补充证明材料的，依照本规则第四十八条的规定处理。

第二十五条 公证机构在审查中，对当事人的身份、申请公证的事项以及当事人提供的证明材料，按照有关办证规则需要核实或者对其有疑义的，应当进行核实，或者委托异地公证机构代为核实。有关单位或者个人应当依法予以协助。

审查自然人身份，应当采取使用身份识别核验设备等方式，并记录附卷。

第二十六条 公证机构在审查中，应当询问当事人有关情况，释明法律风险，提出法律意见建议，解答当事人疑问；发现有重大、复杂情形的，应当由公证机构集体讨论。

第二十七条 公证机构可以采用下列方式，核实公证事项的有关情况以及证明材料：

（一）通过询问当事人、公证事项的利害关系人核实；

（二）通过询问证人核实；

（三）向有关单位或者个人了解相关情况或者核实、收集相关书证、物证、视听资料等证明材料；

（四）通过现场勘验核实；

（五）委托专业机构或者专业人员鉴定、检验检测、翻译。

第二十八条 公证机构进行核实，应当遵守有关法律、法规和有关办证规则的规定。

公证机构派员外出核实的，应当由二人进行，但核实、收集书证的除外。特殊情况下只有一人外出核实的，应当有一名见证人在场。

第二十九条 采用询问方式向当事人、公证事项的利害关系人或者有关证人了解、核实公证事项的有关情况以及证明材料的，应当告知被询问人享有的权利、承担的义务及其法律责任。询问的内容应当制作笔录。

询问笔录应当载明：询问日期、地点、询问人、记录人，询问事由，被询问人的基本情况，告知内容、询问谈话内容等。

询问笔录应当交由被询问人核对后签名或者盖章、捺指印。笔录中修改处应当由被询问人盖章或者捺指印认可。

第三十条 在向当事人、公证事项的利害关系人、证人或者有关单位、个人核实或者收集有关公证事项的证明材料时，需要摘抄、复印（复制）有关资料、证明原件、档案材料或者对实物证据照相并作文字描述记载的，摘抄、复印（复制）的材料或者物证照片及文字描述记载应当与原件或者物证相符，并由资料、原件、物证所有人或者档案保管人对摘抄、复印（复制）的材料或者物证照片及文字描述记载核对后签名或者盖章。

第三十一条 采用现场勘验方式核实公证事项及其有关证明材料的，应当制作勘验笔录，由核实人员及见证人签名或者盖章。根据需要，可以采用绘图、照相、录像或者录音等方式对勘验情况或者实物证据予以记载。

第三十二条 需要委托专业机构或者专业人员对申请公证的文书或者公证事项的证明材料进行鉴定、检验检测、翻译的，应当告知当事人由其委托办理，或者征得当事人的同意代为办理。鉴定意见、检验检测结论、翻译材料，应当由相关专业机构及承办鉴定、检验检测、翻译的人员盖章和签名。

委托鉴定、检验检测、翻译所需的费用，由当事人支付。

第三十三条 公证机构委托异地公证机构核实公证事项及其有关证明材料的，应当出具委托核实函，对需要核实的事项及内容提出明确的要求。受委托的公证机构收到委托函后，应当在一个月内完成核实。因故不能完成或者无法核实的，应当在上述期限内函告委托核实的公证机构。

第三十四条 公证机构在审查中，认为申请公证的文书内容不完备、表达不准确的，应当指导当事人补正或者修改。当事人拒绝补正、修改的，应当在工作记录中注明。

应当事人的请求，公证机构可以代为起草、修改申请公证的文书。

第六章 出具公证书

第三十五条 公证机构经审查，认为申请公证的事项符合《公证法》、本规则及有关办证规则规定的，应当自受理之日起十五个工作日内向当事人出具公证书。

因不可抗力、补充证明材料或者需要核实有关情况的，所需时间不计算在前款规定的期限内，并应当及时告知当事人。

第三十六条 民事法律行为的公证，应当符合下列条件：

（一）当事人具有从事该行为的资格和相应的民事行为能力；

（二）当事人的意思表示真实；

（三）该行为的内容和形式合法，不违背社会公德；

（四）《公证法》规定的其他条件。

不同的民事法律行为公证的办证规则有特殊要求的，从其规定。

第三十七条 有法律意义的事实或者文书的公证，应当符合下列条件：

（一）该事实或者文书与当事人有利害关系；

（二）事实或者文书真实无误；

（三）事实或者文书的内容和形式合法，不违背社会公德；

（四）《公证法》规定的其他条件。

不同的有法律意义的事实或者文书公证的办证规则有特殊要求的，从其规定。

第三十八条 文书上的签名、印鉴、日期的公证，其签名、印鉴、日期应当准确、属实；文书的副本、影印本等文本的公证，其文本内容应当与原本相符。

第三十九条 具有强制执行效力的债权文书的公证，应当符合下列条件：

（一）债权文书以给付为内容；

（二）债权债务关系明确，债权人和债务人对债权文书有关给付内容无疑义；

（三）债务履行方式、内容、时限明确；

（四）债权文书中载明当债务人不履行或者不适当履行义务时，债务人愿意接受强制执行的承诺；

（五）债权人和债务人愿意接受公证机构对债务履行情况进行核实；

（六）《公证法》规定的其他条件。

第四十条 符合《公证法》、本规则及有关办证规则规定条件的公证事项，由承办公证员拟制公证书，连同被证明的文书、当事人提供的证明材料及核实情况的材料、公证审查意见，报公证机构的负责人或其指定的公证员审批。但按规定不需要审批的公证事项除外。

公证机构的负责人或者被指定负责审批的公证员不得审批自己承办的公证事项。

第四十一条 审批公证事项及拟出具的公证书，应当审核以下内容：

（一）申请公证的事项及其文书是否真实、合法；

（二）公证事项的证明材料是否真实、合法、充分；

（三）办证程序是否符合《公证法》、本规则及有关办证规则的规定；

（四）拟出具的公证书的内容、表述和格式是否符合相关规定。

审批重大、复杂的公证事项，应当在审批前提交公证机构集体讨论。讨论的情况和形成的意见，应当记录归档。

第四十二条 公证书应当按照司法部规定的格式制作。公证书包括以下主要内容：

（一）公证书编号；

（二）当事人及其代理人的基本情况；

（三）公证证词；

（四）承办公证员的签名（签名章）、公证机构印章；

（五）出具日期。

公证证词证明的文书是公证书的组成部分。

有关办证规则对公证书的格式有特殊要求的，从其规定。

第四十三条 制作公证书应当使用全国通用的文字。在民族自治地方，根据当事人的要求，可以同时制作当地通用的民族文字文本。两种文字的文本，具有同等效力。

发往香港、澳门、台湾地区使用的公证书应当使用全国通用的文字。

发往国外使用的公证书应当使用全国通用的文字。根据需要和当事人的要求，公证书可以附外文译文。

第四十四条 公证书自出具之日起生效。

需要审批的公证事项，审批人的批准日期为公证书的出具日期；不需要审批的公证事项，承办公证员的签发日期为公证书的出具日期；现场监督类公证需要现场宣读公证证词的，宣读日期为公证书的出具日期。

第四十五条 公证机构制作的公证书正本，由当事人各方各收执一份，并可以根据当事人的需要制作若干份副本。公证机构留存公证书原本（审批稿、签发稿）和一份正本归档。

第四十六条 公证书出具后，可以由当事人或其代理人到公证机构领取，也可以应当事人的要求由公证机构发送。当事人或其代理人收到公证书应当在回执上签收。

第四十七条 公证书需要办理领事认证的，根据有关规定或者当事人的委托，公证机构可以代为办理公证书认证，所需费用由当事人支付。

第七章　不予办理公证和终止公证

第四十八条 公证事项有下列情形之一的，公证机构应当不予办理公证：

（一）无民事行为能力人或者限制民事行为能力人没有监护人代理申请办理公证的；

（二）当事人与申请公证的事项没有利害关系的；

（三）申请公证的事项属专业技术鉴定、评估事项的；

（四）当事人之间对申请公证的事项有争议的；

（五）当事人虚构、隐瞒事实，或者提供虚假证明材料的；

（六）当事人提供的证明材料不充分又无法补充，或者拒绝补充证明材料的；

（七）申请公证的事项不真实、不合法的；

（八）申请公证的事项违背社会公德的；

（九）当事人拒绝按照规定支付公证费的。

第四十九条 不予办理公证的，由承办公证员写出书面报告，报公证机构负责人审批。不予办理公证的决定应当书面通知当事人或其代理人。

不予办理公证的，公证机构应当根据不予办理的原因及责任，酌情退还部分或者全部收取的公证费。

第五十条 公证事项有下列情形之一的，公证机构应当终止公证：

（一）因当事人的原因致使该公证事项在六个月内不能办结的；

（二）公证书出具前当事人撤回公证申请的；

（三）因申请公证的自然人死亡、法人或者其他组织终止，不能继续办理公证或者继续办理公证已无意义的；

（四）当事人阻挠、妨碍公证机构及承办公证员按规定的程序、期限办理公证的；

（五）其他应当终止的情形。

第五十一条 终止公证的，由承办公证员写出书面报告，报公证机构负责人审批。终止公证的决定应当书面通知当事人或其代理人。

终止公证的，公证机构应当根据终止的原因及责任，酌情退还部分收取的公证费。

第八章　特　别　规　定

第五十二条 公证机构办理招标投标、拍卖、开奖等现场监督类公证，应当由二人共同办理。承办公证员应当依照有关规定，通过事前审查、现场监督，对其真实性、合法性予以证明，现场宣读公证证词，并在宣读后七日内将公证书发送当事人。该公证书自宣读公证证词之日起生效。

办理现场监督类公证，承办公证员发现当事人有弄虚作假、徇私舞弊、违反活动规则、违反国家法律和有关规定行为的，应当即时要求当事人改正；当事人拒不改正的，应当不予办理公证。

第五十三条 公证机构办理遗嘱公证，应当由二人共同办理。承办公证员应当全程亲自办理，并对遗嘱人订立遗嘱的过程录音录像。

特殊情况下只能由一名公证员办理时，应当请一名见证人在场，见证人应当在询问笔录上签名或者盖章。

公证机构办理遗嘱公证，应当查询全国公证管理系统。出具公证书的，应当于出具当日录入办理信息。

第五十四条 公证机构派员外出办理保全证据公证的，由二人共同办理，承办公证员应当亲自外出办理。

办理保全证据公证，承办公证员发现当事人是采用法律、法规禁止的方式取得证据的，应当不予办理公证。

第五十五条 债务人不履行或者不适当履行经公证的具有强制执行效力的债权文书的，公证机构应当对履约情况进行核实后，依照有关规定出具执行证书。

债务人履约、公证机构核实、当事人就债权债务达成新的协议等涉及强制执行的情况，承办公证员应当制作工作记录附卷。

执行证书应当载明申请人、被申请执行人、申请执行标的和申请执行的期限。债务人已经履行的部分，应当在申请执行标的中予以扣除。因债务人不履行或者不适当履行而发生的违约金、滞纳金、利息等，可以应债权人的要求列入申请执行标的。

第五十六条 经公证的事项在履行过程中发生争议的，出具公证书的公证机构可以应当事人的请求进行调解。经调解后当事人达成新的协议并申请公证的，公证机构可以办理公证；调解不成的，公证机构应当告知当事人就该争议依法向人民法院提起民事诉讼或者向仲裁机构申请仲裁。

第九章　公证登记和立卷归档

第五十七条 公证机构办理公证，应当填写公证登记簿，建立分类登记制度。

登记事项包括：公证事项类别、当事人姓名（名称）、代理人（代表人）姓名、受理日期、承办人、审批人（签发人）、结案方式、办结日期、公证书编号等。

公证登记簿按年度建档，应当永久保存。

第五十八条 公证机构在出具公证书后或者作出不予办理公

证、终止公证的决定后，应当依照司法部、国家档案局制定的有关公证文书立卷归档和公证档案管理的规定，由承办公证员将公证文书和相关材料，在三个月内完成汇总整理、分类立卷、移交归档。

第五十九条 公证机构受理公证申请后，承办公证员即应当着手立卷的准备工作，开始收集有关的证明材料，整理询问笔录和核实情况的有关材料等。

对不能附卷的证明原件或者实物证据，应当按照规定将其原件复印件（复制件）、物证照片及文字描述记载留存附卷。

第六十条 公证案卷应当根据公证事项的类别、内容，划分为普通卷、密卷，分类归档保存。

公证案卷应当根据公证事项的类别、用途及其证据价值确定保管期限。保管期限分短期、长期、永久三种。

涉及国家秘密、遗嘱的公证事项，列为密卷。立遗嘱人死亡后，遗嘱公证案卷转为普通卷保存。

公证机构内部对公证事项的讨论意见和有关请示、批复等材料，应当装订成副卷，与正卷一起保存。

第十章　公证争议处理

第六十一条 当事人认为公证书有错误的，可以在收到公证书之日起一年内，向出具该公证书的公证机构提出复查。

公证事项的利害关系人认为公证书有错误的，可以自知道或者应当知道该项公证之日起一年内向出具该公证书的公证机构提出复查，但能证明自己不知道的除外。提出复查的期限自公证书出具之日起最长不得超过二十年。

复查申请应当以书面形式提出，载明申请人认为公证书存在的错误及其理由，提出撤销或者更正公证书的具体要求，并提供相关证明材料。

第六十二条 公证机构收到复查申请后，应当指派原承办公证员之外的公证员进行复查。复查结论及处理意见，应当报公证机构的负责人审批。

第六十三条　公证机构进行复查，应当对申请人提出的公证书的错误及其理由进行审查、核实，区别不同情况，按照以下规定予以处理：

（一）公证书的内容合法、正确、办理程序无误的，作出维持公证书的处理决定；

（二）公证书的内容合法、正确，仅证词表述或者格式不当的，应当收回公证书，更正后重新发给当事人；不能收回的，另行出具补正公证书；

（三）公证书的基本内容违法或者与事实不符的，应当作出撤销公证书的处理决定；

（四）公证书的部分内容违法或者与事实不符的，可以出具补正公证书，撤销对违法或者与事实不符部分的证明内容；也可以收回公证书，对违法或者与事实不符的部分进行删除、更正后，重新发给当事人；

（五）公证书的内容合法、正确，但在办理过程中有违反程序规定、缺乏必要手续的情形，应当补办缺漏的程序和手续；无法补办或者严重违反公证程序的，应当撤销公证书。

被撤销的公证书应当收回，并予以公告，该公证书自始无效。

公证机构撤销公证书或出具补正公证书的，应当于撤销决定作出或补正公证书出具当日报地方公证协会备案，并录入全国公证管理系统。

第六十四条　公证机构应当自收到复查申请之日起三十日内完成复查，作出复查处理决定，发给申请人。需要对公证书作撤销或者更正、补正处理的，应当在作出复查处理决定后十日内完成。复查处理决定及处理后的公证书，应当存入原公证案卷。

公证机构办理复查，因不可抗力、补充证明材料或者需要核实有关情况的，所需时间不计算在前款规定的期限内，但补充证明材料或者需要核实有关情况的，最长不得超过六个月。

第六十五条　公证机构发现出具的公证书的内容及办理程序有本规则第六十三条第二项至第五项规定情形的，应当通知当事人，按照本规则第六十三条的规定予以处理。

第六十六条　公证书被撤销的，所收的公证费按以下规定处理：

（一）因公证机构的过错撤销公证书的，收取的公证费应当全部退还当事人；

（二）因当事人的过错撤销公证书的，收取的公证费不予退还；

（三）因公证机构和当事人双方的过错撤销公证书的，收取的公证费酌情退还。

第六十七条　当事人、公证事项的利害关系人对公证机构作出的撤销或者不予撤销公证书的决定有异议的，可以向地方公证协会投诉。

投诉的处理办法，由中国公证协会制定。

第六十八条　当事人、公证事项的利害关系人对公证书涉及当事人之间或者当事人与公证事项的利害关系人之间实体权利义务的内容有争议的，公证机构应当告知其可以就该争议向人民法院提起民事诉讼。

第六十九条　公证机构及其公证员因过错给当事人、公证事项的利害关系人造成损失的，由公证机构承担相应的赔偿责任；公证机构赔偿后，可以向有故意或者重大过失的公证员追偿。

当事人、公证事项的利害关系人与公证机构因过错责任和赔偿数额发生争议，协商不成的，可以向人民法院提起民事诉讼，也可以申请地方公证协会调解。

第十一章　附　　则

第七十条　有关办证规则对不同的公证事项的办证程序有特殊

规定的，从其规定。

公证机构采取在线方式办理公证业务，适用本规则。司法部另有规定的，从其规定。

第七十一条　公证机构根据《公证法》第十二条规定受理的提存、登记、保管等事务，依照有关专门规定办理；没有专门规定的，参照本规则办理。

第七十二条　公证机构及其公证员在办理公证过程中，有违反《公证法》第四十一条、第四十二条以及本规则规定行为的，由司法行政机关依据《公证法》、《公证机构执业管理办法》、《公证员执业管理办法》给予相应的处罚；有违反公证行业规范行为的，由公证协会给予相应的行业处分。

第七十三条　本规则由司法部解释。

第七十四条　本规则自 2006 年 7 月 1 日起施行。司法部 2002年 6 月 18 日发布的《公证程序规则》（司法部令第 72 号）同时废止。

住房和城乡建设部关于印发
《关于规范城乡规划行政处罚
裁量权的指导意见》的通知

（2012 年 6 月 25 日　建法〔2012〕99 号）

部机关各单位，各省、自治区住房和城乡建设厅，直辖市规委及有关部门，新疆生产建设兵团建设局：

现将《关于规范城乡规划行政处罚裁量权的指导意见》印发给你们，请遵照执行。在执行过程中遇到的问题，请及时报告我部。

关于规范城乡规划行政处罚裁量权的指导意见

第一条 为了规范城乡规划行政处罚裁量权，维护城乡规划的严肃性和权威性，促进依法行政，根据《中华人民共和国城乡规划法》、《中华人民共和国行政处罚法》和《中华人民共和国行政强制法》，制定本意见。

第二条 本意见所称城乡规划行政处罚裁量权，是指城乡规划主管部门或者其他依法实施城乡规划行政处罚的部门（以下简称处罚机关），依据《中华人民共和国城乡规划法》第六十四条规定，对违法建设行为实施行政处罚时享有的自主决定权。

本意见所称违法建设行为，是指未取得建设工程规划许可证或者未按照建设工程规划许可证的规定进行建设的行为。

第三条 对违法建设行为实施行政处罚时，应当区分尚可采取改正措施消除对规划实施影响的情形和无法采取改正措施消除对规划实施影响的情形。

第四条 违法建设行为有下列情形之一的，属于尚可采取改正措施消除对规划实施影响的情形：

（一）取得建设工程规划许可证，但未按建设工程规划许可证的规定进行建设，在限期内采取局部拆除等整改措施，能够使建设工程符合建设工程规划许可证要求的。

（二）未取得建设工程规划许可证即开工建设，但已取得城乡规划主管部门的建设工程设计方案审查文件，且建设内容符合或采取局部拆除等整改措施后能够符合审查文件要求的。

第五条 对尚可采取改正措施消除对规划实施影响的情形，按以下规定处理：

（一）以书面形式责令停止建设；不停止建设的，依法查封施工现场；

（二）以书面形式责令限期改正；对尚未取得建设工程规划许可证即开工建设的，同时责令其及时取得建设工程规划许可证；

（三）对按期改正违法建设部分的，处建设工程造价 5% 的罚款；对逾期不改正的，依法采取强制拆除等措施，并处建设工程造价 10% 的罚款。

违法行为轻微并及时自行纠正，没有造成危害后果的，不予行政处罚。

第六条 处罚机关按照第五条规定处以罚款，应当在违法建设行为改正后实施，不得仅处罚款而不监督改正。

第七条 第四条规定以外的违法建设行为，均为无法采取改正措施消除对规划实施影响的情形。

第八条 对无法采取改正措施消除对规划实施影响的情形，按以下规定处理：

（一）以书面形式责令停止建设；不停止建设的，依法查封施工现场；

（二）对存在违反城乡规划事实的建筑物、构筑物单体，依法下发限期拆除决定书；

（三）对按期拆除的，不予罚款；对逾期不拆除的，依法强制拆除，并处建设工程造价 10% 的罚款；

（四）对不能拆除的，没收实物或者违法收入，可以并处建设工程造价 10% 以下的罚款。

第九条 第八条所称不能拆除的情形，是指拆除违法建设可能影响相邻建筑安全、损害无过错利害关系人合法权益或者对公共利益造成重大损害的情形。

第十条 第八条所称没收实物，是指没收新建、扩建、改建的存在违反城乡规划事实的建筑物、构筑物单体。

第十一条 第八条所称违法收入，按照新建、扩建、改建的存在违反城乡规划事实的建筑物、构筑物单体出售所得价款计算；出售所得价款明显低于同类房地产市场价格的，处罚机关应当委托有资质的房地产评估机构评估确定。

第十二条 对违法建设行为处以罚款，应当以新建、扩建、改建的存在违反城乡规划事实的建筑物、构筑物单体造价作为罚款基数。

已经完成竣工结算的违法建设，应当以竣工结算价作为罚款基数；尚未完成竣工结算的违法建设，可以根据工程已完工部分的施工合同价确定罚款基数；未依法签订施工合同或者当事人提供的施工合同价明显低于市场价格的，处罚机关应当委托有资质的造价咨询机构评估确定。

第十三条 处罚机关按照第八条规定处以罚款，应当在依法强制拆除或者没收实物或者没收违法收入后实施，不得仅处罚款而不强制拆除或者没收。

第十四条 对违法建设行为进行行政处罚，应当在违反城乡规划事实存续期间和违法行为得到纠正之日起两年内实施。

第十五条 本意见自 2012 年 9 月 1 日起施行。

最高人民法院关于办理申请人民法院强制执行国有土地上房屋征收补偿决定案件若干问题的规定

（2012 年 2 月 27 日最高人民法院审判委员会第 1543 次会议通过 2012 年 3 月 26 日最高人民法院公告公布 自 2012 年 4 月 10 日起施行 法释〔2012〕4 号）

为依法正确办理市、县级人民政府申请人民法院强制执行国有土地上房屋征收补偿决定（以下简称征收补偿决定）案件，维护公

共利益，保障被征收房屋所有权人的合法权益，根据《中华人民共
和国行政诉讼法》、《中华人民共和国行政强制法》、《国有土地上
房屋征收与补偿条例》（以下简称《条例》）等有关法律、行政法
规规定，结合审判实际，制定本规定。

第一条　申请人民法院强制执行征收补偿决定案件，由房屋所
在地基层人民法院管辖，高级人民法院可以根据本地实际情况决定
管辖法院。

第二条　申请机关向人民法院申请强制执行，除提供《条例》
第二十八条规定的强制执行申请书及附具材料外，还应当提供下列
材料：

（一）征收补偿决定及相关证据和所依据的规范性文件；

（二）征收补偿决定送达凭证、催告情况及房屋被征收人、直
接利害关系人的意见；

（三）社会稳定风险评估材料；

（四）申请强制执行的房屋状况；

（五）被执行人的姓名或者名称、住址及与强制执行相关的财
产状况等具体情况；

（六）法律、行政法规规定应当提交的其他材料。

强制执行申请书应当由申请机关负责人签名，加盖申请机关印
章，并注明日期。

强制执行的申请应当自被执行人的法定起诉期限届满之日起三
个月内提出；逾期申请的，除有正当理由外，人民法院不予受理。

第三条　人民法院认为强制执行的申请符合形式要件且材料齐
全的，应当在接到申请后五日内立案受理，并通知申请机关；不符
合形式要件或者材料不全的应当限期补正，并在最终补正的材料提
供后五日内立案受理；不符合形式要件或者逾期无正当理由不补正
材料的，裁定不予受理。

申请机关对不予受理的裁定有异议的，可以自收到裁定之日起

十五日内向上一级人民法院申请复议，上一级人民法院应当自收到复议申请之日起十五日内作出裁定。

第四条 人民法院应当自立案之日起三十日内作出是否准予执行的裁定；有特殊情况需要延长审查期限的，由高级人民法院批准。

第五条 人民法院在审查期间，可以根据需要调取相关证据、询问当事人、组织听证或者进行现场调查。

第六条 征收补偿决定存在下列情形之一的，人民法院应当裁定不准予执行：

（一）明显缺乏事实根据；

（二）明显缺乏法律、法规依据；

（三）明显不符合公平补偿原则，严重损害被执行人合法权益，或者使被执行人基本生活、生产经营条件没有保障；

（四）明显违反行政目的，严重损害公共利益；

（五）严重违反法定程序或者正当程序；

（六）超越职权；

（七）法律、法规、规章等规定的其他不宜强制执行的情形。

人民法院裁定不准予执行的，应当说明理由，并在五日内将裁定送达申请机关。

第七条 申请机关对不准予执行的裁定有异议的，可以自收到裁定之日起十五日内向上一级人民法院申请复议，上一级人民法院应当自收到复议申请之日起三十日内作出裁定。

第八条 人民法院裁定准予执行的，应当在五日内将裁定送达申请机关和被执行人，并可以根据实际情况建议申请机关依法采取必要措施，保障征收与补偿活动顺利实施。

第九条 人民法院裁定准予执行的，一般由作出征收补偿决定的市、县级人民政府组织实施，也可以由人民法院执行。

第十条 《条例》施行前已依法取得房屋拆迁许可证的项目，人民法院裁定准予执行房屋拆迁裁决的，参照本规定第九条精神办理。

第十一条　最高人民法院以前所作的司法解释与本规定不一致的，按本规定执行。

最高人民法院关于严格执行法律法规和司法解释依法妥善办理征收拆迁案件的通知

（2012 年 6 月 13 日　法〔2012〕148 号）

各省、自治区、直辖市高级人民法院，新疆维吾尔自治区高级人民法院生产建设兵团分院：

自《中华人民共和国行政强制法》（以下简称《行政强制法》）、《国有土地上房屋征收与补偿条例》（以下简称《条例》）和《最高人民法院关于办理申请人民法院强制执行国有土地上房屋征收补偿决定案件若干问题的规定》（以下简称《规定》）颁布实施以来，依法文明和谐征收拆迁得到社会广泛肯定。但是，今春以来，一些地区违法征收拆迁的恶性事件又屡有发生，并呈上升势头。为防范和遏制类似事件的继续发生，为党的十八大胜利召开营造良好的社会环境，现就有关问题通知如下：

一、加强相关法律法规和司法解释的学习培训

各级人民法院的领导和相关审判执行人员要认真学习领会《行政强制法》、《条例》和《规定》，全面理解掌握法律法规和司法解释的立法背景及具体规定精神，认真学习理解《最高人民法院关于坚决防止土地征收、房屋拆迁强制执行引发恶性事件的紧急通知》和《关于认真贯彻执行〈关于办理申请人民法院强制执行国有土地上房屋征收补偿决定案件若干问题的规定〉的通知》，特别是要组织基层人民法院搞好专门培训，切实把思想认识和工作思路统一到法律、法规、司法解释和最高人民法院的要求上来，在立案、审查和执行等工作中严格贯彻落实，不得擅自变通和随意解读。

二、抓紧对征收拆迁案件进行一次全面排查

各地法院近期要对已经受理或将要受理的征收拆迁诉讼案件和非诉执行案件进行一次全面排查，提前预测、主动应对和有效消除可能影响社会稳定的隐患。同时，对法律法规和司法解释颁布施行后的执法情况进行一次检查，在自查的基础上，上级人民法院要派出督查组对排查工作进行监督指导，特别是对近期发生征收拆迁恶性事件的地区和城郊结合部、城中村改造、违法违章建筑拆除等领域，要进行重点检查。坚决防止因工作失误、执法不规范或者滥用强制手段导致矛盾激化，造成人员伤亡或财产严重损失等恶性后果以及引发大规模群体性事件。

三、认真研究解决征收拆迁案件的新情况新问题

当前征收拆迁主要问题集中在违法征收土地和房屋、补偿标准偏低、实施程序不规范、滥用强制手段和工作方法简单粗暴等方面。各级人民法院要结合当地实际，认真研究受案范围、立案条件、审理标准、执行方式等具体法律适用问题，着力解决群众反映强烈的补偿标准过低、补偿不到位、行政权力滥用等突出问题。对于审判执行工作中的重大问题，要及时向当地党委汇报取得支持，加强与政府的沟通互动，积极探索创新社会管理方式，疏通行政争议化解渠道，努力实现保护人民群众合法权益与维护公共利益的有机统一，保障促进社会和谐稳定。

四、规范司法行为，强化审判执行监督

各级人民法院在办理征收拆迁案件过程中，立案、审查、执行机构要注意加强沟通配合，创新工作机制，共同研究解决办案中的重大疑难问题。对行政机关申请强制执行国有土地上房屋征收补偿决定（或拆迁裁决）的案件，要严格按照《规定》及最高人民法院相关通知精神办理，严把立案、审查、执行关，切实体现"裁执

分离"的原则，不得与地方政府搞联合执行、委托执行。要依法受理被执行人及利害关系人因行政机关强制执行过程中具体行政行为违法而提起的行政诉讼或者行政赔偿诉讼；对申请先予执行的案件，原则上不得准许；凡由人民法院强制执行的，须报经上一级人民法院审查批准方可采取强制手段；对涉及面广、社会影响大、社会关注度高的案件，上级人民法院应当加强监督指导，防范和制止下级人民法院强制执行中的违法行为和危害社会稳定的情形发生。

五、建立完善信息和舆情报告制度

为便于了解掌握各级人民法院办理征收拆迁案件的信息和情况，要建立和完善征收拆迁案件信息和舆情报告制度，特别是在十八大召开前夕和会议期间，各高级人民法院要按月搜集掌握辖区法院办理征收拆迁诉讼案件和非诉执行案件的情况。凡在办案中出现影响社会稳定重大隐患或事件的，有关人民法院必须立即向当地党委和上级人民法院如实报告有关情况，做到信息准确、反映迅速。上下级人民法院要畅通信息沟通渠道，随时掌握相关重要舆情动态，及时调查了解事实真相并采取应对措施，回应社会关切。要严格执行重大信息报告制度，对隐瞒不服、歪曲事实、造成严重负面影响的，严肃追究有关领导和直接责任人员的责任，并予以曝光通报。

地方国有土地上房屋征收与补偿相关规定

北京市国有土地上房屋征收与补偿实施意见

（2011 年 5 月 27 日　京政发〔2011〕27 号）

为规范本市国有土地上房屋征收与补偿活动，维护公共利益，保障被征收房屋所有权人（以下简称被征收人）的合法权益，依据《国有土地上房屋征收与补偿条例》（国务院令第590号，以下简称《征收补偿条例》），结合本市实际，提出以下实施意见：

一、市政府相关部门按照各自职责分工做好房屋征收与补偿实施工作的指导和监督，完善相关工作机制。

区县人民政府负责本行政区域内房屋征收与补偿工作；区县房屋行政管理部门为本区县房屋征收部门，负责组织实施本行政区域内房屋征收与补偿工作。

二、房屋征收部门可以委托符合条件的房屋征收实施单位承担房屋征收与补偿的具体工作，并对房屋征收实施单位在委托范围内实施的房屋征收与补偿行为负责监督。

房屋征收部门或者房屋征收实施单位根据需要可以通过购买服务方式完成房屋征收与补偿过程中涉及的测绘、评估、房屋拆除、法律服务等专业性工作。

三、为了公共利益需要征收房屋的，由建设单位向建设项目所在地区区县人民政府提出征收申请，并提交项目批准文件、规划意见、土地预审意见等文件。收到申请后，区县人民政府按照《征收补偿条例》规定审核建设项目是否符合房屋征收条件。

四、对符合房屋征收条件的建设项目，区县房屋征收部门自收到区县人民政府的确认意见后 5 个工作日内，在征收范围内发布暂停公告，告知被征收人不得在房屋征收范围内实施新建、扩建、改建房屋和改变房屋用途、变更房屋权属登记等不当增加补偿费用的行为；违反规定实施的，不当增加部分不予补偿。

房屋征收部门应当将前款所列事项书面通知规划、工商、公安、房管等有关部门暂停办理相关手续。暂停办理相关手续的书面通知应当载明暂停期限，暂停期限最长不得超过 1 年。

五、房屋征收部门发布暂停公告后，可以委托房屋征收实施单位或属地街道办事处（乡镇人民政府）组织被征收人在规定期限内协商选定房地产价格评估机构；协商不成的，根据多数被征收人意见确定；若无法形成多数意见，则由房屋征收部门通过公开摇号的方式随机选定，结果应当在征收范围内公布。

六、房屋征收部门可以委托房屋征收实施单位对房屋征收范围内房屋的权属、区位、用途、建筑面积等情况进行调查登记，被征收人应当予以配合。调查结果应当在房屋征收范围内向被征收人公布。

七、房屋征收部门应当按照公平的原则，会同财政、发展改革、监察、审计等部门及街道办事处（乡镇人民政府）拟定房屋征收补偿方案，报区县人民政府批准后，在征收范围内予以公布，征求公众意见，征求意见期限为 30 日。被征收人有意见的，持本人身份证明和房屋权属证明，在征求意见期限内以书面形式提交房屋征收部门。区县人民政府应当将征求意见情况和根据公众意见修改的情况及时公布。

八、区县人民政府作出房屋征收决定前，应当按照有关规定进行社会稳定风险评估，制定并认真落实各项防范、化解、处置措施。

房屋征收决定涉及被征收人数量较多的，应当经区县人民政府常务会议讨论决定。

九、对危房集中、基础设施落后等地段进行旧城区改建需要征收房屋的，多数被征收人认为征收补偿方案不符合规定的，区县人民政府应当组织由被征收人和公众代表参加的听证会，并根据听证会情况修改方案。

十、在作出房屋征收决定前，应当明确征收项目补偿资金的总额和产权调换房源。房屋征收部门应当设立房屋征收补偿资金专用账户，确保资金足额到位、专款专用。

十一、区县人民政府依据《征收补偿条例》规定，履行上述程序后方可作出房屋征收决定，并及时在征收范围内公告。公告应当载明征收范围、实施单位、征收补偿方案、签约期限和行政复议、行政诉讼权利等事项。

区县人民政府及房屋征收部门应当做好房屋征收与补偿的宣传、解释工作。

房屋被依法征收的，国有土地使用权同时收回。

十二、区县人民政府及房屋征收部门应当按照《征收补偿条例》规定对被征收人给予公平补偿，补偿方式包括货币补偿和房屋产权调换。被征收人符合住房保障条件的，应当优先给予住房保障。

十三、房屋征收部门与被征收人在征收补偿方案确定的签约期限内达不成补偿协议，或者被征收房屋所有权人不明确的，由房屋征收部门报请作出房屋征收决定的区县人民政府按照征收补偿方案作出补偿决定，并在房屋征收范围内予以公告。

被征收人对补偿决定不服的，可以依法申请行政复议，也可以依法提起行政诉讼。

十四、被征收人在法定期限内不申请行政复议或者不提起行政

诉讼，在补偿决定规定的期限内又不搬迁的，由作出房屋征收决定
的区县人民政府依法申请人民法院强制执行。

十五、实施房屋征收应当先补偿、后搬迁。作出房屋征收决定
的区县人民政府对被征收人给予补偿后，被征收人应当在补偿协议
约定或者补偿决定确定的搬迁期限内完成搬迁。

任何单位和个人不得采取暴力、威胁或者违反规定中断供水、
供热、供气、供电和道路通行等非法方式迫使被征收人搬迁。禁止
建设单位参与搬迁活动。

十六、在《征收补偿条例》实施前已经依法取得拆迁许可证的
项目，继续沿用原有规定办理，但政府不得责成有关部门强制拆
迁；对被拆迁人与拆迁人达不成拆迁补偿协议，经行政裁决后不搬
迁的，可依法向人民法院申请强制执行。

十七、本实施意见自公布之日起施行。

北京市人民政府关于
《北京市国有土地上房屋征收与
补偿实施意见》的补充通知

(2021 年 6 月 15 日　京政发〔2021〕13 号)

各区人民政府，市政府各委、办、局，各市属机构：

为了加强对北京历史文化名城的保护，统筹协调历史文化保护
利用与城乡建设发展，依据《国有土地上房屋征收与补偿条例》
《北京历史文化名城保护条例》等法律法规，现对市政府 2011 年 5
月 27 日印发的《北京市国有土地上房屋征收与补偿实施意见》
(京政发〔2011〕27 号) 有关内容补充通知如下：

一、对于危害不可移动文物、历史建筑安全，破坏老城、三山

五园地区和历史文化街区的历史格局、街巷肌理、传统风貌、空间环境，不符合保护规划有关建筑高度、建筑形态、景观视廊等要求的建筑物、构筑物或者其他设施，所在地的区人民政府或者产权单位可以依法通过申请式退租、房屋置换等方式组织实施腾退或者改造。必要时，所在地的区人民政府也可以对单位、个人的房屋依法组织征收。

二、对于严重影响居住安全的建筑物、构筑物或者其他设施，所在地的区人民政府或者产权单位可以依法通过申请式退租、房屋置换等方式组织实施腾退或者改造。必要时，所在地的区人民政府也可以对单位、个人的房屋依法组织征收。

三、对上述房屋实施征收的，由区人民政府确定的单位提出征收申请。申请时提供项目腾退或者改造实施方案、征收资金来源、安置房源落实证明以及区级规划自然资源部门出具的有关国土空间规划管控要求和房屋征收四至范围的意见。其中，被征收房屋危害不可移动文物安全的，由区文物部门出具申请事项符合文物保护要求的意见；不符合历史建筑保护要求的，由区级规划自然资源部门出具申请事项符合相关保护规划要求的意见；破坏老城、三山五园地区和历史文化街区的历史格局、街巷肌理、传统风貌、空间环境，不符合保护规划有关建筑高度、建筑形态、景观视廊等要求的，由相关保护规划组织编制部门出具申请事项符合保护规划要求的意见；经鉴定属于严重影响居住安全的，由区房屋行政主管部门出具有关搬出意见。

四、区人民政府依法对申请事项进行审核，对符合房屋征收条件的，按照相关规定组织实施征收和补偿。

五、本通知自印发之日起施行。

北京市旧城区改建房屋征收实施意见

(2013 年 9 月 7 日 京建发〔2013〕450 号)

为深入推进中心城区城市建设，实现人民生活改善、城市环境改善、安全隐患消除的发展目标，按照《国有土地上房屋征收与补偿条例》（国务院令第 590 号）和《北京市国有土地上房屋征收与补偿实施意见》（京政发〔2011〕27 号）相关规定，现就旧城区改建房屋征收实施事宜提出如下意见：

一、基本原则

旧城区改建工程是一项综合性、系统性工程，按照"优化征收程序、简化审批手续"的基本思路，坚持"加快手续办理、简化审批要件、下放审批权限、做好政策衔接"的基本原则，在切实保障被征收居民合法权益的基础上，多措并举加快推进旧城区改建工作。

二、适用范围

本实施意见适用于全市实施旧城区改建范围的房屋征收项目。旧城区改建具体包括中心城区棚户区改造、平房区院落修缮、危旧房改造（不含解危排险等紧急情况）、城中村边角地环境整治等项目。

三、实施主体

（一）各区县人民政府负责本行政区域内旧城区改建房屋征收与补偿工作，组织相关部门对征收补偿方案论证，作出房屋征收决定、补偿决定。

（二）各区县房屋征收部门负责组织实施本行政区域内旧城区改建房屋征收与补偿工作，包括暂停办理相关事项、组织调查登记、拟定征收补偿方案、组织签订征收补偿协议、受理房屋征收信访投诉及法规政策解释宣传工作等。

（三）各区县房屋征收部门可以委托不以盈利为目的的房屋征收实施单位承担旧城区改建房屋征收与补偿的具体工作，并对房屋征收实施单位的征收与补偿行为负责监督。

（四）市重大项目建设指挥部办公室负责全市旧城区改建项目总体协调调度工作，市住房和城乡建设委员会会同市财政、发展改革、规划、国土资源等有关部门，加强对房屋征收与补偿实施工作的指导。

（五）项目建设单位由各区县人民政府确定，负责办理房屋征收前期手续，筹集房屋征收补偿资金、筹措房源等相关工作。

四、统一征收程序

（一）编制计划

区县人民政府组织项目建设单位及相关部门对本行政区域内旧城区房屋破损程度和改建难易程度进行调查，编制辖区内旧城区改建计划，并将编制完成的旧城区改建计划上报市重大项目建设指挥部办公室组织联合审查。

（二）计划审查

市重大项目建设指挥部办公室召集市发展改革、规划、国土资源、建设房管、财政等部门对各区县汇总的旧城区改建计划进行可行性、公益性联合审查。公益性认定以改善民生、优化环境为原则，不以改建后的规划用途为条件。审查通过后，市重大项目建设指挥部办公室向各区县人民政府下达旧城区改建计划。

（三）改建征询

旧城区改建计划确定后，区县人民政府组织或指定相关单位征询拟改建范围内产权人、公房承租人的改建意愿。

区县房屋征收部门对征询意见过程实施监督，大多数产权人、公房承租人同意的，方可进行旧城区改建，拟征收范围由区县人民政府确定。

（四）征收要件

通过征询的旧城区改建项目，纳入各区县国民经济和社会发展年度计划。各相关部门要简化审批手续、加快推进。发展改革部门出具投资任务书作为项目批准文件、规划部门出具项目规划意见、国土资源部门出具项目土地预审意见。

（五）暂停办理

区县房屋征收部门根据建设单位提交的征收要件以及房屋征收申请向区县人民政府申请启动房屋征收工作，在收到区县人民政府确认意见后3个工作日内，在征收范围内发布暂停公告，告知产权人、公房承租人不得在房屋征收范围内实施新建、扩建、改建房屋和改变房屋用途、变更房屋权属登记等不当增加补偿费用的行为，违反规定的不予补偿。暂停期限为一年，需要延长暂停期限的，区县房屋征收部门应当提前15日在征收范围内及时发布延期公告，延长期限最长不超过一年。

（六）调查登记

区县房屋征收部门可以委托房屋征收实施单位对房屋征收范围内房屋的权属、区位、用途、建筑面积等情况进行调查登记，产权人、公房承租人应当予以配合。调查结果应当在房屋征收范围内公布。

（七）方案征询

区县房屋征收部门会同区县财政、发展改革、监察、审计等部门及街道办事处（乡镇人民政府）拟定房屋征收补偿方案，并报区县人民政府批准。房屋征收补偿方案应在征收范围内公布，征求公众意见，征求意见期限为30日。征收范围内产权人、公房承租人有意见的，持本人身份证明和房屋权属证明或者公房承租证明，在征求意见期限内以书面形式提交房屋征收部门。多数产权人、公房承租人不同意征收补偿方案的，区县人民政府应当组织由产权人、公房承租人和公众代表参加的听证会，并根据听证会情况修改方案。区、县人民政府应当将征求意见情况和根据公众意见修改的情况及时公布。

（八）预签协议

区县房屋征收部门按照公布的征收补偿方案，组织产权人、公房承租人预签附生效条件的征收补偿协议。预签征收补偿协议生效具体比例由各区县人民政府确定，预签征收补偿协议期限不超过6个月。预签征收补偿协议生效的，由区县房屋征收部门报请区县人民政府作出房屋征收决定；在预签征收补偿协议期限内未达到生效比例的，征收工作终止。征收补偿协议生效前不实际支付补偿款和提供房源。

自管公房或者直管公房的房屋所有权人在预签征收补偿协议前与公房承租人签订附带生效条件的房改售房协议，预签征收补偿协议生效后房改售房协议自动生效。

（九）征收决定

区县人民政府作出房屋征收决定后应及时公告，预签征收补偿协议生效并与正式征收补偿协议具有同等效力。征收评估价格与预签征收补偿协议评估价格出现差异的，按照"就高不就低"的原则处理。

（十）补偿决定

房屋征收部门与被征收人（含公房承租人，下同）·在房屋征收决定公告的签约期限内达不成征收补偿协议、被征收房屋所有权人不明确的或者下落不明的，由房屋征收部门报请区县人民政府作出补偿决定，并在房屋征收范围内予以公告。

（十一）强制执行

在补偿决定规定的期限内不搬迁的，由作出房屋征收决定的区县人民政府依法申请人民法院强制执行。

五、严格执行房屋征收补偿标准

区县人民政府及房屋征收部门应当按照《国有土地上房屋征收与补偿条例》的规定对被征收人给予公平补偿，补偿方式包括货币补偿和房屋产权调换。被征收人符合住房保障条件的，应当优先给予住房保障。对于征收范围内认定的违法建筑和超过批准期限的临时建筑坚决不予补偿，依法维护征收与补偿工作的公平性。

做好旧城区改建房屋征收工作，关系到依法维护被征收人合法权益和首都经济社会发展与稳定大局，各区县、各部门要高度重视，项目启动前补偿资金应按照项目进度足额到位，安置房源应具备立项批复文件和规划设计图。项目实施过程中，应在房屋征收现场设立群众工作站，明确专人，及时解决群众反映的问题，切实维护群众合法权益。

上海市国有土地上房屋征收与补偿实施细则

（2011 年 10 月 19 日上海市人民政府令第 71 号公布 自 2011 年 10 月 19 日起施行）

第一章　总　　则

第一条　（目的和依据）①

为了规范本市国有土地上房屋征收与补偿活动，维护公共利益，保障被征收人的合法权益，根据《国有土地上房屋征收与补偿条例》，结合本市实际，制定本细则。

第二条　（适用范围）

在本市国有土地上实施房屋征收与补偿，适用本细则。

第三条　（基本原则）

房屋征收与补偿应当遵循决策民主、程序正当、公平补偿、结果公开的原则。

第四条　（管理部门）

市房屋行政管理部门是本市房屋征收与补偿工作的主管部门，

---

① 本细则条文主旨为原文内容，非编者所加，特此说明。

负责本市房屋征收与补偿的业务指导和监督管理等工作。

市和区（县）发展改革、建设、规划土地、财政、公安、工商、监察等有关行政管理部门，应当依照本细则的规定和职责分工，互相配合，保障房屋征收与补偿工作的顺利进行。

被征收房屋所在地的街道办事处、镇（乡）人民政府，应当配合做好房屋征收与补偿的相关工作。

第五条　（征收主体与征收部门）

区（县）人民政府负责本行政区域的房屋征收与补偿工作。

区（县）房屋行政管理部门为本行政区域的房屋征收部门，负责组织实施房屋征收与补偿工作。

房屋征收部门可以委托房屋征收事务所，承担房屋征收与补偿的具体工作。房屋征收事务所不得以营利为目的。房屋征收部门对房屋征收事务所在委托范围内实施的房屋征收与补偿行为负责监督，并对其行为后果承担法律责任。

第六条　（工作人员培训与上岗）

从事房屋征收与补偿工作的人员，应当通过市房屋行政管理部门组织的有关法律知识、业务知识的培训考核，持证上岗。

第七条　（举报处理）

任何单位和个人对违反本细则规定的行为，都有权向市和区（县）人民政府、房屋行政管理部门和其他有关部门举报。接到举报的市和区（县）人民政府、房屋行政管理部门和其他有关部门对举报应当及时核实、处理。

市和区（县）监察机关应当加强对参与房屋征收与补偿工作的政府和有关部门或者单位及其工作人员的监察。

第二章　征收决定

第八条　（确需征收房屋的情形）

为了保障国家安全、促进国民经济和社会发展等公共利益的需要，有下列情形之一，确需征收房屋的，由区（县）人民政府作出房屋征收决定：

（一）国防和外交的需要；

（二）由政府组织实施的能源、交通、水利等基础设施建设的需要；

（三）由政府组织实施的科技、教育、文化、卫生、体育、环境和资源保护、防灾减灾、文物保护、社会福利、市政公用等公共事业的需要；

（四）由政府组织实施的保障性安居工程建设的需要；

（五）由政府依照国家和本市有关城乡规划规定组织实施的对危房集中、基础设施落后等地段进行旧城区改建的需要；

（六）法律、行政法规规定的其他公共利益的需要。

第九条　　（规划和计划）

依照本细则第八条规定，确需征收房屋的各项建设活动，应当符合本市国民经济和社会发展规划、土地利用总体规划、城乡规划和专项规划。保障性安居工程建设、旧城区改建，应当纳入区（县）国民经济和社会发展年度计划。

第十条　　（房屋征收范围的确定）

符合本细则第八条第（一）项至第（四）项规定的建设项目需要征收房屋的，房屋征收范围根据建设用地规划许可证确定。

符合本细则第八条第（五）项规定因旧城区改建需要征收房屋的，房屋征收范围由市建设行政管理部门会同市房屋管理、发展改革、规划土地、财政等行政管理部门以及相关区（县）人民政府确定。

符合本细则第八条规定的其他情形需要征收房屋的，房屋征收范围由市房屋行政管理部门会同相关行政管理部门和区（县）人民政府确定。

第十一条　　（征收范围确定后不得实施的行为）

房屋征收范围确定后，不得在房屋征收范围内实施新建、扩建、改建房屋及其附属物和改变房屋、土地用途等不当增加补偿费用的行为；违反规定实施的，不予补偿。

房屋征收范围确定后，有下列行为之一的，不增加违反规定的补偿费用：

（一）建立新的公有房屋租赁关系、分列公有房屋租赁户名；

（二）房屋转让、析产、分割、赠与；

（三）新增、变更工商营业登记；

（四）迁入户口或者分户；

（五）其他不当增加补偿费用的行为。

有关行政管理部门和机构受理前款所列事项时，应当要求被征收人、公有房屋承租人提交不因此增加违反规定的补偿费用的书面承诺。

房屋征收部门应当将本条第一款、第二款的要求在房屋征收范围内予以公告，并书面通知规划土地、工商、公安等行政管理部门，房地产登记机构以及公有房屋出租人等单位。公告和书面通知应当载明暂停期限。暂停期限自公告之日起最长不得超过 1 年。

第十二条　　（旧城区改建的意愿征询）

因旧城区改建房屋征收范围确定后，房屋征收部门应当组织征询被征收人、公有房屋承租人的改建意愿；有 90% 以上的被征收人、公有房屋承租人同意的，方可进行旧城区改建。

第十三条　　（房屋调查登记）

房屋征收部门应当对房屋征收范围内房屋的权属、区位、用途、建筑面积等情况组织调查登记，被征收人、公有房屋承租人应当予以配合。调查结果应当在房屋征收范围内向被征收人、公有房屋承租人公布。

第十四条　　（对未经登记建筑的调查、认定和处理）

区（县）人民政府应当组织有关行政管理部门依法对征收范围内未经登记的建筑进行调查、认定和处理。对认定为合法建筑和未超过批准期限的临时建筑的，房屋征收部门应当给予补偿；对认定为违法建筑和超过批准期限的临时建筑的，不予补偿。

第十五条　（征收补偿方案的拟订和论证）

房屋征收部门拟订征收补偿方案，报区（县）人民政府。征收补偿方案应当包括以下内容：

（一）房屋征收与补偿的法律依据；

（二）房屋征收的目的；

（三）房屋征收的范围；

（四）被征收房屋类型和建筑面积的认定办法；

（五）房屋征收补偿方式、标准和计算方法；

（六）补贴和奖励标准；

（七）用于产权调换房屋的基本情况和选购方法；

（八）房屋征收评估机构选定办法；

（九）房屋征收补偿的签约期限；

（十）搬迁期限和搬迁过渡方式、过渡期限；

（十一）受委托的房屋征收事务所名称；

（十二）其他事项。

区（县）人民政府应当组织有关部门对征收补偿方案进行论证并在房屋征收范围内予以公布，征求被征收人、公有房屋承租人意见。征求意见期限不得少于 30 日。其中，因旧城区改建需要征收房屋的，区（县）人民政府还应当组织由被征收人、公有房屋承租人和律师等公众代表参加的听证会。

第十六条　（方案修改和公布）

区（县）人民政府应当将征求意见情况和根据公众意见修改的情况及时公布。

第十七条　（征收补偿费用）

征收补偿费用包括用于货币补偿的资金和用于产权调换的房屋。用于货币补偿的资金在房屋征收决定作出前应当足额到位、专户存储、专款专用。用于产权调换的房屋在交付时应当符合国家质量安全标准和本市住宅交付使用许可要求，并产权清晰、无权利负担。

第十八条　（社会稳定风险评估）

房屋征收决定作出前，房屋征收部门应当会同区（县）相关行政管理部门、街道办事处、镇（乡）人民政府，参照本市重大事项社会稳定风险评估的有关规定，进行社会稳定风险评估，并报区（县）人民政府审核。

第十九条　（房屋征收决定）

房屋征收决定由区（县）人民政府作出。涉及被征收人、公有房屋承租人50户以上的，应当经区（县）人民政府常务会议讨论决定。

第二十条　（征收决定的公告）

区（县）人民政府作出房屋征收决定后应当及时公告。公告应当载明征收补偿方案和行政复议、行政诉讼权利等事项。

区（县）人民政府及房屋征收部门应当做好房屋征收与补偿的宣传、解释工作。

房屋被依法征收的，国有土地使用权同时收回。

第二十一条　（旧城区改建征收决定）

因旧城区改建需要征收房屋的，房屋征收部门应当在征收决定作出后，组织被征收人、公有房屋承租人根据征收补偿方案签订附生效条件的补偿协议。在签约期限内达到规定签约比例的，补偿协议生效；在签约期限内未达到规定签约比例的，征收决定终止执行。签约比例由区（县）人民政府规定，但不得低于80%。

第二十二条　（征收决定的复议和诉讼）

被征收人、公有房屋承租人对区（县）人民政府作出的房屋征收决定不服的，可以依法申请行政复议，也可以依法提起行政诉讼。

第三章 补 偿

第二十三条 （征收补偿协议主体的确定）

房屋征收补偿协议应当由房屋征收部门与被征收人、公有房屋承租人签订。

被征收人、公有房屋承租人以征收决定作出之日合法有效的房地产权证、租用公房凭证、公有非居住房屋租赁合同计户，按户进行补偿。

被征收人以房地产权证所载明的所有人为准，公有房屋承租人以租用公房凭证、公有非居住房屋租赁合同所载明的承租人为准。

第二十四条 （评估机构的选定）

被征收房屋的价值，由具有相应资质的房地产价格评估机构按照房屋征收评估办法评估确定。

房地产价格评估机构由被征收人、公有房屋承租人协商选定；协商不成的，由房屋征收部门通过组织被征收人、公有房屋承租人按照少数服从多数的原则投票决定，也可以由房屋征收部门或者被征收人、公有房屋承租人采取摇号、抽签等随机方式确定。房屋征收部门应当将确定的房地产价格评估机构予以公告。

房地产价格评估机构应当独立、客观、公正地开展房屋征收评估工作，任何单位和个人不得干预。

第二十五条 （房屋征收价值评估）

被征收房屋价值评估应当考虑被征收房屋的区位、用途、建筑结构、新旧程度、建筑面积以及占地面积、土地使用权等因素。

除本市对用于产权调换房屋价格有特别规定外，用于产权调换房屋的市场价值应当由按照第二十四条规定已选定的房地产价格评估机构评估确定。被征收房屋和用于产权调换房屋的价值评估时点为房屋征收决定公告之日。

被征收人、公有房屋承租人或者房屋征收部门对评估结果有异议的,应当自收到评估报告之日起 10 日内,向房地产价格评估机构申请复核评估。被征收人、公有房屋承租人或者房屋征收部门对房地产价格评估机构的复核结果有异议的,应当自收到复核结果之日起 10 日内,向市房地产估价师协会组织的房地产估价专家委员会申请鉴定。

第二十六条　　(征收居住房屋的补偿方式)

征收居住房屋的,被征收人、公有房屋承租人可以选择货币补偿,也可以选择房屋产权调换。

被征收人、公有房屋承租人选择房屋产权调换的,房屋征收部门应当提供用于产权调换的房屋,并与被征收人、公有房屋承租人计算、结清被征收房屋补偿金额与用于产权调换房屋价值的差价。

因旧城区改建征收居住房屋的,作出房屋征收决定的区(县)人民政府应当提供改建地段或者就近地段的房源,供被征收人、公有房屋承租人选择,并按照房地产市场价结清差价。就近地段的范围,具体由房屋征收部门与被征收人、公有房屋承租人在征收补偿方案征求意见过程中确定。

第二十七条　　(征收居住房屋的补偿、补贴和奖励)

征收居住房屋的,应当根据不同情况,按照本细则规定给予被征收人、公有房屋承租人以下补偿、补助:

(一)被征收房屋的房地产市场评估价格;

(二)价格补贴;

(三)特定房屋类型的套型面积补贴;

(四)居住困难户的保障补贴;

(五)搬迁费和临时安置费。

对按期签约、搬迁的被征收人、公有房屋承租人,房屋征收部门应当给予奖励,具体奖励标准由各区(县)人民政府制定。

第二十八条　　(征收居住房屋的补偿、补贴计算标准)

被征收居住房的补偿金额＝评估价格＋价格补贴,但本细则有特别规定的,从其规定。

评估价格＝被征收房屋的房地产市场评估单价×被征收房屋的建筑面积。被征收房屋的房地产市场评估单价低于评估均价的，按评估均价计算。

评估均价＝被征收范围内居住房屋评估总价÷居住房屋总建筑面积。评估均价标准，由房地产价格评估机构在评估后计算得出，由房屋征收部门在征收范围内公布。

价格补贴＝评估均价×补贴系数×被征收房屋的建筑面积。补贴系数不超过 0.3，具体标准由区（县）人民政府制定。

被征收房屋属于旧式里弄房屋、简屋以及其他非成套独用居住房屋的，被征收房屋的补偿金额增加套型面积补贴。套型面积补贴＝评估均价×补贴面积。套型面积补贴按照房屋征收决定作出之日合法有效的房地产权证、租用公房凭证户口补贴，每证补贴面积标准不超过 15 平方米建筑面积，具体标准由区（县）人民政府制定。

第二十九条　（征收执行政府规定租金标准的公有出租居住房屋的补偿、补贴标准）

征收执行政府规定租金标准的公有出租居住房屋，被征收人选择货币补偿的，租赁关系终止，对被征收人的补偿金额计算公式为：评估价格×20%；对公有房屋承租人的补偿金额计算公式为：评估价格×80%＋价格补贴，被征收房屋属于旧式里弄房屋、简屋以及其他非成套独用居住房屋的，按照本细则规定增加套型面积补贴。

征收执行政府规定租金标准的公有出租居住房屋，被征收人选择房屋产权调换的，由被征收人负责安置公有房屋承租人，租赁关系继续保持。对被征收人的补偿金额计算公式为：评估价格＋价格补贴，被征收房屋属于旧式里弄房屋、简屋以及其他非成套独用居住房屋的，按照本细则规定增加套型面积补贴。

第三十条　（征收执行政府规定租金标准的私有出租居住房屋的补偿、补贴标准）

征收执行政府规定租金标准的私有出租居住房屋，对被征收人的补偿金额计算公式为：评估价格×100%；对房屋承租人的补偿按照第二十九条第一款有关公有房屋承租人的补偿规定执行。

第三十一条　（居住困难户的优先保障）

按照本市经济适用住房有关住房面积核定规定以及本条第二款规定的折算公式计算后，人均建筑面积不足 22 平方米的居住困难户，增加保障补贴，但已享受过经济适用住房政策的除外。增加的保障补贴可以用于购买产权调换房屋。

折算公式为：被征收居住房屋补偿金额÷折算单价÷居住困难户人数。

保障补贴=折算单价×居住困难户人数×22 平方米-被征收居住房屋补偿金额。

折算单价由区（县）人民政府公布。

符合经济适用住房政策规定条件的居住困难户，可以优先购买经济适用住房。

第三十二条　（优先住房保障的申请和审核）

居住困难的被征收人、公有房屋承租人应当向所在区（县）住房保障机构提出居住困难审核申请，并提供相关证明材料。

区（县）住房保障机构应当按照本细则以及本市经济适用住房的相关规定对居住困难户进行认定，并将经认定符合条件的居住困难户及其人数在征收范围内公示，公示期为 15 日。公示期内有异议的，由区（县）住房保障机构在 15 日内进行核查和公布。

第三十三条　（征收居住房屋的其他补贴标准）

征收居住房屋，被征收人、公有房屋承租人选择房屋产权调换的，产权调换房屋交付前，房屋征收部门应当支付临时安置费或者提供周转用房。

征收居住房屋造成搬迁的，房屋征收部门应当向被征收人、公有房屋承租人支付搬迁费。

临时安置费和搬迁费的具体标准由区（县）人民政府制定。

第三十四条　（征收非居住房屋的补偿）

征收非居住房屋的，被征收人、公有房屋承租人可以选择货币补偿，也可以选择房屋产权调换。

征收非居住房屋的，应当对被征收人、公有房屋承租人给予以下补偿：

（一）被征收房屋的市场评估价格；

（二）设备搬迁和安装费用；

（三）无法恢复使用的设备按重置价结合成新结算的费用；

（四）停产停业损失补偿。

被征收人、公有房屋承租人按期搬迁的，应当给予搬迁奖励。具体奖励标准由区（县）人民政府制定。

第三十五条　（停产停业损失补偿）

因征收非居住房屋造成被征收人、公有房屋承租人停产停业损失的补偿标准，按照被征收房屋市场评估价的10%确定。

被征收人、公有房屋承租人认为其停产停业损失超过被征收房屋的市场评估价10%的，应当向房屋征收部门提供房屋被征收前三年的平均效益、停产停业期限等相关证明材料。房屋征收部门应当委托房地产价格评估机构对停产停业损失进行评估，并按照评估结果予以补偿。被征收人、公有房屋承租人对评估结果有异议的，可以按照本细则第二十五条第三款规定申请复核、鉴定。

第三十六条　（征收执行政府规定租金标准的公有出租非居住房屋的补偿标准）

征收执行政府规定租金标准的公有出租非居住房屋，被征收人选择货币补偿的，租赁关系终止，对被征收人的补偿金额计算公式为：评估价格×20%，对公有房屋承租人的补偿金额计算公式为：评估价格×80%；被征收人选择房屋产权调换的，由被征收人安置公有房屋承租人，租赁关系继续保持。

第三十七条 （征收宗教团体所有的房屋的补偿标准）

征收宗教团体所有的房屋，房屋征收部门应当事先征求宗教事务管理部门的意见，并与宗教团体签订征收补偿协议。

征收由房屋行政管理部门代理经租的宗教团体的房屋，租赁关系终止。征收居住房屋的，补偿方式与标准按照本细则第三十条规定执行。征收非居住房屋的，对被征收人的补偿金额为：评估价格×100%，对房屋承租人的补偿按照第三十六条有关公有房屋承租人的补偿规定执行。

第三十八条 （征收依法代管房屋的补偿标准）

征收房屋管理部门依法代管的房屋，房屋征收部门应当与代管人订立征收补偿协议。征收补偿协议应当经公证机构公证，征收房屋有关资料应当向公证机构办理证据保全。补偿方式与标准，按照本细则第三十七条第二款的规定执行。

第三十九条 （征收设有抵押权房屋的补偿标准）

征收设有抵押权的房屋，抵押人与抵押权人应当按照国家和本市房地产抵押规定，就抵押权及其所担保债权的处理问题进行协商。

抵押人与抵押权人达成书面协议的，房屋征收部门应当按照协议对被征收人给予补偿。达不成协议，房屋征收部门对被征收人实行货币补偿的，应当将补偿款向公证机构办理提存；对被征收人实行房屋产权调换的，抵押权人可以变更抵押物。

第四十条 （订立补偿协议）

房屋征收部门与被征收人、公有房屋承租人依照本细则的规定，就补偿方式、补偿金额和支付期限、用于产权调换房屋的地点和面积、搬迁费、临时安置费或者周转用房、停产停业损失、搬迁期限、过渡方式和过渡期限等事项，订立补偿协议。

补偿协议订立后，一方当事人不履行补偿协议约定的义务的，另一方当事人可以依法提起诉讼或者仲裁。

第四十一条 （搬迁）

实施房屋征收应当先补偿、后搬迁。

作出房屋征收决定的区（县）人民政府对被征收人、公有房屋承租人给予补偿后，被征收人、公有房屋承租人应当在补偿协议约定或者补偿决定确定的搬迁期限内完成搬迁。

任何单位和个人不得采取暴力、威胁或者违反规定中断供水、供热、供气、供电和道路通行等非法方式迫使被征收人、公有房屋承租人搬迁。禁止建设单位参与搬迁活动。

第四十二条 （补偿决定及复议和诉讼）

房屋征收部门与被征收人、公有房屋承租人在征收补偿方案确定的签约期限内达不成补偿协议，或者被征收房屋所有权人不明确的，由房屋征收部门报区（县）人民政府。区（县）人民政府应当依法按照征收补偿方案作出补偿决定，并在房屋征收范围内予以公告。

补偿决定应当公平，包括本细则第四十条第一款规定的有关补偿协议的事项。

对征收居住房屋的补偿争议，应当决定以房屋产权调换或者房屋产权调换与货币补偿相结合的方式进行补偿。对征收非居住房屋的补偿争议，可以决定以房屋产权调换、货币补偿或者房屋产权调换与货币补偿相结合的方式进行补偿。

被征收人、公有房屋承租人对补偿决定不服的，可以依法申请行政复议，也可以依法提起行政诉讼。

第四十三条 （补偿决定的司法强制执行）

被征收人、公有房屋承租人在法定期限内不申请行政复议或者不提起行政诉讼，在补偿决定规定的期限内又不搬迁的，由作出房屋征收决定的区（县）人民政府依法申请人民法院强制执行。

区（县）人民政府在申请人民法院强制执行前，应当依法书面催告被征收人、公有房屋承租人履行搬迁义务。

申请人民法院强制执行的，区（县）人民政府应当按照规定提交作出补偿决定的有关文件、被申请人的基本情况、并附具补偿金额和专户存储账号、产权调换房屋和周转用房的地点和面积等材料。

第四十四条　（居住房屋征收补偿所得的归属和安置义务）

征收居住房屋的，被征收人取得货币补偿款、产权调换房屋后，应当负责安置房屋使用人；公有房屋承租人所得的货币补偿款、产权调换房屋归公有房屋承租人及其共同居住人共有。

第四十五条　（补偿结果公开）

房屋征收部门应当依法建立房屋征收补偿档案，并将分户补偿结果在房屋征收范围内向被征收人、公有房屋承租人公布。

区（县）审计机关应当加强对征收补偿费用管理和使用情况的监督，并公布审计结果。

第四章　法　律　责　任

第四十六条　（政府部门工作人员的责任）

市房屋行政管理等相关行政管理部门、区（县）人民政府及其相关行政管理部门、房屋征收部门的工作人员在房屋征收与补偿工作中不履行本细则规定的职责，或者滥用职权、玩忽职守、徇私舞弊的，由所在单位或者上级主管部门责令改正，通报批评；造成损失的，依法承担赔偿责任；对直接负责的主管人员和其他直接责任人员，依法给予处分；构成犯罪的，依法追究刑事责任。

第四十七条　（暴力、威胁等方式搬迁的责任）

采取暴力、威胁或者违反规定中断供水、供热、供气、供电和道路通行等非法方式迫使被征收人、公有房屋承租人搬迁，造成损失的，依法承担赔偿责任；对直接负责的主管人员和其他直接责任人员，构成犯罪的，依法追究刑事责任；尚不构成犯罪的，依法给予处分；构成违反治安管理行为的，依法给予治安管理处罚。

第四十八条　（非法阻碍依法征收的责任）

采取暴力、威胁等方法阻碍依法进行的房屋征收与补偿工作，构成犯罪的，依法追究刑事责任；构成违反治安管理行为的，依法给予治安管理处罚。

第四十九条　（与补偿费用有关违法行为的责任）

贪污、挪用、私分、截留、拖欠征收补偿费用的，责令改正，追回有关款项，限期退还违法所得，对有关责任单位通报批评、给予警告；造成损失的，依法承担赔偿责任；对直接负责的主管人员和其他直接责任人员，构成犯罪的，依法追究刑事责任；尚不构成犯罪的，依法给予处分。

第五十条　（评估机构的责任）

房地产价格评估机构或者房地产估价师出具虚假或者有重大差错的评估报告的，由发证机关责令限期改正，给予警告，对房地产价格评估机构并处 5 万元以上 20 万元以下罚款，对房地产估价师并处 1 万元以上 3 万元以下罚款，并记入信用档案；情节严重的，吊销资质证书、注册证书；造成损失的，依法承担赔偿责任；构成犯罪的，依法追究刑事责任。

第五章　附　　则

第五十一条　（有关用语的含义）

本细则中下列用语的含义：

（一）被征收人，是指被征收房屋的所有权人。

（二）公有房屋承租人，是指执行政府规定租金标准、与公有房屋产权人或者管理人建立租赁关系的个人和单位。

（三）共同居住人，是指作出房屋征收决定时，在被征收房屋处具有常住户口，并实际居住生活一年以上（特殊情况除外），且本市无其他住房或者虽有其他住房但居住困难的人。

（四）房屋使用人，是指实际占用房屋的单位和个人。

第五十二条 （施行日期）

本细则自公布之日起施行。2001 年 10 月 29 日市人民政府令第 111 号发布的《上海市城市房屋拆迁管理实施细则》、2006 年 7 月 1 日市人民政府令第 61 号发布的《上海市城市房屋拆迁面积标准房屋调换应安置人口认定办法》同时废止。《国有土地上房屋征收与补偿条例》施行前已依法取得房屋拆迁许可证的项目，继续沿用原有的规定办理，但区（县）人民政府不得责成有关部门强制拆迁。

重庆市国有土地上房屋征收与补偿条例实施细则

（2022 年 4 月 14 日　渝府发〔2022〕26 号）

第一章　总　　则

第一条 为了规范本市国有土地上房屋征收与补偿活动，维护公共利益，细化国有土地上房屋征收与补偿工作规定，保障被征收房屋所有权人（以下简称被征收人）的合法权益，根据《中华人民共和国民法典》《国有土地上房屋征收与补偿条例》和《重庆市国有土地上房屋征收与补偿条例》等有关法律、法规，结合本市实际，制定本实施细则。

第二条 因公共利益的需要，在本市行政区域内国有土地上实施房屋征收与补偿（以下简称房屋征收与补偿），适用本实施细则。

第三条 房屋征收与补偿应当遵循决策民主、程序正当、结果公开、公平合理、及时补偿的原则。

第四条 市住房城乡建设主管部门牵头，会同市级有关部门负责全市房屋征收与补偿的指导、监督和检查工作；市住房城乡建设主管部门可以委托下属的行政事业单位，对区县（自治县，以下简称区县）房屋征收与补偿工作开展专项业务指导、监督和检查活动。

发展改革、财政、教育、公安、民政、人力社保、规划自然资源、城市管理、卫生健康、市场监管、税务等有关部门按照职责分工，做好房屋征收与补偿的相关工作。

第五条　区县政府负责本行政区域内的房屋征收与补偿工作。

区县住房城乡建设主管部门负责本辖区房屋征收与补偿的指导、监督和检查工作。

区县政府确定的房屋征收部门组织实施本行政区域内房屋征收与补偿工作。乡镇政府、街道办事处应当配合做好辖区内房屋征收与补偿的相关工作。

征收项目涉及跨行政区域的，由相关区县政府协商确定或者由市住房城乡建设主管部门统筹确定 1 个区县政府牵头，负责协调和推进房屋征收项目实施工作，相关区县政府配合；相关区县政府可以按照市住房城乡建设主管部门的相关规定，协商制定并实施统一的补偿标准。

第六条　区县房屋征收部门可以委托房屋征收实施单位承担房屋征收与补偿的具体工作，并对委托事项进行指导、监督和检查，依法承担委托事项的法律责任。

房屋征收实施单位按照受委托权限，依法开展房屋征收与补偿工作，不得以营利为目的。

根据房屋征收与补偿工作需要，区县房屋征收部门、征收实施单位可以委托具备相应条件的单位承担调查、测绘、评估、法律服务等相关工作。

第七条　区县政府应当保障房屋征收工作经费。中心城区的征收工作经费标准由市住房城乡建设主管部门会同市财政部门统一制定，其他区县的征收工作经费标准由当地房屋征收部门会同财政部门制定。

第八条　市住房城乡建设主管部门、区县房屋征收部门应当组织开展业务培训工作，提升工作人员的法律和业务素质，确保房屋征收与补偿工作依法实施。

第九条 区县房屋征收部门负责辖区房屋征收与补偿方面的档案管理，按政府信息公开要求向社会公开有关信息，并按规定向有关部门提供信息查询服务。

房屋征收实施单位在完成征收项目后3个月内，将房屋征收与补偿方面的档案资料交由区县房屋征收部门验收、存档。

市住房城乡建设主管部门应当加强全市房屋征收与补偿工作档案的电子信息化建设与管理工作，实施全市房屋征收与补偿工作档案资料的电子信息化集中管理。

第十条 任何单位和个人不得采取暴力、威胁或者中断供水、供气、供电、道路通行等方式，迫使被征收人签订补偿协议和搬迁。

未经区县房屋征收部门组织、委托，任何单位和个人不得开展房屋征收与补偿的活动。

第十一条 对违反本实施细则规定的行为，任何组织和个人有权向市、区县政府及其住房城乡建设主管部门、区县房屋征收部门和其他相关部门举报，接到举报的有关人民政府和部门应当对举报事项进行核实、处理。

审计机关应当加强对征收工作经费、征收补偿费用等管理和使用情况的监督。

第二章 征收决定

第十二条 为了保障国家安全、促进国民经济和社会发展等公共利益的需要，有下列情形之一，确需征收房屋的，由区县政府作出房屋征收决定：

（一）国防和外交的需要；

（二）由政府组织实施的能源、交通、水利等基础设施建设的需要；

（三）由政府组织实施的科技、教育、文化、卫生健康、体育、环境和资源保护、防灾减灾、文物保护、社会福利、市政公用等公共事业的需要；

（四）由政府组织实施的保障性安居工程建设的需要；

（五）由政府依照城乡规划法有关规定组织实施的对危房集中、基础设施落后等地段进行旧城区改建的需要；

（六）法律、行政法规规定的其他公共利益的需要。

第十三条 区县政府应当根据国民经济和社会发展规划、国土空间规划、专项规划，结合本地区经济社会发展需要，统筹资金、房源等情况，合理制定房屋征收项目年度计划，报市住房城乡建设主管部门备案。

在房屋征收项目年度计划实施中，确需调整年度计划项目的，由区县政府决定，报市住房城乡建设主管部门备案后调整实施。

市住房城乡建设主管部门应当加强对区县房屋征收项目年度计划制定及执行的指导、监督和检查。

第十四条 符合本实施细则第十二条规定的公共利益情形，确需征收房屋的，由政府确定的建设项目组织实施单位向区县房屋征收部门提出启动房屋征收程序，说明拟征收范围和符合公共利益的具体情形，并提交发展改革、规划自然资源等部门关于建设项目符合国民经济和社会发展规划、国土空间规划、专项规划的证明；因保障性安居工程建设、旧城区改建需要征收房屋的，还应当提交发展改革部门关于建设项目纳入国民经济和社会发展年度计划的证明。

第十五条 收到启动房屋征收程序申请后，区县房屋征收部门应当对征收项目和拟征收范围内的房屋情况进行摸底调查，并会同有关部门提出初步审查意见，报区县政府审批。

因旧城区改建需要征收房屋的，区县房屋征收部门提出初步审查意见前应当书面征求拟征收范围内房屋所有权人的意见，其中房屋所有权专有部分面积占比超过三分之二且户数占比超过三分之二的房屋所有权人同意旧城区改建的，方可纳入旧城区改建范围，并启动房屋征收程序。

第十六条 区县政府根据区县房屋征收部门的初步审查意见，认为符合公共利益需要的，应当合理确定房屋征收项目和征收范围，并予以公布。

区县房屋征收部门根据区县政府确定的房屋征收项目和征收范围，将房屋所有权人确定为被征收人。

第十七条 房屋征收项目和征收范围确定后，自公布之日起，除经依法批准的危房解危改造外，任何组织或者个人不得在征收范围内实施新建、扩建、改建房屋或者改变土地、房屋用途等行为。违反规定实施的，所增加的费用不予补偿。

房屋征收范围公布后，有下列行为之一的，不增加补偿：

（一）转让土地使用权、房屋所有权或者设定其他权利；

（二）以征收范围内的房屋为住所或者经营场所申请办理企业、个体工商户及其他组织的设立或者变更登记；

（三）其他不当增加补偿费用的行为。

区县房屋征收部门应当将房屋征收项目、征收范围及前两款所列事项在征收范围内公布，并书面通知教育、公安、民政、规划自然资源、城市管理、市场监管、不动产登记等部门和机构暂停办理相关手续。暂停办理通知应当载明暂停的事项和期限，暂停期限自公布之日起最长不得超过 1 年。

第十八条 房屋征收项目和征收范围公布后，区县房屋征收部门按照本实施细则规定确定并委托的房地产价格评估机构（以下简称评估机构），可以参与调查登记和开展预评估等前期服务工作。

第十九条 区县房屋征收部门应当在房屋征收范围内发布入户调查通知后组织开展调查工作，登记被征收房屋的权属、区位、用途、建筑面积等情况，被征收人应当配合调查登记。被征收人不予配合的，按照不动产登记簿进行登记。调查登记结果应当在房屋征收范围内向被征收人公布，被征收人对调查登记结果有异议的，区县房屋征收部门应当依法核实处理。

第二十条　区县政府组织住房城乡建设、规划自然资源、城市管理、不动产登记等部门和机构，对未经登记建筑的合法性进行集体会审认定。认定为合法建筑的，应当给予补偿；认定为违法建筑的，不予补偿；认定为未超过批准期限的临时建筑的，结合剩余期限予以适当补偿；认定为超过批准期限的临时建筑的，不予补偿。区县政府可以结合实际，制定未经登记建筑的认定标准。

集体会审的认定和处理结果应当在房屋征收范围内公示，公示期限不少于7个工作日。对认定和处理结果有异议的，应当在公示期限届满前向区县政府提出，区县政府应当进行核实。

第二十一条　区县房屋征收部门拟定的征收补偿方案经区县住房城乡建设主管部门初审后，报区县政府审批。区县政府组织论证、审查后公布并征求意见，征求意见期限不得少于30日。

征收补偿方案应当包括下列内容：

（一）房屋征收补偿的法律、法规依据；

（二）房屋征收目的和征收范围；

（三）房屋征收实施单位；

（四）房屋征收补偿方式和补偿标准；

（五）搬迁补助、货币补偿或者产权调换补助、提前签约奖励标准；

（六）产权调换房屋的地点、面积、价格等情况；

（七）签约时间及期限；

（八）征收补偿方案制定单位联系方式；

（九）其他事项。

区县政府应当及时将征收补偿方案征求意见情况和根据公众意见修改的情况予以公布。

第二十二条 因旧城区改建需要征收房屋的，在征收补偿方案征求意见期限内，有过半数被征收人对征收补偿方案提出异议的，区县政府应当组织召开由被征收人代表和公众代表参加的听证会，并根据听证会情况修改完善征收补偿方案。

被征收人报名参加听证会的人数为10人以上的，应由其通过推举或者抽签的方式确定代表参会，确定的被征收人代表不少于10人；被征收人报名参加听证会的人数少于10人的，均作为被征收人代表。公众代表应由人大代表、政协委员和有关专家等担任。

听证会应当依法公开举行。区县房屋征收部门应当提前7个工作日，将听证会召开的时间、地点通知参加听证会的被征收人代表和公众代表，并予以公告。

区县政府应当及时将征求意见和听证情况，以及根据听证会意见修改情况予以公布。

第二十三条 区县政府作出房屋征收决定前，应当按照有关规定进行社会稳定风险评估。

社会稳定风险评估报告应当对房屋征收的合法性、合理性、可行性、可控性以及可能出现的风险进行评估。社会稳定风险评估结论是决定是否实施房屋征收的重要依据。

区县政府决定实施房屋征收的，应根据社会稳定风险评估结论制定相应的风险防范、化解、处置应急预案。

第二十四条 区县政府作出房屋征收决定前，应当落实征收补偿费用和产权调换房屋。

补偿费用应当足额到位、专户存储、专款使用。区县政府可以通过将补偿费用纳入当年财政预算、列入年度发债计划等方式确保补偿费用足额到位。

交付的产权调换房屋应当产权明晰、符合房屋质量安全标准。

房屋征收决定作出前，区县房屋征收部门和产权调换房屋所有权人共同向不动产登记机构提出申请，暂停办理用于产权调换房屋的土地使用权和房屋所有权的转移登记、抵押及其他权利设定等手续。暂停期限直至房屋征收项目签约期结束，需要延长的，区县房屋征收部门和产权调换房屋所有权人应在期限届满前书面通知不动产登记机构。

第二十五条 因旧城区改建需要征收房屋的，在房屋征收决定作出之前，区县房屋征收部门应当与被征收人预先签订附有生效条件的补偿协议（以下简称预签协议）。

在签约期限内，签订预签协议的户数占比达到规定比例的，区县政府作出房屋征收决定，预签协议生效；未达到规定比例的，区县政府终止房屋征收程序，预签协议不生效。预签协议中应当注明被征收房屋价值以正式的分户评估报告为准。

签订预签协议的户数占比由区县政府根据实际情况确定，但不得低于80%。

第二十六条 中心城区内被征收人户数在100户以上或者被征收房屋建筑面积在1万平方米以上的，在作出房屋征收决定前，区房屋征收部门应当将征收补偿方案、方案论证意见、资金和房源情况等相关资料报市住房城乡建设主管部门备案。

第二十七条 区县政府应当根据相关规划和计划、房屋调查登记、征收补偿方案征求意见和社会稳定风险评估等情况，作出房屋征收决定。

被征收人户数在100户以上或者被征收房屋建筑面积在1万平方米以上的，应当经区县政府常务会议讨论决定。

第二十八条 房屋征收决定作出后，区县政府应当于7日内在房屋征收范围内予以公告。公告应当载明征收补偿方案和行政复议、行政诉讼权利等事项。

区县政府及房屋征收部门应当做好房屋征收和补偿政策的宣传、解释工作。

房屋被依法征收的，其国有土地使用权同时收回。

第三章　补偿程序

第二十九条　市住房城乡建设主管部门负责制定全市房屋征收补偿的住房保障政策，以及补偿、补助、奖励科目及其相应的最高限额标准。区县政府不得增加补偿、补助、奖励科目。

在市住房城乡建设主管部门指导下，区县政府应当在规定的补偿、补助、奖励的最高限额标准内，根据本行政区域实际情况，按照依法、公开、公平、合理原则和前款规定要求，制定本行政区域相应的补偿、补助、奖励标准，经向社会公开征求意见并修改完善后实施。征求意见的期限自公布之日起不少于7日。

中心城区内各区政府制定的房屋征收补偿标准，应当在公布前向市住房城乡建设主管部门备案，并接受业务指导。

第三十条　作出房屋征收决定的区县政府对被征收人给予的补偿包括：

（一）被征收房屋价值的补偿；

（二）因征收房屋造成的搬迁、临时安置、装饰装修以及相关设施设备损失等的补偿；

（三）因征收房屋造成的停产停业损失的补偿。

第三十一条　对被征收房屋价值的补偿价格不得低于房屋征收决定公告之日与被征收房屋类似房地产的市场价格。

被征收房屋的价值由本实施细则规定确定的评估机构按照相关规定评估确定。

经区县房屋征收部门申请，房地产市场交易管理部门或机构应当提供指定区域和时段，与被征收房屋类似的新建商品房交易平均价格方面的查询服务，出具查询结果。

第三十二条　被征收人可以选择货币补偿，也可以选择房屋产权调换。

被征收人选择房屋产权调换的，区县政府应当提供用于产权调换的房屋，并按照房屋价值相等原则，与被征收人计算、结清被征收房屋价值与用于产权调换房屋价值的差价。

产权调换后的房屋产权登记人应当为被征收人。若被征收人为自然人且死亡的，产权调换后的房屋产权登记人应当为被征收人的合法继承人或受赠人。

第三十三条 在房屋征收补偿方案规定的签约期限内，区县房屋征收部门与被征收人签订补偿协议；已签订预签协议的，按照本实施细则第三十一条规定修正房屋价值后，预签协议自动转为补偿协议。

补偿协议应当明确的主要事项有：补偿方式、补偿金额和支付期限、用于产权调换房屋的地点和面积、搬迁费、临时安置费或者周转房、停产停业损失、设施设备损失、搬迁期限、过渡方式和过渡期限等事项。

分户补偿情况应在房屋征收范围内向被征收人公布。

第三十四条 征收补偿协议订立后，区县房屋征收部门、被征收人应当按照补偿协议约定，履行各自义务。被征收房屋有其他实际使用人的，被征收人应当告知并督促实际使用人按期搬迁。

补偿协议约定的履行义务期限届满之时，区县房屋征收部门不履行补偿协议约定义务的，被征收人可以依法提起行政诉讼。

被征收人不履行约定义务，经区县房屋征收部门催告仍不履行的，区县房屋征收部门可以向被征收人作出履行补偿协议的决定，明确履行期限，告知行政复议、行政诉讼权利等事项，并在房屋征收范围内予以公告。

被征收人在法定期限内未申请行政复议或者提起行政诉讼，且经催告仍不履行补偿协议决定的，区县房屋征收部门可以依法申请人民法院强制执行。

第三十五条 在征收补偿方案规定的签约期限内达不成补偿协议，或者被征收房屋所有权人不明确的，经区县房屋征收部门申请，作出房屋征收决定的区县政府可以依照征收补偿方案作出补偿决定，并在房屋征收范围内予以公告。

补偿决定应当包括本实施细则第三十三条第二款规定的有关补偿协议的事项，并告知被征收人有行政复议和行政诉讼的权利。

被征收人对补偿决定不服的，可以依法申请行政复议，也可以依法提起行政诉讼。

被征收人在法定期限内不申请行政复议或者不提起行政诉讼，且在补偿决定规定期限内不搬迁的，区县政府应当发出催告书。被征收人自催告书送达之日起，10个工作日内仍不搬迁的，作出房屋补偿决定的区县政府可以依法申请人民法院强制执行。

第三十六条 签订房屋征收补偿协议，或者预签协议转为房屋征收补偿协议时，被征收人应当将被征收房屋的土地房屋权属证书等权属证明一并交回区县房屋征收部门，区县房屋征收部门应当及时向不动产登记机构依法申请办理相关权属登记。

补偿决定或者履行补偿协议决定被依法强制执行的，区县房屋征收部门应当通知不动产登记机构依据人民法院生效的法律文书，及时办理相应土地房屋的权属登记。

第四章 补 偿 政 策

第三十七条 被征收房屋的性质、用途和面积应以不动产权属证书和不动产登记簿的记载为准；不动产权属证书与不动产登记簿记载不一致的，除有证据证明不动产登记簿存在错误外，以不动产登记簿为准；不动产权属证书与不动产登记簿确无记载或记载不明确的，区县政府应当组织相关部门进行认定，并将认定结论在房屋征收范围内公示。

被征收房屋土地使用权证与房屋产权证记载用途不一致的，以房屋产权证记载用途为准；房屋产权证记载用途不明确的，参照房屋土地使用权证记载用途认定；房屋土地使用权证与房屋产权证记载用途均不明确的，根据该房屋产权初始登记用途进行综合认定；无法综合认定的，按房屋实际用途认定。

经前款认定后，被征收人因被征收房屋用途变更而应依法补缴相关税费、土地价款等情况的，区县房屋征收部门可以根据房屋用途变更前后的评估价值差，从该被征收房屋补偿款中扣除相当价值的款项。

第三十八条 征收直管公房和自管公房的，区县房屋征收部门应当与产权单位签订补偿协议，并告知公房承租人。产权单位应当督促公房承租人按期搬迁。

征收直管公房实行产权调换的，产权调换房屋由原公房承租人优先承租；实行货币补偿的，产权单位应当给予公房承租人适当补偿。

征收自管公房，产权单位应当书面明确被征收房屋的处置意见，区县房屋征收部门按照处置意见签订补偿协议。

第三十九条 房屋征收范围内，以产权户为单位，被征收房屋建筑面积总和与土地使用权面积比值（以下称容积比值）小于1的，对土地使用权面积大于被征收房屋建筑面积总和部分，应当根据该土地使用权登记时的规划容积率、土地供应方式、土地性质、土地用途、地理位置等因素进行评估并依法给予补偿。

同一宗地上存在多个房屋产权户，且房屋产权证未记载土地使用权面积的，按照该宗土地上全部产权房屋的建筑面积总和与该宗土地使用权面积计算容积比值；被征收房屋所涉及的土地使用权面积可按被征收房屋建筑面积占该宗土地上全部产权房屋建筑面积总和的比值，乘以该宗土地使用权面积计算。

第四十条 被征收住宅的公摊系数低于或等于15%的，按照15%的公摊系数计算应补偿面积；被征收住宅的公摊系数高于15%的，按实际面积计算应补偿面积。

用于产权调换住宅的公摊系数低于或等于15%的，其对应的公摊面积费用由被征收人承担；用于产权调换住宅的公摊系数高于15%的，其超过部分对应的公摊面积费用由区县房屋征收部门承担，未超过部分对应的公摊面积费用由被征收人承担。

第四十一条 实行最低住房保障制度。被征收房屋为住宅，且按照本实施细则第四十条第一款计算后的应补偿面积小于45平方米的，在征收项目公布前，符合以下条件的，可按45平方米进行补偿：

（一）征收项目所在地为中心城区，被征收人及其配偶在中心城区没有其他国有土地上产权住宅的；

（二）征收项目所在地为中心城区外的其他区县，被征收人及其配偶在本区县没有其他国有土地上产权住宅的。

区县政府在分配廉租房、公租房等保障性住房时，应当优先满足符合住房保障条件的被征收人的住房需要。

第四十二条 被征收房屋为住宅，且其建筑面积大于产权调换住宅房源中最大建筑面积的，被征收人可以申请产权调换多套住宅，但用于产权调换的多套住宅总面积或总评估价值应当与被征收房屋的面积或评估价值相当。

第四十三条 产权调换房屋建筑面积小于或等于被征收房屋建筑面积的，其首次物业专项维修资金由区县房屋征收部门交纳；产权调换房屋建筑面积大于被征收房屋建筑面积的，与被征收房屋相等建筑面积部分的首次物业专项维修资金，由区县房屋征收部门交纳，超出面积部分由被征收人交纳。

按照本实施细则第四十二条规定实施产权调换多套住宅的，前款规定的产权调换房屋建筑面积按多套住宅总建筑面积计算。

第四十四条 被征收房屋为住宅，而实际改为非住宅使用的，应当按照住宅进行评估、补偿；被征收房屋产权人、房屋坐落与市场主体注册登记、税务登记证明一致，且在征收项目公布前连续合法经营2年以上并能够提供相应完税凭证的，可以结合实际用途给予停产停业损失补偿。

第四十五条 征收非住宅房屋，且被征收人选择房屋产权调换的，区县政府可以结合产权调换房源情况，按照房屋价值相等原则，提供非住宅或者住宅房源供被征收人选择；符合产业园区政策的，鼓励被征收人进驻产业园区安置经营，并享受产业园区的支持政策。

征收企事业单位或其他组织非住宅房屋的，一般以货币补偿为主；在符合规划控制、节约集约用地、产业发展导向的前提下，结合被征收人现状和发展需要，在征收双方协商一致且可操作的情况下，区县房屋征收部门可按照房屋价值相等原则，提供商业用房或者工业用房等供被征收人选择。

第四十六条 征收非住宅房屋，且在征收项目公布前2年内有合法有效营业执照及完税凭证的，应当给予停产停业损失补偿。

被征收人选择货币补偿的，按照房屋评估价值的6%一次性支付停产停业损失补偿费；被征收人选择产权调换的，停产停业期间每月按照房屋评估价值的5‰支付停产停业损失补偿费，停产停业期限按照协议约定计算。已提供临时周转房的，不支付停产停业损失补偿费。区县房屋征收部门未按协议约定日期交付产权调换房屋，导致过渡期限延长的，自逾期之月起每月按照房屋评估价值的5‰加付停产停业损失补偿费。

被征收房屋符合前款规定，且用于生产制造的，停产停业损失的补偿标准可以适当提高，提高的幅度不超过前款规定补偿标准的50%。

第四十七条 因房屋征收造成企业等市场主体设施设备价值损失的，应当给予补偿。搬迁后不丧失使用价值的，搬迁补助费按照所搬迁设施设备折旧后净值的10%以上20%以下计算；搬迁后丧失使用价值的，参照评估价值予以补偿。除区县房屋征收部门有专门要求外，补偿后的设施设备由被征收人自行拆除、搬离。

对设施设备进行评估的，企业等市场主体应当提供设施设备购置及其品牌、编号等相关凭据。

第四十八条 产权调换房屋达到交付标准的，区县房屋征收部门应当及时通知被征收人接房，并告知接房期限以及停发临时安置、停产停业损失补偿的时间。

第四十九条 被征收居民的子女迁出原户籍后需要义务教育入学的，在征收时可一次性选择 6 年内继续在原户籍所在地按照原招生办法入学，或者在迁入产权调换房屋的户籍所在地按照当地教育部门划片招生办法入学。

教育、公安、民政、人力社保、卫生健康等部门依据各自职责，负责相关因房屋被征收而迁出原户籍地居民的公共服务保障等工作。

第五十条 产权调换房屋转移登记实行并案办理，并按照相关规定减免契税。

被征收人选择产权调换或者货币补偿的，对被征收房屋免征土地增值税；对用于产权调换的房屋和签订货币补偿协议后重新承受的房屋，按照相关规定减免契税。签订征收补偿协议取得的货币补偿，按照相关规定免征个人所得税。

第五章 评估、复核和鉴定

第五十一条 在征收项目和征收范围公布后，区县房屋征收部门应在本区县政府官方网站上，公告征集评估机构，明确报名条件、评估费标准等事项。符合条件的评估机构可向征收项目所在地的区县房屋征收部门报名。

区县房屋征收部门根据报名情况，遴选不少于 3 家近 3 年内未出现评估重大差错和违法违规行为的评估机构，作为候选的评估机构并向被征收人公示。

第五十二条 被征收人应当在候选的评估机构名单公示后 5 个

工作日内，协商确定本征收项目的评估机构；协商不成的，区县房屋征收部门应当在公证机关现场公证下，根据实际情况，决定采取投票方式或通过摇号、抽签等随机方式确定评估机构。

采取投票方式确定的，区县房屋征收部门应当提前5个工作日将投票时间和地点等相关事宜在房屋征收范围内公布。经房屋所有权专有部分面积占比三分之二以上且户数占比三分之二以上的被征收人投票，并获得参与投票的房屋所有权专有部分面积过半数且参与投票户数过半数选票的评估机构当选。

同一征收项目的评估工作应由1家评估机构承担。房屋征收范围较大的，可以确定2家及以上的评估机构，并由其共同协商确定1家评估机构为牵头单位，协商不成的，由区县房屋征收部门指定。

第五十三条 区县房屋征收部门应当及时在房屋征收范围内公布确定的评估机构名单，并向确定的评估机构出具房屋征收评估委托书，签订房屋征收评估委托合同。

征收评估费用由区县房屋征收部门承担，评估费用应当根据房屋征收项目规模、服务内容分档次确定，一般不超过被征收房屋评估价值的5‰。

第五十四条 评估机构应当依法独立、客观、公正地开展征收评估工作，不得有以下行为：

（一）利用开展业务之便，谋取不正当利益；

（二）允许其他评估机构以本机构名义开展业务，或者冒用其他评估机构名义开展业务；

（三）以恶性压价、支付回扣、虚假宣传，或者贬损、诋毁其他评估机构等不正当手段招揽业务；

（四）受理与自身有利害关系的业务；

（五）出具有重大遗漏的评估报告；

（六）出具虚假评估报告；

（七）法律、法规和规章禁止的其他行为。

任何组织或者个人不得违法干预征收评估活动和评估结果。

第五十五条 因房屋征收评估、复核评估、鉴定工作，需要查询被征收房屋和用于产权调换房屋有关信息资料的，公安、民政、市场监管、税务、不动产登记等部门和机构应当向区县房屋征收部门提供查询服务。

区县房屋征收部门应向评估机构提供被征收房屋调查结果、未经不动产登记建筑合法性认定结论、被征收房屋用途认定结论和产权调换房屋信息等有关资料，为房屋价值评估提供依据和便利条件。

评估机构应当对被征收房屋进行实地查勘，被征收人应当提供便利，并协助收集被征收房屋价值和有关设施设备价值评估所需的信息资料。

因被征收人单方面原因而造成不能实地查勘被征收房屋内部状况的，经区县房屋征收部门、评估机构和无利害关系的第三人见证，可以参照与被征收房屋位置相近、户型结构相似、建筑面积相近的同类房屋进行评估，并在评估报告中注明。

第五十六条 房屋征收决定公告后，区县房屋征收部门应当将分户的初步评估结果在房屋征收范围内向被征收人公示7个工作日。评估结果公示期间，评估机构应当安排参与该征收项目评估的注册房地产估价师进行现场说明解释。

被征收人对初步评估结果有异议的，注册房地产估价师应当现场予以记录。评估结果存在错误的，评估机构应当修正。

第五十七条 在分户初步评估结果公示期届满后，评估机构应当向区县房屋征收部门提交房屋征收范围内的整体评估报告和分户评估报告。

区县房屋征收部门应当将分户评估报告送达被征收人，并告知被征收人有申请复核评估的权利。

第五十八条 被征收人或者区县房屋征收部门对评估结果有异

议的，应当自收到评估报告之日起 10 日内，以书面方式向出具评估报告的评估机构申请复核评估。

出具评估报告的评估机构应当自收到复核评估申请之日起 10 日内对评估结果进行复核。复核后，改变原评估结果的，应当重新出具评估报告；没有改变原评估结果的，应当书面告知复核评估申请人，并说明依据、理由。

评估机构不得以复核评估为由，收取申请人的任何费用。

第五十九条　市住房城乡建设主管部门应当组织成立由注册房地产估价师，以及价格、城市建设、房屋管理、房地产、土地、规划、法律等领域专家、管理人员为成员的重庆市国有土地上房屋征收与补偿评估专家委员会（以下简称市评估专家委员会）。

市评估专家委员会专家人数不超过 40 人，其中注册房地产估价师成员占比不低于 50%。

市评估专家委员会的日常工作经费列入市住房城乡建设主管部门预算。

第六十条　被征收人或者区县房屋征收部门对评估机构的复核评估结果有异议的，应当自收到复核评估结果之日起 10 日内，以书面方式向市评估专家委员会申请鉴定。

在鉴定过程中，出具复核评估结果的评估机构应当积极配合复核评估的鉴定工作，如实提供评估资料信息，并对提供的资料信息的真实性负责。

第六十一条　鉴定意见书认定复核评估结果有错误的，出具复核评估结果的评估机构应当在 10 日内按鉴定意见要求修改评估报告，并送达区县房屋征收部门和被征收人。

第六十二条　市评估专家委员会的鉴定费用由鉴定申请人预先缴纳。

鉴定意见认定复核评估结果有错误的，鉴定费用由出具复核评估结果的评估机构承担，并退还申请人预先缴纳的鉴定费；鉴定意见维持复核评估结果的，鉴定费用由鉴定申请人承担。

市住房城乡建设主管部门负责制定市评估专家委员会的鉴定收费标准。

第六十三条 市住房城乡建设主管部门应当制定房屋征收评估技术、征收评估技术鉴定，以及评估管理等方面的规范性文件；加强对评估机构信用管理和房屋征收评估业务活动的监督检查，每年向社会公布监督检查情况。

第六章 附 则

第六十四条 本实施细则中下列用语的含义：

（一）被征收房屋类似房地产，是指与被征收房屋的权利性质、区位、用途、品质、新旧程度、规模、建筑结构等相同或者相似的房地产。

（二）直管公房，是指由政府公房管理部门或者政府授权的管理单位依法直接管理的国有房屋。

（三）自管公房，是指国有企事业单位、社会团体投资建设且自行管理的房屋。

（四）公房承租人，是指执行政府规定租金标准与公有房屋产权人或者管理人建立租赁关系的房屋使用人。

（五）中心城区，是指渝中区、大渡口区、江北区、沙坪坝区、九龙坡区、南岸区、北碚区、渝北区、巴南区，以及市政府确定的其他区域。

第六十五条 本实施细则涉及的"户"，以合法有效的房屋产权证书计算。

房屋所有权专有部分面积，按照被征收房屋不动产权证记载的建筑面积进行计算。

第六十六条 本实施细则自印发之日起施行。《重庆市人民政府办公厅关于印发〈重庆市国有土地上房屋征收与补偿办法（暂行）〉等有关办法的通知》（渝办发〔2011〕123 号）、《重庆市人民政府办公厅关于做好房屋被征收家庭住房保障工作的通知》（渝办发〔2011〕127 号）同时废止。

福建省实施《国有土地上
房屋征收与补偿条例》办法

（2014 年 3 月 25 日福建省人民政府令第 138 号公布
自 2014 年 5 月 1 日起施行）

第一章 总 则

第一条 为了规范国有土地上房屋征收与补偿活动，维护公共利益，保障被征收房屋所有权人的合法权益，根据国务院《国有土地上房屋征收与补偿条例》和其他有关法律、行政法规的规定，结合我省实际，制定本办法。

第二条 本办法适用于本省行政区域内国有土地上房屋征收与补偿活动。

第三条 上级人民政府应当加强对下级人民政府房屋征收与补偿工作的监督。

省人民政府住房城乡建设主管部门会同同级财政、国土资源、发展改革等有关部门，指导全省房屋征收与补偿工作。

第四条 市、县级人民政府负责本行政区域的国有土地上房屋征收与补偿工作。

市、县级人民政府确定的房屋征收部门（以下称房屋征收部门）负责组织实施本行政区域的房屋征收与补偿工作。设区市房屋征收部门对县（市、区）房屋征收部门实施监督与指导。

市、县级人民政府有关部门应当依照本级人民政府规定的职责分工，互相配合，保障房屋征收与补偿工作的顺利进行。

第五条　房屋征收部门可以委托房屋征收实施单位承担房屋征收与补偿的具体工作。

房屋征收部门委托房屋征收实施单位实施征收工作的，应当与征收实施单位签订委托协议，明确委托范围、权限、期限、工作经费以及其他相关内容。

房屋征收实施单位应当实行规范化管理，具体办法由省人民政府住房城乡建设主管部门制定。

第二章　征收决定

第六条　为了保障国家安全、促进国民经济和社会发展等公共利益需要，属于《国有土地上房屋征收与补偿条例》第八条规定的情形之一，确需征收房屋的建设项目，市、县级人民政府在作出房屋征收决定前，应当组织发展改革、国土资源、规划等有关部门进行论证；经论证，建设项目符合国民经济和社会发展规划、土地利用总体规划、城乡规划和专项规划的，市、县级人民政府应当确定房屋征收范围并予以公布。

第七条　房屋征收范围公布后，在征收范围内的单位和个人，不得实施下列行为：

（一）新建、扩建、改建房屋；

（二）以被征收房屋为住所（或经营场所）申请办理企业（个体工商户）设立或变更登记；

（三）改变房屋用途；

（四）其他不当增加补偿费用的行为。

房屋征收部门应当将征收房屋的具体地址范围、暂停办理期限等事项书面通知规划、国土资源、建设、房管、工商、税务等有关部门。

第八条　房屋征收部门对房屋征收范围内房屋的权属、区位、用途、建筑面积等情况进行调查登记，被征收人应当予以配合。调查结果应当在房屋征收范围内向被征收人公布。

第九条　市、县级人民政府作出房屋征收决定前，应当组织国土资源、规划、房管、建设、工商、税务、城市管理行政执法等有关部门依法对征收范围内未经登记的建筑进行调查、认定和处理。

市、县级人民政府可结合当地实际制定未经登记的建筑认定、处理办法。

第十条　房屋征收部门负责拟定征收补偿方案，征收补偿方案应当包括下列内容：

（一）征收补偿对象及补偿方式；

（二）被征收房屋货币补偿参考价；

（三）签约期限；

（四）用于产权调换房屋的地点、被征收房屋价值与产权调换房屋价值差价计算方法；

（五）搬迁费、临时安置费标准及周转用房数量、地点；

（六）停产停业损失补偿标准；

（七）符合住房保障条件的被征收人住房保障办法；

（八）未经产权登记房屋的认定和处理办法；

（九）其它需要明确的内容。

第十一条　市、县级人民政府应当组织有关部门对征收补偿方案进行论证，论证后的征收补偿方案、征求意见情况和根据公众意见修改的情况，应当及时予以公布。

因旧城区改建需要征收房屋，过半数被征收人认为征收补偿方案不符合《国有土地上房屋征收与补偿条例》和本办法规定的，市、县级人民政府应当组织由被征收人和公众代表参加的听证会，并根据听证会情况修改方案。

第十二条　市、县级人民政府在作出房屋征收决定前，应当由本级人民政府确定的部门或者委托专门机构，通过征求人大代表、政协委员及群众意见、专家评议和有关职能部门论证相结合的办法，对社会稳定风险进行预测和评估，并出具社会稳定风险评估报告。

市、县级人民政府根据社会稳定风险评估报告，决定是否作出房屋征收决定。

第十三条　市、县级人民政府作出房屋征收决定后，应当予以公告。公告应当载明以下内容：

（一）征收决定；

（二）征收部门及委托的征收实施单位名称；

（三）征收补偿方案；

（四）行政复议、行政诉讼权利；

（五）咨询地点、监督电话；

（六）其他需要公告的事项。

第三章　补　　偿

第十四条　对被征收房屋价值的补偿，不得低于房屋征收决定公告之日被征收房屋类似房地产的市场价格。被征收房屋的价值，由具有相应资质的房地产价格评估机构按照国有土地上房屋征收评估办法评估确定或者由房屋征收部门根据征收补偿方案与被征收人协商确定。

第十五条　对评估确定的被征收房屋价值有异议的，可以在收到评估报告 10 日内向原房地产价格评估机构申请复核评估，评估机构应当无偿予以复核评估。对复核结果有异议的，可以在收到复核结果 10 日内向房地产价格评估专家委员会申请鉴定。房地产价格评估专家委员会应当在 10 日内出具鉴定意见。

第十六条　房屋征收评估、鉴定费用由委托人承担。但鉴定改变原评估结果的，鉴定费用由原房地产价格评估机构承担。房屋征收评估、鉴定费用按照政府价格主管部门规定的评估收费标准执行。

房地产价格评估鉴定管理具体办法由省人民政府住房城乡建设主管部门制定。

第十七条 市、县级人民政府公告房屋征收决定后，由房屋征收部门在征收范围内公布房地产价格评估机构的名单、基本信息，并将协商选定房地产价格评估机构的期限等相关事宜告知被征收人。

被征收人应当在规定期限内协商选定房地产价格评估机构；被征收人在规定期限内无法协商一致的，由房屋征收部门组织被征收人采取随机或者投票方式确定。采取随机方式确定的，可在摇号、抽签二者之中选其一。参与投票决定或者随机选定的房地产价格评估机构不得少于3家；采用投票方式确定的，参与投票的被征收人数量应当过半数，过半数投票人选择同一房地产价格评估机构的为多数决定。

第十八条 被征收人可以选择货币补偿，也可以选择房屋产权调换。

因城市规划调整确实无法对被征收企业经营性用房实行产权调换的，给予货币补偿。

第十九条 征收个人住宅，被征收人符合城镇住房保障条件的，作出房屋征收决定的市、县级人民政府应当按照下列原则优先给予住房保障：

（一）被征收人选择货币补偿的，根据被征收人的申请优先给予配租保障性住房；

（二）被征收人选择房屋产权调换的，被征收房屋建筑面积不足当地廉租房保障标准的，按不低于当地廉租房保障标准进行安置。增加的产权调换房屋面积部分，被征收人应当按照征收补偿方案确定的价格补交差价。

第二十条 被征收住宅为国有直管公房，承租人可以继续承租产权调换房屋。符合当地政府公房购买规定的，承租人还可以选择购买公房产权。

征收单位自管公房的，参照前款规定执行。

第二十一条 因征收房屋造成搬迁的，房屋征收部门应当向被征收人支付搬迁费。

对被征收房屋实行货币补偿或现房产权调换的，房屋征收部门应当支付 6 个月的临时安置费。

对被征收房屋实行期房产权调换的，过渡期限不得超过 3 年，在签约期限内签订协议并搬迁的，过渡期限自签约期限结束之日起计算，超过签约期限签订协议搬迁的，过渡期限自搬迁之日起开始计算。在过渡期限内，房屋征收部门应当按规定标准支付被征收人临时安置费，但已经提供周转用房的除外；除不可抗力外，逾期安置的，房屋征收部门应当从逾期之月起对自行过渡的被征收人支付双倍临时安置费，对提供周转用房的被征收人按规定标准支付临时安置费。逾期安置期间，遇临时安置费标准调整的，应当自调整之月起按调整后标准发放临时安置费。

搬迁费和临时安置费标准由市、县人民政府制定。

第二十二条 符合下列条件的，应当给予被征收人停产停业损失补偿：

（一）被征收房屋具有房屋权属证明或者经有关部门认定为合法建筑；

（二）被征收房屋为非住宅用房；

（三）有合法、有效的相关生产经营行政许可证照，且行政许可证照上载明的住所（营业场所）为被征收房屋；

（四）已办理税务登记并具有纳税凭证。

第二十三条 停产停业损失补偿标准，根据经营者近 3 年平均净利润确定，不足 3 年的以全部生产经营期间平均净利润确定。净利润根据税务部门出具的税后利润额证明材料确定；税务部门无法出具证明的，根据具备相应资质的会计师事务所出具的企业年度审计报告确定。

实行产权调换的，被征收人停产停业损失补偿期限按照实际停产停业期限计算；实行货币补偿的，被征收人停产停业损失补偿期限按照6个月计算。

第二十四条 产权调换的房屋，应当符合国家和本省的房屋设计标准，水、电等配套设施齐全，经竣工验收合格后方可交付使用。

产权调换房屋未进行初装修的，房屋征收部门应给予被征收人适当装修补偿，装修补偿标准由市、县人民政府制定。

第二十五条 建设单位、勘察单位、设计单位、施工单位、工程监理单位依法对产权调换房屋工程质量负责。市、县级人民政府建设行政主管部门对产权调换房屋工程质量实施监督管理。

第二十六条 市、县级人民政府作出的房屋征收补偿决定所确定的搬迁期限不得少于15日。

第二十七条 房屋被征收后，房屋征收部门应当及时向土地、房屋权属登记机构提供办理土地及房屋权属注销登记所需材料，土地、房屋权属登记机构应当及时办理土地及房屋权属注销登记；房屋征收部门应当及时提供被征收人申请办理产权调换房屋的土地房屋权属证书登记所需材料。

第四章 附 则

第二十八条 违反国有土地上房屋征收与补偿有关规定、应当承担法律责任的，依照国务院《国有土地上房屋征收与补偿条例》的规定执行。

第二十九条 法律、法规、规章对征收外国领事馆房屋、军事设施、华侨房屋、教堂、寺庙、文物古迹、历史文化保护区内的建筑物等另有规定的，依照有关的法律、法规、规章执行。

第三十条 本办法自2014年5月1日起施行。

福建省人民政府办公厅关于贯彻落实
《国有土地上房屋征收与补偿条例》的通知

（2011 年 2 月 17 日　闽政办〔2011〕39 号）

各市、县（区）人民政府，平潭综合实验区管委会，省人民政府各部门、各直属机构，各大企业，各高等院校：

为切实贯彻落实国务院《国有土地上房屋征收与补偿条例》（以下简称《条例》），规范征收行为，保障被征收人的合法权益，促进我省国有土地上房屋征收工作顺利开展，结合我省实际，现就有关事项通知如下：

一、充分认识《条例》颁布实施的重要意义。《条例》的颁布实施，是进一步规范国有土地上房屋征收与补偿活动、保障房屋被征收人合法权益的重要举措，也是深入贯彻落实科学发展观、促进经济社会全面协调可持续发展、构建社会主义和谐社会的必然要求。各级各有关部门要充分认识《条例》颁布实施的重要意义，认真领会和准确把握《条例》的内在要求，全面落实《条例》各项规定，强化统筹协调，改进工作思路，建立工作机制，依法做好本地区房屋征收与补偿工作。要加大《条例》的宣传力度，使征收实施单位、被征收人知法懂法，自觉按照《条例》的规定开展房屋征收活动，保障城市建设顺利进行，促进我省经济社会科学发展、跨越发展。

二、严格征收程序，规范征收行为。各设区市、县级人民政府要根据《条例》要求，尽快确定房屋征收部门和实施单位。征收部门要按照市、县级人民政府的要求，加强与相关部门的配合，积极、主动组织实施好本行政区域的房屋征收与补偿工作。在相关部门未出台房屋征收实施单位管理规定前，为保障房屋征收与补偿工作的顺利进行，征收部门可以委托相关实施单位承担房屋征收与补偿的事务性工作，房屋征收部门负责监督，并对其行为后果承担法律责任。

各市、县级人民政府要依据《条例》第八、九条的规定确定征收项目和征收范围，开展社会稳定风险评估。建设单位应及时向房屋征收部门提交是否符合相关规划的意见、征收范围红线图、土地性质证明、社会稳定风险评估报告及征收项目是否符合公共利益需要等相关材料。市、县级人民政府应当根据《条例》有关规定对符合要求的征收项目作出征收决定，并及时公告。征收公告应当载明征收部门、征收范围、征收实施单位、签约期限、补偿方案等事项。各市、县级人民政府应对实施房屋征收所需费用予以保障。

三、规范搬迁活动，保障被征收人合法权益。在搬迁费、临时安置补助费、停产停业损失补偿办法未出台前，搬迁费、临时安置补助费、停产停业损失补偿可以参照各地现行的搬迁补助费、过渡费、停产停业损失补助标准向被征收人支付。

被征收房屋价值，由具有相应资质的房地产价格评估机构按照房屋征收评估办法确定。评估机构的选择，由被征收人协商选定，协商不成的，在评估机构选定办法出台前，各地可以参照现行的选择方式选定。征收部门或被征收人对房地产价格评估机构的复核结果有异议的，可以向设区市或省房地产价格评估专家委员会申请鉴定。

征收个人住宅，被征收人符合申请廉租房、公共租赁房、经济适用房、限价商品房等条件的，作出房屋征收决定的市、县级人民政府应当优先给予配租、配售，被征收人可以不轮候。

省住房和城乡建设厅应按照《条例》要求，抓紧研究被征收人住房保障、房地产评估机构选定、被征收房屋停产停业损失补偿办法等配套文件，尽快按程序出台。

四、完善征收信息公开制度，加强社会监督。各级房屋征收部门应当按照《条例》规定，对房屋征收范围内房屋的权属、区位、用途、建筑面积等情况组织调查登记，并向被征收人公布；房屋征收决定公告后，房屋征收部门应当及时将房屋征收决定、征收补偿方案、征收部门、征收实施单位及相关信息在征收范围内公开张贴并在征收部门网站公布，接受社会监督。在征收实施过程中，房屋征收部门应当建立房屋征收补偿档案，将分户补偿情况向被征收人公布。

五、继续组织实施好《条例》施行前的未完成拆迁项目。根据《条例》规定，2001 年 6 月国务院公布的《城市房屋拆迁管理条例》已经废止，新《条例》施行前已依法取得房屋拆迁许可证的项目，继续沿用原有规定办理。对这些拆迁项目，各地要加强引导、监督拆迁人和拆迁实施单位，依法做好被拆迁人的补偿安置工作。要严格执行有关规定，规范行政裁决行为，确保行政裁决合法、公正。当事人拒不履行行政裁决的，政府及有关部门不得组织实施行政强制拆迁。确有强制拆迁必要的，必须依法申请人民法院执行。

六、妥善化解房屋征收与补偿矛盾纠纷。各市、县级人民政府及有关部门要强化政治意识、大局意识和责任意识，按照"属地管理、分级负责"的原则，及时掌握和化解房屋征收与补偿中出现的苗头性、倾向性问题，防止矛盾激化，避免因房屋征收与补偿引发非正常上访事件，切实维护社会和谐稳定。要加强舆论引导，妥善应对涉及房屋征收补偿的相关舆情，严防失实报道或渲染炒作。

宁夏回族自治区实施《国有土地上
房屋征收与补偿条例》办法

（2013 年 12 月 17 日宁夏回族自治区人民政府令第 62
号公布　自 2014 年 2 月 1 日起施行）

第一章　总　　则

第一条　为了规范国有土地上房屋征收与补偿活动，维护公共
利益，保障被征收房屋所有权人的合法权益，根据国务院《国有土
地上房屋征收与补偿条例》（以下简称《条例》），制定本办法。

第二条　本办法适用于自治区行政区域内国有土地上房屋征收
与补偿活动。

第三条　市、县级人民政府负责本行政区域的房屋征收与补偿
工作。

市、县级人民政府确定的房屋征收部门（以下称房屋征收部
门）组织实施本行政区域的房屋征收与补偿工作。

市、县级人民政府财政、国土资源、发展改革、公安、工商等
有关部门，在各自职责范围内做好房屋征收与补偿的有关工作。

第四条　房屋征收部门可以委托房屋征收实施单位，承担房屋
征收与补偿的具体工作。房屋征收实施单位不得以营利为目的。

房屋征收实施单位应当具备与实施房屋征收与补偿工作相适应
的技术和设备条件；从事房屋征收与补偿工作的人员应当经过房屋
征收部门组织的有关法律知识、业务知识的培训考核，持证上岗。

第五条　任何组织和个人对违反《条例》和本办法规定的行
为，都有权向有关人民政府、房屋征收部门和其他有关部门举报。
接到举报的有关人民政府、房屋征收部门和其他有关部门对举报应

当及时核实、处理。

监察机关应当加强对参与房屋征收与补偿工作的政府和有关部门或者单位及其工作人员的监察。

第二章 征 收 决 定

第六条 市、县级人民政府作出房屋征收决定，应当符合《条例》第八条规定。

第七条 市、县级人民政府应当组织有关部门，依据国民经济和社会发展规划、土地利用总体规划、城乡规划制定房屋征收年度计划。

房屋征收年度计划应当公开征求社会意见，并根据征求意见情况进行调整和修改，经政府审定通过后及时向社会公布。

房屋征收年度计划应当报上一级人民政府房屋征收部门备案。

第八条 房屋征收部门应当对房屋征收范围内房屋的区位、权属、用途、结构、建筑面积等情况进行调查登记，被征收人应当予以配合。调查结果应当在房屋征收范围内公布。

第九条 房屋征收部门根据调查登记情况拟定征收补偿方案，报市、县级人民政府。

征收补偿方案应当包括下列内容：

（一）征收依据和征收目的；

（二）房屋征收部门及其委托的房屋征收实施单位；

（三）征收范围和征收期限；

（四）被征收房屋类型和建筑面积的认定办法；

（五）补偿方式、内容、标准和计算方法，补偿金支付期限、方式；

（六）用于产权调换房屋的地点、面积、选购办法；周转用房基本情况；

（七）过渡方式和过渡期限；

（八）补助与奖励办法、标准；

（九）其他应当纳入征收补偿方案的事项。

第十条 市、县级人民政府应当组织有关部门对征收补偿方案进行论证并予以公布，征求公众意见。征求意见期限不得少于30日。征求公众意见时，应当将征求、反馈意见的方式、期限一并予以公布。

第十一条 市、县级人民政府应当将征求意见情况和根据公众意见修改的情况，在征求意见结束后10日内予以公布。

因旧城区改建需要征收房屋，被征收房屋范围内超过半数的被征收户认为征收补偿方案不符合《条例》和本办法规定的，市、县级人民政府应当组织由被征收人和公众代表参加的听证会，并根据听证会情况修改方案。

第十二条 市、县级人民政府作出房屋征收决定前，房屋征收部门应当通过抽样调查、重点走访、舆情跟踪等方式组织社会稳定风险评估，报市、县级人民政府研究决定。

社会稳定风险评估的主要内容包括：

（一）房屋征收项目纳入房屋征收年度计划情况；

（二）房屋征收实施单位情况；

（三）征收补偿方案征求公众意见情况；

（四）征收补偿标准公平合理性情况；

（五）征收补偿资金、周转用房到位情况；

（六）宣传解释和舆论引导情况；

（七）处置群体性事件应急预案情况。

进行社会稳定风险评估时，应当邀请被征收人代表、人大代表、政协委员、律师等人员参加，广泛听取意见。

未经过社会稳定风险评估的，市、县级人民政府不得作出房屋征收决定；对经过评估认为存在重大社会稳定风险的，应当暂缓征收。

第十三条 房屋征收决定涉及被征收人数量较多的,应当经政府常务会议讨论决定。

第十四条 市、县级人民政府应当在作出房屋征收决定后5日内发布公告,并在政府网站上公示。

房屋征收决定公告应当载明下列内容:

(一)房屋征收补偿方案;

(二)征求和采纳公众意见情况;

(三)监督举报方式;

(四)行政复议、行政诉讼的期限以及行政复议机关、管辖法院。

房屋被依法征收的,国有土地使用权同时收回。

第十五条 自房屋征收决定公告发布之日起,任何单位和个人不得在房屋征收范围内实施下列行为:

(一)新建、扩建、改建房屋;

(二)改变房屋用途;

(三)转让、租赁和抵押房屋;

(四)以被征收房屋为注册地址办理市场主体设立登记、住所(经营场所)变更登记;

(五)其他不当增加补偿费用的行为。

房屋征收部门应当将前款所列事项书面通知有关部门暂停办理相关手续。暂停办理相关手续的书面通知应当载明暂停期限。暂停期限最长不得超过1年。

第三章 补 偿

第十六条 作出房屋征收决定前,征收补偿费用应当足额到位、专户存储、专款专用。

第十七条 作出房屋征收决定的市、县级人民政府对被征收人的补偿包括:

（一）被征收房屋价值的补偿；

（二）因征收房屋造成的搬迁、临时安置的补偿；

（三）因征收房屋造成的停产停业损失的补偿。

征收地人民政府应当制定搬迁补助和奖励办法，对被征收人给予补助和奖励。

第十八条 征收个人住宅，被征收人符合住房保障条件的，无需轮候，由作出房屋征收决定的市、县级人民政府优先给予住房保障。

被征收人房屋建筑面积低于 50 平方米的，应当提供建筑面积不少于 50 平方米的成套安置房。50 平方米以内的部分，被征收人不再结算差价；超过 50 平方米不足 60 平方米的部分按照成本价购买；超过 60 平方米部分，按照安置房市场价格购买。

市、县级人民政府应当根据本地区经济社会发展状况，及时调整前款所列住房保障面积和成本价购买面积，提高保障水平。

第十九条 对被征收房屋价值的补偿，不得低于房屋征收决定公告之日被征收房屋类似房地产的市场价格。

第二十条 搬迁费、临时安置费的补偿按照市、县级人民政府的有关规定执行。

临时安置过渡期超过规定或者约定期限的，超过期限部分加倍计发临时安置费。

第二十一条 征收范围内房屋同时符合以下条件的，应当给予停产停业损失补偿：

（一）具有房屋权属证明或者被依法认定为合法建筑；

（二）房屋产权性质为经营性用房；

（三）经营者持有合法、有效的营业执照，且营业执照上标明的营业地点为被征收房屋；

（四）因征收房屋造成了停产停业损失。

对征收范围内产权性质为住宅，但已依法取得营业执照用于经营的房屋，市、县级人民政府可以根据其经营情况、经营年限及纳税等实际情况参照经营性用房给予适当补偿。补偿的具体办法由市、县级人民政府制定。

第二十二条 停产停业损失的补偿，按照被征收房屋评估价值7‰的比例乘以停产停业期限（月）计算。

被征收人选择货币补偿的，一次性发给3个月的停产停业损失补偿；选择房屋产权调换的，按月计发停产停业损失，直至给予房屋安置之日止。

第二十三条 设有抵押权的房屋被征收的，被征收人（抵押人）应当与抵押权人就抵押权及其所担保债权进行协商。

被征收人（抵押人）与抵押权人就解除房屋抵押权达成协议并且已到抵押物登记部门办理了解除抵押物登记手续的，房屋征收部门应当对被征收人给予补偿。

未协商或者协商后未就解除房屋抵押权达成一致意见的，房屋征收部门对被征收人实行货币补偿的，应当将补偿款向公证机构依法办理提存手续；对被征收人实行房屋产权调换的，抵押权人可以就产权调换房屋到抵押物登记部门办理变更抵押物登记手续。

第二十四条 市、县级人民政府作出房屋征收决定前，应当组织有关部门依法对征收范围内未经登记的建筑进行调查、认定和处理。对认定为合法建筑和未超过批准期限的临时建筑的，应当给予补偿；对认定为违法建筑和超过批准期限的临时建筑的，不予补偿。

第二十五条 房屋征收部门与被征收人在征收补偿方案确定的签约期限内达不成补偿协议，或者被征收房屋所有权人不明确的，由房屋征收部门报请作出房屋征收决定的市、县级人民政府按照征收补偿方案作出补偿决定，并在房屋征收范围内予以公告。

补偿决定应当公平，包括补偿方式、补偿金额和支付期限、用于产权调换房屋的地点和面积、搬迁费、临时安置费或者周转用房、停产停业损失、搬迁期限、过渡方式和过渡期限等事项。

被征收人对补偿决定不服的，可以依法申请行政复议，也可以依法提起行政诉讼。

第二十六条 实施房屋征收应当先补偿、后搬迁。

市、县级人民政府对被征收人给予补偿后，被征收人应当在补偿协议约定或者补偿决定确定的搬迁期限内完成搬迁。

任何单位和个人不得采取暴力、威胁或者违反规定中断供水、供热、供气、供电和道路通行等非法方式迫使被征收人搬迁。禁止建设单位参与搬迁活动。

第二十七条 被征收人在法定期限内不申请行政复议或者不提起行政诉讼，在补偿决定规定的期限内又不搬迁的，由作出房屋征收决定的市、县级人民政府依法申请人民法院强制执行。

强制执行申请书应当附具补偿金额和专户存储账号、产权调换房屋和周转用房的地点、面积等材料。

第四章 房地产价格评估

第二十八条 被征收房屋和用于产权调换房屋的价值，由具有相应资质的房地产价格评估机构按照有关规定进行评估。

房地产价格评估机构应当独立、客观、公正地开展房屋征收评估工作，房地产管理部门应当加强对房地产价格评估机构的管理和监督。

第二十九条 房地产价格评估机构由被征收人协商选定。房地产价格评估机构的选定程序：

（一）房屋征收部门向社会发布征收评估信息；

（二）房地产价格评估机构自征收评估信息发布之日起 15 日内报名；

（三）房屋征收部门对报名的房地产价格评估机构进行审查，对符合资质条件的按照报名先后顺序公布机构名称、基本信息及信用情况；

（四）房屋征收部门应当至少提前 5 日将协商选定评估机构的时间、地点、程序等相关事项告知被征收人；

（五）被征收人应当按照规定参加协商，超过 50% 的被征收人选择的评估机构为该项目选定的房地产价格评估机构；

（六）被征收人协商未达成一致意见的，由房屋征收部门组织被征收人投票，超过 50% 的被征收人选择同一房地产价格评估机构的，按多数人意见决定；形不成多数意见的，采取摇号、抽签等方式随机选定；

（七）房屋征收部门公布被征收人选定的房地产价格评估机构。

依照前款（五）、（六）项规定方式选定房地产价格评估机构的过程和结果，应当经过公证机关依法公证。

第三十条 房地产价格评估机构选定后，由房屋征收部门作为委托人，向房地产价格评估机构出具房屋征收评估委托书，并与其签订房屋征收评估委托合同。

房地产价格评估机构不得转让或者变相转让受托的房屋征收评估业务。

第三十一条 被征收人或者房屋征收部门对评估结果有异议的，应当自收到评估报告之日起 10 日内，向原房地产价格评估机构提出复核评估书面申请。

房地产价格评估机构应当自收到复核评估书面申请之日起 10 日内对评估结果进行复核。复核后，改变原评估结果的，应当重新出具评估报告；评估结果没有改变的，应当书面告知复核评估申请人。

第三十二条 被征收人或者房屋征收部门对房地产价格评估机构的复核结果有异议的，应当自收到复核结果之日起 10 日内，向被征收房屋所在地房地产价格评估专家委员会申请鉴定。

第三十三条 房屋征收评估、鉴定费用由房屋征收部门承担。鉴定改变原评估结果的，鉴定费用由原评估机构承担。复核评估费用由原评估机构承担。

房屋征收评估、鉴定费用执行自治区价格主管部门规定的收费标准。

第五章　法　律　责　任

第三十四条　市、县级人民政府违反本办法规定，有下列情形之一的，由上级人民政府责令改正，通报批评；情节严重的，对直接负责的主管人员和其他直接责任人员依法给予处分：

（一）未公布或者未按照规定公布房屋征收补偿方案的；

（二）未公布或者未按照规定公布征求公众意见情况和根据公众意见修改情况的；

（三）应当举行听证而不举行听证的；

（四）不经过社会稳定风险评估作出房屋征收决定，或者对经过社会稳定风险评估存在重大风险的项目直接实施征收的；

（五）房屋征收决定、补偿决定的公告或者送达的内容、形式、时间不符合本办法要求的；

（六）有其他滥用职权、玩忽职守、徇私舞弊行为的。

第三十五条　房屋征收部门及其工作人员违反本办法规定，有下列情形之一的，由本级人民政府或者监察机关责令改正；情节严重的，对直接负责的主管人员和其他直接责任人员依法给予处分；构成犯罪的，依法追究刑事责任：

（一）对举报的违法行为未及时核实、处理的；

（二）未按照规定公布房屋调查结果的；

（三）直接指定或者未按照规定组织选定房地产价格评估机构的；

（四）委托不具备条件的单位实施房屋征收补偿工作，或者对委托的房屋征收实施单位监督不力的；

（五）有其他滥用职权、玩忽职守、徇私舞弊行为的。

第三十六条 采取暴力、威胁或者违反规定中断供水、供热、供气、供电和道路通行等非法方式迫使被征收人搬迁,造成损失的,依法承担赔偿责任;对直接负责的主管人员和其他直接责任人员,构成犯罪的,依法追究刑事责任;尚不构成犯罪的,依法给予处分;构成违反治安管理行为的,依法给予治安管理处罚。

第三十七条 采取暴力、威胁等方法阻碍依法进行的房屋征收与补偿工作,构成犯罪的,依法追究刑事责任;构成违反治安管理行为的,依法给予治安管理处罚。

第三十八条 贪污、挪用、私分、截留、拖欠征收补偿费用的,责令改正,追回有关款项,限期退还违法所得,对有关责任单位通报批评、给予警告;造成损失的,依法承担赔偿责任;对直接负责的主管人员和其他直接责任人员,构成犯罪的,依法追究刑事责任;尚不构成犯罪的,依法给予处分;查处的贪污、挪用、私分、截留、拖欠征收补偿费用的情况及处理结果应当在征收范围内公布。

第三十九条 房地产价格评估机构或者房地产估价师出具虚假或者有重大差错的评估报告的,由发证机关责令限期改正,给予警告,对房地产价格评估机构并处 5 万元以上 20 万元以下罚款,对房地产估价师并处 1 万元以上 3 万元以下罚款,并记入信用档案;情节严重的,吊销资质证书、注册证书;造成损失的,依法承担赔偿责任;构成犯罪的,依法追究刑事责任。

第六章 附 则

第四十条 市、县级人民政府应当根据本地区经济社会发展状况,及时调整征收补偿标准。

市、县级人民政府制定的征收补偿标准低于本办法规定的,执行本办法的规定;高于本办法规定的,执行征收地的补偿规定。

第四十一条 本办法自 2014 年 2 月 1 日起施行。

青海省人民政府关于贯彻《国有土地上房屋征收与补偿条例》的实施意见

(2011 年 4 月 10 日 青政〔2011〕24 号)

西宁市、各自治州人民政府，海东行署，省政府各委、办、厅、局：

为切实贯彻落实国务院《国有土地上房屋征收与补偿条例》（以下简称《条例》），规范征收行为，保障被征收人的合法权益，促进我省国有土地上房屋征收工作顺利开展，结合我省实际，提出以下实施意见：

一、充分认识《条例》颁布实施的重要意义

《条例》的颁布实施，是进一步规范国有土地上房屋征收与补偿活动、保障房屋被征收人合法权益的重要举措，也是深入贯彻落实科学发展观、促进经济社会全面协调可持续发展、构建社会主义和谐社会的必然要求。各级政府和有关部门要充分认识《条例》颁布实施的重要意义，认真领会和准确把握《条例》的内在要求，全面落实《条例》各项规定，强化统筹协调，改进工作思路，建立工作机制，依法做好本地区房屋征收与补偿工作。要加大《条例》的宣传力度，使征收实施单位、被征收人知法懂法，自觉按照《条例》的规定开展房屋征收活动，保障城市建设顺利进行，促进我省经济社会科学发展、跨越发展。

二、建立房屋征收机构，明确工作职责

（一）西宁市、各自治州人民政府和海东行署（以下简称市），各县、区、市、行委（以下简称县）人民政府负责本行政区域的房屋征收与补偿工作。主要职责是：依法作出房屋征收决定并公布；组织有关部门论证和公布征收补偿方案，征求公众意见；对征收补偿方案的征求意见情况和修改情况进行公布；因旧城区改建需要征收房屋多数人不同意情况下组织举行听证会；对房屋征收进行社会稳定风险评估；制定房屋征收的补助和奖励办法；组织有关部门对征收范围内未经登记的建筑进行调查、认定和处理。

（二）市、县级房地产（建设）主管部门是本级国有土地上房屋征收部门。主要职责是：委托房屋征收实施单位承担房屋征收与补偿的具体工作，并对委托实施的房屋征收与补偿行为负责监督；拟定征收补偿方案，并报市、县人民政府；组织对征收范围内房屋的权属、区位、用途、建筑面积等情况进行调查登记，并公布调查结果；与被征收人签订征收补偿协议；与被征收人在征收补偿方案确定的签约期限内达不成补偿协议或者被征收房屋所有权人不明的，报请市、县人民政府作出合理补偿决定；依法建立房屋征收补偿档案，并将分户补偿情况在房屋征收范围内向被征收人公布。

（三）各市、县人民政府应指定相关事业单位作为房屋征收实施单位，或设立不以营利为目的事业单位作为房屋征收实施单位，从事房屋征收与补偿的工作人员必须经过有关法律、法规和相关知识的培训。主要职责是：协助进行房屋调查、登记，协助编制征收补偿方案；协助进行房屋征收与补偿政策的宣传、解释；就征收补偿的具体问题与被征收人协商；协助组织征求意见、听证、论证、公示以及组织对被征收房屋的拆除等。

三、严格征收程序，规范征收行为

（一）市、县级人民政府作出房屋征收决定的项目，应符合《条例》第八条、第九条规定。

（二）符合《条例》第八条规定的征收项目，由项目业主向房屋征收部门提出申请并提交建设项目批准文件、符合相关规划的证明、建设项目规划红线图和国有土地使用权批准文件等材料。房屋征收部门收到项目业主提交的征收申请及相关材料后，应在 3 日内在房屋征收范围张贴房屋征收告知书，告知被征收人的权利和义务；并委托征收实施单位对房屋征收范围内房屋的权属、区位、用途、建筑面积等情况进行摸底、调查，被征收人应当予以配合。房屋征收部门应将摸底、调查结果在房屋征收范围内向被征收人公布。

（三）房屋征收范围确定后，房屋征收部门应书面通知规划、建设、工商、国土资源、公安、房地产交易登记等部门暂停办理新建、扩建、改建房屋、改变房屋用途、权属和抵押登记、工商登记、迁入户口或分户等相关手续。

（四）房屋征收部门应根据调查摸底情况，拟定征收补偿方案，并报本级人民政府。补偿方案应包括房屋征收范围、实施时间、补偿方式、补偿金额、补助和奖励措施、安置用房面积和安置地点、搬迁期限、搬迁过渡方式和过渡期限等内容。

（五）市、县级人民政府确定征收补偿方案前，应当履行下列程序：

1. 组织发展改革、城乡规划、国土资源、环保、文物保护、财政、建设（房产）等部门对征收方案进行论证并予以公布，征求公众意见。征求意见期限不得少于 30 日；

2. 及时公布征求意见情况和根据公众意见修改情况，期限不得少于 3 日；

3. 因旧城区改建需要征收房屋，被征收区域内超过 50% 的被征收人认为征收补偿方案不符合《条例》规定的，应当组织被征收人和公众代表召开听证会，并根据听证会情况修改方案。参加听证会的公众代表应当包括被征收房屋所在地街道（镇）、社区（村）组织代表、人大代表或者政协委员、法律工作者等；

4. 对国有土地上房屋征收范围较大、涉及被征收户数量大，西宁市超过 1000 户以上的，其余市、县超过 100 户以上的，应经市、县级人民政府常务会议讨论决定。

（六）市、县级人民政府作出房屋征收决定前，应组织人大代表、政协委员、辖区（街道）办事处、辖区派出所及信访、房地产、建设、发展改革、国土资源等相关部门对征收项目的社会稳定风险进行评估，形成社会稳定风险评估报告。

（七）市、县级人民政府作出房屋征收决定前，应组织规划、建设、国土资源、公安、房产等部门对征收范围内未经登记的建筑进行调查、认定和处理。

（八）市、县级人民政府作出房屋征收决定后，应及时在征收范围内公告。公告应载明征收范围、征收补偿方案、征收实施部门、征收实施期限、行政复议、行政诉讼权利等事项。房屋被依法征收的，国有土地使用权同时收回。

四、合理补偿，保障被征收人合法权益

（一）被征收房屋价值补偿包括被征收房屋及其附属物、房屋占用范围内的土地使用权、房屋室内装修价值的补偿。被征收房屋的价值补偿，不得低于房屋征收决定公告之日被征收房屋类似房地产市场价格。

（二）被征收房屋价值，由具有相应资质的房地产价格评估机构按照房屋征收评估办法确定。房地产价格评估机构由被征收人协商选定，被征收人应当在房屋征收告知书发布之日起 5 日内自行协商选定房地产价格评估机构；若被征收人在此期限内无法通过协商方式选定，则以 70% 以上户数选定的房地产价格评估机构作为多数人意见确定评估机构；若被征收人无法形成多数意见的，由房屋征收部门通过公开抽号的方式随机选定。公开抽号时，邀请被征收人代表、被征收房屋所在地监察部门、街道（镇）、社区（村）组织代表等参与监督。

（三）被征收人可以选择货币补偿，也可以选择房屋产权调换。对被征收人选择房屋产权调换的，市、县级人民政府应提供用于产权调换的房屋，并与被征收人计算、结清被征收房屋价值与用于产权调换房屋价值的差价，具体办法由市、县级人民政府制定。

（四）因征收房屋造成搬迁的，房屋征收部门应当向被征收人支付搬迁费；选择房屋产权调换的，在产权调换房屋交付前，房屋征收部门应当向被征收人支付临时过渡费或者提供周转用房。搬迁费、临时过渡费由市、县级人民政府确定。

（五）征收非住宅房屋造成被征收人停产、停业损失以及搬迁过渡的，房屋征收部门应当根据房屋被征收前的用途、效益、停产停业期限等因素确定，在停产停业损失补偿办法未出台前，可以参照当地现行标准向被征收人支付。对因被征而无法恢复使用的设施、设备，由具有相应资质的评估机构按照重置价格结合成新进行评估后予以补偿。

（六）征收个人住宅，被征收人符合申请廉租房、公共租赁房、经济适用房、限价商品房等条件的，作出房屋征收决定的市、县级人民政府应当优先给予配租、配售，被征收人可以不轮候。

（七）省、市、县要建立房地产价格评估专家库，成立房地产价格评估专家委员会，房地产价格评估专家委员会成员由房地产价格评估专家和房地产、建设、价格、国土资源等部门人员组成，成员人数为五人以上，其中注册房地产评估师不得少于成员总数的三分之二。

（八）省住房和城乡建设厅应按照《条例》要求，抓紧研究被征收人住房保障、房地产评估机构选定、被征收房屋停产停业损失补偿办法等配套文件，尽快按程序出台。

五、配合条例实施，做好集体土地上房屋征收工作

（一）对集体土地上被征收房屋的补偿，按房屋重置价格结合成新度给予补偿。房屋重置价格由当地建设部门会同价格、国土资源部门进行测算，由各州（地、市）人民政府发布，在每年3月定期公开发布一次房屋重置价格。

（二）对被征收人实行迁建安置的，征收人应当根据市、县人民政府的有关规定，结合被征收房屋的补偿安置面积，提供迁建安置用地，征收人负责迁建用地的通水、通电、通路和场地平整或者支付相应的建设费用；被征收人按有关规定办理迁建用地手续和建房审批手续。

（三）集体土地的征收标准按青海省人民政府《关于公布征地统一年产值和区片综合地价的通知》（青政〔2010〕26号）相关规定执行。

六、做好项目的衔接，妥善解决矛盾纠纷

（一）新条例实施前已依法取得房屋拆迁许可证的项目，继续沿用原有规定办理。

（二）建设项目分期实施，建设单位未申请办理房屋拆迁许可证的，也可按原建设项目审批手续继续实施。

（三）新条例实施前已发布征收公告并开始实施拆迁的项目，按照原公告确定的补偿标准执行。

（四）各市、县级人民政府抓紧和同级人民代表大会协商，将今年的保障性安居工程建设、旧城区改建项目纳入市、县级国民经济和社会发展年度计划，保证保障性安居工程建设、旧城区改建项目的顺利进行。

（五）各市、县级人民政府及有关部门要强化政治意识、大局意识和责任意识，按照"属地管理、分级负责"的原则，及时掌握和化解房屋征收与补偿中出现的苗头性、倾向性问题，防止矛盾激化，避免因房屋征收与补偿引发非正常上访事件，切实维护社会和谐稳定。要加强舆论引导，妥善应对涉及房屋征收补偿的相关舆情，严防失实报道或渲染炒作。

江苏省贯彻实施《国有土地上房屋征收与补偿条例》若干问题的规定

（2011 年 7 月 8 日　苏政发〔2011〕91 号）

第一条　为了规范国有土地上房屋征收与补偿活动，维护公共利益，保障被征收房屋所有权人（以下称被征收人）的合法权益，根据《国有土地上房屋征收与补偿条例》，制定本规定。

第二条　本规定适用于依照《国有土地上房屋征收与补偿条例》实施征收的项目。

第三条　征收个人住宅，被征收人符合住房保障条件的，作出房屋征收决定的设区的市、县（市、区）人民政府应当优先给予住房保障。

第四条　被征收人仅有一处住房且可能获得的货币补偿金额低于征收补偿最低标准的，应当按照征收补偿最低标准给予补偿。征收补偿最低标准由设区的市人民政府参照国家住宅设计规范规定的最小户型面积和当地经济适用房价值等因素确定。

第五条　被征收人获得征收补偿后仍符合申请购买经济适用房或者申请廉租住房租赁补贴、租赁廉租住房、租赁公共租赁住房条件的，由设区的市、县（市、区）人民政府给予优先保障。申请廉租住房租赁补贴的，由住房保障主管部门自被征收人签订补偿协议并实际搬迁后的次月发放廉租住房租赁补贴。申请购买经济适用房、租赁廉租住房或者公共租赁住房的，其保障次序列同期申请的非被征收人之前。

第六条　对被征收人提供保障性住房的次序，按照签订补偿协议后实际搬迁的先后顺序确定。

第七条 被征收房屋的价值，由具有相应资质的房地产价格评估机构依法评估确定。

第八条 承担房屋征收评估工作的房地产价格评估机构不得与房屋征收当事人有利害关系，不得采取迎合征收当事人不当要求、虚假宣传、恶意压低收费等不正当手段承揽房屋征收评估业务。

设区的市、县（市、区）人民政府房屋征收部门（以下称房屋征收部门）应当定期向社会公布从事房屋征收评估、具有相应资质的房地产价格评估机构及其信用情况，并适时更新。

第九条 房地产价格评估机构由被征收人在规定时间内协商选定；被征收人在规定时间内协商不成的，房屋征收部门可以通过组织被征收人按照少数服从多数的原则投票决定，或者采取摇号、抽签等方式确定。

房屋征收部门规定被征收人协商选定房地产价格评估机构的时间应当不少于5个工作日。

第十条 确定房地产价格评估机构应当遵循以下程序：

（一）房屋征收部门向社会发布征收评估信息；

（二）具有相应资质的房地产价格评估机构报名；

（三）房屋征收部门按照报名先后顺序公布具有相应资质的房地产价格评估机构名单；

（四）被征收人在规定时间内协商选定房地产价格评估机构，并将协商结果书面告知房屋征收部门；

（五）被征收人在规定时间内协商不成的，由房屋征收部门组织被征收人投票决定或者通过摇号、抽签等方式确定。采用投票方式时，超过50%的被征收人选择同一房地产价格评估机构的，为多数决定；不足50%的，采取摇号、抽签等方式确定；

（六）房屋征收部门公布被征收人协商选定或者通过多数决定、随机选定等方式确定的房地产价格评估机构。

通过多数决定、随机选定等方式确定房地产价格评估机构的过程和结果，应当经过公证机构依法公证。

第十一条 对因征收房屋造成停产停业损失的补偿，由征收当事人协商确定；协商不成的，可以委托已经选定或者确定的房地产价格评估机构通过评估确定。

第十二条 停产停业损失是指因征收房屋造成停产停业的直接效益损失。

停产停业损失补偿根据房屋被征收前的效益、停产停业期限等因素确定。

第十三条 房屋被征收前的效益原则上按照房屋征收决定作出前3年的平均效益计算；不满3年的，按照实际年限计算。计算平均效益应当结合纳税情况，以会计核算及其他有关资料为依据。具体计算方法由设区的市、县（市、区）人民政府规定。

被征收人选择货币补偿的，停产停业期限为被征收人实际搬迁之日至以原生产方式或者经营方法恢复到原生产经营规模所需的社会平均时间；被征收人选择产权调换的，停产停业期限自被征收人实际搬迁之日起至产权调换房屋通知交付之日止；被征收人使用房屋征收部门提供类似房屋周转的，使用周转房屋的时间相应扣减。

第十四条 给予停产停业损失补偿的被征收房屋应当同时符合以下条件：

（一）具有土地、房屋权属证明，或者经设区的市、县（市）人民政府组织有关部门依法认定为合法建筑；

（二）被征收房屋作为生产经营场所的，经营者应当持有合法、有效的工商营业执照、税务登记证以及其他有关许可证件；

（三）因房屋被征收造成停产停业损失的。

法律、法规和省人民政府另有规定的，从其规定。

第十五条 被征收人擅自将住宅房屋改变为经营性用房的，征收时不给予停产停业损失补偿；擅自改变非住宅房屋用途的，按照原用途计算停产停业损失。

被征收房屋于 2010 年 7 月 1 日前已经改变为经营性用房，并取得工商营业执照、持续营业 1 年以上的，可以结合实际营业年限按照适当比例给予停产停业损失补偿。具体比例由设区的市、县（市、区）人民政府结合本地实际确定。

第十六条　使用被征收房屋所从事的生产经营活动不符合国家、省产业政策，房屋征收后不允许恢复原生产经营活动的，按照国家、省产业政策调整相关规定执行。

第十七条　伪造、变造土地、房屋权属证明、工商营业执照等证明文件骗取停产停业损失补偿的，应当依法予以追缴，并追究相应的法律责任。

第十八条　省住房城乡建设厅应当会同有关部门加强对国有土地上房屋征收与补偿实施工作的指导。

第十九条　房屋征收部门应当加强对房屋征收实施单位及其工作人员的管理。

第二十条　从事房屋征收工作的人员应当熟练掌握房屋征收相关法律、法规、规章等规定和其他业务知识，并经培训考核合格。

省住房城乡建设厅和房屋征收部门应当定期对从事房屋征收工作的人员进行教育培训。

第二十一条　本规定自发布之日起施行。

甘肃省实施《国有土地上
房屋征收与补偿条例》若干规定

（2011 年 11 月 13 日甘肃省人民政府令第 86 号公布
自 2012 年 1 月 1 日起施行）

第一章 总 则

第一条 根据国务院《国有土地上房屋征收与补偿条例》，结合本省实际，制定本规定。

第二条 本规定适用于本省行政区域内国有土地上房屋征收与补偿活动。

第三条 省住房和城乡建设行政主管部门负责指导全省房屋征收与补偿工作。

省财政、国土资源、发展改革等有关部门应当按照各自职责协同做好房屋征收与补偿工作。

第四条 市、县级人民政府负责本行政区域的房屋征收与补偿工作。

市、县级人民政府确定的房屋征收部门组织实施本行政区域的房屋征收与补偿工作。

市、县级财政、国土资源、发展改革等有关部门应当按照各自职责协同做好本行政区域的房屋征收与补偿工作。

房屋征收部门可以委托房屋征收实施单位承担房屋征收与补偿的具体工作。

第五条 房屋征收实施单位应当配备与履行房屋征收职能相适应的管理人员、专业技术人员、法律服务人员及其他相关工作人员，并按要求向房屋征收部门报送单位和人员的有关资料。

第六条 房屋征收项目所在街道、社区应当配合房屋征收部门做好房屋征收与补偿工作。

公安、教育、民政、人社等部门，应当按照各自职责协同做好房屋征收与补偿工作，及时办理被征收人的户口、子女入学及社会保障等相关手续，不得增加房屋征收部门和被征收人的负担。

第二章 评估机构选定

第七条 省住房和城乡建设行政主管部门应当公布房地产价格评估机构名录。

房屋征收部门实施征收项目时，应当向被征收人提供房地产价格评估机构名录，由被征收人在公布的名录中协商选定具有相应资质的评估机构。被征收人以协商方式无法选定房地产评估机构的，可以通过投票方式选定，投票同意率应达到半数以上。被征收人在房屋征收部门提供房地产价格评估机构名录之日起5日内无法达成一致的，可以采取抽签方式选定，抽签应当在公证机构的监督下进行。

第八条 同一征收项目的房屋征收评估工作，原则上由一家房地产价格评估机构承担。房屋征收范围较大的，可以由两家以上房地产价格评估机构共同承担。

两家以上房地产价格评估机构承担同一征收项目评估业务的，应当共同协商确定一家房地产价格评估机构为牵头单位；牵头单位应当组织相关房地产价格评估机构就评估依据、评估原则、评估方法、重要参数选取、评估结果确定方式等进行沟通，统一标准。

第九条 房地产价格评估机构应当独立、客观、公正地开展被征收房屋价格评估工作，任何单位和个人不得干预。

第十条 市、州人民政府确定的房屋征收部门应当按照住房和城乡建设部《国有土地上房屋征收评估办法》组建房地产价格评估专家委员会。本行政区域内专业技术人员不足的，可以与相邻的市、州联合组建，也可以在省内跨区域聘请专家。

第十一条　被征收人或者房屋征收部门对房地产价格评估结果有异议的，可以按照住房和城乡建设部《国有土地上房屋征收评估办法》向房地产价格评估机构申请复核；对复核结果有异议的，可以向被征收房屋所在地房地产价格评估专家委员会申请鉴定。

第十二条　选定房地产价格评估机构的费用由房屋征收部门承担。

第三章　停产停业损失补偿

第十三条　停产停业损失补偿对象为国有土地上因征收房屋造成停产停业损失的被征收人。

第十四条　符合下列条件的，应当给予停产停业损失补偿：

（一）被征收房屋所有权证书载明为经营性房屋；

（二）依法取得工商营业执照；

（三）依法取得相关生产经营许可手续。

第十五条　停产停业损失补偿的标准，以被征收人提供的近三年纳税证明为依据确定；不足三年的以全部生产经营期间纳税证明为依据确定。

停产停业损失补偿，生产经营三年以上的以近三年生产经营效益平均值为计算依据，不足三年的以生产经营期间效益平均值为计算依据。

第十六条　停产停业损失补偿期限，商业、服务性行业按半年予以补偿；工业生产行业按一年予以补偿。

第四章　住房保障

第十七条　市、县级人民政府在发布房屋征收决定公告的同时，应当在房屋征收范围内公告住房保障条件。

第十八条 对符合市、县级人民政府规定的住房保障条件的个人住宅被征收人，应当优先安置保障房，安置方式由被征收人自愿选择。

第十九条 符合条件且自愿选择优先安置保障房的被征收人应当向房屋征收部门提出书面申请，房屋征收部门应当及时向同级住房保障管理部门提交。

住房保障管理部门应当及时对房屋征收部门提出的优先安置保障房的被征收人名单予以核定、确认，并办理相关手续。

第二十条 享受优先安置保障房的，可以先行货币补偿后安置，也可以实行产权置换。

第二十一条 安置保障房实行产权置换的，在产权办理时对征收应补偿返还面积在《房屋所有权证》附记栏注明，保留其原产权属性。

第五章 附 则

第二十二条 本规定自 2012 年 1 月 1 日起施行。本规定施行前已依法取得房屋拆迁许可证的项目，继续沿用原有的规定办理。

北京市国有土地上房屋征收
停产停业损失补偿暂行办法

（2011 年 11 月 18 日 京建法〔2011〕18 号）

第一条 为规范本市国有土地上房屋征收停产停业损失补偿活动，维护被征收人合法权益，根据《国有土地上房屋征收与补偿条例》（国务院令第 590 号）制定本办法。

第二条 在本市行政区域内因国有土地上房屋征收造成停产停

业损失的补偿，适用本办法。

第三条 被征收房屋符合下列条件的，房屋征收部门应当给予被征收人停产停业损失补偿：

（一）被征收房屋具有房屋权属证明或者经有关部门认定为合法建筑；

（二）有合法、有效的营业执照或者登记证，且营业执照或者登记证上载明的住所（营业场所）为被征收房屋。但在办理工商登记注册时提交了由经营者和房屋提供者签署的《临时住所（经营场所）使用承诺书》，承诺遇有政府有关部门依法拆除其场所或经政府批准进行拆迁、以及要求恢复原场地使用性质时，不申请相应补偿的除外；

（三）已办理税务登记并具有纳税凭证。

第四条 被征收房屋为非住宅房屋的，由房屋征收当事人按照房屋被征收前的效益、停产停业期限等因素协商确定停产停业损失补偿金额；协商不成的，由房地产价格评估机构评估确定。

第五条 非住宅房屋停产停业损失补偿评估的计算公式为：

停产停业损失补偿费 =（用于生产经营的非住宅房屋的月租金 + 月净利润 × 修正系数 + 员工月生活补助）× 停产停业补偿期限

（1）用于生产经营的非住宅房屋的月租金是指被征收房屋停产停业期间平均每月的市场月租金，由房地产价格评估机构评估确定。

（2）月净利润是指生产经营者利用被征收房屋，在停产停业期间每月平均能够获取的税后净利润。月净利润按征收决定发布前12个月的损益表确定。无法根据损益表确定的根据生产经营者在征收决定发布前12个月实际缴纳的企业所得税推算。

（3）修正系数基准值为1，根据使用被征收房屋的生产经营运行状况和市场预期进行修正，修正调整幅度不得超过20%。

（4）员工月生活补助是指生产经营者在停产停业期间，每月支付给员工的基本生活保障补助，员工月生活补助标准按征收决定发布前上个月的北京市最低工资标准计算。

员工数量以生产经营者在征收决定发布前 12 个月缴纳社会保险的月平均人数计算。生产经营者凭房屋征收决定相关证明到区县社会保险经（代）办机构开具参保人数证明。

第六条　被征收人不能在规定期限内提供反映月净利润和员工数量等有效凭证的，在停产停业损失补偿费的计算公式中不计月净利润和员工月生活补助。

第七条　停产停业补偿期限由房地产价格评估机构参照本办法所附停产停业补偿期限参考表评估确定。对从事生产制造的经营性房屋，停产停业期限超过本办法附表所规定标准的，停产停业补偿期限可以适当延长，但最长不超过 12 个月。

第八条　用住宅房屋从事生产经营活动，按照实际经营面积每平方米给予 800 元至 3000 元一次性停产停业损失补偿费，具体标准由各区县房屋征收部门结合本地区实际情况确定。被征收人对一次性停产停业损失补偿费有异议的，可以在规定期限内申请参照本办法有关规定评估确定。

第九条　生产经营者承租房屋的，依照与被征收人的约定分配停产停业损失补偿费；没有约定的，由被征收人参照本办法规定的标准对生产经营者给予适当补偿。

第十条　本办法中所称住宅房屋和非住宅房屋的认定，以房屋所有权证标明的用途或者规划部门批准的用途为准。

第十一条　本办法自公布之日起实施。

附表：停产停业补偿期限参考表（略）

贵州省国有土地上房屋征收
停产停业损失补偿指导意见

(2011 年 10 月 8 日　黔府办发〔2011〕116 号)

第一条　为规范国有土地上房屋征收与补偿行为，维护被征收人的合法权益，根据《国有土地上房屋征收与补偿条例》的规定，制定本意见。

第二条　在本省征收国有土地上非住宅房屋，需要对被征收人停产停业损失进行补偿的，适用本意见。

第三条　被征收房屋符合以下条件的，应当给予停产停业损失补偿：

（一）被征收房屋是合法建筑，房屋权属证书登记的用途为非住宅的；

（二）被征收人提供合法、有效的营业执照、税务登记证的；

（三）房屋征收公告发布前持续经营的；

（四）因征收房屋造成停产停业损失的。

第四条　征收国有土地上的房屋造成的停产停业损失，按照以下分类和标准进行补偿：

（一）被征收人能够提供税务部门出具的应纳税所得额证明的，按照上一年度月均应纳税所得额计算每月的经营性损失补偿；

被征收人不能提供税务部门出具的应纳税所得额证明的，经营性损失补偿标准由市、县人民政府根据当地经济发展水平、房屋被征收前的经济效益等因素制定。

（二）被征收人能够提供向社会保险经办机构缴纳社会保险费凭证的，按照上一年度本单位职工月均工资总额计算每月的职工失业补助。

第五条 被征收人选择货币补偿的，按照第四条规定的标准一次性计发 3-6 个月的经营性损失补偿和职工失业补助。

被征收人选择产权调换，房屋征收部门提供了非住宅临时安置房的，按照第四条规定的标准一次性计发 3-6 个月的经营性损失补偿和职工失业补助；被征收人自行过渡的，按照第四条规定的标准逐月计发经营性损失补偿和 6 个月的职工失业补助。

房屋征收决定公告发布前已停产停业的房屋，对被征收人不予计发停产停业损失补偿。

第六条 被征收房屋的房屋权属证书登记用途为住宅，但已改变为营业用房，并且符合下列条件的，应适当提高实际用于经营的房屋价值的补偿：

（一）取得合法有效的营业执照、税务登记证并有纳税记录；

（二）房屋权属证书所载的地点与营业执照、税务登记证注明的营业地点一致。

可以适当提高补偿的情形和标准：

（一）1990 年 4 月 1 日《中华人民共和国城市规划法》实施前已改变并以改变后的用途延续使用的，按营业用房进行补偿，按照第四条规定的标准给予停产停业损失补偿。

改变房屋用途，按规定应当缴纳国家税收和土地收益金的，房屋所有人应当依法纳税和补交土地收益金。

（二）1990 年 4 月 1 日《中华人民共和国城市规划法》实施后至 2001 年 11 月 1 日《城市房屋拆迁管理条例》实施前已改变并以改变后的用途延续使用的，在住宅用房房地产市场评估价值的基础上增加 50% 的补偿金额；

（三）2001 年 11 月 1 日《城市房屋拆迁管理条例》实施后至 2008 年 1 月 1 日《中华人民共和国城乡规划法》实施前已改变并以改变后的用途延续使用的，在住宅用房房地产市场评估价值的基础上增加20%的补偿金额；

（四）2008年1月1日《中华人民共和国城乡规划法》实施后改变的，不增加补偿。

第七条 伪造、变造房屋权属证书或证明文件、营业执照等，骗取停产停业损失补偿的，房屋征收部门依法予以追回。

第八条 本办法自发布之日起施行。

附　　录

（一）典型案例

最高人民法院 2014 年 8 月 29 日
发布征收拆迁十大案例①

目　　录

---

① 参见最高人民法院网站，https：//www.court.gov.cn/zixun-xiangqing-13405.html，最后访问时间：2023 年 10 月 25 日。

一、杨瑞某诉株洲市人民政府房屋征收决定案

(一) 基本案情

2007 年 10 月 16 日，湖南省株洲市房产管理局向湖南冶金职业技术学院作出株房拆迁字〔2007〕第 19 号《房屋拆迁许可证》，杨瑞某的部分房屋在拆迁范围内，在拆迁许可期内未能拆迁。2010 年，株洲市人民政府启动神农大道建设项目。2010 年 7 月 25 日，株洲市发展改革委员会批准立项。2011 年 7 月 14 日，株洲市规划局颁发了株规用〔2011〕0066 号《建设用地规划许可证》。杨瑞某的房屋位于泰山路与规划的神农大道交汇处，占地面积 418 平方米，建筑面积 582.12 平方米，房屋地面高于神农大道地面 10 余米，部分房屋在神农大道建设项目用地红线范围内。2011 年 7 月 15 日，株洲市人民政府经论证公布了《神农大道项目建设国有土地上房屋征收补偿方案》，征求公众意见。2011 年 9 月 15 日，经社会稳定风险评估为 C 级。2011 年 9 月 30 日，株洲市人民政府发布了修改后的补偿方案，并作出了〔2011〕第 1 号《株洲市人民政府国有土地上房屋征收决定》(以下简称《征收决定》)，征收杨瑞某的整栋房屋，并给予合理补偿。

杨瑞某不服，以"申请人的房屋在湖南冶金职业技术学院新校区项目建设拆迁许可范围内，被申请人作出征收决定征收申请人的房屋，该行为与原已生效的房屋拆迁许可证冲突"和"原项目拆迁方和被申请人均未能向申请人提供合理的安置补偿方案"为由向湖南省人民政府申请行政复议。复议机关认为，原拆迁人湖南冶金职业技术学院取得的《房屋拆迁许可证》已过期，被申请人依据《国有土地上房屋征收与补偿条例》的规定征收申请人的房屋并不违反法律规定。申请人的部分房屋在神农大道项目用地红线范围内，且房屋地平面高于神农大道地平面 10 余米，房屋不整体拆除

将存在严重安全隐患，属于确需拆除的情形，《征收决定》内容适当，且作出前也履行了相关法律程序，故复议机关作出复议决定维持了《征收决定》。其后，杨瑞某以株洲市人民政府为被告提起行政诉讼，请求撤销《征收决定》。

（二）裁判结果

株洲市天元区人民法院一审认为，关于杨瑞某提出株洲市人民政府作出的〔2011〕第1号《征收决定》与株洲市房产管理局作出的株房拆迁字〔2007〕第19号《房屋拆迁许可证》主体和内容均相冲突的诉讼理由，因〔2007〕第19号《房屋拆迁许可证》已失效，神农大道属于新启动项目，两份文件并不存在冲突。关于杨瑞某提出征收其红线范围外的房屋违法之主张，因其部分房屋在神农大道项目用地红线范围内，征收系出于公共利益需要，且房屋地面高于神农大道地面10余米，不整体拆除将产生严重安全隐患，整体征收拆除符合实际。杨瑞某认为神农大道建设项目没有取得建设用地批准书。2011年7月14日，株洲市规划局为神农大道建设项目颁发了株规用〔2011〕0066号《建设用地规划许可证》。杨瑞某认为株洲市规划局在复议程序中出具的说明不能作为超范围征收的依据。株洲市规划局在复议程序中出具的说明系另一法律关系，非本案审理范围。株洲市人民政府作出的〔2011〕第1号《征收决定》事实清楚，程序合法，适用法律、法规正确，判决维持。

株洲市中级人民法院二审认为，本案争议焦点为株洲市人民政府作出的〔2011〕第1号《征收决定》是否合法。2010年，株洲市人民政府启动神农大道建设项目，株洲市规划局于2011年7月14日颁发了株规用〔2011〕0066号《建设用地规划许可证》。杨瑞某的部分房屋在神农大道建设项目用地红线范围内，虽然征收杨瑞某整栋房屋超出了神农大道的专项规划，但征收其房屋系公共利益需要，且房屋地面高于神农大道地面10余米，如果只拆除规划红线范围内部分房屋，未拆除的规划红线范围外的部分房屋将人为变成危房，失去了房屋应有的价值和作用，整体征收杨瑞某的房屋，并给予合理补偿符合实际情况，也是人民政府对人民群众生命财产安全担当责任的表现。判决驳回上诉，维持原判。

（三）典型意义

本案典型意义在于：在房屋征收过程中，如果因规划不合理，致使整幢建筑的一部分未纳入规划红线范围内，则政府出于实用性、居住安全性等因素考虑，将未纳入规划的部分一并征收，该行为体现了以人为本，有利于征收工作顺利推进。人民法院认可相关征收决定的合法性，不赞成过于片面、机械地理解法律。

二、孔庆某诉泗水县人民政府房屋征收决定案

（一）基本案情

2011 年 4 月 6 日，山东省泗水县人民政府作出泗政发〔2011〕15 号《泗水县人民政府关于对泗城泗河路东林业局片区和泗河路西古城路北片区实施房屋征收的决定》（以下简称《决定》），其征收补偿方案规定，选择货币补偿的，被征收主房按照该地块多层产权调换安置房的优惠价格补偿；选择产权调换的，安置房超出主房补偿面积的部分由被征收人出资，超出 10 平方米以内的按优惠价结算房价，超出 10 平方米以外的部分按市场价格结算房价；被征收主房面积大于安置房面积的部分，按照安置房优惠价增加 300 元/平方米标准给予货币补偿。原告孔庆某的房屋在被征收范围内，其不服该《决定》，提起行政诉讼。

（二）裁判结果

济宁市中级人民法院经审理认为，根据《国有土地上房屋征收与补偿条例》（以下简称《条例》）第二条、第十九条规定，征收

国有土地上单位、个人的房屋，应当对被征收房屋所有权人给予公平补偿。对被征收房屋价值的补偿，不得低于房屋征收决定公告之日被征收房屋类似房地产的市场价格。根据立法精神，对被征收房屋的补偿，应参照就近区位新建商品房的价格，以被征收人在房屋被征收后居住条件、生活质量不降低为宜。本案中，优惠价格显然低于市场价格，对被征收房屋的补偿价格也明显低于被征收人的出资购买价格。该征收补偿方案的规定对被征收人显失公平，违反了《条例》的相关规定。故判决：撤销被告泗水县人民政府作出的《决定》。宣判后，各方当事人均未提出上诉。

(三) 典型意义

本案典型意义在于：《条例》第二条规定的对被征收人给予公平补偿原则，应贯穿于房屋征收与补偿全过程。无论有关征收决定还是补偿决定的诉讼，人民法院都要坚持程序审查与实体审查相结合，一旦发现补偿方案确定的补偿标准明显低于法定的"类似房地产的市场价格"，即便对于影响面大、涉及人数众多的征收决定，该确认违法的要坚决确认违法，该撤销的要坚决撤销，以有力地维护人民群众的根本权益。

三、何某诉淮安市淮阴区人民政府房屋征收补偿决定案

(一) 基本案情

2011 年 10 月 29 日，江苏省淮安市淮阴区人民政府（以下简称淮阴区政府）发布《房屋征收决定公告》，决定对银川路东旧城改造项目规划红线范围内的房屋和附属物实施征收。同日，淮阴区政府发布《银川路东地块房屋征收补偿方案》，何某位于淮安市淮阴区黄河路北侧 3 号楼 205 号的房屋在上述征收范围内。经评估，何某被征收房屋住宅部分评估单价为 3901 元/平方米，经营性用房评

估单价为 15600 元/平方米。在征收补偿商谈过程中，何某向征收部门表示选择产权调换，但双方就产权调换的地点、面积未能达成协议。2012 年 6 月 14 日，淮阴区政府依征收部门申请作出淮政房征补决字〔2012〕01 号《房屋征收补偿决定书》，主要内容：何某被征收房屋建筑面积 59.04 平方米，设计用途为商住。因征收双方未能在征收补偿方案确定的签约期限内达成补偿协议，淮阴区政府作出征收补偿决定：1. 被征收人货币补偿款总计 607027.15 元；2. 被征收人何某在接到本决定之日起 7 日内搬迁完毕。何某不服，向淮安市人民政府申请行政复议，后淮安市人民政府复议维持本案征收补偿决定。何某仍不服，遂向法院提起行政诉讼，要求撤销淮阴区政府对其作出的征收补偿决定。

（二）裁判结果

淮安市淮阴区人民法院认为，本案争议焦点为被诉房屋征收补偿决定是否侵害了何某的补偿方式选择权。根据《国有土地上房屋征收与补偿条例》第二十一条第一款规定，被征收人可以选择货币补偿，也可以选择产权调换。通过对本案证据的分析，可以认定何某选择的补偿方式为产权调换，但被诉补偿决定确定的是货币补偿方式，侵害了何某的补偿选择权。据此，法院作出撤销被诉补偿决定的判决。一审判决后，双方均未提起上诉。

（三）典型意义

本案典型意义在于：在房屋补偿决定诉讼中，旗帜鲜明地维护了被征收人的补偿方式选择权。《国有土地上房屋征收与补偿条例》第二十一条明确规定，"被征收人可以选择货币补偿，也可以选择房屋产权调换"，而实践中不少"官"民矛盾的产生，源于市、县级政府在作出补偿决定时，没有给被征收人选择补偿方式的机会而径直加以确定。本案的撤销判决从根本上纠正了行政机关这一典型违法情形，为当事人提供了充分的司法救济。

四、艾正某、沙某芳诉马鞍山市雨山区
人民政府房屋征收补偿决定案

（一）基本案情

2012 年 3 月 20 日，安徽省马鞍山市雨山区人民政府发布雨城征〔2012〕2 号《雨山区人民政府征收决定》及《采石古镇旧城改造项目房屋征收公告》。艾正某、沙某芳名下的马鞍山市雨山区采石九华街 22 号房屋位于征收范围内，其房产证记载房屋建筑面积 774.59 平方米；房屋产别：私产；设计用途：商业。土地证记载使用权面积 1185.9 平方米；地类（用途）：综合；使用权类型：出让。2012 年 12 月，雨山区房屋征收部门在司法工作人员全程见证和监督下，抽签确定雨山区采石九华街 22 号房屋的房地产价格评估机构为安徽民生房地产评估有限公司。2012 年 12 月 12 日，安徽民生房地产评估有限公司向雨山区房屋征收部门提交了对艾正某、沙某芳名下房屋作出的市场价值估价报告。2013 年 1 月 16 日，雨山区人民政府对被征收人艾正某、沙某芳作出雨政征补〔2013〕21 号《房屋征收补偿决定书》。艾正某、沙某芳认为，被告作出补偿决定前没有向原告送达房屋评估结果，剥夺了原告依法享有的权利，故提起行政诉讼，请求依法撤销该《房屋征收补偿决定书》。

（二）裁判结果

马鞍山市中级人民法院认为，根据《国有土地上房屋征收与补偿条例》第十九条的规定，被征收房屋的价值，由房地产价格评估机构按照房屋征收评估办法评估确定。对评估确定的被征收房屋价值有异议的，可以向房地产价格评估机构申请复核评估。对复核结果有异议的，可以向房地产价格评估专家委员会申请鉴定。根据住房和城乡建设部颁发的《国有土地上房屋征收评估办法》第十六

条、第十七条、第二十条、第二十二条的规定，房屋征收部门应当将房屋分户初步评估结果在征收范围内向被征收人公示。公示期满后，房屋征收部门应当向被征收人转交分户评估报告。被征收人对评估结果有异议的，自收到评估报告 10 日内，向房地产评估机构申请复核评估。对复核结果有异议的，自收到复核结果 10 日内，向房地产价格评估专家委员会申请鉴定。从本案现有证据看，雨山区房屋征收部门在安徽民生房地产评估有限公司对采石九华街 22 号作出商业房地产市场价值评估报告后，未将该报告内容及时送达艾正某、沙某芳并公告，致使艾正某、沙某芳对其房产评估价格申请复核评估和申请房地产价格评估专家委员会鉴定的权利丧失，属于违反法定程序。据此，判决撤销雨山区人民政府作出的雨政征补〔2013〕21 号《房屋征收补偿决定书》。宣判后，各方当事人均未提出上诉。

（三）典型意义

本案典型意义在于：通过严格的程序审查，在评估报告是否送达这一细节上，彰显了司法对被征收人获得公平补偿权的全方位保护。房屋价值评估报告是行政机关作出补偿决定最重要的依据之一，如果评估报告未及时送达，会导致被征收人申请复评和申请鉴定的法定权利无法行使，进而使得补偿决定本身失去合法性基础。本案判决敏锐地把握住了程序问题与实体权益保障的重要关联性，果断撤销了补偿决定，保障是充分到位的。

五、文某安诉商城县人民政府房屋征收补偿决定案

（一）基本案情

河南省商城县城关迎春台区域的房屋大多建于 30 年前，破损严重，基础设施落后。2012 年 12 月 8 日，商城县房屋征收部门发

布《关于迎春台棚户区房屋征收评估机构选择公告》，提供信阳市
明宇房地产估价师事务所有限公司、安徽中安房地产评估咨询有限
公司、商城县隆盛房地产评估事务所作为具有资质的评估机构，由
被征收人选择。后因征收人与被征收人未能协商一致，商城县房屋
征收部门于12月11日发布《关于迎春台棚户区房屋征收评估机构
抽签公告》，并于12月14日组织被征收人和群众代表抽签，确定
信阳市明宇房地产估价师事务所有限公司为该次房屋征收的价格评
估机构。2012年12月24日，商城县人民政府作出商政〔2012〕24
号《关于迎春台安置区改造建设房屋征收的决定》。原告文某安长
期居住的迎春台132号房屋在征收范围内。2013年5月10日，房
地产价格评估机构出具了房屋初评报告。商城县房屋征收部门与原
告在征收补偿方案确定的签约期限内未能达成补偿协议，被告于
2013年7月15日依据房屋评估报告作出商政补决字〔2013〕3号
《商城县人民政府房屋征收补偿决定书》。原告不服该征收补偿决
定，向人民法院提起诉讼。

（二）裁判结果

信阳市中级人民法院认为，本案被诉征收补偿决定的合法性存
在以下问题：（一）评估机构选择程序不合法。商城县房屋征收部
门于2012年12月8日发布《关于迎春台棚户区房屋征收评估机构
选择公告》，但商城县人民政府直到2012年12月24日才作出《关
于迎春台安置区改造建设房屋征收的决定》，即先发布房屋征收评
估机构选择公告，后作出房屋征收决定。这不符合《国有土地上房
屋征收与补偿条例》第二十条第一款有关"房地产价格评估机构由
被征收人协商选定；协商不成的，通过多数决定、随机选定等方式
确定，具体办法由省、自治区、直辖市制定"的规定与《河南省实
施〈国有土地上房屋征收与补偿条例〉的规定》第六条的规定，
违反法定程序。（二）对原告文某安的房屋权属认定错误。被告在

《关于文某安房屋产权主体不一致的情况说明》中称"文某安在评估过程中拒绝配合致使评估人员未能进入房屋勘察",但在《迎春台安置区房地产权属情况调查认定报告》中称"此面积为县征收办入户丈量面积、房地产权属情况为权属无争议"。被告提供的证据相互矛盾,且没有充分证据证明系因原告的原因导致被告无法履行勘察程序。且该房屋所有权证及国有土地使用权证登记的权利人均为第三人文然而非文某安,被告对该被征收土地上房屋权属问题的认定确有错误。据此,一审法院判决撤销被诉房屋征收补偿决定。宣判后,各方当事人均未提出上诉。

(三)典型意义

本案典型意义在于:从程序合法性、实体合法性两个角度鲜明地指出补偿决定存在的硬伤。在程序合法性方面,依据有关规定突出强调了征收决定作出后才能正式确定评估机构的基本程序要求;在实体合法性方面,强调补偿决定认定的被征收人必须适格。本案因存在征收决定作出前已确定了评估机构,且补偿决定核定的被征收人不是合法权属登记人的问题,故判决撤销补偿决定,彰显了程序公正和实体公正价值的双重意义。

六、霍某英诉上海市黄浦区人民政府房屋征收补偿决定案

(一)基本案情

上海市顺昌路某号 283#二层统间系原告霍某英租赁的公有房屋,房屋类型旧里,房屋用途为居住,居住面积 11.9 平方米,折合建筑面积 18.33 平方米。该户在册户口 4 人,即霍某英、孙慰某、陈伟某、孙某强。因旧城区改建需要,2012 年 6 月 2 日,被告上海市黄浦区人民政府作出黄府征〔2012〕2 号房屋征收决定,原告户居住房屋位于征收范围内。因原告户认为其户经营公司,被告

应当对其给予非居住房屋补偿，致征收双方未能在签约期限内达成征收补偿协议。2013年4月11日，房屋征收部门即第三人上海市黄浦区住房保障和房屋管理局向被告报请作出征收补偿决定。被告受理后于2013年4月16日召开审理协调会，因原告户自行离开会场致协调不成。被告经审查核实相关证据材料，于2013年4月23日作出沪黄府房征补〔2013〕010号房屋征收补偿决定，认定原告户被征收房屋为居住房屋，决定：一、房屋征收部门以房屋产权调换的方式补偿公有房屋承租人霍某英户，用于产权调换房屋地址为上海市徐汇区东兰路121弄3号某室，霍某英户支付房屋征收部门差价款476706.84元；二、房屋征收部门给予霍某英户各项补贴、奖励费等共计492150元，家用设施移装费按实结算，签约搬迁奖励费按搬迁日期结算；三、霍某英户应在收到房屋征收补偿决定书之日起15日内搬迁至上述产权调换房屋地址，将被征收房屋腾空。

原告不服该征收补偿决定，向上海市人民政府申请行政复议，上海市人民政府经复议维持该房屋征收补偿决定。原告仍不服，遂向上海市黄浦区人民法院提起行政诉讼，要求撤销被诉征收补偿决定。

（二）裁判结果

上海市黄浦区人民法院认为，被告具有作出被诉房屋征收补偿决定的行政职权，被诉房屋征收补偿决定行政程序合法，适用法律规范正确，未损害原告户的合法权益。本案的主要争议在于原告户的被征收房屋性质应认定为居住房屋还是非居住房屋。经查，孙慰某为法定代表人的上海杨林基隆投资有限公司、上海基隆生态环保科技有限公司的住所地均为本市金山区，虽经营地址登记为本市顺昌路281号，但两公司的营业期限自2003年12月至2008年12月止，且原告承租公房的性质为居住。原告要求被告就孙慰某经营公司给予补偿缺乏法律依据，征收补偿方案亦无此规定，被诉征收补偿决定对其以居住房屋进行补偿于法有据。据此，一审法院判决驳回原告的诉讼请求。宣判后，各方当事人均未提出上诉。

（三）典型意义

本案典型意义在于：对如何界定被征收房屋是否属于居住房屋、进而适用不同补偿标准具有积极的借鉴意义。实践中，老百姓最关注的"按什么标准补"的前提往往是"房屋属于什么性质和用途"，这方面争议很多。法院在实践中通常依据房产登记证件所载明的用途认定房屋性质，但如果载明用途与被征收人的主张不一致，需要其提供营业执照和其他相关证据佐证，才有可能酌定不同补偿标准。本案中原告未能提供充分证据证明涉案房屋系非居住房屋，故法院不支持其诉讼请求。

七、毛培某诉永昌县人民政府房屋征收补偿决定案

（一）基本案情

2012 年 1 月，甘肃省永昌县人民政府拟定《永昌县北海子景区建设项目国有土地上房屋征收补偿方案》，向社会公众公开征求意见。期满后，作出《关于永昌县北海子景区建设项目涉及国有土地上房屋征收的决定》并予以公告。原告毛培某、刘吉某、毛显某（系夫妻、父子关系）共同共有的住宅房屋一处（面积 276 平方米）、工业用房一处（面积 775.8 平方米）均在被征收范围内。经房屋征收部门通知，毛培某等人选定评估机构对被征收房屋进行评估。评估报告作出后，毛培某等人以漏评为由申请复核，评估机构复核后重新作出评估报告，并对漏评项目进行了详细说明。同年 12 月 26 日，房屋征收部门就补偿事宜与毛培某多次协商无果后，告知其对房屋估价复核结果有异议可依据《国有土地上房屋征收评估

办法》，在接到通知之日起 10 日内向甘肃省金昌市房地产价格评估专家委员会申请鉴定。毛培某在规定的期限内未申请鉴定。2013 年 1 月 9 日，县政府作出永政征补（2013）第 1 号《关于国有土地上毛培某房屋征收补偿决定》，对涉案被征收范围内住宅房屋、房屋室内外装饰、工业用房及附属物、停产停业损失等进行补偿，被征收人选择货币补偿，总补偿款合计人民币 1842612 元。毛培某、刘吉某、毛显某认为补偿不合理，补偿价格过低，向市政府提起行政复议。复议机关经审查维持了县政府作出的征收补偿决定。毛培某、刘吉某、毛显某不服，提起行政诉讼，请求撤销征收补偿决定。

（二）裁判结果

甘肃省金昌市中级人民法院审理认为，县政府为公共事业的需要，组织实施县城北海子生态保护与景区规划建设，有权依照《国有土地上房屋征收与补偿条例》的规定，征收原告国有土地上的房屋。因房屋征收部门与被征收人在征收补偿方案确定的签约期限内未达成补偿协议，县政府具有依法按照征收补偿方案作出补偿决定的职权。在征收补偿过程中，评估机构系原告自己选定，该评估机构具有相应资质，复核评估报告对原告提出的漏评项目已作出明确说明。原告对评估复核结果虽有异议，但在规定的期限内并未向金昌市房地产价格评估专家委员会申请鉴定。因此，县政府对因征收行为给原告的住宅房屋及其装饰、工业用房及其附属物、停产停业损失等给予补偿，符合《甘肃省实施〈国有土地上房屋征收与补偿条例〉若干规定》的相关规定。被诉征收补偿决定认定事实清楚，适用法律、法规正确，程序合法。遂判决：驳回原告毛培某、刘吉某、毛显某的诉讼请求。宣判后，各方当事人均未提出上诉。

(三) 典型意义

本案典型意义在于：人民法院通过发挥司法监督作用，对合乎法律法规的征收补偿行为给予有力支持。在本案征收补偿过程中，征收部门在听取被征收人对征收补偿方案的意见、评估机构选择、补偿范围确定等方面，比较充分到位，保障了当事人的知情权、参与权，体现了公开、公平、公正原则。通过法官释法明理，原告逐步消除了内心疑虑和不合理的心理预期，不仅未上诉，其后不久又与征收部门达成补偿协议，公益建设项目得以顺利推进，案件处理取得了较好的法律效果和社会效果。

八、廖明某诉龙南县人民政府房屋强制拆迁案

(一) 基本案情

原告廖明某的房屋位于江西省龙南县龙南镇龙洲村东胜围小组，2011 年，被告龙南县人民政府批复同意建设县第一人民医院，廖明某的房屋被纳入该建设项目拆迁范围。就拆迁安置补偿事宜，龙南县人民政府工作人员多次与廖明某进行协商，但因意见分歧较大未达成协议。2013 年 2 月 27 日，龙南县国土及规划部门将廖明某的部分房屋认定为违章建筑，并下达自行拆除违建房屋的通知。同年 3 月，龙南县人民政府在未按照《中华人民共和国行政强制法》的相关规定进行催告、未作出强制执行决定、未告知当事人诉权的情况下，组织相关部门对廖明某的违建房屋实施强制拆除，同时对拆迁范围内的合法房屋也进行了部分拆除，导致该房屋丧失正常使用功能。廖明某认为龙南县人民政府强制拆除其房屋和毁坏财产的行为严重侵犯其合法权益，遂于 2013 年 7 月向江西省赣州市中级人民法院提起了行政诉讼，请求法院确认龙南县人民政府拆除其房屋的行政行为违法。赣州市中级人民法院将该案移交江西省安远县人民法院审理。安远县人民法院受理案件

后，于法定期限内向龙南县人民政府送达了起诉状副本和举证通知书，但龙南县政府在法定期限内只向法院提供了对廖明某违建房屋进行行政处罚的相关证据，没有提供强制拆除房屋行政行为的相关证据和依据。

（二）裁判结果

江西省安远县人民法院认为，根据《中华人民共和国行政诉讼法》第三十二条、第四十三条及《最高人民法院关于执行〈中华人民共和国行政诉讼法〉若干问题的解释》第二十六条之规定，被告对作出的具体行政行为负有举证责任，应当在收到起诉状副本之日起10日内提供作出具体行政行为时的证据，未提供的，应当认定该具体行政行为没有证据。本案被告龙南县人民政府在收到起诉状副本和举证通知书后，始终没有提交强制拆除房屋行为的证据，应认定被告强制拆除原告房屋的行政行为没有证据，不具有合法性。据此，依照《最高人民法院关于执行〈中华人民共和国行政诉讼法〉若干问题的解释》第五十七条第二款第（二）项之规定，确认龙南县人民政府拆除廖明某房屋的行政行为违法。

该判决生效后，廖明某于2014年5月向法院提起了行政赔偿诉讼。经安远县人民法院多次协调，最终促使廖明某与龙南县人民政府就违法行政行为造成的损失及拆除其全部房屋达成和解协议。廖明某撤回起诉，行政纠纷得以实质性解决。

（三）典型意义

本案典型意义在于：凸显了行政诉讼中行政机关的举证责任和司法权威，对促进行政机关及其工作人员积极应诉，不断强化诉讼意识、证据意识和责任意识具有警示作用。法律和司法解释明确规定了行政机关在诉讼中的举证责任，不在法定期限内提供证据，视为被诉行政行为没有证据，这是法院处理此类案件的法律底线。本案中，被告将原告的合法房屋在拆除违法建筑过程中一并拆除，在其后诉讼过程中又未能在法定期限内向法院提供据以证明其行为合法的证据，因此只能承担败诉后果。

九、叶某胜、叶某长、叶某发诉 仁化县人民政府房屋行政强制案

（一）基本案情

2009 年间，广东省仁化县人民政府（以下简称仁化县政府）规划建设仁化县有色金属循环经济产业基地，需要征收仁化县周田镇新庄村民委员会新围村民小组的部分土地。叶某胜、叶某长、叶某发（以下简称叶某胜等三人）的房屋所占土地在被征收土地范围之内，属于未经乡镇规划批准和领取土地使用证的"两违"建筑物。2009 年 8 月至 2013 年 7 月间，仁化县政府先后在被征收土地的村民委员会、村民小组张贴《关于禁止抢种抢建的通告》、《征地通告》、《征地预公告》、《致广大村民的一封信》、《关于责令停止一切违建行为的告知书》等文书，以调查笔录等形式告知叶某胜等三人房屋所占土地是违法用地。2009 年 10 月、2013 年 6 月，仁化县国土资源局分别发出两份《通知》，要求叶某发停止土地违法行为。2013 年 7 月 12 日凌晨 5 时许，在未发强行拆除通知、未予公告的情况下，仁化县政府组织人员对叶某胜等三人的房屋实施强制拆除。叶某胜等三人遂向广东省韶关市中级人民法院提起行政诉讼，请求确认仁化县政府强制拆除行为违法。

（二）裁判结果

广东省韶关市中级人民法院认为，虽然叶某胜等三人使用农村集体土地建房未经政府批准属于违法建筑，但仁化县政府在 2013 年 7 月 12 日凌晨对叶某胜等三人所建的房屋进行强制拆除，程序上存在严重瑕疵，即采取强制拆除前未向叶某胜等三人发出强制拆

除通知，未向强拆房屋所在地的村民委员会、村民小组张贴公告限期自行拆除，违反了《中华人民共和国行政强制法》第三十四条、第四十四条的规定。而且，仁化县政府在夜间实施行政强制执行，不符合《中华人民共和国行政强制法》第四十三条第一款有关"行政机关不得在夜间或者法定节假日实行强制执行"的规定。据此，依照《最高人民法院关于执行〈中华人民共和国行政诉讼法〉若干问题的解释》第五十七条的规定，判决：确认仁化县政府于2013年7月12日对叶某胜等三人房屋实施行政强制拆除的具体行政行为违法。宣判后，各方当事人均未提出上诉。

（三）典型意义

本案典型意义在于：充分体现了行政审判监督政府依法行政、保障公民基本权益的重要职能。即使对于违法建筑的强制拆除，也要严格遵循《中华人民共和国行政强制法》的程序性规定，拆除之前应当先通知相对人自行拆除，在当地张贴公告且不得在夜间拆除。本案被告未遵循这些程序要求，被人民法院判决确认违法。《中华人民共和国行政强制法》自2012年1月1日起至今施行不久，本案判决有助于推动该法在行政审判中的正确适用。

十、叶汉某诉湖南省株洲市规划局、株洲市石峰区人民政府不履行拆除违法建筑法定职责案

（一）基本案情

2010年7月，湖南省株洲市石峰区田心街道东门社区民主村小东门散户户主沈富某，在未经被告株洲市规划局等有关单位批准的情况下，将其父沈汉某遗留旧房拆除，新建和扩建房屋，严重影响了原告叶汉某的通行和采光。原告于2010年7月9日向被告株洲市规划局举报。该局于2010年10月对沈富某新建扩建房屋进行调

查、勘验，于 2010 年 10 月 23 日，对沈富某作出了株规罚告（石峰）字（2010）第（462）行政处罚告知书，告知其建房行为违反《中华人民共和国城乡规划法》第四十条，属违法建设。依据《中华人民共和国城乡规划法》第六十八条之规定，限接到告知书之日起，五天内自行无偿拆除，限期不拆除的，将由株洲市石峰区人民政府组织拆除。该告知书送达沈富某本人，其未能拆除。原告叶汉某于 2010 年至 2013 年通过向株洲市石峰区田心街道东门社区委员会、株洲市规划局、株洲市石峰区人民政府举报和请求依法履行强制拆除沈富某违法建筑行政义务，采取申请书等请求形式未能及时解决。2013 年 3 月 8 日，被告株洲市规划局以株规罚字（石 2013）字第 6021 号对沈富某作出行政处罚决定书。认定沈富某的建房行为违反《中华人民共和国城乡规划法》第四十条和《湖南省实施〈中华人民共和国城乡规划法〉办法》第二十五条之规定，属违法建设。依据《中华人民共和国城乡规划法》第六十四条和《湖南省实施〈中华人民共和国城乡规划法〉办法》第五十一条之规定，限沈富某接到决定书之日起，三日内自行无偿拆除。如限期不自行履行本决定，依据《中华人民共和国城乡规划法》第六十八条和《湖南省实施〈中华人民共和国城乡规划法〉办法》第五十四条及株政发（2008）36 号文件规定，将由石峰区人民政府组织实施强制拆除。由于被告株洲市规划局、株洲市石峰区人民政府未能完全履行拆除违法建筑的法定职责，原告于 2013 年 6 月 5 日向法院提起行政诉讼。

（二）裁判结果

株洲市荷塘区人民法院认为，被告株洲市石峰区人民政府于 2010 年 12 月接到株洲市规划局对沈富某株规罚告字（2010）第 004 号行政处罚告知书和株规罚字（石 2013）第 0021 号行政处罚决定书后，应按照株洲市规划局的授权积极履行法定职责，组织实施强制拆除违法建设。虽然被告株洲市石峰区人民政府在履行职责中对沈富某违法建设进行协调等工作，但未积极采取措施，其拆除违法建设工作未到位，属于不完全履行拆除违法建筑的法定职责。根据《中华人民共和国城乡规划法》第六十八条、《中华人民共和国行政诉讼法》第五十四条第三款的规定，判决被告株洲市石峰区人民政府在三个月内履行拆除沈富某违法建设法定职责的行政行为。宣判后，各方当事人均未提出上诉。

（三）典型意义

本案典型意义在于：以违法建设相邻权人提起的行政不作为诉讼为载体，有效发挥司法能动性，督促行政机关切实充分地履行拆除违建、保障民生的法定职责。针对各地违法建设数量庞大，局部地区有所蔓延的态势，虽然《中华人民共和国城乡规划法》规定了县级以上人民政府对违反城市规划、乡镇人民政府对违反乡村规划的违法建设有权强制拆除，但实际情况不甚理想。违法建设侵犯相邻权人合法权益难以救济成为一种普遍现象和薄弱环节，本案判决在这一问题上表明法院应有态度：即使行政机关对违建采取过一定的查处措施，但如果履行不到位仍构成不完全履行法定职责，法院有权要求行政机关进一步履行到位。这方面审判力度需要不断加强。

人民法院征收拆迁典型案例（第二批）^①

目　　录

一、王风某诉北京市房山区住房和城乡建设委员会拆迁补偿安置行政裁决案

（一）基本案情

2010年，北京市房山区因轨道交通房山线东羊庄站项目建设需要对部分集体土地实施征收拆迁，王风某所居住的房屋被列入拆迁

---

① 参见最高人民法院网站，https://www.court.gov.cn/zixun-xiangqing-95912.html，最后访问时间：2023年10月25日。

范围。该户院宅在册人口共 7 人，包括王风某的儿媳和孙女。因第三人房山区土储分中心与王风某未能达成拆迁补偿安置协议，第三人遂向北京市房山区住房和城乡建设委员会（以下简称房山区住建委）申请裁决。2014 年 3 月 6 日，房山区住建委作出被诉行政裁决，以王风某儿媳、孙女的户籍迁入时间均在拆迁户口冻结统计之后、不符合此次拆迁补偿和回迁安置方案中确认安置人口的规定为由，将王风某户的在册人口认定为 5 人。王风某不服诉至法院，请求撤销相应的行政裁决。

（二）裁判结果

北京市房山区人民法院一审认为，王风某儿媳与孙女的户籍迁入时间均在拆迁户口冻结统计之后，被诉的行政裁决对在册人口为 5 人的认定并无不当，故判决驳回王风某的诉讼请求。王风某不服，提起上诉。北京市第二中级人民法院二审认为，依据《北京市集体土地房屋拆迁管理办法》第八条第一款第三项有关"用地单位取得征地或者占地批准文件后，可以向区、县国土房管局申请在用地范围内暂停办理入户、分户，但因婚姻、出生、回国、军人退伍转业、经批准由外省市投靠直系亲属、刑满释放和解除劳动教养等原因必须入户、分户的除外"的规定，王风某儿媳因婚姻原因入户，其孙女因出生原因入户，不属于上述条款中规定的暂停办理入户和分户的范围，不属于因擅自办理入户而在拆迁时不予认定的范围。据此，被诉的行政裁决将王风某户的在册人口认定为 5 人，属于认定事实不清、证据不足，二审法院判决撤销一审判决及被诉的行政裁决，并责令房山区住建委重新作出处理。

（三）典型意义

在集体土地征收拆迁当中，安置人口数量之认定关乎被拆迁农户财产权利的充分保护，准确认定乃是依法行政应有之义。实践中，有些地方出于行政效率等方面的考虑，简单以拆迁户口冻结统计的时间节点来确定安置人口数量，排除因婚姻、出生、回国、军人退伍转业等原因必须入户、分户的特殊情形，使得某些特殊人群尤其是弱势群体的合理需求得不到应有的尊重，合法权益得不到应有的保护。本案中，二审法院通过纠正错误的一审判决和被诉行政行为，正确贯彻征收补偿的法律规则，充分保护农民合法权益的同时，也体现了国家对婚嫁女、新生儿童等特殊群体的特别关爱。

二、孙德某诉浙江省舟山市普陀区
人民政府房屋征收补偿案

（一）基本案情

2015年2月10日，浙江省舟山市普陀区人民政府（以下简称普陀区政府）作出普政房征决（2015）1号房屋征收决定，对包括孙德某在内的国有土地上房屋及附属物进行征收。在完成公告房屋征收决定、选择评估机构、送达征收评估分户报告等法定程序之后，孙德某未在签约期限内达成补偿协议、未在规定期限内选择征收补偿方式，且因孙德某的原因，评估机构无法入户调查，完成被征收房屋的装饰装修及附属物的价值评估工作。2015年5月19日，普陀区政府作出被诉房屋征收补偿决定，并向其送达。该补偿决定明确了被征收房屋补偿费、搬迁费、临时安置费等数额，决定被征收房屋的装饰装修及附属物经入户按实评估后，按规定予以补偿及其他事项。孙德某不服，提起诉讼，请求撤销被诉房屋征收补偿决定。

（二）裁判结果

舟山市中级人民法院一审认为，本案房地产价格评估机构根据被征收房屋所有权证所载内容并结合前期调查的现场勘察结果，认定被征收房屋的性质、用途、面积、位置、建筑结构、建筑年代等，并据此作出涉案房屋的征收评估分户报告，确定了评估价值

（不包括装修、附属设施及未经产权登记的建筑物）。因孙德某的原因导致无法入户调查，评估被征收房屋的装饰装修及附属物的价值，故被诉房屋征收补偿决定载明对于被征收房屋的装饰装修及附属物经入户按实评估后按规定予以补偿。此符合《浙江省国有土地上房屋征收与补偿条例》第三十三条第三款的规定，并未损害孙德某的合法权益，遂判决驳回了孙德某的诉讼请求。孙德某提起上诉，浙江省高级人民法院判决驳回上诉、维持原判。

（三）典型意义

评估报告只有准确反映被征收房屋的价值，被征收人才有可能获得充分合理的补偿。要做到这一点，不仅需要行政机关和评估机构依法依规实施评估，同时也离不开被征收人自身的配合与协助。如果被征收人拒绝履行配合与协助的义务导致无法评估，不利后果应由被征收人承担。本案即属此种情形，在孙德某拒绝评估机构入户，导致装饰装修及房屋附属物无法评估的情况下，行政机关没有直接对上述财物确定补偿数额，而是在决定中载明经入户按实评估后按规定予以补偿，人民法院判决对这一做法予以认可。此案判决不仅体现了对被拆迁人合法权益的保护，更值得注意的是，以个案方式引导被征收人积极协助当地政府的依法征拆工作，依法维护自身的合法权益。

三、王江某等 3 人诉吉林省长春市九台区 住房和城乡建设局紧急避险决定案

（一）基本案情

2010 年，吉林省人民政府作出批复，同意对向阳村集体土地实施征收，王江某等 3 人所有的房屋被列入征收范围。后王江某等 3 人与征收部门就房屋补偿安置问题未达成一致意见，2013 年 11 月

19 日，长春市国土资源管理局作出责令交出土地决定。2015 年 4 月 7 日，经当地街道办事处报告，吉林省建筑工程质量检测中心作出鉴定，认定涉案房屋属于"D 级危险"房屋。同年 4 月 23 日，长春市九台区住房和城乡建设局（以下简称九台区住建局）对涉案房屋作出紧急避险决定。在催告、限期拆除未果的情况下，九台区住建局于 2015 年 4 月 28 日对涉案房屋实施了强制拆除行为。王江某等 3 人对上述紧急避险决定不服，提起行政诉讼，请求法院判决确认该紧急避险决定无效、责令被告在原地重建房屋等。

（二）裁判结果

　　长春市九台区人民法院一审认为，本案紧急避险决定所涉的房屋建筑位于农用地专用项目的房屋征收范围内，应按照征收补偿程序进行征收。九台区住建局作出紧急避险决定，对涉案房屋予以拆除的行为违反法定程序，属于程序违法。一审判决撤销被诉的紧急避险决定，但同时驳回王江某等 3 人要求原地重建的诉讼请求。王江某等人不服，提起上诉。长春市中级人民法院二审认为，涉案房屋应当由征收部门进行补偿后，按照征收程序予以拆除。根据《城市危险房屋管理规定》相关要求，提出危房鉴定的申请主体应当是房屋所有人和使用人，而本案系当地街道办事处申请，主体不适格；九台区住建局将紧急避险决定直接贴于无人居住的房屋外墙，送达方式违法；该局在征收部门未予补偿的情况下，对涉案房屋作出被诉的紧急避险决定，不符合正当程序，应予撤销。但王江某等 3 人要求对其被拆除的房屋原地重建的主张，不符合该区域的整体规划。二审法院遂判决驳回上诉、维持原判。

（三）典型意义

　　在行政执法活动尤其是不动产征收当中，程序违法是一种常见多发的违法形态。本案中，被告为了节省工期，对于已经启动征地程序的房屋，错误地采取危房鉴定和强制拆除的做法，刻意规避补偿程序，构成程序滥用，严重侵犯当事人合法权益。对于此种借紧急避险为由行违法强拆之实的情形，人民法院依法判决撤销被诉行为，彰显了行政诉讼保护公民产权的制度功能。此案的典型意义在于昭示了行政程序的价值，它不仅是规范行政权合法行使的重要方式，也是维护相对人合法权益的保障机制。在土地征收当中，行政机关只有遵循行政程序，才能做到"严格、规范、公正、文明"执法，才能体现以人为本，尊重群众主体地位，才能实现和谐拆迁，才能符合新时代中国特色社会主义法治精神的要求。

四、陆继某诉江苏省泰兴市人民政府
济川街道办事处强制拆除案

（一）基本案情

陆继某在取得江苏省泰兴市泰兴镇（现济川街道）南郊村张堡二组 138 平方米的集体土地使用权并领取相关权证后，除了在该地块上出资建房外，还在房屋北侧未领取权证的空地上栽种树木，建设附着物。2015 年 12 月 9 日上午，陆继某后院内的树木被人铲除，道路、墩柱及围栏被人破坏，拆除物被运离现场。当时有济川街道办事处（以下简称街道办）的工作人员在场。此外，作为陆继某持有权证地块上房屋的动迁主体，街道办曾多次与其商谈房屋的动迁情况，其间也涉及房屋后院的搬迁事宜。陆继某认为，在无任何法律文书为依据、未征得其同意的情况下，街道办将后院拆除搬离的行为违法，故以街道办为被告诉至法院，请求判决确认拆除后院的行为违法，并恢复原状。

（二）裁判结果

泰州医药高新技术产业开发区人民法院一审认为，涉案附着物被拆除时，街道办有工作人员在场，尽管其辩称系因受托征收项目

在附近，并未实际参与拆除活动，但未提交任何证据予以证明。经查，陆继某房屋及地上附着物位于街道办的行政辖区内，街道办在强拆当天日间对有主的地上附着物采取了有组织的拆除运离，且街道办亦实际经历了该次拆除活动。作为陆继某所建房屋的动迁主体，街道办具有推进动迁工作，拆除非属动迁范围之涉案附着物的动因，故从常理来看，街道办称系单纯目击而非参与的理由难以成立。据此，在未有其他主体宣告实施拆除或承担责任的情况下，可以推定街道办系该次拆除行为的实施主体。一审法院遂认定街道办为被告，确认其拆除陆继某房屋北侧地上附着物的行为违法。一审判决后，原、被告双方均未提起上诉。

（三）典型意义

不动产征收当中最容易出现的问题是，片面追求行政效率而牺牲正当程序，甚至不作书面决定就直接强拆房屋的事实行为也时有发生。强制拆除房屋以事实行为面目出现，往往会给相对人寻求救济造成困难。按照行政诉讼法的规定，起诉人证明被诉行为系行政机关而为是起诉条件之一，但是由于行政机关在强制拆除之前并未制作、送达任何书面法律文书，相对人要想获得行为主体的相关信息和证据往往很难。如何在起诉阶段证明被告为谁，有时成为制约公民、法人或者其他组织行使诉权的主要因素，寻求救济就会陷入僵局。如何破局？如何做到既合乎法律规定，又充分保护诉权，让人民群众感受到公平正义，就是人民法院必须回答的问题。本案中，人民法院注意到强拆行为系动迁的多个执法阶段之一，通过对动迁全过程和有关规定的分析，得出被告街道办具有推进动迁和强拆房屋的动因，为行为主体的推定奠定了事理和情理的基础，为案件处理创造了情理法结合的条件。此案有两点启示意义：一是在行政执法不规范造成相对人举证困难的情况下，人民法院不宜简单以原告举证不力为由拒之门外，在此类案件中要格外关注诉权保护。二是事实行为是否系行政机关而为，人民法院应当从基础事实出发，结合责任政府、诚信政府等法律理念和生活逻辑作出合理判断。

五、吉林省永吉县龙某物资经销处诉 吉林省永吉县人民政府征收补偿案

（一）基本案情

2015 年 4 月 8 日，吉林省永吉县人民政府（以下简称永吉县政府）作出房屋征收决定，决定对相关的棚户区实施改造，同日发布永政告字（2015）1 号《房屋征收公告》并张贴于拆迁范围内的公告栏。永吉县龙某物资经销处（以下简称经销处）所在地段处于征收范围。2015 年 4 月 27 日至 29 日，永吉县房屋征收经办中心作出选定评估机构的实施方案，并于 4 月 30 日召开选定大会，确定改造项目的评估机构。2015 年 9 月 15 日，永吉县政府依据评估结果作出永政房征补（2015）3 号房屋征收补偿决定。经销处认为，该征收补偿决定存在认定事实不清、程序违法，评估机构的选定程序和适用依据不合法，评估价格明显低于市场价格等诸多问题，故以永吉县政府为被告诉至法院，请求判决撤销上述房屋征收补偿决定。

（二）裁判结果

吉林市中级人民法院一审认为，被诉房屋征收补偿决定依据的评估报告从形式要件看，分别存在没有评估师签字，未附带设备、资产明细或者说明，未标注或者释明被征收人申请复核评估的权利等不符合法定要求的形式问题；从实体内容看，在对被征收的附属物评估和资产、设备评估上均存在评估漏项的问题。上述评估报告明显缺乏客观性、公正性，不能作为被诉房屋征收补偿决定的合法依据。遂判决撤销被诉房屋征收补偿决定，责令永吉县政府 60 日内重新作出行政行为。永吉县政府不服提起上诉，吉林省高级人民

法院二审以与一审相同的理由判决驳回上诉、维持原判。

（三）典型意义

在征收拆迁案件当中，评估报告作为确定征收补偿价值的核心证据，人民法院能否依法对其进行有效审查，已经在很大程度上决定着案件能否得到实质解决，被拆迁人的合法权益能否得到充分保障。本案中，人民法院对评估报告的审查是严格的、到位的，因而效果也是好的。在认定涉案评估报告存在遗漏评估设备、没有评估师的签字盖章、未附带资产设备的明细说明、未告知申请复核的评估权利等系列问题之后，对这些问题的性质作出评估，得出了两个结论。一是评估报告不具备合法的证据形式，不能如实地反映被征收人的财产情况。二是据此认定评估报告缺乏客观公正性、不具备合法效力。在上述论理基础上撤销了被诉房屋征收补偿决定并判令行政机关限期重作。本案对评估报告所进行的适度审查，可以作为此类案件的一种标杆。

六、焦吉某诉河南省新乡市卫滨区
人民政府行政征收管理案

（一）基本案情

2014年6月27日，河南省新乡市卫滨区人民政府（以下简称卫滨区政府）作出卫政（2014）41号《关于调整京广铁路与中同街交汇处西北区域征收范围的决定》（以下简称《调整征收范围决定》），将房屋征收范围调整为京广铁路以西、卫河以南、中同大街以北（不包含中同大街166号住宅房）、立新巷以东。焦吉某系中同大街166号住宅房的所有权人。焦吉某认为卫滨区政府作出《调整征收范围决定》不应将其所有的房屋排除在外，且《调整征收范围决定》作出后未及时公告，对原房屋征收范围不产生调整的效力，请求人民法院判决撤销《调整征收范围决定》。

（二）裁判结果

新乡市中级人民法院一审认为，卫滨区政府作出的《调整征收范围决定》不涉及焦吉某所有的房屋，对其财产权益不产生实际影响，焦吉某与被诉行政行为之间没有利害关系，遂裁定驳回了焦吉某的起诉。焦吉某提起上诉，河南省高级人民法院二审驳回上诉、维持原裁定。

（三）典型意义

在行政诉讼中，公民权利意识特别是诉讼意识持续高涨是社会和法治进步的体现。但是公民、法人或者其他组织提起行政诉讼应当具有诉的利益及诉的必要性，即与被诉行政行为之间存在"利害关系"。人民法院要依法审查被诉行政行为是否对当事人权利义务造成影响？是否会导致当事人权利义务发生增减得失？既不能对于当事人合法权利的影响视而不见，损害当事人的合法诉权；也不得虚化、弱化利害关系的起诉条件，受理不符合行政诉讼法规定的受案范围条件的案件，造成当事人不必要的诉累。本案中，被告卫滨区政府决定不再征收焦吉某所有的房屋，作出了《调整征收范围决定》。由于《调整征收范围决定》对焦吉某的财产权益不产生实际影响，其提起本案之诉不具有值得保护的实际权益。人民法院依法审查后，裁定驳回起诉，有利于引导当事人合理表达诉求，保护和规范当事人依法行使诉权。

七、王艳某诉辽宁省沈阳市浑南现代商贸区管理委员会履行补偿职责案

（一）基本案情

2011 年 12 月 5 日，王艳某与辽宁省沈阳市东陵区（浑南新

区）第二房屋征收管理办公室（以下简称房屋征收办）签订国有土地上房屋征收与补偿安置协议，选择实物安置的方式进行拆迁补偿，并约定房屋征收办于2014年3月15日前交付安置房屋，由王艳某自行解决过渡用房，临时安置补助费每月996.3元。然而，房屋征收办一直未履行交付安置房屋的约定义务。2016年5月5日，王艳某与房屋征收办重新签订相关协议，选择货币方式进行拆迁补偿。其实际收到补偿款316829元，并按每月996.3元的标准领取了至2016年5月的临时安置补助费。其后因政府发文调整征收职责，相关职责下发到各个功能区管理委员会负责。王艳某认为按照《沈阳市国有土地上房屋征收与补偿办法》第三十六条有关超期未回迁的双倍支付临时安置补助费的规定，沈阳市浑南现代商贸区管理委员会（以下简称浑南商贸区管委会）未履行足额支付其超期未回迁安置补助费的职责，遂以该管委会为被告诉至法院，请求判决被告支付其自2014年1月1日起至2016年5月止的超期未回迁安置补助费47822.4元（以每月1992.6元为标准）。

（二）裁判结果

沈阳市大东区人民法院一审认为，王艳某以实物安置方式签订的回迁安置协议已变更为以货币补偿方式进行拆迁补偿。合同变更后，以实物安置方式为标的的回迁安置协议已终止，遂判决驳回王艳某的诉讼请求。王艳某不服，提起上诉。沈阳市中级人民法院二审认为，本案焦点问题在于浑南商贸区管委会是否应当双倍支付临时安置补助费。由于2016年5月王艳某与房屋征收办重新签订货币补偿协议时，双方关于是否双倍给付过渡期安置费问题正在民事诉讼过程中，未就该问题进行约定。根据《沈阳市国有土地上房屋征收与补偿办法》（2015年2月实施）第三十六条第三项有关"超期未回迁的，按照双倍支付临时安置补助费。选择货币补偿的，一次性支付4个月临时安置补助费"的规定，浑南商贸区管委会应当双倍支付王艳某 2015 年 2 月至 2016 年 5 月期间的临时安置补助费。虑及王艳某已经按照一倍标准领取了临时安置补助费,二审法院遂撤销一审判决,判令浑南商贸区管委会以每月 996.3 元为标准,支付王艳某 2015 年 2 月至 2016 年 5 月期间的另一倍的临时安置补助费 15940.8 元。

(三) 典型意义

在依法治国的进程中,以更加柔和、富有弹性的行政协议方式代替以命令强制为特征的高权行为,是行政管理的一个发展趋势。如何通过行政协议的方式在约束行政权的随意性与维护行政权的机动性之间建立平衡,如何将行政协议置于依法行政理念支配之下是加强法治政府建设面临的重要课题之一。本案即为人民法院通过司法审查确保行政机关对行政协议权的行使符合法律要求,切实保障被征收人合法权益的典型案例。本案中,当事人通过合意,即签订国有土地上房屋征收与补偿安置协议的形式确定了各自行政法上具体的权利义务。行政协议约定的内容可能包罗万象,但依然会出现遗漏约定事项的情形。对于两个行政协议均未约定的"双倍支付"临时安置补助费的内容,二审法院依据 2015 年 2 月实施的《沈阳市国有土地上房屋征收与补偿办法》有关"超期未回迁的,按照双倍支付临时安置补助费"之规定,结合行政机关未能履行 2011 年协议承诺的交房义务以及 2016 年已协议改变补偿方式等事实,判令行政机关按照上述规定追加补偿原告 2015 年 2 月至 2016 年 5 月期间一倍的临时安置补助费。此案判决明确了人民法院可适用地方政府规章等规定对行政协议未约定事项依法"填漏补缺"的裁判规则,督促行政机关在房屋征收补偿工作中及时准确地适用各种惠及民生的新政策、新规定,对如何处理行政协议约定与既有法律规定之间的关系具有重要的指导意义。

八、谷玉某、孟巧某诉江苏省盐城市亭湖区
人民政府房屋征收补偿决定案

（一）基本案情

2015年4月3日，江苏省盐城市亭湖区人民政府（以下简称亭湖区政府）作出涉案青年路北侧地块建设项目房屋征收决定并予公告，同时公布了征收补偿实施方案，确定亭湖区住房和城乡建设局（以下简称亭湖区住建局）为房屋征收部门。谷玉某、孟巧某两人的房屋位于征收范围内。其后，亭湖区住建局公示了4家评估机构，并按法定方式予以确定。2015年4月21日，该局公示了分户初步评估结果，并告知被征收人10日内可申请复核。后给两人留置送达了《房屋分户估价报告单》《装饰装潢评估明细表》《附属物评估明细表》，两人未书面申请复核。2016年7月26日，该局向两人发出告知书，要求其选择补偿方式，逾期将提请亭湖区政府作出征收补偿决定。两人未在告知书指定期限内选择，也未提交书面意见。2016年10月10日，亭湖区政府作出征收补偿决定书，经公证后向两人送达，且在征收范围内公示。两人不服，以亭湖区政府为被告提起行政诉讼，请求撤销上述征收补偿决定书。

（二）裁判结果

盐城市中级人民法院一审认为，亭湖区政府具有作出征收补偿决定的法定职权。在征收补偿过程中，亭湖区住建局在被征收人未协商选定评估机构的情况下，在公证机构的公证下于2015年4月15日通过抽签方式依法确定仁禾估价公司为评估机构。亭湖区政府根据谷玉某、孟巧某的户籍证明、房屋登记信息表等权属证明材料，确定被征收房屋权属、性质、用途及面积等，并将调查结果予以公示。涉案评估报告送达给谷玉某、孟巧某后，其未在法定期限

内提出异议。亭湖区政府依据分户评估报告等材料，确定涉案房屋、装饰装潢、附属物的价值，并据此确定补偿金额，并无不当。征收部门其后书面告知两人有权选择补偿方式。在两人未在规定期限内选择的情形下，亭湖区政府为充分保障其居住权，根据亭湖区住建局的报请，按照征收补偿方案作出房屋征收补偿决定，确定产权调换的补偿方式进行安置，依法向其送达。被诉决定认定事实清楚，适用法律、法规正确，程序合法，故判决驳回原告诉讼请求。一审宣判后，双方均未上诉。

（三）典型意义

"正义不仅要实现，而且要以看得见的方式实现"。科学合理的程序可以保障人民群众的知情权、参与权、陈述权和申辩权，促进实体公正。程序正当性在推进法治政府建设过程中具有独立的实践意义和理论价值，此既是党的十九大对加强权力监督与运行机制的基本要求，也是法治发展到一定阶段推进依法行政、建设法治政府的客观需要。《国有土地上房屋征收补偿条例》确立了征收补偿应当遵循决策民主、程序正当、结果公开原则，并对评估机构选择、评估过程运行、评估结果送达以及申请复估、申请鉴定等关键程序作了具有可操作性的明确规定。在房屋征收补偿过程中，行政机关不仅要做到实体合法，也必须做到程序正当。本案中，人民法院结合被诉征收补偿决定的形成过程，着重从评估机构的选定、评估事项的确定、评估报告的送达、评估异议以及补偿方式的选择等多个程序角度，分析了亭湖区政府征收全过程的程序正当性，进而肯定了安置补偿方式与结果的合法性。既强调被征收人享有的应受法律保障的程序与实体权利，也支持了本案行政机关采取的一系列正确做法，有力地发挥了司法监督作用，对于确立相关领域的审查范围和审查标准，维护公共利益具有示范意义。

（二）相关文书

1. 行政复议①

行政复议申请书（公民/法人或者其他组织）

行政复议申请书

申请人：（姓名）_____性别_____出生年月_____

身份证（其他有效证件）号码_____工作单位_____

住所（联系地址）_____邮政编码_____电话_____

[（法人或者其他组织）（名称）_____

住所（联系地址）_____邮政编码_____电话_____

法定代表人或者主要负责人（姓名）_____职务_____]

委托代理人：（姓名）_____电话_____

被申请人：（名称）_____

行政复议请求：_____

_____。

事实和理由：_____

_____。

_____

① 本部分相关文书仅供参考，下同。

此致

(行政复议机关名称)＿＿＿＿＿＿＿＿＿＿

附件：1. 申请书副本＿＿＿＿份

2. 申请人身份证明材料复印件

3. 其他有关材料＿＿＿＿份

4. 授权委托书（有委托代理人的）

申请人（签名或者盖章）：＿＿＿＿＿＿＿

（申请行政复议的日期）＿＿年＿＿月＿＿日

口头申请行政复议笔录

口头申请行政复议笔录

申请人：(姓名)_____性别_____出生年月_____

身份证（其他有效证件）号码_____工作单位_____

住所（联系地址）_____邮政编码_____电话_____

委托代理人：(姓名)_____电话_____

被申请人：(名称)_____

行政复议请求：_____

_____。

事实和理由：_____

_____。

(申请人确认) 以上记录经本人核对，与口述一致。

申请人（签名或者盖章）：_____

(申请行政复议的日期) ____年____月____日

记录人：_____

行政复议决定书

行政复议决定书

〔　　〕　　号

申请人：(姓名)＿＿＿性别＿＿＿出生年月＿＿＿

住所 (联系地址)＿＿＿＿＿＿＿＿＿＿＿＿

〔 (法人或者其他组织) (名称)＿＿＿＿＿＿＿

住所 (联系地址)＿＿＿＿＿＿＿＿＿＿＿＿

法定代表人或者主要负责人 (姓名)＿＿＿职务＿＿〕

委托代理人：(姓名)＿＿＿住所 (联系地址)＿＿

被申请人：(名称)＿＿＿＿＿＿＿＿＿＿＿＿

住所＿＿＿＿＿＿＿＿＿＿＿＿＿＿＿＿＿

法定代表人或者主要负责人 (姓名)＿＿＿职务＿＿

〔第三人：(姓名/名称)＿＿＿住所 (联系地址)

委托代理人：(姓名)＿＿＿住所 (联系地址)＿〕

申请人对被申请人 (行政行为)＿＿＿＿＿＿

不服，于＿＿＿年＿＿＿月＿＿＿日向本机关申请行政复议，本机关依法已予受理。现已审理终结。

申请人请求：＿＿＿＿＿＿＿＿＿＿＿＿

＿＿＿＿＿＿＿＿＿＿＿＿＿＿＿＿＿。

申请人称：＿＿＿＿＿＿＿＿＿＿＿＿

＿＿＿＿＿＿＿＿＿＿＿＿＿＿＿＿＿。

被申请人称：＿＿＿＿＿＿＿＿＿＿＿＿

＿＿＿＿＿＿＿＿＿＿＿＿＿＿＿＿＿。

（第三人称：＿＿＿＿＿＿＿＿＿＿＿＿＿＿＿＿＿＿＿＿
＿＿＿＿＿＿＿＿＿＿＿＿＿＿＿＿＿＿＿＿＿＿＿＿。）

　　经审理查明：＿＿＿＿＿＿＿＿＿＿＿＿＿＿＿＿＿＿
＿＿＿＿＿＿＿＿＿＿＿＿＿＿＿＿＿＿＿＿＿＿＿＿＿。

　　上述事实有下列证据证明：（可写明质证、认证过程）＿
＿＿＿＿＿＿＿＿＿＿＿＿＿＿＿＿＿＿＿＿＿＿＿＿＿＿。

　　本机关认为：（行政行为认定事实是否清楚，证据是否确凿，
适用依据是否正确，程序是否合法，内容是否适当）＿＿＿＿
＿＿＿＿＿＿＿＿＿＿＿＿＿＿＿＿＿＿＿＿＿＿＿＿＿＿＿
＿＿＿＿＿＿＿＿＿＿＿＿＿＿＿＿＿＿＿＿＿＿＿＿＿＿＿
＿＿＿＿＿＿＿。

　　根据（作出决定的相关法律依据）＿＿＿＿＿＿＿＿＿的规
定，本机关决定如下：＿＿＿＿＿＿＿＿＿＿＿＿＿＿＿＿＿
＿＿＿＿＿＿＿＿＿＿＿＿＿＿＿＿＿＿＿＿＿＿＿＿＿＿。

　　［符合行政诉讼受案范围的，写明：对本决定不服，可以在收
到本决定之日起 15 日内，向＿＿＿＿＿＿＿＿＿＿人民法院提起
行政诉讼。（也可以向国务院申请裁决的，同时写明：也可以向国
务院申请裁决。）］

　　（法律规定行政复议决定为最终裁决的，写明：本决定为最终
裁决。）

　　　　　　　　　　　　年　　　月　　　日
　　　　　　　　（行政复议机关印章或者行政复议专用章）

2. 行政诉讼[①]

行政起诉状

行政起诉状

原告×××，……（自然人写明姓名、性别、工作单位、住址、有效身份证件号码、联系方式等基本信息；法人或其他组织写明名称、地址、联系电话、法定代表人或负责人等基本信息）。

委托代理人×××，……（写明姓名、工作单位等基本信息）。

被告×××，……（写明名称、地址、法定代表人等基本信息）。

其他当事人×××，……（参照原告的身份写法，没有其他当事人，此项可不写）。

诉讼请求：……（应写明具体、明确的诉讼请求）。

事实和理由：……（写明起诉的理由及相关事实依据，尽量逐条列明）。

　　此致
××××人民法院

原告：×××（签名盖章）

［法人：×××（盖章）］

××××年××月××日

---

① 本部分相关文书具体参见法律应用研究中心编：《最高人民法院行政诉讼文书样式：制作规范与法律依据》，中国法制出版社 2021 年版。

（写明递交起诉状之日）

附：

1. 起诉状副本××份

2. 被诉行政行为××份

3. 其他材料××份

行政诉讼答辩状

行政诉讼答辩状

答辩人×××，……（写明名称、地址、法定代表人等基本信息）。

法定代表人×××，……（写明姓名、职务等基本信息）。

委托代理人×××，……（写明姓名、工作单位等基本信息）。

因×××诉我单位……（写明案由或起因）一案，现答辩如下：

答辩请求：……

事实和理由：……（写明答辩的观点、事实与理由）。

此致
××××人民法院

答辩人：×××（盖章）
××××年××月××日

（写明递交答辩状之日）

附：

1. 答辩状副本×份
2. 其他文件×份
3. 证物或书证×件

上诉状

<h1 style="text-align:center">上诉状</h1>

上诉人×××，……（写明姓名或名称等基本情况）。

被上诉人×××，……（写明姓名或名称等基本情况）。

上诉人×××因……（写明案由）一案，不服××××人民法院××××年××月××日作出的（××××）×行×字第××号（判决或裁定），现提出上诉。

上诉请求：

……（写明具体的上诉请求）。

上诉理由：

……（写明不服原审判决和裁定的事实及理由）。

　　此致
××××人民法院

上诉人：×××（签名或者盖章）

××××年××月××日

附：上诉状副本××份

再审申请书

再审申请书

申请人×××，……（写明姓名或名称等基本情况）。

被申请人×××，……（写明姓名或名称等基本情况）。

申请人×××因……（写明案由）一案，不服××××人民法院×××
×年××月××日（××××）×行×字第××号（判决、裁定或调解），根
据……的规定（写明申请再审的法律依据），现提出再审申请。

申请请求：

……（写明具体的申请请求）。

申请理由：

……（写明具体的申请事实、理由以及具体的法律依据）。

　　此致
××××人民法院

再审申请人：×××（签名）

××××年××月××日

附：

1. 再审申请书副本××份
2. 原审裁判文书副本××份

停止执行申请书（申请停止执行用）

停止执行申请书

申请人×××，……（写明姓名或名称等基本情况）。

申请事项：

根据《中华人民共和国行政诉讼法》第五十六条的规定，特向你院申请停止执行被告（或被上诉人、被申请人）×××的行政行为（可写明具体内容）。

申请理由：

……

　　此致

××××人民法院

　　　　　　　　　　　　　　申请人：×××（签字/公章）

　　　　　　　　　　　　　　××××年××月××日

先予执行申请书（申请先予执行用）

先予执行申请书

申请人×××，……（写明姓名等基本情况）。

请求事项：

根据《中华人民共和国行政诉讼法》第五十七条的规定，特向你院申请责令×××先予支付抚恤金（或最低生活保障金，工伤、医疗社会保险金）……（写明给付数量、金额等）。

申请理由：

……

　　此致

××××人民法院

申请人：×××（签字）

××××年××月××日

图书在版编目（CIP）数据

房屋征收法律政策全书：含法律、法规、司法解释、典型案例及相关文书：2024 年版 / 中国法制出版社编. —北京：中国法制出版社，2024.1

（法律政策全书系列）

ISBN 978-7-5216-4023-6

Ⅰ.①房… Ⅱ.①中… Ⅲ.①房屋拆迁-法规-汇编-中国 Ⅳ.①D922.389

中国国家版本馆 CIP 数据核字（2023）第 231947 号

责任编辑：王熹 　　　　　　　　　　　　封面设计：周黎明

房屋征收法律政策全书：含法律、法规、司法解释、典型案例及相关文书：2024 年版
FANGWU ZHENGSHOU FALÜ ZHENGCE QUANSHU：HAN FALÜ、FAGUI、SIFA JIESHI、DIANXING ANLI JI XIANGGUAN WENSHU：2024 NIAN BAN

编者/中国法制出版社
经销/新华书店
印刷/三河市国英印务有限公司
开本/880 毫米×1230 毫米　32 开 　　　　　印张/ 20.875　字数/ 443 千
版次/2024 年 1 月第 1 版 　　　　　　　　2024 年 1 月第 1 次印刷

中国法制出版社出版
书号 ISBN 978-7-5216-4023-6 　　　　　　　　　　定价：69.00 元

北京市西城区西便门西里甲 16 号西便门办公区
邮政编码：100053 　　　　　　　　　　　传真：010-63141600
网址：http：//www. zgfzs. com 　　　　　　编辑部电话：010-63141833
市场营销部电话：010-63141612 　　　　　印务部电话：010-63141606

（如有印装质量问题，请与本社印务部联系。）